SEU horóscopo pessoal PARA 2020

JOSEPH POLANSKY

SEU horóscopo pessoal PARA 2020

Tradução
PATRÍCIA AZEREDO

1ª edição

BestSeller

Rio de Janeiro | 2019

CIP-BRASIL. CATALOGAÇÃO NA PUBLICAÇÃO
SINDICATO NACIONAL DOS EDITORES DE LIVROS, RJ

Polansky, Joseph

P816s Seu horóscopo pessoal para 2020 / Joseph Polansky; tradução Patrícia Azeredo. – 1ª ed. – Rio de Janeiro: Best*Seller*, 2019.

Tradução de: You personal horoscope 2020
ISBN 978-85-7684-336-8

1. Astrologia. 2. Horóscopos. I. Azeredo, Patrícia. II. Título.

19-59506 CDD: 133.54
CDU: 133.52

Vanessa Mafra Xavier Salgado – Bibliotecária – CRB-7/6644

Texto revisado segundo o novo Acordo Ortográfico da Língua Portuguesa.

You personal horoscope 2020

Star Data, Inc.
200 Winston Drive, nº 1017
Cliffside Park, NJ 07010
USA
www.stardata-online.com
info@stardata-online.com

Impresso no Brasil

ISBN 978-85-7684-336-8

SUMÁRIO

Agradecimentos 7
Introdução 9
Glossário de Termos Astrológicos 11

Áries
Perfil Pessoal 17
Previsão Anual para 2020 — Tendências Gerais 22
Previsões Mensais 31

Touro
Perfil Pessoal 49
Previsão Anual para 2020 — Tendências Gerais 54
Previsões Mensais 62

Gêmeos
Perfil Pessoal 79
Previsão Anual para 2020 — Tendências Gerais 84
Previsões Mensais 92

Câncer
Perfil Pessoal 109
Previsão Anual para 2020 — Tendências Gerais 114
Previsões Mensais 122

Leão
Perfil Pessoal 139
Previsão Anual para 2020 — Tendências Gerais 144
Previsões Mensais 153

Virgem
Perfil Pessoal 171
Previsão Anual para 2020 — Tendências Gerais 176
Previsões Mensais 184

Libra
Perfil Pessoal 201
Previsão Anual para 2020 — Tendências Gerais 205
Previsões Mensais 214

Escorpião
Perfil Pessoal 231
Previsão Anual para 2020 — Tendências Gerais 236
Previsões Mensais 245

Sagitário
Perfil Pessoal 263
Previsão Anual para 2020 — Tendências Gerais 267
Previsões Mensais 276

Capricórnio
Perfil Pessoal 293
Previsão Anual para 2020 — Tendências Gerais 298
Previsões Mensais 306

Aquário
Perfil Pessoal 323
Previsão Anual para 2020 — Tendências Gerais 328
Previsões Mensais 336

Peixes
Perfil Pessoal 353
Previsão Anual para 2020 — Tendências Gerais 358
Previsões Mensais 366

AGRADECIMENTOS

Os agradecimentos especiais do autor vão para a Star Data, que encomendou este trabalho. Sem seu auxílio financeiro e técnico este livro não teria sido escrito.

INTRODUÇÃO

Bem-vindo ao complexo e fascinante universo da Astrologia!

Há milênios o movimento dos planetas e de outros corpos celestes instiga as mentes mais argutas de cada geração. A vida não encerra maior desafio ou alegria do que o conhecimento do nosso ser e do universo que habitamos. E a Astrologia revela-se uma chave mestra nesse processo de conhecimento.

Seu horóscopo pessoal para 2020 permite que você, leitor, tenha acesso à milenar sabedoria astrológica. Além de esboçar os traços gerais do seu caráter e as tendências básicas em sua vida, este livro vai ensiná-lo a fazer uso das influências planetárias para aproveitar ao máximo o novo ano.

Os capítulos reservados a cada signo incluem um "Perfil Pessoal", uma análise das "Tendências Gerais" para 2020 e detalhadas "Previsões Mensais", com as influências dos planetas. O "Glossário" da página 11 esclarece alguns termos astrológicos com os quais, porventura, você não esteja familiarizado.

Outra particularidade bastante útil desta obra é a listagem dos dias "mais benéficos" e "mais tensos", que antecede as "Previsões Mensais" para cada signo. Verifique essa listagem para saber quais dias serão, de modo geral, mais favoráveis e os mais auspiciosos para as finanças ou para o amor. Marque-os em seu calendário ou agenda, pois você deverá aproveitá-los bem. Tome nota, também, dos dias mais tensos. Evite marcar reuniões importantes ou tomar decisões de peso tanto nesses dias como naqueles em que planetas importantes no seu horóscopo estiverem *retrógrados* (deslocando-se em aparente marcha à ré no céu zodiacal).

A seção "Tendências Gerais", referente a cada signo, assinala os períodos em que sua vitalidade estará realçada ou debilitada, bem como os momentos em que o relacionamento com colegas de trabalho e entes queridos poderá exigir um esforço maior de sua parte. Se estiver atravessando uma fase difícil, dê uma olhada na cor, no metal, na pedra ou no perfume mencionados na seção do seu "Perfil Pessoal" intitulada "Em um Relance". Usar joias ou acessórios que contenham seu metal ou sua pedra acentuará sua vitalidade; da mesma forma, vestir-se ou decorar seu escritório com tons pertencentes ao seu signo, usar perfumes ou consumir chás feitos com ervas regidas por ele vai ajudá-lo a manter o seu astral alto.

Este livro o auxiliará a conhecer não apenas a si próprio, mas também os que o rodeiam: seus amigos, colegas de trabalho, sócios, cônjuge e filhos. A leitura do "Perfil Pessoal", com previsões mensais para os signos dessas pessoas, irá muni-lo de valiosa compreensão quanto aos sentimentos e ao comportamento delas. Você saberá, por exemplo, quando deve ser mais tolerante, por compreender que elas se encontram mais suscetíveis ou propensas à irritação.

Tenho você, leitor, como meu cliente pessoal. Ao estudar o seu horóscopo solar, adquiro um profundo conhecimento do que ocorre em sua vida, de como se sente, daquilo que almeja e dos desafios que terá de enfrentar. Faço, então, o melhor que posso para lhe transmitir cuidadosamente essas diretrizes. Sendo assim, considere este livro a melhor alternativa a uma consulta pessoal com um astrólogo!

Espero sinceramente que *Seu horóscopo pessoal para 2020* melhore a qualidade de sua vida, facilite sua caminhada e ilumine a sua trajetória, banindo a escuridão e tornando-o mais consciente de sua ligação pessoal com todo o Universo. A Astrologia — quando bem-entendida e sabiamente empregada — constitui grande guia para a compreensão de si mesmo, dos outros e dos fenômenos existenciais. Mas lembre-se sempre de que o uso que fará dessa compreensão depende, antes de tudo, de você.

GLOSSÁRIO DE TERMOS ASTROLÓGICOS

ALÉM-FRONTEIRAS

Os planetas se deslocam pelo Zodíaco obedecendo a diversos ângulos em relação ao Equador celeste (traçando uma projeção imaginária do Equador terrestre em direção ao Universo, obtemos o Equador celeste). O deslocamento do Sol, por este ser a influência hegemônica no Sistema Solar, é utilizado pelos astrólogos como padrão. O Sol nunca se desloca mais de 23 graus ao norte ou ao sul do Equador celeste. Durante o solstício de inverno, ele atinge o grau máximo de declínio em sua órbita, e durante o solstício de verão, o ápice de sua angulação orbital norte. Sempre que um planeta transpõe essa fronteira solar — e ocasionalmente eles o fazem —, diz-se que está "além-fronteiras". Isso significa que o planeta penetra em domínios estranhos, que transcendem os limites determinados pelo Sol, regente do Sistema Solar. O planeta que se acha nessa condição realça e intensifica a própria autoridade, convertendo-se em influência proeminente em um horóscopo.

ASCENDENTE

Vivenciamos as sensações de dia e noite porque a Terra efetua uma rotação completa sobre o próprio eixo a cada 24 horas. Por causa desse movimento de rotação, o Sol, a Lua e os planetas parecem subir e descer no horizonte. O Zodíaco constitui uma faixa fixa (imaginária, mas bastante real em termos espirituais) que envolve a Terra como um cinturão. À medida que a Terra vai girando, os diferentes signos zodiacais dão ao observador a impressão de ascender em um ponto do horizonte. Em um período de 24 horas, todos os signos do Zodíaco percorrem esse ponto do horizonte, cada um em seu devido momento.

O signo que ocupa um ponto do horizonte em determinado instante recebe o nome de "Signo Ascendente". O "Ascendente" sintetiza nossa imagem pessoal, corpo e autoconceito — o ego pessoal, em oposição ao eu espiritual, representado pelo signo solar.

ASPECTOS

"Aspectos" são interações angulares entre planetas: a maneira como um planeta estimula ou influencia outro. Se um planeta se encontra em aspecto harmonioso com outro (ou em relação harmoniosa), ele tende a estimular este último de forma positiva e útil. Se o aspecto for tenso, também o estímulo será tenso ou desconfortável, causando perturbações na influência planetária habitual.

CASAS

Existem 12 signos zodiacais e 12 Casas ou âmbitos de vivência. Os 12 signos representam tipos de personalidade e meios pelos quais determinado planeta se expressa. As Casas indicam o âmbito de sua vida em que essa expressão tende a se manifestar. Cada Casa abrange uma área de interesse distinta, conforme se observa na lista a seguir. Uma Casa pode adquirir importância ou potencializar-se, convertendo-se em Casa de Poder para você de diversas formas: se contiver o Sol, a Lua ou o regente de seu mapa astral, se contiver mais de um planeta ou sempre que o regente da Casa estiver recebendo estímulos inusitados de outros planetas.

Casa 1: Corpo e Imagem Pessoal (o "Eu")
Casa 2: Finanças, Posses e Dinheiro
Casa 3: Comunicação
Casa 4: Vida Doméstica e Familiar
Casa 5: Divertimento, Lazer, Criatividade, Especulação e Casos Amorosos
Casa 6: Saúde e Trabalho
Casa 7: Amor, Romance, Casamento e Atividades Sociais
Casa 8: Eliminação, Transformação e Bens de Terceiros
Casa 9: Viagens, Educação, Religião e Filosofia
Casa 10: Carreira

Casa 11: Amigos, Atividades em Grupo e Aspirações Íntimas
Casa 12: Sabedoria Espiritual e Caridade

FASES LUNARES

Após o plenilúnio, a Lua começa a diminuir de tamanho (do ponto de vista terreno), até tornar-se invisível a olho nu, quando advém a "Lua Nova". Essa fase lunar é conhecida como "Quarto Minguante".

Após a Lua Nova, a Lua volta a crescer, gradualmente (sob o prisma da Terra), até alcançar seu tamanho máximo na "Lua Cheia". Esse período recebe a denominação de "Quarto Crescente".

CARMA

É a lei de causa e efeito que rege todos os fenômenos no Universo. A situação em que nos achamos deriva do carma gerado pelos atos que praticamos no passado. O Universo constitui um sistema tão equilibrado que qualquer ação, automaticamente, põe forças corretivas em movimento, que recebem a denominação de "carma".

LUNAR

Relativo à Lua.

MOVIMENTO DIRETO

Quando os planetas se deslocam para a frente — como normalmente fazem — pelo céu zodiacal, diz-se que estão em movimento direto.

MOVIMENTO RETRÓGRADO

Os planetas deslocam-se ao redor do Sol em diferentes velocidades. Mercúrio e Vênus movem-se muito mais rápido do que a Terra, ao passo que Marte, Júpiter, Saturno, Urano, Netuno e Plutão deslocam-se mais lentamente. Em decorrência disso, há períodos nos quais os planetas, baseando-se em um referencial terrestre, parecem deslocar-se para trás no Zodíaco por algum tempo. Esse movimento recebe a denominação de "retrógrado" e tende a debilitar a influência normal de determinado planeta.

NATAL

Literalmente, significa "nascimento". Astrologicamente, esse termo é empregado para diferenciar posições planetárias características do instante do nascimento (natal) das progressões planetárias atuais (trânsitos). Por exemplo, o Sol natal, no que diz respeito a você, alude à posição do Sol no instante de seu nascimento; já um trânsito do Sol indica a posição dele em um dado momento, que geralmente não coincide com a posição na hora de seu nascimento.

PLANETAS LENTOS

Os planetas que levam um tempo maior para completar uma volta ao redor do Sol são denominados "planetas lentos". São eles: Júpiter (que permanece cerca de um ano em cada signo), Saturno (que fica dois anos e meio em cada signo), Urano (sete anos), Netuno (14 anos) e Plutão (de 15 a 30 anos). Os planetas lentos assinalam tendências duradouras em uma determinada área da existência e são, por essa razão, importantíssimos para o astrólogo quando ele faz prognósticos de longo prazo. Pelo fato de tais planetas permanecerem tanto tempo em um signo, há períodos no ano em que "os planetas rápidos" se juntam a eles, ativando e aumentando a importância de determinada Casa.

PLANETAS RÁPIDOS

São os corpos que se deslocam rapidamente, a saber: a Lua (permanece em um signo apenas dois dias e meio), Mercúrio (de 20 a 30 dias), o Sol (30 dias), Vênus (aproximadamente um mês) e Marte (cerca de dois meses). Como esses planetas se deslocam velozmente, exercem uma influência a curto prazo. Revelam, pois, as propensões cotidianas em um horóscopo.

QUALIDADES ASTROLÓGICAS

Existem três tipos de qualidades astrológicas: *cardeal*, *fixa* e *mutável*. Cada um dos 12 signos zodiacais se enquadra em uma dessas categorias.

A qualidade cardeal se manifesta como princípio da atividade e iniciativa. Os signos cardeais (Áries, Câncer, Libra e Capricórnio) são excelentes quando se trata de fazer deslanchar um novo projeto.

A qualidade fixa encerra estabilidade, perseverança, tenacidade e perfeccionismo. Os signos fixos (Touro, Leão, Escorpião e Aquário) são excelentes em levar a cabo os empreendimentos.

A qualidade mutável se manifesta como flexibilidade, adaptação e equilíbrio. Os signos mutáveis (Gêmeos, Virgem, Sagitário e Peixes) exibem natureza criativa, porém nem sempre prática.

TRÂNSITO

Alude ao movimento dos planetas em determinado momento. Os astrólogos empregam o termo "trânsito" para estabelecer a diferença entre a posição natal de um planeta no horóscopo e seu deslocamento atual nos céus. Por exemplo: se no dia em que você nasceu Saturno estava no signo de Câncer, em sua Oitava Casa, mas agora está se movendo através de sua Terceira Casa, dizemos que ele está "transitando" por sua Terceira Casa. Os trânsitos constituem algumas das mais importantes ferramentas para os prognósticos astrológicos.

♈

ÁRIES

O CARNEIRO

Nascidos entre 21 de março e 20 de abril

PERFIL PESSOAL

ÁRIES EM UM RELANCE

Elemento: Fogo
Planeta Regente: Marte
 Planeta da Carreira: Saturno
 Planeta do Amor: Vênus
 Planeta das Finanças: Vênus
 Planeta do Divertimento, do Lazer, da Criatividade e das Especulações: Sol
 Planeta do Lar e da Vida Familiar: Lua
 Planeta da Fortuna e da Abundância: Júpiter
Cores: carmim, vermelho, escarlate
Cores que promovem o amor, o romance e a harmonia social: verde, verde-jade
Cor que propicia ganhos: verde
Pedra: ametista
Metais: ferro, aço
Perfume: madressilva
Qualidade: cardeal (= atividade)
Qualidade essencial ao equilíbrio: cautela
Maiores virtudes: energia física abundante, coragem, honestidade, independência, autoconfiança
Necessidade mais profunda: ação

Características a evitar: precipitação, impetuosidade, excesso de agressividade, imprudência
Signos de maior compatibilidade: Leão, Sagitário
Signos de maior incompatibilidade: Câncer, Libra, Capricórnio
Signo mais útil à carreira: Capricórnio
Signo que fornece maior suporte emocional: Câncer
Signo mais prestativo em questões financeiras: Touro
Melhor signo para casamento e associações: Libra
Signo mais útil em projetos criativos: Leão
Melhor signo para sair e se divertir: Leão
Signos mais úteis em assuntos espirituais: Sagitário, Peixes
Melhor dia da semana: terça-feira

COMPREENDENDO A PERSONALIDADE ARIANA

Áries é o ativista zodiacal por excelência. A necessidade que sente de agir beira a compulsão, o que faz com que aqueles que não compreendem a fundo a personalidade ariana empreguem esse termo um tanto forte para descrevê-la. Na realidade, a "ação" constitui o cerne da psicologia ariana, e quanto mais direta, franca e sem rodeios, melhor. Trata-se, sem dúvida, do perfil psicológico perfeito do guerreiro, do pioneiro, do atleta e do gerente.

Os nativos deste signo apreciam executar tarefas, e, em seu zelo passional, muitas vezes perdem de vista as consequências que desencadeiam para si e para os demais. Sim, muitas vezes *tentam* agir com diplomacia e tato, mas a tarefa é demasiadamente dura para eles. Ao agir assim, sentem-se desonestos ou falsos. É difícil para os arianos até mesmo compreender a mentalidade do diplomata, do articulador de consensos, do executivo testa de ferro. Como podem essas pessoas perder tanto tempo com reuniões intermináveis, discussões, conversas e negociações, quando há tanto trabalho a ser feito, tantas realizações práticas a serem concluídas? Ele até consegue entender, desde que lhe seja bem explicado que as conversas e as negociações — as chamadas concessões sociais — geram ações mais eficazes. O interessante no temperamento do ariano é que ele raramente se torna rancoroso ou mal-intencionado, mesmo quando trava um combate. Os arianos combatem seus oponentes sem ódio. Para eles tudo não passa de um divertimento sadio, de uma grande aventura ou de um jogo.

Quando se veem às voltas com algum problema, muitas pessoas dirão: “Bem, analisemos a situação para tentar encontrarmos uma solução.” Mas nunca um ariano, que invariavelmente pensa: “Algo tem de ser feito, logo, mãos à obra!” Naturalmente, nenhuma dessas atitudes isoladas soluciona a questão. Por vezes, a ação imediata se faz necessária, mas em outras situações é importante fazer bom uso do pensamento frio e analítico. Contudo, o ariano tende a errar quase sempre, por ser precipitado.

Os princípios da ação e da reflexão possuem naturezas radicalmente diferentes. A atividade física pressupõe a utilização, em certa medida, de força bruta. A ponderação, por sua vez, requer a imobilidade e a suspensão temporária do uso da força. Não será proveitoso para um atleta perder tempo considerando qual deve ser o próximo movimento; isso apenas retardaria suas reações. O atleta tem de agir por instinto, de forma instantânea. E é assim que os nativos de Áries tendem a se comportar na vida. São ágeis, tomam decisões instintivamente e sem demora as convertem em ações. Se sua intuição estiver aguçada e em boa sintonia, seus atos serão coroados de poder e êxito. Mas, se estiver malsintonizada, os resultados podem ser desastrosos.

Não pense que isso assusta ou intimida um ariano. Como bom guerreiro, ele sabe que no decorrer do combate pode vir a sofrer um ou outro revés. Todo ariano parece perceber intimamente que, permanecendo fiel à própria verdade, arrisca-se a ficar sujeito a mais de um acidente. Isso faz parte das regras do jogo, e ele dispõe de forças para aguentar qualquer contratempo.

Muitos arianos, todavia, são intelectuais brilhantemente criativos. Qualquer que seja a área a que se dediquem, tendem a ser pioneiros, inusitados e francos. Esse tipo de nativo do signo tende a transformar o combate físico em combate de natureza mental ou intelectual. São pensadores vigorosos.

De modo geral, a confiança que os arianos nutrem em relação a si mesmos deveria servir de exemplo aos demais signos. É essa confiança básica e ferrenha que lhes permite atravessar, incólumes, situações de grande turbulência. Sua coragem e autoconfiança fazem deles líderes natos, e essa liderança é exercida mais pelo exemplo do que por meio da imposição de controle.

FINANÇAS

Os nativos de Áries são excelentes construtores e corretores imobiliários. O dinheiro em si não é, para eles, tão importante quanto a ação, a aventura e as atividades esportivas. São movidos por forte necessidade de apoiar emocionalmente seus parceiros e de conservar uma boa imagem aos olhos deles. Os arianos funcionam melhor trabalhando por conta própria ou gerindo o próprio departamento (em se tratando de uma grande empresa). Quanto menos dependerem de ordens superiores, melhor. Também se mostram mais eficientes em trabalhos de campo do que atrás de uma escrivaninha.

São trabalhadores tenazes e dotados de muita resistência física; podem acumular *grandes* somas de dinheiro quase exclusivamente por causa de sua robustez e abundante energia.

Vênus é seu planeta das Finanças, o que significa que necessitam desenvolver mais a cortesia social a fim de que seu pleno potencial de ganhos se concretize. Apenas executar o serviço — ponto em que os nativos do signo se destacam — não basta. É preciso obter a cooperação alheia. Fregueses, clientes e companheiros de trabalho precisam sentir-se à vontade. É primordial tratar bem as pessoas para que o sucesso ocorra. Quando os arianos desenvolvem essa habilidade — ou contratam alguém para fazê-la por eles —, seu potencial financeiro torna-se ilimitado.

CARREIRA E IMAGEM PÚBLICA

É de se esperar que espíritos pioneiros anseiem por romper com as convenções sociopolíticas vigentes. Mas isso não ocorre com os arianos. Eles são pioneiros dentro dos limites do convencional, no sentido de que preferem iniciar um negócio próprio em um ramo já estabelecido a trabalhar para outra pessoa.

Capricórnio ocupa a cúspide da Décima Casa, da Carreira, do horóscopo solar ariano. Saturno é o planeta que governa o trabalho de suas vidas e suas aspirações profissionais. Isso revela alguns fatos interessantes sobre o temperamento ariano. Primeiramente, para chegar ao auge do potencial de sua carreira eles precisam desenvolver certas qualidades um pouco incomuns à sua natureza básica. Precisam tornar-se melhores administradores e organizadores. Têm de aprender a lidar melhor com detalhes e a vislumbrar seus projetos, bem como a própria carreira, a longo prazo. É impossível superar um ariano na execução de metas imediatas, mas uma carreira se constrói ao longo do tempo. Não é o tipo de meta que se alcance rapidamente!

Alguns arianos enfrentam grande dificuldade em levar um projeto até o fim. Entediam-se facilmente. E sua constante necessidade de buscar aventuras faz com que prefiram delegar antigos projetos ou tarefas a outras pessoas, para começar algo novo. Os arianos que aprendem a adiar a busca do novo, até que o antigo esteja concluído, alcançam grande sucesso em sua carreira e na vida profissional, em sentido amplo.

De modo geral, os nativos de Áries apreciam que a sociedade os julgue por seus próprios méritos, com base em suas realizações e conquistas efetivas. Elogios recebidos lisonjeiramente soam falsos aos seus ouvidos.

AMOR E RELACIONAMENTOS

No amor e nas associações, os arianos gostam de parceiros gentis, táticos, passivos e diplomáticos — possuidores de charme social e de habilidades que eles próprios não têm. Os parceiros que escolhemos representam, amiúde, uma parcela oculta de nós mesmos — o eu que pessoalmente não conseguimos externar.

Os arianos tendem a partir agressivamente no encalço do que almejam. Costumam mergulhar de cabeça nas relações e no casamento. Isso se mostra particularmente verdadeiro quando tanto Vênus quanto o Sol se encontram em Áries. Se um ariano se encantar por você, não aceitará facilmente um "não" como resposta; tentará minar sua resistência e não desistirá até que você se renda.

Embora os arianos possam ser enervantes ao extremo em um relacionamento — sobretudo se não forem bem-compreendidos pelo cônjuge —, não é por crueldade ou malícia. Ocorre, apenas, que eles são tão independentes e seguros de si que dificilmente conseguem perceber o ponto de vista ou a posição dos outros. É por isso que necessitam de parceiros com transbordante traquejo social.

Entre seus aspectos mais positivos destaca-se a honestidade. Um ariano é alguém com quem se pode contar e cujo posicionamento em relação a você será sempre bem claro. O que lhe falta em diplomacia é compensado em integridade.

VIDA DOMÉSTICA E FAMILIAR

Obviamente, é o ariano quem governa a casa. São os mandachuvas do lar. Mas os nativos do sexo masculino tendem a delegar muitas decisões domésticas à mulher, e as nativas de Áries também apreciam "cantar de galo". Ambos são jeitosos na labuta doméstica. Apreciam famílias numerosas e acreditam na importância do grupo. Os arianos, geralmente, são bons membros de família, embora parem pouco em casa, preferindo perambular por aí.

Considerando sua natureza notoriamente combativa e caprichosa, os nativos do signo revelam-se surpreendentemente suaves, gentis e até vulneráveis ao lidar com os filhos e com o cônjuge. O signo de Áries, regido pela Lua, ocupa a cúspide da Quarta Casa Solar, que é a do Lar e da Família. Sempre que os aspectos com a Lua estiverem harmônicos, produzindo influências favoráveis, o nativo se mostrará terno com a família e buscará sustento e apoio na vida familiar. Os arianos apreciam regressar ao lar, no fim de um dia árduo na batalha da vida, para os braços compreensivos do cônjuge e para o apoio e o amor incondicionais que a família oferece. Sentem que há contendas demais lá fora, e embora adorem participar delas, quando regressam à casa querem apenas desfrutar o conforto e o aconchego domésticos.

ÁRIES
PREVISÃO ANUAL PARA 2020

TENDÊNCIAS GERAIS

A carreira vem sendo um foco importante há vários anos. Desde 2018, quando Saturno entrou em sua Décima Casa (a da Carreira), esta área ganhou ainda mais importância. Você precisou trabalhar duro e com rigor, mas este ano você verá o resultado. A carreira vai florescer. Voltaremos a esse assunto mais à frente.

A saúde também foi motivo de preocupação nos últimos dois anos. A sua energia, que costuma ser abundante e dinâmica, não anda muito boa, e isso pode ter deixado você mais vulnerável a problemas. Essa é a tendência para o próximo ano, de modo ainda mais intenso. A boa notícia é que uma grande parte dessa pressão relacionada à saúde acabará no fim do ano. A saúde está melhorando gradualmente. Sobre esse assunto também falaremos mais adiante.

O setor oriental do "eu" estará imensamente dominante em 2020. Haverá períodos sem planeta algum (nada, zero) no setor ocidental e social, e, mesmo se fortalecendo ao longo do ano, esse setor nunca será dominante. Apenas planetas rápidos vão passar por lá, então este não será um ano especialmente propício para o amor. Será um período de independência e autossuficiência, algo de que você gosta muito. Voltaremos a esse assunto em breve.

Netuno está em sua Décima Segunda Casa, a da Espiritualidade, há muitos anos e continuará por outros tantos, indicando que o foco deverá estar nessa área e em um grande crescimento interior. Unir esse momento à sua vida exterior ocupadíssima será desafiador, mas você vai conseguir.

Marte vai passar um período incomum em seu signo este ano. Normalmente ele permanece em um signo por aproximadamente um mês e meio, mas ficará em Áries por seis meses, o quádruplo do trânsito usual. Isso reforça ainda mais a independência e autossuficiência que mencionamos anteriormente e também pode ser benéfico em termos de saúde, desde que você não se exceda.

A atividade dos eclipses aumentará bastante em 2020, garantindo um ano de várias mudanças súbitas e dramáticas. Normalmente acontecem quatro eclipses por ano, mas 2020 terá seis, um aumento de cinquenta por cento. É comum acontecer dois eclipses lunares por ano, mas em 2020 teremos quatro, o dobro do usual. Tudo isso afetará o lar, a família e a situação doméstica. Você vai saber mais sobre esse assunto mais adiante.

As áreas de maior foco e interesse este ano serão: carreira (o ano inteiro), espiritualidade (o ano inteiro), finanças (o ano inteiro), grupos e atividades em grupo (de 23 de março a 2 de julho e a partir de 18 de dezembro).

As áreas de maior realização este ano serão: carreira (até 20 de dezembro); amigos, grupos e atividades em grupo (a partir de 20 de dezembro); lar e família (até 16 de maio); filhos, diversão e criatividade (a partir de 16 de maio).

SAÚDE

(Esta é uma perspectiva astrológica sobre a saúde, não uma visão médica. No passado essas perspectivas eram idênticas, mas hoje podem ocorrer diferenças significativas. Para obter uma opinião com base em diagnósticos da medicina convencional, consulte seu médico ou um profissional da área da saúde.)

Conforme mencionamos anteriormente, a saúde é uma área que exige atenção. Três planetas lentos estarão em alinhamento tenso com você na maior parte do ano. Isso já é um problema, mas haverá momentos em que um planeta rápido também se juntará à festa, e esses serão os seus meses mais vulneráveis. São os períodos entre 1º e 2 de janeiro; 21 de junho a 20 de julho (que será menos estressante que janeiro) e 22 de setembro e 23 de outubro. Tenha cautela e vá com calma nesses períodos.

O que complica ainda mais a situação neste setor é a fraqueza da Sexta Casa, a da Saúde, que estará vazia na maior parte do tempo. Apenas planetas rápidos vão passar por ela, então a tendência será que você ignore a saúde ou assuma que está tudo bem. Não cometa esse erro. Você precisa se obrigar a manter o foco na saúde, mesmo quando não sentir vontade de fazer isso.

Os astrólogos medievais acreditavam em Destino, e muitos astrólogos modernos também acreditam. Se algo vai acontecer, não há nada que possamos fazer em relação a isso. Eu não sigo essa linha. A experiência pessoal me ensinou que o livre-arbítrio pode alterar o Destino, e, mesmo que ele não possa ser totalmente alterado, poderá ser atenuado. O Destino tem a capacidade de mostrar encontros com problemas de saúde, mas a forma como encontramos o Destino pode fazer toda a diferença.

Portanto, existe muito a fazer para melhorar a saúde e prevenir o surgimento de problemas. Dê mais atenção às seguintes áreas:

Cabeça, rosto e couro cabeludo. Os três sempre são importantes para quem é de Áries. Massagens frequentes no rosto e no couro cabeludo são ótimas formas de prevenção, que não só fortalecem uma área específica como o corpo inteiro, pois os reflexos se espalham. A terapia craniossacral também é excelente para esta região. Os reflexos estão no seu mapa.

Musculatura. Esta área também é importante para os nativos de Áries. Não é preciso ser fisiculturista ou se transformar em uma pessoa musculosa, mas ter um bom tônus muscular é necessário. Músculos fracos ou flácidos podem desalinhar a coluna e o esqueleto, gerando vários problemas. Portanto, exercícios físicos vigorosos (levando em consideração a idade e a fase da vida) são importantes.

Glândula suprarrenal. Os reflexos aparecem no mapa. O importante aqui, como nossos leitores assíduos já sabem, é evitar a raiva e o medo, duas emoções que estressam esta glândula. A meditação é ótima para isso.

Pulmões, braços, ombros, intestino delgado e sistema respiratório. Sempre muito importantes para os arianos. Os reflexos aparecem em seu mapa. Massagens nos braços e ombros sempre são recomendáveis, pois a tensão costuma se acumular nesses pontos e precisa ser liberada.

Coração. Este órgão ganhou importância desde que Plutão entrou em Capricórnio, em 2009, e ganhou ainda mais destaque nos últimos dois anos. O reflexo disso se vê no mapa. O importante para o coração é evitar preocupações e ansiedade, as emoções que o estressam. Substitua a preocupação pela fé.

Caso aconteçam problemas (Deus queira que não), eles provavelmente começarão nessas regiões, então mantê-las saudáveis ficando em boa forma física é a medicina preventiva mais sensata.

Como o Planeta da Saúde, Mercúrio, tem movimento rápido (e errático), existem muitas tendências de curto prazo nessa área, dependendo de onde Mercúrio está e dos aspectos que recebe. Isso será abordado com mais profundidade nos relatórios mensais.

LAR E FAMÍLIA

Aqui é possível ver outra das maravilhosas contradições do horóscopo. Por um lado, a Quarta Casa, do Lar e da Família está basicamente vazia. Apenas planetas rápidos vão passar por lá em 2020, o que tende a manter as coisas como estão. Analisado em termos isolados, isso mostra contentamento com a situação atual, mas (e isso é um grande "mas") teremos quatro eclipses lunares em 2020, como já explicamos. É o dobro do usual. Como a Lua é o Planeta da Família, isso indica várias mudanças, reviravoltas e crises na família e no lar. O *status quo* será abalado. Lembre-se também que dois dos seis eclipses deste ano (dois solares e quatro lunares) ocorrerão na Quarta Casa, do Lar e da Família: o eclipse lunar de 10 de janeiro e o eclipse solar de 22 de junho. Portanto, haverá muita ação cósmica nesses períodos.

A Décima Casa, a da Carreira, está repleta de planetas e muito mais forte do que a Quarta Casa. E isso pode ser parte do problema. Você está tão concentrado na carreira e nos objetivos externos que talvez esteja ignorando a situação no seu lar. Os eclipses vão obrigá-lo a dar mais atenção à família (de um jeito impossível de evitar).

Portanto, haverá momentos dramáticos na vida de parentes, um dos pais, figuras paternas ou maternas, que serão do tipo divisor de águas. Podem acontecer mudanças que provavelmente não serão confortáveis. Reformas e consertos em casa também podem ser necessários.

Um dos pais, figura paterna ou materna, vai se redefinir muitas vezes. O jeito como ele ou ela pensa sobre si mesmo(a) vai se alterar, levando a mudanças no guarda-roupa e na "apresentação" dessa pessoa para o público. Isso vai acontecer o ano inteiro. O casamento de um dos pais, figura paterna ou materna, foi intensamente testado nos últimos dois anos, mas a situação deverá melhorar este ano. O assunto será abordado com mais profundidade nos relatórios mensais.

Irmãos e figuras fraternas terão um ano sem muitas novidades. Eles parecem satisfeitos com a situação atual, mas farão grandes mudanças financeiras em 2020.

Um dos pais, figura paterna ou materna, viverá momentos dramáticos, conforme mencionado anteriormente, mas não há probabilidade de mudança de residência. Já os filhos ou figuras filiais provavelmente vão se mudar. Além disso, o casamento (ou relacionamento atual) deles será testado e haverá oportunidades de emprego. Quem estiver em idade fértil estará mais fértil que o usual. Os netos (caso você os tenha) viverão um ano sem muitas alterações. Eles podem já ter se mudado em 2018 e não precisam fazer isso novamente.

Se você planeja fazer reformas em casa, entre 21 de junho e 22 de julho será um bom momento. Para embelezar ou adquirir objetos decorativos para o lar, o período ideal será entre 7 de agosto e 6 de setembro. O senso estético estará mais apurado e você fará melhores escolhas.

DINHEIRO E CARREIRA

Desde que Urano entrou na Casa do Dinheiro por um longo período (em março de 2019), esta área passou a ser crucial em sua vida, além de ser muito empolgante e interessante. Tudo pode acontecer a qualquer momento. Dinheiro e oportunidades financeiras poderão aparecer subitamente e do nada. Os ganhos podem ir às alturas, além de sua imaginação, ou podem ser muito baixos. Isso é o que deixa tudo tão interessante e empolgante: as finanças serão uma montanha-russa.

Como nossos leitores assíduos já sabem, cada pessoa é única, além de ser a lei para si mesma. O que funciona para um não funciona para outro. Até a sabedoria convencional, que tem partes muito boas, não se aplica a todos. Você não é uma estatística, mas sim um indivíduo singular e criado de forma única. Portanto, sua função agora é aprender o que funciona para você. A sabedoria convencional será jogada pela janela e você aprenderá a sua lei pessoal das finanças, levando a um período de experimentação financeira. Alguns experimentos funcionarão, outros não, e não há problema nisso; é por meio da experimentação que obtemos novos conhecimentos.

Urano é o Planeta da Ciência, Tecnologia, Novas Invenções e Inovações, portanto todas essas áreas são interessantes em termos financeiros. Computadores, smartphones, atividades na internet e programação também despertam o interesse como investimento, negócios e empregos. Com Urano na Casa do Dinheiro por vários anos, você poderá ganhar com tecnologias que ainda não foram inventadas. Urano também rege a astrologia, e, embora a maioria dos arianos não vá se tornar astrólogo profissional, o horóscopo diz que as percepções da astrologia serão importantes na vida financeira. Os astrólogos terão informações financeiras importantes, e, se você precisa tomar alguma decisão, consultar-se com um deles será uma providência inteligente.

Com Urano na Casa do Dinheiro, os ganhos tendem a ser erráticos, com altos muito altos e baixos igualmente baixos. Isso indica extremos financeiros, portanto é bom economizar nos momentos de prosperidade para suprir os períodos de escassez.

Urano rege os amigos da mente, as amizades platônicas, mostrando que seus amigos e conexões sociais serão importantes para as finanças.

Eles parecem ajudar muito nessa área. Além disso, é bom se envolver mais em grupos e organizações profissionais ou associações. Isso também vai ajudá-lo.

Vênus é o seu Planeta das Finanças. Nossos leitores assíduos já sabem que ele é o planeta mais rápido de todos, portanto, existem muitas tendências de curto prazo nas finanças que dependem de onde Vênus está e dos aspectos que recebe. Isso será abordado com mais profundidade nos relatórios mensais.

Vênus terá um de seus raros períodos retrógrados em 2020, de 13 de maio a 25 de junho. Isso só acontece a cada dois anos, então este será um período de análise em termos financeiros. Não será bom para fazer compras de produtos caros ou tomar decisões financeiras importantes.

Vênus vai passar aproximadamente quatro meses no signo de Gêmeos, quatro vezes mais que o seu trânsito usual, mostrando ganhos com vendas, marketing, relações públicas, publicidade, ensino, escrita e comércio.

A carreira será o destaque de 2020. Ela vem sendo um desafio nos últimos dois anos. Você precisou trabalhar muito e não caiu nas graças da sorte; foi preciso ganhar tudo pelos próprios méritos. Muitos arianos lidaram com chefes exigentes e talvez clientes também. Eles esperavam muito de você, mas agora, com Júpiter na Décima Casa quase o ano inteiro, o resultado vai aparecer. Você vai cair nas graças da sorte. Promoções podem acontecer, e o seu status público e profissional será elevado. Se você tiver uma empresa, ela ganhará prestígio, mas a boa sorte virá por meio do trabalho árduo. Também haverá muitas viagens relacionadas à carreira neste ano.

AMOR E VIDA SOCIAL

Conforme mencionamos anteriormente, este ano não será dos mais românticos. Alguns anos são assim. A carreira será muito mais importante que a vida social. Esta vai melhorar no fim do ano, quando Júpiter entrará em sua Décima Primeira Casa, a dos Amigos, mas isso não é romântico e tem mais a ver com as amizades e o envolvimento com amigos e grupos.

A Sétima Casa do Amor estará vazia em 2020. Apenas planetas rápidos vão passar por lá, levando a melhoras temporárias na vida amorosa. Mais importante que isso é o fato de todos os planetas lentos estarem no leste este ano. O setor social ocidental jamais será dominante. Os relacionamentos parecem menos relevantes que o habitual. Você não precisará desenvolver habilidades sociais, pois tudo será direcionado à independência e à criação das condições para a sua felicidade.

Portanto, a tendência será ficar na mesma. Quem é solteiro tende a permanecer solteiro, e os casados tendem a permanecer casados.

Além de ser o Planeta das Finanças, Vênus também é o Planeta do Amor. Isso mostra que, para você, o amor e o dinheiro andam juntos. Quando o amor vai bem, as finanças vão bem. Quando as finanças vão bem, o amor tende a ir bem. Os problemas em uma área afetam a outra.

Vênus é um planeta rápido e geralmente passa por todos os signos e casas do horóscopo em um ano. Em 2020, como ele estará retrógrado, vai passar por 11 signos e 11 casas. Ainda é bastante movimento. Portanto, haverá muitas tendências de curto prazo no amor que dependem de onde Vênus estará e dos aspectos que receber. Essas tendências de curto prazo serão mais detalhadas nos relatórios mensais.

Conforme mencionamos anteriormente, Vênus passará cerca de quatro meses no signo de Gêmeos, a sua Terceira Casa, um trânsito quatrocentos por cento maior que o usual em um signo. Isso é importante para os solteiros, criando oportunidades sociais e românticas no bairro e talvez com vizinhos. A frase "a inteligência é o novo *sex appeal*" se aplica a 2020, pois você vai se sentir atraído por intelectuais e pessoas que possuem o dom da oratória, com quem será fácil conversar. O bate-papo e a boa comunicação serão uma espécie de preliminares. O magnetismo sexual é sempre importante em um relacionamento, mas você precisa de algo mais e procura compatibilidade mental. Haverá oportunidades amorosas na escola, em eventos educacionais, seminários, palestras, eventos literários, livrarias ou bibliotecas. Busque seus interesses intelectuais e o amor encontrará você. Vênus estará em Gêmeos de 3 de abril a 7 de agosto.

AUTOAPRIMORAMENTO

Como já mencionamos, a carreira será a área mais importante deste ano, superando o amor, as finanças e até a saúde. Podemos descrever você como "focado na carreira" nesse período, e não há problema algum nisso. Existem momentos na vida em que esse tipo de foco é necessário. Contudo, não deixe que isso afete sua saúde. O verdadeiro sucesso profissional acontecerá quando você aprender a conquistá-lo mantendo uma vida saudável. Isso significa trabalhar com mais inteligência e não com mais afinco. Aprenda a delegar tarefas e a trabalhar em um ritmo que não seja cansativo.

Veremos acontecimentos interessantes na área espiritual em 2020. Netuno está em sua Décima Segunda Casa há muitos anos e pode deixar você mais místico e sonhador. Você estará propenso a cair em devaneios, mas Júpiter em Capricórnio na Décima Casa mostra uma teologia mais prática. Existe a sensação de que Deus deseja o seu sucesso e de que a sua carreira é "obra divina". Essa fé será útil em termos profissionais. As pessoas em seu local de culto também poderão ajudar na carreira.

Júpiter em Capricórnio favorece a religião tradicional, pois existe conservadorismo nisso. Netuno em Peixes quer transcender e viver em um lugar "acima das religiões", então essas necessidades urgentes precisam ser conciliadas e integradas. Cada pessoa faz isso do seu jeito. Em muitos casos, você terá um pé no reino místico e outro na religião tradicional; mas para algumas pessoas um será o complemento do outro. Não há conflito real. Todas as religiões são efeitos colaterais das experiências místicas de seus fundadores. Você será capaz de discernir por que todas essas práticas religiosas surgiram, com suas regras e regulamentos aparentemente infinitos.

Já dissemos aqui que o setor oriental do seu horóscopo está fortemente dominante este ano. Além disso, Marte, o planeta regente, estará em seu signo por mais de seis meses, a partir do dia 28 de junho. Embora a independência e a obstinação sejam naturais para você, em 2020 elas poderão ser um problema. A tendência será ignorar ou atropelar os outros, talvez até humilhá-los. É verdade que fazer tudo do seu jeito será melhor para você nesses dias, mas as outras pessoas precisam ser tratadas com amor e respeito. Você pode fazer tudo do seu jeito sem ofender ninguém, embora isso exija algum trabalho espiritual.

PREVISÕES MENSAIS

JANEIRO

Melhores dias: 2, 3, 12, 20, 21, 29, 30, 31
Dias mais tensos: 9, 10, 16, 22, 23
Melhores dias para o amor: 13, 14, 16, 18, 19, 27, 28
Melhores dias para o dinheiro: 5, 6, 13, 14, 22, 23
Melhores dias para a carreira: 6, 14, 15, 22, 23

Você começa o ano no meio do ápice anual em termos profissionais. A sua Décima Casa (a da Carreira) é disparada a mais forte do horóscopo, pois cinquenta e às vezes até mesmo sessenta por cento dos planetas estarão passando ou passarão por ela. Isso significa que sua carreira terá sucesso, mas exigirá bastante. Você estará concentrado na área profissional, como deveria estar, mas o excesso de foco pode causar alguns problemas no lar. O eclipse lunar do dia 10 ocorre em sua Quarta Casa e agita tudo, podendo trazer momentos dramáticos na vida de parentes, um dos pais, figura paterna ou materna, e, muitas vezes, a necessidade de fazer reparos em casa. Irmãos e figuras fraternas também parecem ser afetados pelo eclipse, sendo obrigados a tomar decisões financeiras importantes, geralmente devido a um contratempo ou evento inesperado.

Esse eclipse parece ser bem forte, então vá com calma nesses dias. Você deve descansar e relaxar mais ao longo do mês, especialmente até o dia 20, mas particularmente durante o período do eclipse. O problema é que as exigências da carreira são muito grandes agora, e talvez descansar e relaxar não seja tão fácil. Os problemas relacionados à carreira e ao lar precisam ser resolvidos, mas mantenha o foco no essencial. Não esquente a cabeça com bobagens.

A saúde preocupa neste mês, especialmente até o dia 20. O eclipse também afetará o Planeta da Saúde, levando a mudanças na rotina médica e talvez em seus médicos ou plano de saúde. Poderá haver sustos nesta área, e, caso isso aconteça, procure uma segunda opinião. O corpo não é um "objeto", mas sim um sistema de energia dinâmica que responde ao mundo energético. Exames feitos quando a energia não é boa muitas vezes mostram falsos diagnósticos.

Melhore a saúde esse mês com massagens nas costas e nos joelhos até o dia 16 e massagens na panturrilha e tornozelos depois disso. E o mais importante: mantenha a disposição em alta.

Também poderá haver mudanças na área profissional, que podem acontecer dentro da empresa em que você trabalha atualmente ou em outra. O eclipse afetará o Planeta da Carreira, Saturno, gerando abalos nesta área e muitas vezes causando problemas na alta administração do seu local de trabalho, mudanças nas políticas da empresa, além de momentos dramáticos na vida de chefes e alterações em seu ramo de atuação. Às vezes o governo pode mudar regulamentações que afetam a sua profissão.

FEVEREIRO

Melhores dias: 8, 9, 16, 17, 26, 27
Dias mais tensos: 6, 7, 12, 13, 18, 19, 20
Melhores dias para o amor: 7, 8, 12, 13, 16, 17, 26, 27
Melhores dias para o dinheiro: 1º, 2, 7, 8, 10, 11, 16, 17, 19, 20, 26, 27, 28, 29
Melhores dias para a carreira: 2, 11, 18, 19, 20, 29

Você merece parabéns se conseguiu passar pelo mês de janeiro com a saúde e a sanidade intactas. Você se cuidou direito. A saúde ainda exige atenção, mas será bem menos estressante do que no mês passado. Melhore a saúde das formas mencionadas no relatório anual e também com massagens nos tornozelos e coxas até o dia 3 e massagens nos pés após o dia 3. Você responderá muito bem a modalidades de cura espiritual após o dia 3, então procure um curandeiro caso fique indisposto nesse período.

Este mês terá vida social intensa. A Décima Primeira Casa (dos Amigos) estará poderosa até o dia 19, e no dia 7 o Planeta do Amor entrará em seu signo e ficará lá pelo resto de fevereiro. Vênus no seu signo é um trânsito feliz, trazendo beleza e traquejo social. Você estará com boa aparência e será atraído pela moda. O amor e as oportunidades amorosas buscarão você em vez de o contrário. O amor será do seu jeito. Quem estiver casado ou em um relacionamento descobrirá que o cônjuge, parceiro ou interesse amoroso atual estará mais dedicado e com vontade de agradar do que o habitual.

Vênus entrando em seu signo também é um trânsito financeiro maravilhoso. O dinheiro e as oportunidades financeiras virão até você, que não precisará correr atrás delas. Isso costuma indicar sorte inesperada nas finanças e também que as roupas e acessórios virão até você.

Marte (o senhor do seu horóscopo) entrará na Décima Casa no dia 16, indicando sucesso na carreira, mas você trabalhou para isso. Você estará no auge, no comando. As pessoas vão procurá-lo em busca de conselhos e ajuda e sonharão em ser como você.

Marte entrando na Décima Casa coloca todos os planetas no setor oriental do seu mapa. Até a Lua vai entrar no leste no dia 18. Isso é altamente incomum. Você estará no auge da independência pessoal (no mês que vem também), além de autossuficiente e no controle do seu destino. Não precisará muito da aprovação alheia, pois sabe o que é melhor para si e seguirá esse caminho. Os outros podem não concordar inicialmente, mas vão acabar cedendo. Faça as mudanças que precisam ser feitas. Como você terá muito poder pessoal, pode e deve fazer tudo do seu jeito.

Vênus, o Planeta do Amor e das Finanças, terá um solstício entre os dias 8 e 10. Ele fará uma pausa no céu e mudará de direção (em latitude), levando a uma pausa nas finanças e no amor, seguida por uma mudança de rumo.

MARÇO

Melhores dias: 6, 7, 14, 15, 24, 25
Dias mais tensos: 4, 5, 10, 11, 17, 18
Melhores dias para o amor: 8, 10, 11, 17, 18, 27, 28
Melhores dias para o dinheiro: 1º, 8, 9, 17, 18, 27, 28
Melhores dias para a carreira: 1º, 9, 17, 18, 28, 29

A espiritualidade estará forte o ano inteiro, mas ganhou ainda mais força desde o dia 19 de fevereiro. A Décima Segunda Casa está muito poderosa, então é um bom momento para realizar práticas espirituais, meditar, estudar literatura sacra e ler livros espirituais. Também é um período muito criativo. Você estará extremamente inspirado, especialmente nos dias 8 e 9. Este é um período para experiências sobrenaturais e de percepção extrassensorial aumentada.

Os filhos e figuras filiais que estiverem na idade adequada estarão mais sexualmente ativos este mês.

Todos os planetas ainda estarão no leste, e apenas a Lua passará pelo setor social ocidental entre os dias 4 e 16. Além disso, a Primeira Casa ficará poderosa a partir do dia 20. Continue a fazer as mudanças necessárias e crie as condições para sua felicidade. Como no mês passado, você pode e deve fazer tudo do seu jeito. Não há problema em agir de acordo com os seus interesses, desde que você não prejudique outras pessoas. O seu interesse é tão importante quanto o dos outros.

Embora a saúde ainda exija cuidados (não assuma que tudo está bem), ela vai melhorar bastante depois de janeiro. Como no mês passado, vale a pena receber massagens nos tornozelos e panturrilhas (entre os dias dia 4 e 16) e massagens nos pés (entre os dias 1º e 4). Os métodos de cura espiritual ainda são poderosos para você entre os dias 1º e 4 e a partir do dia 16.

O Sol entrará em seu signo no dia 20, e você começará um ápice do prazer pessoal (um deles). É um bom momento para se divertir e ceder aos desejos do corpo. Além disso, é um período favorável para entrar em forma. As oportunidades de diversão e lazer virão até você, que provavelmente vai aceitá-las. Os filhos e figuras filiais parecem mais dedicados a você. A sua aparência pessoal vai brilhar, pois a energia abundante é o melhor produto de beleza que existe.

O próximo mês também será próspero. Vênus entrará na Casa do Dinheiro no dia 5 e ficará lá pelo resto do mês. Ele estará forte em seu signo e Casa, potencializando os ganhos e trazendo a ajuda dos contatos sociais, cônjuge, parceiro ou interesse amoroso atual, além de oportunidades para sociedades ou parcerias. Vênus viaja com Urano entre os dias 6 e 9, o que pode trazer dinheiro e oportunidades sociais inesperadas.

ABRIL

Melhores dias: 3, 4, 11, 12, 20, 21, 22
Dias mais tensos: 1º, 2, 7, 8, 13, 14, 28, 29
Melhores dias para o amor: 7, 8, 15, 16, 17, 25, 26
Melhores dias para o dinheiro: 6, 7, 8, 14, 15, 16, 17, 23, 24, 25, 26
Melhores dias para a carreira: 6, 7, 13, 14, 15, 24, 25

Este será um mês feliz e próspero, ariano. Aproveite! Você ainda está no meio de um dos seus ápices anuais de prazer pessoal até o dia 19. Como no mês passado, boa parte da diversão e das atividades de lazer virá até você. A aparência pessoal vai brilhar. Você terá o carisma e o charme de um astro ou estrela.

Este continuará sendo um período de independência e poder pessoal. Outras pessoas sempre serão importantes, mas não deixe de cuidar do número um: você. O setor social ocidental ficará um pouco mais forte depois do dia 3, quando Vênus vai para o oeste, mas o setor oriental do "eu" ainda estará majoritariamente dominante.

Vênus ficará "fora dos limites" do dia 3 até o fim do mês. Em termos práticos, ele passará o mês "fora dos limites", descrevendo tanto sua vida financeira quanto a amorosa nesse período. Você precisará ir além das fronteiras normais em termos sociais e financeiros. Não existem respostas ou oportunidades em seus círculos habituais. Isso também pode ser lido de outra forma: seus anseios financeiros e sociais levarão você além das fronteiras normais. O cônjuge, parceiro ou interesse amoroso atual também estará fora do eixo. As pessoas ligadas ao dinheiro em sua vida também vão se aventurar no desconhecido.

A saúde estará boa este mês, especialmente quando comparada aos últimos meses. Além de haver apenas dois planetas lentos estressantes, você contará com a ajuda dos planetas rápidos. Portanto, a saúde e a disposição serão as melhores do ano até agora. Você também pode melhorar esta área com massagens nos pés até o dia 11, no couro cabeludo e rosto entre os dias 11 e 27 e no pescoço e garganta a partir do dia 27. Exercícios físicos sempre são bons para você, especialmente entre os dias 11 e 27.

Mercúrio teve seu solstício entre os dias 14 e 16. Ele faz uma pausa no céu e muda de direção (em latitude), significando um hiato nas questões do trabalho e saúde, seguido pela respectiva mudança de rumo. Esta será uma pausa renovadora, uma pausa cósmica.

Júpiter viaja com Plutão o mês inteiro, trazendo muitas mensagens. Será um bom período para pagar dívidas ou pegar dinheiro emprestado, dependendo da necessidade, além de trazer investidores externos para seus projetos. O cônjuge, parceiro ou interesse amoroso atual terá um excelente mês em termos financeiros. E você também, pois o seu ápice financeiro anual começa no dia 19. Este será um ótimo mês para fazer planejamento tributário ou adquirir uma apólice de seguro. Se você tiver a idade adequada, também será bom para planejar a compra de imóveis.

MAIO

Melhores dias: 1º, 8, 9, 18, 19, 27, 28
Dias mais tensos: 4, 5, 10, 11, 25, 26
Melhores dias para o amor: 4, 5, 13, 14, 23, 24
Melhores dias para o dinheiro: 3, 4, 5, 12, 13, 14, 20, 21, 22, 23, 24
Melhores dias para a carreira: 4, 10, 11, 12, 13, 22

A atividade retrógrada aumenta este mês. A partir do dia 16, quarenta por cento dos planetas vão se mover para trás. Embora ainda não seja o máximo para o ano, é uma porcentagem bem alta. O ritmo da vida desacelera um pouco.

Vênus em movimento retrógrado talvez seja o mais importante para você, pois esse planeta rege o amor e a vida financeira. Esse é um movimento raro, que acontece uma vez a cada dois anos e começa no dia 16 de maio. Portanto, grandes compras ou investimentos devem ser feitos antes dessa data. Avalie a sua vida financeira, fazendo uma boa análise e vendo onde é possível melhorá-la. A ação mental também é válida, pois a ação não é apenas física. O mesmo acontece para o cônjuge, parceiro ou interesse amoroso atual, mas para ele ou ela isso está em vigor o mês inteiro e nos próximos meses. Apesar disso, ele ou ela vai prosperar este mês. Os ganhos podem acontecer mais lentamente, mas eles virão.

A vida amorosa também vai diminuir depois do dia 16. Os relacionamentos ou amizades parecem andar para trás. Então, como acontece com as finanças, não tome decisões amorosas importantes após o dia 16.

Vênus vai passar o mês na Terceira Casa, mostrando que o amor e as oportunidades românticas estarão perto de casa, no seu bairro e talvez entre os vizinhos. O mesmo vale para as oportunidades financeiras.

O movimento retrógrado do Planeta da Carreira, Saturno, começa no dia 11, coincidindo com a força na metade inferior do seu horóscopo. A metade superior, a parte diurna do seu mapa, continua dominante, mas a metade inferior estará mais forte do que nunca (no mês que vem, a metade inferior do seu mapa estará no máximo para 2020). Portanto, você poderá dedicar mais tempo ao lar e à família. A carreira continua sendo importante, mas desacelera. Muitas questões vão exigir tempo para serem resolvidas.

Você ainda estará em um período de ápice financeiro anual até o dia 20, mas, devido ao movimento retrógrado de Vênus, é melhor resolver seus acordos financeiros antes do dia 16.

Ainda é um bom mês para pagar ou fazer dívidas, especialmente antes do dia 16. Como o mês passado, este também será bom para fazer planejamento tributário ou de compra de imóveis (para quem estiver na idade adequada).

A saúde fica ainda melhor que no mês passado. Mercúrio, o Planeta da Saúde, também estará "fora dos limites" a partir do dia 17 deste mês, mostrando que você está pensando "fora da caixa" nas questões relacionadas à saúde.

JUNHO

Melhores dias: 5, 6, 14, 15, 24, 30
Dias mais tensos: 1º, 7, 8, 21, 22
Melhores dias para o amor: 1º, 9, 10, 19, 20
Melhores dias para o dinheiro: 1º, 8, 9, 10, 16, 17, 18, 20, 21, 27
Melhores dias para a carreira: 2, 7, 8, 9, 18, 19

A atividade retrógrada aumenta ainda mais este mês. Teremos três dias, entre 23 e 25, em que a maioria dos planetas (sessenta por cento) estará retrógrada. É o máximo para 2020, embora esse número vá ser atingido novamente em setembro. Os movimentos retrógrados são irritantes para todos, especialmente para os arianos. O ritmo da vida desacelera ainda mais que no mês passado. O nativo de Áries, que adora ação, precisa aprender a ter paciência.

Boa parte da atividade retrógrada é o cosmos convidando você a ser mais perfeito em tudo o que faz. Enfrente os detalhes da vida com perfeição, evite atalhos (que serão ilusórios este mês) e faça um progresso lento e metódico. Ser perfeito no que faz não vai eliminar os atrasos, mas conseguirá reduzi-los.

A saúde preocupa a partir do dia 21. Não é tão grave quanto em janeiro, mas ainda exige cuidados. Faça o melhor para manter a disposição em alta e tenha uma agenda mais tranquila entre os dois períodos de eclipse deste mês.

O eclipse lunar de 5 de junho acontecerá em sua Nona Casa, afetando estudantes universitários. Poderá haver problemas na instituição de ensino que você frequenta e mudanças nos planos educacionais. Se você estiver envolvido em algum processo judicial, poderá acontecer uma virada dramática. Todo eclipse lunar afeta a família e os parentes, e este não será diferente. Talvez seja preciso fazer reparos em casa, e as paixões no ambiente doméstico estarão elevadas. Dois planetas importantes no seu mapa, Marte e Vênus, também serão afetados, portanto esse será um eclipse forte. O impacto em Marte, o senhor do seu horóscopo, poderá trazer a necessidade de redefinir a si mesmo e a sua personalidade. Muitas vezes isso é causado por pessoas que fazem fofoca ou fazem difamação sobre você. Isso também poderá trazer uma desintoxicação do corpo. O impacto em Vênus indica mudanças nas áreas financeira e amorosa. Você precisa corrigir o rumo das suas finanças. O pensamento financeiro não anda muito realista. Além disso, seu relacionamento atual será testado.

O eclipse solar do dia 21 será poderoso no nível mundano, pois ocorre em um ponto cardeal. Os que nasceram no início de Áries (20 e 21 de março) vão senti-lo com mais força, mas todos sentirão em algum nível. Ele também afetará a vida e a família, porque ocorre em sua Quarta Casa. Mais momentos dramáticos acontecerão na vida de parentes, enquanto os filhos e figuras filiais terão experiências do tipo divisor de águas. Um dos pais, figura paterna ou materna, fará mudanças financeiras importantes. Além disso, o casamento ou relacionamento atual será testado.

JULHO

Melhores dias: 2, 3, 11, 12, 21, 22, 29, 30
Dias mais tensos: 4, 5, 19, 20, 25, 26, 31
Melhores dias para o amor: 6, 7, 8, 16, 17, 25, 26
Melhores dias para o dinheiro: 4, 5, 6, 7, 8, 14, 15, 16, 17, 23, 24, 25, 26, 31
Melhores dias para a carreira: 4, 5, 15, 24, 31

Você acabou de sair de dois eclipses no mês passado e enfrentará outro este mês: um eclipse lunar no dia 5, que ocorre na Décima Casa (a da Carreira), indicando mudanças nessa área, seja na administração e nas políticas internas da empresa onde você trabalha ou em momentos dramáticos na vida dos chefes. O governo pode mudar regulamentações, obrigando o seu ramo profissional a sofrer alterações. Mais uma vez o lar e a família serão afetados, gerando mais momentos de tensão em casa, na vida dos parentes e com um dos pais, figura paterna ou materna.

O eclipse "passa raspando" em três planetas do seu mapa (felizmente o aspecto é amplo), afetando Mercúrio, Júpiter e Marte. O impacto em Mercúrio e Júpiter sugere que é melhor adiar viagens (se precisar viajar, evite as datas antes, durante e um pouco depois do eclipse). O impacto em Mercúrio e Júpiter afetará estudantes universitários e de ensino médio. Pode haver mudança de escola, planos educacionais ou problemas na instituição de ensino em si. A rotina de saúde também vai mudar. Espere até o dia 12 para colocar essas mudanças em prática

A saúde ainda exige cuidados até o dia 22. Mercúrio (o Planeta da Saúde) vai passar o mês no signo de Câncer, sua Quarta Casa. Portanto, massagens abdominais e a alimentação certa vão lhe fazer bem. Mais importante ainda é manter a harmonia emocional e familiar (o que será um desafio devido ao eclipse).

A carreira está ganhando importância, pois Saturno estará em movimento retrógrado para sua Décima Casa, a da Carreira. Contudo, o lar e a família também serão muito importantes porque a Quarta Casa estará forte. Você precisará equilibrar os dois, alternando entre um e outro. Não será possível ignorar essas áreas.

A atividade retrógrada continuará forte. Até o dia 12, cinquenta por cento dos planetas estarão retrógrados. Após o dia 12, serão quarenta por cento, o que ainda é uma porcentagem bem alta. Paciência. Paciência. Paciência.

O amor e o dinheiro vão bem este mês. Como Vênus está se movendo para a frente (desde 15 de junho), haverá clareza financeira. Vênus também passa o mês em sua Terceira Casa, favorecendo as áreas de vendas, marketing, publicidade e relações públicas. Independentemente da sua área de atuação, cuidar do marketing é importante. As pessoas precisam conhecer o seu produto ou serviço. O período também é bom para escritores, professores e jornalistas. Ter o dom da palavra terá muita relevância nas finanças.

O amor também está no seu bairro, talvez aconteça com vizinhos. Existem oportunidades românticas em eventos escolares ou outros ambientes educacionais, como palestras, seminários e workshops, além de bibliotecas ou livrarias.

AGOSTO

Melhores dias: 8, 9, 17, 18, 25, 26, 27
Dias mais tensos: 1º, 2, 15, 16, 21, 22, 28, 29
Melhores dias para o amor: 3, 4, 15, 16, 21, 22, 23, 24
Melhores dias para o dinheiro: 2, 3, 4, 10, 11, 15, 16, 20, 23, 24
Melhores dias para a carreira: 1º, 2, 11, 20, 28, 29

A atividade retrógrada estará mais ou menos igual a julho. Na maior parte do mês, quarenta por cento dos planetas estarão retrógrados. Após o dia 15, cinquenta por cento dos planetas estarão retrógrados, quando Urano começará a se mover para trás.

A boa notícia é que, desde o dia 22 de julho, você está em um ápice anual de prazer pessoal. Esse momento para curtir a vida continua até o dia 22. Você poderá se divertir sem preocupações, pois nada muito importante acontecerá no mundo. É uma boa época para tirar férias.

A saúde melhorou muito desde o dia 22 de julho, mas, com quatro (às vezes, cinco) planetas em alinhamento tenso com você, esta área ainda exige cuidados. Ter uma boa alimentação e receber massagens abdominais será bom até o dia 5. Do dia 5 ao dia 20, as massagens no peito serão melhores, enquanto as massagens abdominais e a alimentação voltarão a ganhar importância após o dia 20.

A partir do dia 2 haverá um Grande Trígono (aspecto raro) nos signos de terra. Isso é bom para a prosperidade e para enfrentar os detalhes do plano material. Os filhos e figuras filiais também vão prosperar nesse período.

O seu Planeta do Amor e das Finanças, Vênus, muda de signo no dia 7. Ele passou os últimos quatro meses na Terceira Casa. Isso vai levar a mudanças nessas áreas. O apoio da família parece mais forte que o habitual. Além disso, você vai passar mais tempo no lar com seus entes queridos. Haverá oportunidades para ganhar dinheiro de casa. As conexões familiares também serão importantes em termos financeiros. Tenha cuidado para não ficar temperamental demais em relação às finanças. As decisões financeiras e os grandes gastos devem ser feitos quando você estiver calmo e tranquilo, nunca em períodos de agitação ou depressão.

A situação da vida amorosa é parecida: você vai se divertir mais em casa e com a família. Além disso, os parentes e as conexões familiares farão papel de cupido. Você sentirá atração por pessoas com quem possa dividir sentimentos. A intimidade emocional parecerá tão importante quanto a física.

Marte em seu signo desde 28 de junho dá mais disposição e é uma boa notícia para a saúde como um todo. Contudo, isso pode deixar você impaciente e, com tantos planetas retrógrados, pode gerar frustração e levar você a ir além dos limites do corpo. Esse é o ponto negativo em termos de saúde.

O poder na sua Sexta Casa a partir do dia 22 será bom para a saúde, indicando que você está se preocupando nesta área. Isso também é bom para quem procura emprego e para quem é empregador. As perspectivas estarão boas. O período também indica muito profissionalismo, que será notado pelos seus superiores.

SETEMBRO

Melhores dias: 4, 5, 14, 15, 22, 23
Dias mais tensos: 11, 12, 18, 19, 24, 25
Melhores dias para o amor: 2, 3, 13, 14, 18, 19, 22, 23
Melhores dias para o dinheiro: 2, 3, 6, 7, 8, 13, 14, 16, 17, 22, 23, 24, 25
Melhores dias para a carreira: 8, 17, 24, 25

A atividade retrógrada novamente chega ao máximo do ano. Entre os dias 9 e 12, sessenta por cento dos planetas (a maioria) estarão retrógrados. Após o dia 12, cinquenta por cento estarão retrógrados, ainda um número bastante alto. A boa notícia é que a atividade retrógrada vai diminuir gradualmente nos próximos meses e tudo voltará a avançar, pouco a pouco.

Existem alguns pontos positivos em tanta atividade retrógrada. Ela nos obriga a desacelerar e refletir sobre várias áreas da vida. A questão não é tanto "agir", e sim obter clareza. À medida que você obtém clareza, é possível fazer planos para o futuro. Quando o ímpeto planetário mudar para a frente, você estará em boa posição para avançar.

A Sexta Casa estará forte até o dia 22, indicando foco na saúde e preparando você para o que vier depois, quando a situação nessa área não estará tão tranquila quanto de costume, além de provavelmente estressante. Até o dia 5 você poderá se sentir bem com massagens abdominais e alimentação adequada. Você também pode responder positivamente a terapias com base na terra (haverá um Grande Trígono em terra até o dia 22), portanto, aplicar argila em partes do corpo que estejam incomodando, além de banhos de argila ou em águas com alto teor mineral serão práticas boas. Depois do dia 5, dê mais atenção aos rins e quadris. Massagens nos quadris serão favoráveis. Além disso, aplique os métodos citados no relatório anual. O mais importante é manter a energia em alta. Não se permita ficar cansado demais.

O próximo mês será forte na área social, sendo este e o próximo provavelmente os mais fortes do ano. Conforme já mencionamos, o setor oriental do "eu" ainda estará mais forte que o setor ocidental social, mas o oeste estará mais pronunciado que o habitual. Tudo é relativo. No dia 22 você entrará no ápice amoroso e social do ano. Você já teve ápices amorosos e sociais melhores na vida, mas este será melhor em comparação a 2019. Os solteiros vão namorar mais, e todos (solteiros, casados ou em um relacionamento) irão a mais festas e eventos.

No entanto, o amor não parece tão sério. É só diversão, uma forma de entretenimento. Vênus, o Planeta do Amor, estará na Quinta Casa (a da Diversão) a partir do dia 6. O Sol (seu Planeta da Diversão) estará na Sétima Casa (a do Amor) a partir do dia 22. Eles são hóspedes no signo um do outro, configurando uma recepção mútua, que é um aspecto positivo. Eles estarão cooperando entre si.

Isso também é bom em termos financeiros. Você vai ganhar dinheiro de modo satisfatório, provavelmente assumirá mais riscos que o habitual (o que já é bastante) e parecerá ter sorte em especulações. Você também vai gastar com lazer. A mensagem do horóscopo é: viva com mais tranquilidade, curta a vida e o amor e as finanças vão cuidar de si mesmas.

OUTUBRO

Melhores dias: 1º, 2, 11, 12, 19, 20, 28, 29, 30
Dias mais tensos: 9, 10, 15, 16, 21, 22
Melhores dias para o amor: 3, 15, 16, 21, 22
Melhores dias para o dinheiro: 4, 5, 13, 14, 21, 23, 31
Melhores dias para a carreira: 5, 14, 21, 22

No dia 22 do mês passado, o poder planetário mudou do lado noturno para o lado diurno do seu horóscopo, da metade inferior para a superior. O lar, a família e as questões emocionais estão perdendo importância e o foco se concentra na carreira. O seu Planeta da Carreira, Saturno, começou a se mover para a frente no dia 29 de setembro, então o momento é perfeito. Tudo na carreira está progredindo. Você está se preparando para um novo avanço profissional.

A saúde ainda precisa de atenção. Este é um dos seus meses mais vulneráveis, especialmente até o dia 23, então, descanse e relaxe o máximo possível. Faça o que puder para manter a energia em alta, seguindo as sugestões mencionadas no relatório anual. Este é um mês em que você responderá bem a regimes de desintoxicação. Talvez uma cirurgia seja recomendada, mas, como Mercúrio ficará retrógrado no dia 14, será melhor ouvir uma segunda opinião. A desintoxicação também deverá ser explorada. Além disso, o sexo seguro e a moderação sexual serão importantes. Uma desintoxicação do cólon com chás de ervas pode ser uma boa ideia.

Você ainda está no meio do ápice amoroso e social anual, que continuará até o dia 23, mas Vênus vai passar boa parte do mês (entre os dias 2 e 28) em Virgem e não está muito confortável nesse signo. Em linguagem astrológica, ele está em "queda", sua posição mais fraca. A vontade de socializar até existe, mas o magnetismo social não está no nível habitual. O importante é evitar críticas destrutivas e o perfeccionismo, que não ajudam o amor (às vezes este não é o seu caso, mas você pode atrair pessoas assim). Se você conseguir evitar essas armadilhas, o amor deverá ir bem.

Vênus em Virgem é melhor para as finanças do que para o amor. Ele fará parte de um Grande Trígono dos signos de terra, um aspecto muito favorável para a riqueza. O julgamento financeiro estará sólido, você terá mais cautela nas compras e gastará com sabedoria. A tendência é ganhar dinheiro à moda antiga, por meio do trabalho e do serviço produtivo. Chefes, idosos, pais, figuras paternas e maternas poderão ajudar financeiramente.

Vênus terá outro solstício entre os dias 29 deste mês e 2 de novembro. Ele fará uma pausa no céu (em latitude) e depois mudará de direção. Isso acontecerá no amor e nas finanças. Será uma boa pausa, daquelas que renovam.

Vênus também entrará em Libra no dia 28, seu próprio signo e Casa, ficando mais forte. O poder de ganhar dinheiro vai aumentar, mas você terá que trabalhar mais para isso. O magnetismo social também estará mais forte, mas será que você vai ter interesse em aproveitá-lo?

NOVEMBRO

Melhores dias: 7, 8, 16, 25, 26
Dias mais tensos: 5, 6, 12, 18, 19
Melhores dias para o amor: 2, 3, 12, 21, 22
Melhores dias para o dinheiro: 1º, 2, 3, 11, 12, 19, 21, 22, 27, 28
Melhores dias para a carreira: 2, 11, 18, 19

O ímpeto planetário agora está voltado para a frente. No dia 29, noventa por cento dos planetas estarão se movendo nessa direção. O ritmo da vida vai acelerar como você gosta. Se tiver aproveitado o período retrógrado adequadamente, estará em boa posição para avançar.

O período retrógrado de Marte acaba no dia 14. Este é um desenvolvimento importante, pois ele rege seu horóscopo. Além disso, Marte estará retrógrado desde 9 de setembro. Você terá mais confiança, direção e clareza.

Vênus ainda está em solstício até o dia 2, então não se espante com a pausa natural no amor e nas finanças. É uma pausa cósmica que vai levar você a um novo rumo.

Temos outro eclipse lunar no fim do mês, o quarto de 2020. Ele acontece tecnicamente no dia 30, mas será sentido com antecedência. As pessoas sensitivas notam o eclipse cerca de duas semanas antes de acontecer. A boa notícia é que o eclipse será relativamente tranquilo para você, pois não vai afetar outros planetas (apenas Netuno será levemente atingido). Esse eclipse ocorre em sua Terceira Casa. Alunos acima do nível universitário serão afetados. Eles podem mudar de escola e planos educacionais. Poderá surgir problemas nesse campo, por exemplo, abalos na administração dela. Irmãos, figuras fraternas e vizinhos também serão afetados. Eles precisarão se redefinir para os próximos meses. Isso irá mudar o modo de se vestir e a imagem que eles apresentam para o mundo. Carros e equipamentos de comunicação provavelmente ficarão instáveis, talvez exigindo reparos ou substituições. É uma boa ideia dirigir com mais cuidado nesse período. Todo eclipse lunar afeta o lar e a família. Isso vem acontecendo o ano inteiro, e esse eclipse mantém a tendência. Haverá momentos dramáticos na vida de parentes e especificamente de um dos pais, figura paterna ou materna. Os parentes também ficarão mais temperamentais.

A saúde melhora bastante em relação ao mês passado, e vai melhorar ainda mais no mês que vem. Enquanto isso, você pode ajudá-la seguindo as sugestões do relatório anual. Até o dia 11 será bom receber mais massagens nos quadris, e depois desse dia você reagirá bem a regimes de desintoxicação. O sexo seguro e a moderação sexual serão importantes após o dia 11.

O amor parece delicado até o dia 21. Você e o ser amado enxergarão tudo de modos opostos e parecerão distantes um do outro. Isso não necessariamente significa o fim do relacionamento, apenas uma necessidade de resolver as diferenças. O amor vai melhorar depois do dia 21, mostrando-se mais erótico. Embora o magnetismo sexual pareça ser o fator mais importante para os solteiros, até quem está em um relacionamento vai usar o sexo satisfatório para disfarçar problemas.

DEZEMBRO

Melhores dias: 5, 6, 13, 14, 22, 23
Dias mais tensos: 2, 3, 9, 10, 15, 16, 29, 30, 31
Melhores dias para o amor: 2, 3, 9, 10, 11, 12, 22, 23
Melhores dias para o dinheiro: 2, 3, 8, 11, 12, 16, 22, 23, 24, 25, 26, 27
Melhores dias para a carreira: 8, 9, 15, 16, 17, 27

Os arianos terão um mês bastante movimentado pela frente, mas isso é bom. Saturno se afasta do aspecto tenso com você para formar aspectos harmoniosos no dia 18 e Júpiter fará o mesmo no dia 20. E, embora a saúde ainda exija cuidados após o dia 21, o estresse nem de longe será tão intenso quanto em janeiro, junho/julho ou setembro do ano passado. Até o dia 21, melhore a saúde com massagens nas coxas. Fazer uma desintoxicação do fígado com ervas também pode ser uma boa ideia. Após o dia 21, cuide-se bem com massagens nas costas e nos joelhos.

O sexto eclipse do ano ocorrerá no dia 14. É um eclipse solar que acontece em sua Nona Casa, então evite viagens ao exterior nesse período. Se precisar viajar, evite as datas um pouco antes, durante e um pouco depois do eclipse, que também afeta crianças, figuras filiais e estudantes universitários. Haverá mudanças nos planos educacionais, às vezes envolvendo mudança de escola, de curso e abalos na instituição de ensino, seja na administração ou nos regulamentos. Se você estiver envolvido em questões jurídicas, haverá uma virada dramática que o deixará mais perto da solução. E talvez o mais importante: as crenças religiosas, teológicas e filosóficas serão testadas, gerando uma crise de fé (que vai continuar até o próximo ano). Algumas crenças precisarão ser alteradas e outras, descartadas. Essas mudanças afetarão toda a sua vida e provavelmente não serão agradáveis quando acontecerem, mas acabarão sendo positivas. Netuno, seu Planeta Espiritual, será afetado por esse eclipse (de modo mais direto que no eclipse do mês passado). Isso significa mudanças espirituais, seja de práticas, mestres ou ensinamentos, levando a uma correção de rumo nessa área. Isso é bom. Haverá abalos em organizações filantrópicas, espirituais ou altruístas em que você está envolvido e momentos dramáticos na vida de gurus e figuras que desempenham esse papel em sua vida.

No dia 21 você entrará no ápice profissional anual. Ele não será tão intenso quanto o seu último, em janeiro, mas será forte. Você provavelmente conquistou vários dos seus objetivos de curto prazo. A carreira será importante, mas você não está tão voltado para ela como esteve na maior parte do ano.

Júpiter e Saturno em sua Décima Primeira Casa (Saturno no dia 18 e Júpiter no dia 20) indicam novas amizades, que serão importantes e ajudarão na carreira. Você está se unindo (não necessariamente em termos românticos) com gente grande e poderosa.

Vênus estará na Oitava Casa até o dia 15, então você estará bastante envolvido nas finanças do cônjuge, parceiro ou interesse amoroso atual. Ele ou ela teve um bom período financeiro no mês passado e continuará assim no próximo mês. Há uma boa cooperação financeira entre vocês. Este também é um bom período para pagar ou fazer dívidas, dependendo da sua necessidade.

No amor, o magnetismo sexual ainda é o fator mais importante, mas isso mudará após o dia 15, quando a compatibilidade filosófica ganhará importância. O amor e as finanças estarão bons este mês.

♉

TOURO

O TOURO

Nascidos entre 21 de abril e 20 de maio

PERFIL PESSOAL

TOURO EM UM RELANCE

Elemento: Terra
Planeta Regente: Vênus
  Planeta da Carreira: Urano
  Planeta do Amor: Plutão
  Planeta das Finanças: Mercúrio
  Planeta do Lar e da Vida Familiar: Sol
  Planeta da Fortuna e da Abundância: Júpiter
Cores: tons terrosos, verde, amarelo e alaranjado
Cores que promovem o amor, o romance e a harmonia social: violeta, púrpura
Cores que propiciam ganhos: amarelo, amarelo-ouro
Pedras: coral, esmeralda
Metal: cobre
Perfumes: amêndoa, rosa, baunilha, violeta
Qualidade: fixa (= estabilidade)
Qualidade essencial ao equilíbrio: flexibilidade
Maiores virtudes: resistência, lealdade, paciência, estabilidade, boa disposição
Necessidades mais profundas: conforto, segurança material, riqueza
Características a evitar: rigidez, teimosia, tendência à possessividade e ao materialismo
Signos de maior compatibilidade: Virgem, Capricórnio

Signos de maior incompatibilidade: Leão, Escorpião, Aquário
Signo mais útil à carreira: Aquário
Signo que fornece maior suporte emocional: Leão
Signo mais prestativo em questões financeiras: Gêmeos
Melhor signo para casamento e associações: Escorpião
Signo mais útil em projetos criativos: Virgem
Melhor signo para sair e se divertir: Virgem
Signos mais úteis em assuntos espirituais: Áries, Capricórnio
Melhor dia da semana: sexta-feira

COMPREENDENDO A PERSONALIDADE TAURINA

Touro é o mais terreno dos signos de Terra. Se compreendermos que a Terra, mais que um elemento físico, é também uma atitude psicológica bem-definida, fica mais fácil compreender os taurinos.

Os nativos desse signo dispõem do mesmo potencial para a ação que os arianos. Mas, para os taurinos, a ação não se justifica por si mesma. Ela tem de ser produtiva, prática e produzir riquezas. Se um taurino não perceber valor prático em uma ação, não moverá um dedo para executá-la.

O forte dos taurinos é o dom de tornar realidade as próprias ideias e as dos demais. Em geral, não são muito criativos, mas conseguem aperfeiçoar as ideias alheias, conferindo-lhes maior praticidade e utilidade. O mesmo se aplica aos projetos; não são bons em iniciá-los, mas, caso se envolvam em algum, o concluem. Eles sempre acabam o que começam. Gostam de ir até o fim, e só não o farão se alguma calamidade inevitável ocorrer.

Muitos julgam os taurinos como excessivamente teimosos, conservadores, fixos e inamovíveis. É compreensível, pois eles não apreciam alterações nem em seu habitat nem em sua rotina. Também detestam mudar de opinião! Por outro lado, é justamente essa sua maior virtude. O eixo de uma roda não pode ficar oscilando o tempo todo. Deve ser fixo, estável. Os taurinos são o eixo dos círculos sociais e dos céus. Sem a sua estabilidade e famigerada teimosia, a roda do mundo (e também a dos negócios) não giraria.

Eles amam a rotina. E a rotina, quando boa, possui muitas virtudes. Trata-se de uma maneira fixa, e idealmente perfeita, de lidar com as situações. A espontaneidade pode originar erros, que causam grande desconforto e intranquilidade, algo inaceitável para um taurino. Mexer no conforto e na segurança de um nativo de Touro é receita infalível para irritá-lo e encolerizá-lo.

Enquanto os arianos adoram a velocidade, os taurinos apreciam a calma. Pensam devagar. Mas não caia no erro de julgá-los beócios, pois são bastante inteligentes. É que gostam de ruminar bem as ideias, ponderá-las antes de decidir. Só aceitam uma ideia ou tomam uma decisão depois de muita reflexão. Demoram para se aborrecer, mas, se forem provocados, não fique por perto!

FINANÇAS

Os nativos de Touro são bastante conscienciosos financeiramente. A riqueza ocupa em suas vidas um lugar mais importante do que para os nativos de outros signos. Ela significa conforto e segurança, que se traduzem em estabilidade. Outros signos sentem-se ricos em virtude de suas ideias, seus talentos ou suas habilidades, mas os taurinos só conseguem apreciar claramente as riquezas que podem ver ou tocar. Sua filosofia de vida os leva a crer que o talento nada vale se não se converter em casas, móveis, carros e férias em locais aprazíveis.

É pelas razões acima que os taurinos brilham no ramo imobiliário e no agronegócio. Parecem destinados a possuir terras. Adoram sentir a ligação com elas. A fartura material começa na agricultura, com o arar do solo. Possuir um lote de terra corresponde à mais antiga forma de riqueza, e os taurinos insistem em conservar essa tradição primeva.

É na busca da riqueza que os nativos do signo desenvolvem sua capacidade intelectual e seus dons de comunicação de forma mais acentuada. É em razão dessa busca, e por necessidade de negociar, que aprendem a desenvolver um pouco de flexibilidade. São também esses processos que lhes ensinam o valor prático do intelecto, para que possam de fato chegar a admirá-lo. Não fosse pela busca da riqueza e do conforto material, é possível que os taurinos jamais despertassem para o intelecto.

Embora alguns taurinos sejam muito sortudos e costumem ganhar com frequência em jogos e apostas, isso só ocorre quando outros fatores no horóscopo os predispõem a agir dessa forma, que não condiz com sua natureza essencial, pois não têm o jogo no sangue. São trabalhadores que apreciam conseguir o que ganham por meio do próprio esforço. O seu conservadorismo nato faz com que abominem riscos desnecessários nas finanças e nas demais áreas de suas vidas.

CARREIRA E IMAGEM PÚBLICA

Por serem essencialmente práticos e simples, os taurinos encaram com admiração a originalidade, a inventividade e a ausência de convencionalismo. Apreciam que seus chefes sejam criativos e originais, uma vez que se regozijam em aperfeiçoar as ideias deles. Admiram os que exibem ampla consciência sociopolítica e sentem que, um dia (quando desfrutarem todo o conforto e a segurança de que necessitam), também se envolverão com essas questões cruciais.

Nos negócios, os nativos de Touro podem ser muito espertos, o que os torna valiosíssimos para os empregadores. Nunca demonstram preguiça, gostam de trabalhar e de obter bons resultados. Não toleram assumir riscos desnecessários e se dão bem em posições de comando e autoridade, o que faz deles bons gerentes e supervisores. Sua capacidade de gerenciamento é reforçada por seu talento natural para a organização e para lidar com detalhes, para não falar de sua paciência e constância. Conforme mencionado, em virtude de sua forte conexão com a terra, também se saem bem na agricultura e em atividades correlatas.

De modo geral, os taurinos perseguem mais o dinheiro e a capacidade de ganhá-lo em abundância do que o prestígio e o reconhecimento público. Preferem uma posição com uma remuneração mais alta, embora menos prestigiosa, a um cargo pomposo com salário reduzido. Os nativos de outros signos nem sempre pensam dessa forma, mas os taurinos nem sequer hesitam, sobretudo se inexistirem elementos em seu mapa astral que atenuem essa característica. Só se disporão a perseguir o prestígio e a glória se lhes for mostrado que terão impacto direto e imediato no bolso.

AMOR E RELACIONAMENTOS

No amor, os taurinos gostam de possuir e manter. São do tipo que adora casar. Apreciam envolvimentos e compromissos, desde que os termos da relação sejam claramente definidos. Detalhe fundamental: os taurinos gostam de ser fiéis a um único amante, e esperam a mesma fidelidade. Se isso não ocorre, seu mundo desaba. Quando apaixonados, são leais, mas também intensamente possessivos. São capazes de grandes ataques de ciúme quando magoados.

Em um relacionamento, um nativo de Touro se compraz com o essencial. Se você estiver envolvido romanticamente com alguém do signo, não precisa gastar muito ou fazer agrados o tempo todo à pessoa amada. Bastará lhe dar amor, comida e abrigo confortável, e o ente amado ficará muito contente por permanecer em casa e desfrutar sua companhia. E será leal a você por toda a vida. Faça com que um taurino se sinta confortável e, principalmente, seguro na relação e raramente terá problemas.

No amor, tendem a cometer o erro de tentar controlar os parceiros, o que costuma ocasionar mágoas para ambos os lados. O raciocínio por trás dessa forma de agir é simples: o taurino sente-se um pouco dono do ser amado e, em todos os setores de sua vida, procura modificar as coisas no sentido de aumentar o próprio conforto geral e segurança. O raciocínio é acertadíssimo no tocante a objetos materiais e inanimados. Mas é perigoso querer fazer o mesmo com as pessoas. Por isso, é preciso que você, taurino, tenha extremo cuidado e atenção.

VIDA DOMÉSTICA E FAMILIAR

A família e o lar são vitais para os taurinos. Eles adoram filhos. Também apreciam uma casa confortável e até um pouco glamourosa, pois, às vezes, gostam de se exibir. Tendem a comprar móveis de madeira maciça, pesados, geralmente da melhor qualidade possível. Agem assim porque gostam de sentir consistência em seu meio ambiente. A casa não é apenas seu lar, mas também seu nicho de criatividade e lazer. O lar de um nativo de Touro é seu castelo. Se pudesse escolher livremente, ele optaria por uma casa no campo em vez de uma residência na cidade. Quando isso não é possível, por causa do trabalho, gosta de passar fins de semana no campo, e, ao se aposentar, procura áreas rurais onde possa estar mais próximo da terra.

Em casa, o taurino é como um esquilo silvestre: o senhor da toca. Trata-se de um anfitrião do tipo mão-aberta, que aprecia fazer com que seus convidados experimentem a mesma satisfação e segurança que ele sente em seu lar. Se você for convidado para jantar na casa de um taurino, espere boa comida e muita diversão. Esteja preparado para conhecer todos os aposentos e para ouvir o "dono do castelo" discorrer satisfeito, e com um pouquinho de exibicionismo e orgulho, sobre suas posses.

Eles gostam de crianças, mas geralmente são severos com elas. Tendem a tratá-las — como fazem com quase tudo na vida — como propriedades pessoais. O lado bom disso é que os filhos serão sempre bem-cuidados e bem-supervisionados. E terão satisfeitas todas as necessidades materiais de que carecem para se desenvolver adequadamente. O lado negativo é que os nativos de Touro tendem a ser muito repressivos com os filhos. Ai do filho que ousar perturbar a rotina diária que um pai (ou mãe) taurino adora cumprir! Estará arrumando uma grande encrenca com ele (ou ela).

TOURO
PREVISÃO ANUAL PARA 2020

TENDÊNCIAS GERAIS

Existem dois grandes destaques no seu horóscopo este ano. O primeiro é o imenso poder em sua Nona Casa devido a três planetas lentos que estarão lá por boa parte do ano. O segundo é Urano em seu signo, que começou em março do ano passado e continuará por vários anos.

O poder na Nona Casa é positivo, pois ela é muito benéfica. Tão benéfica que até eventuais malefícios que a ocupem ou passem por lá perdem intensidade e ficam mais suaves. Portanto, 2020 é um ano para fazer avanços religiosos e filosóficos. É também um ano para viajar e expandir os horizontes, sendo especialmente bom para estudantes universitários ou pré-universitários. O foco tende a trazer sucesso. Neste ano, discussões teológicas profundas ou visitas de líderes religiosos ou gurus serão mais interessantes que noitadas. Além disso, 2020 é um ano para se aprofundar no sentido da vida e em sua filosofia pessoal para ela.

O trânsito de Urano é misto. Todos vocês o sentirão, especificamente os que nasceram entre 21 de abril e 1º de maio. Urano vai mudar de 2 para 11 graus no seu signo em 2020. A vida ficará empolgante e imprevisível. Tudo poderá acontecer a qualquer momento, inclusive o inimaginável, trazendo mudanças súbitas e dramáticas, bem como eventos do tipo divisor de águas. A empolgação, a imprevisibilidade e as mudanças não agradam os nativos de Touro, que são ótimos para criar conforto e facilidade no plano material. Eles têm uma zona de conforto particular, o próprio ritmo e não gostam de ser tirados de lá. Mas é isso que vai acontecer. Não importa que muitas das mudanças sejam boas, o incômodo de ser tirado da zona de conforto existe. Com isso, haverá muitas lições a serem aprendidas. A principal delas consiste em aceitar a mudança e ficar confortável com ela. A mudança é sua amiga nesse momento.

A vida amorosa parece muito melhor este ano em comparação com o ano passado. Saturno ainda está perto do seu Planeta do Amor (Plutão), indicando cautela e adiamentos, mas o benevolente Júpiter também vai viajar com Plutão, trazendo grandes oportunidades amorosas para os solteiros. O casamento pode não acontecer, mas o amor estará presente. Voltaremos a esse assunto mais adiante.

A saúde parece boa em 2020, especialmente até dezembro. Depois, ela fica mais delicada, mas não chega a preocupar. Também voltaremos a esse assunto depois.

A carreira será excelente o ano inteiro, especialmente a partir de 20 de dezembro. Voltaremos a esse assunto logo mais.

As áreas de maior interesse para você em 2020 serão corpo e imagem; religião, filosofia, teologia e viagens ao exterior; carreira (de 23 de março a 1º de julho e a partir de 18 de dezembro); amigos, grupos e atividades em grupo.

As áreas de maior realização serão interesses intelectuais (até 6 de maio); lar e família (a partir de 6 de maio); religião, filosofia, viagens ao exterior e teologia (até 20 de dezembro), além da carreira (a partir de 20 de dezembro).

SAÚDE

(Esta é uma perspectiva astrológica sobre a saúde, não uma visão médica. No passado essas perspectivas eram idênticas, mas hoje podem ocorrer diferenças significativas. Para obter uma opinião com base em diagnósticos da medicina convencional, consulte seu médico ou um profissional da área da saúde.)

Conforme mencionamos anteriormente, a saúde estará muito boa em 2020. Não haverá planetas lentos em aspecto tenso com você até 18 de dezembro, praticamente o ano inteiro. Todos serão muito gentis com você, o que é altamente incomum. Portanto, haverá saúde e disposição em abundância. A tendência é você ficar resistente a doenças. Se houver condições preexistentes, elas parecem estar em suspenso.

Outro sinal de boa saúde é o fato de a Sexta Casa estar vazia. Apenas planetas rápidos vão passar por lá e a influência deles será breve, mostrando que você não precisa se preocupar muito com essa área e pode contar com a saúde em dia.

Ano que vem a história será diferente, mas 2020 mostra boa saúde. Claro que haverá períodos no ano em que a saúde e a disposição serão menos "fáceis" que o usual. Esses momentos acontecem devido aos trânsitos, mas serão temporários e não representam tendências para o ano. Quando o trânsito difícil passar, a saúde e a disposição voltarão aos níveis normais. Isso será abordado com mais profundidade nos relatórios mensais.

Por mais que a saúde esteja boa, poderá ficar ainda melhor. Dê mais atenção às seguintes partes do corpo, que são vulneráveis para os nativos de Touro.

Pescoço e garganta. Estas áreas são sempre importantes para os taurinos (Touro rege a cabeça e o pescoço). Os reflexos estão todos no mapa. O pescoço deve ser massageado regularmente, pois a tensão tende a se concentrar lá e precisa ser liberada. A terapia craniossacral é excelente para isso.

Rins e quadris. Também são sempre importantes para os taurinos. Os reflexos aparecem no mapa. Os quadris precisam de massagens regulares. Se você sentir alguma indisposição, um chá para desintoxicar os rins pode ser boa ideia.

Pulmões, braços, ombros e sistema respiratório. Eles só ganham importância entre 13 de abril e 7 de agosto, quando Vênus (seu Planeta da Saúde) passará mais de quatro meses em Gêmeos. Nesse período, massagens nos braços e ombros serão boas, bem como exercícios de respiração.

O Planeta da Saúde, Vênus, é muito rápido, como nossos leitores assíduos já sabem. Em 2020 ele não vai se mover tão rapidamente quanto de costume, pois estará retrógrado. Apesar disso, ele passará por 11 dos 12 signos e casas este ano. Portanto, haverá muitas tendências de curto prazo relacionadas à saúde que dependem de onde Vênus estará e de quais aspectos irá receber. Isso será abordado com mais profundidade nos relatórios mensais.

Irmãos e figuras fraternas parecem mais tensos este ano e talvez precisem passar por cirurgias. A saúde de um dos pais, figura paterna ou materna, parece estar melhor que no ano passado, enquanto a saúde dos filhos e figuras filiais precisa de mais atenção entre 23 de março e 1º de julho e a partir de 18 de dezembro.

Urano em seu signo em longo prazo indica experimentalismo com o corpo. Você testará os seus limites. Basicamente, isso é bom. Muitas vezes nossas limitações físicas não são o que pensamos, e somos capazes de fazer mais do que podemos imaginar. O único jeito de aprender é por meio da experimentação. Contudo, isso deve ser feito com cautela. É recomendável fazer exercícios como ioga, tai chi ou artes marciais, que são formas seguras de testar os limites físicos.

LAR E FAMÍLIA

Embora você provavelmente esteja viajando com maior frequência e ficando em vários lugares por mais tempo que o habitual, será pouco provável que ocorra uma mudança permanente de residência. Nada contra ela, mas não há algo que apoie especificamente essa ideia. A Quarta Casa vazia (com apenas planetas rápidos passando por ela) tende a manter a situação no seu estado atual. Você parece contente com a sua realidade doméstica e familiar, e não precisa fazer grandes mudanças nessas áreas.

Teremos dois eclipses solares este ano, a quantidade usual. E, como o Sol é o seu Planeta da Família, esses eclipses vão trazer perturbações e momentos dramáticos na vida de um dos pais, figura paterna ou materna, e parentes. Muitas vezes eles também trazem reparos inesperados em casa, mas depois a poeira baixa e tudo volta ao normal.

Os irmãos e figuras fraternas em sua vida parecem tensos. Os quatro eclipses lunares deste ano os afetarão duas vezes mais que o usual. Portanto, haverá momentos dramáticos na vida pessoal, além da necessidade de se redefinir e criar uma nova imagem para o mundo. Isso acontecerá o ano inteiro. Os dois eclipses solares também trazem mudanças financeiras para os irmãos. No entanto, eles não têm probabilidade de mudarem de residência.

Os quatro eclipses lunares afetarão o bairro onde você vive. Poderá haver obras ou outros transtornos por lá. Além disso, será preciso trabalhar mais as relações com os vizinhos.

Um dos pais, figura paterna ou materna, pode se mudar este ano, embora pareça haver muitos adiamentos e contratempos envolvidos no processo. O casamento ou relacionamento amoroso atual dele ou dela também será testado. Um dos pais, figura paterna ou materna, parece dedicado a você de maneira incomum. Os filhos e figuras filiais não têm probabilidade de se mudar, mas, se o fizerem, será para o mesmo bairro. Os netos (caso você os tenha) viverão um ano sem grandes mudanças em casa.

Se você estiver planejando uma reforma, entre 22 de julho e 22 de agosto será um momento ideal. Caso esteja embelezando o lar ou comprando objetos decorativos para ele, o período entre 6 de setembro e 2 de outubro será bom para isso.

Como o Sol (seu Planeta da Família) é rápido, ele passará por TODAS as casas e signos do horóscopo em 2020, portanto haverá muitas tendências familiares de curto prazo que dependem de onde o Sol estará e dos aspectos que receber. Isso será abordado com mais profundidade nos relatórios mensais.

DINHEIRO E CARREIRA

As finanças sempre são importantes para os nativos de Touro, mas nos últimos anos foram menos importantes que o usual. Essa tendência continua em 2020. A Casa do Dinheiro está basicamente vazia, com apenas planetas rápidos passando por lá. Vejo isso como positivo. Você está satisfeito com o estado atual de suas finanças e não precisará fazer grandes mudanças nessa área. É um ano de manutenção do estado atual. Um eclipse lunar no dia 30 de novembro ocorrerá em sua Casa do Dinheiro, e isso mostra a necessidade de uma mudança de rumo em termos financeiros, mas na maior parte do ano a situação se manterá a mesma.

Sendo de Touro, você tem afinidade natural com imóveis (especialmente propriedades rurais, fazendas e similares), agricultura e produtos agrícolas, além de cobre e açúcar. Como Mercúrio é o seu Planeta das Finanças, você terá ainda uma boa intuição para telecomunicações, transportes, varejo, comércio, publicidade e relações públicas. Não importa qual seja o projeto, fazer bom uso das relações públicas, publicidade e dos meios de comunicação será muito importante.

Mercúrio (o Planeta das Finanças) é rápido e errático, talvez o mais "flexível" de todos os planetas (com exceção da Lua). O horóscopo traz a seguinte mensagem: é preciso ser um pouco menos taurino nas finanças, isto é, mais flexível, mais ágil e menos preso ao seu comportamento habitual.

A rapidez de Mercúrio indica várias tendências de curto prazo nas finanças que dependem de onde ele estará e dos aspectos que receber. Essas tendências serão abordadas com mais profundidade nos relatórios mensais.

Mercúrio ficará retrógrado três vezes em 2020 (a quantidade usual), de 17 de fevereiro a 9 de março, de 18 de junho a 11 de julho e de 14 de outubro a 2 de novembro. Como nossos leitores assíduos já sabem, esses períodos serão bons para rever as finanças. Não é hora de exagerar. Se ações financeiras importantes precisarem acontecer nesses períodos (a vida às vezes gosta de forçar alguns temas), pesquise e planeje mais que o habitual. Tire todas as dúvidas antes de agir.

O verdadeiro destaque de 2020 será a carreira. O Planeta da Carreira (Urano) entrou em seu signo em março de 2019 e ficará lá por vários anos, mostrando uma tendência de longo prazo. Na verdade é uma tendência de longo prazo positiva, indicando que as oportunidades de carreira surgirão sem muito esforço. Elas simplesmente vão encontrar você. Além disso, você sustentará a imagem de uma pessoa bem-sucedida e de prestígio, vestindo-se e projetando-se dessa forma. As outras pessoas verão você como alguém que conquistou o sucesso. Você cairá nas graças de chefes, idosos, um dos pais, figura paterna ou materna. As figuras de autoridade de sua vida parecerão dedicadas e interessadas em você.

Além disso, Saturno entrará na Décima Casa entre 23 de março e 2 de julho. A partir de 18 de dezembro, ele ficará lá pelos próximos dois anos e meio. A mensagem é a seguinte: o sucesso na carreira envolve assumir mais responsabilidades. As oportunidades virão com facilidade, mas será preciso se dedicar. Você terá que fazer seu trabalho da melhor forma possível. Júpiter vai entrar em sua Décima Casa no dia 20 de dezembro, trazendo elevação, promoções e sucesso como um todo.

A carreira estará bem em 2020, mas o ano seguinte será ainda melhor. A maior parte deste ano servirá de preparação para o próximo.

O sucesso profissional pode não aumentar seus ganhos imediatamente, sendo mais uma questão de status e prestígio do que de lucro propriamente dito, mas o aumento nos ganhos virá no futuro.

AMOR E VIDA SOCIAL

A vida amorosa vem sendo complicada nos últimos dois anos. Saturno está viajando com seu Planeta do Amor (Plutão), e esse não é um bom aspecto para o casamento, muitas vezes indicando medo de relacionamento ou compromisso sério. Se for o seu caso, avalie melhor a situação, pois esses trânsitos geram cautela excessiva. Cautela costuma ser boa, mas o medo não é. Saturno e Plutão viajam juntos pela maior parte do ano, então essas tendências continuam em vigor, mas em 2020, Júpiter também entra na história. Benevolente e expansivo, ele também viaja com seu Planeta do Amor até 20 de dezembro.

Portanto, o amor está no ar. Os solteiros terão um relacionamento sério, mas a mensagem do horóscopo é não apressar a relação e deixar que tudo se desenvolva lenta e metodicamente. Conforme já mencionamos, um casamento não é provável, mas será possível curtir o amor sem grandes compromissos.

Vejo dois relacionamentos acontecendo, e você parece dividido. Ambos parecem envolver pessoas muito bem-educadas e refinadas, talvez estrangeiras ou alguém que você conhecerá no exterior. Uma delas parece mais velha e mais estabelecida, um tipo conservador, enquanto o magnetismo sexual é muito mais forte com a outra.

Também vejo um cenário parecido para os que estão trabalhando no segundo casamento. Plutão (o Planeta do Amor) está em Capricórnio (sua Nona Casa) por muitos anos e continuará lá por outros tantos, pois é um planeta muito lento. Isso deixará você conservador no amor e o fará sentir atração por pessoas conservadoras. Você gosta de ir devagar no amor e se apaixona lentamente, preferindo testar as águas antes de mergulhar. Mesmo que não seja assim, atrairá esse tipo de pessoa.

O amor e as oportunidades românticas acontecem no seu local de culto ou pela intervenção de pessoas nesse local. Elas também acontecem na faculdade ou por meio de eventos universitários e no exterior. Os estrangeiros serão particularmente atraentes nesses dias.

Embora o magnetismo sexual sempre seja importante para os taurinos (Plutão é o regente geral do sexo), será preciso mais do que isso. Você vai gostar de uma pessoa bem-educada, com quem possa aprender. Esses são os aspectos de quem se apaixona pelo professor, líder religioso ou líder de culto.

A compatibilidade filosófica é tão importante quanto a química sexual. Mais relacionamentos terminam devido a diferenças filosóficas do que psicológicas. As questões psicológicas geralmente são apenas os efeitos colaterais das filosóficas.

AUTOAPRIMORAMENTO

Os problemas assumem várias formas na vida, podendo ser financeiros, sociais, psicológicos ou de saúde. Contudo, sempre existe uma questão teológica por trás deles. Todos os problemas na verdade são questões teológicas muito bem disfarçadas. Entender essa questão vai exigir um pouco de meditação e reflexão, mas é um fato. Resolva a teologia e o problema tenderá a se dissolver sozinho.

O que estamos querendo dizer com isso? Você acredita em um poder superior (seja lá qual for o nome que você dá a ele)? Essa resposta terá consequências psicológicas, independentemente de qual seja, e afetará diversos setores da sua vida. Se você acredita, qual é o seu conceito dele? Esse poder superior pode fazer algo, mas não tudo? Ele tem limites? Isso também terá várias consequências psicológicas.

Analise todos os problemas da sua vida e você descobrirá a teologia subjacente. O poder em sua Nona Casa será útil para resolver muitas dessas questões.

Urano está em seu signo há vários anos, como já dissemos. O importante é experimentar testar os limites do corpo com segurança e cautela. Afinal, proezas ousadas podem ser perigosas Esse trânsito também mostra outros fatores: uma contínua redefinição do eu, incluindo o conceito e a imagem de si mesmo. Sua evolução pessoal está acelerando. Assim que você se decide por uma imagem, outra ideia melhor aparece, e assim sucessivamente. Você atualiza a própria imagem do mesmo jeito que outros atualizam programas de computador. Isso pode ser um problema em um relacionamento amoroso. Quando você se apaixonou era um tipo de pessoa, e agora está diferente. Será que o amor continua? Isso é ainda mais desconcertante para o cônjuge, parceiro ou interesse amoroso atual. Ele ou ela se apaixonou pela pessoa X e agora está lidando com a pessoa Y, Z ou qualquer outra. Será difícil acompanhar o seu ritmo. A boa notícia é que você será uma pessoa empolgante nesse período. Não haverá nenhum momento de tédio ao seu lado.

Netuno está na Décima Primeira Casa há muitos anos e continuará lá por outros tantos. Já discutimos isso nos relatórios anteriores, mas a tendência ainda está em vigor, indicando amizades espirituais. Você ficará fascinado por grupos e organizações espirituais. O motivo da atração será a própria espiritualidade dessas pessoas. Essa tendência também mostra amizades com pessoas criativas e inspiradoras: poetas, músicos, dançarinos, gente da indústria cinematográfica e pessoas altamente glamorosas.

PREVISÕES MENSAIS

JANEIRO

Melhores dias: 5, 6, 14, 22, 23
Dias mais tensos: 12, 18, 19, 24, 25, 26
Melhores dias para o amor: 6, 13, 14, 15, 18, 19, 23, 27, 28
Melhores dias para o dinheiro: 5, 6, 7, 8, 14, 15, 22, 23, 25, 26
Melhores dias para a carreira: 4, 5, 13, 14, 22, 24, 25, 26

Você terá um período incrível para a carreira o mês inteiro, especialmente a partir do dia 20. Muito sucesso vai acontecer. No dia 11, Urano (o Planeta da Carreira) começa a se mover para a frente, e no dia 20 o Sol entra em sua Décima Casa, a da Carreira. A partir daí, você estará no ápice profissional anual. A metade inferior do seu horóscopo está praticamente sem planetas. Existe apenas um (e mal se pode chamar de planeta, sem contar a Lua) abaixo do horizonte. Portanto, o lar e a família podem ser ignorados sem problemas enquanto você concentra todas as energias na carreira. Normalmente essa situação cria alguns problemas familiares, mas isso não vai acontecer. Eles parecem apoiar totalmente as suas decisões e enxergam o seu sucesso como um "projeto familiar". Além disso, esse aspecto (Planeta da Família na Décima Casa) frequentemente indica que a família também terá sucesso, ganhando mais status.

Um eclipse lunar no dia 10, o primeiro dos quatro que acontecerão este ano, ocorre em sua Terceira Casa, afetando o senhor dessa casa e testando carros e equipamentos de comunicação. Dirija com mais cuidado. Os estudantes abaixo do nível superior terão momentos dramáticos na escola e talvez mudanças nesse campo. Mercúrio (seu Planeta das Finanças) será afetado, então você precisará fazer uma correção no rumo financeiro.

Apesar do eclipse, as finanças parecem boas. O Planeta das Finanças viaja com Júpiter do dia 1º ao dia 4 e deverá trazer um bom pagamento ou oportunidade financeira. Além disso, o Planeta das Finanças estará na Nona Casa até o dia 16, outro sinal positivo em termos financeiros, pois a Nona Casa traz expansão e boa sorte. Mercúrio estará "fora dos limites" até o dia 12, mostrando que você estará além da esfera normal nas finanças. Talvez você o faça conscientemente ou as finanças o levem a isso. Você tem pensado "fora da caixa" em termos financeiros, e isso dará resultado. No dia 16, Mercúrio entra em Aquário, seu signo de maior "exaltação" e posição mais poderosa, outro bom sinal para as finanças. Ele estará em sua Décima Casa a partir do dia 16, o que frequentemente traz aumento de salário (oficial ou não oficial) e as bênçãos financeiras de chefes, pais, figuras paternas ou maternas, e até do governo. Sua boa reputação profissional será um fator importante para os ganhos.

FEVEREIRO

Melhores dias: 1º, 2, 10, 11, 18, 19, 20, 28, 29
Dias mais tensos: 8, 9, 14, 15, 21, 22
Melhores dias para o amor: 2, 7, 8, 11, 14, 15, 16, 17, 20, 26, 27, 29
Melhores dias para o dinheiro: 1º, 2, 3, 4, 5, 6, 7, 10, 11, 14, 15, 19, 20, 23, 24, 25, 28, 29
Melhores dias para a carreira: 1º, 9, 10, 18, 21, 22, 28

A saúde está excelente no geral, embora nem tanto a partir de 20 de janeiro. Isso acontece até o dia 19. Descanse bastante. Você poderá melhorar a saúde seguindo as sugestões do relatório anual e também com massagens nos pés até o dia 7 e no couro cabeludo e rosto depois disso. Exercícios físicos também são recomendados depois do dia 7. A saúde e a disposição vão melhorar após o dia 19.

Você ainda está no ápice profissional anual até o dia 20, então o sucesso vai acontecer. Como no mês passado, o lado noturno do seu horóscopo está praticamente sem planetas e a Quarta Casa, do Lar e da Família, está basicamente vazia. Portanto, mantenha o foco na carreira. Você ainda terá o apoio da família para isso até o dia 19.

As finanças vão bem, embora estejam um pouco mais complicadas este mês. Mercúrio entra em sua Décima Primeira Casa no dia 3, outro ponto positivo em termos financeiros. A Décima Primeira Casa é benéfica, então a intuição financeira estará excelente. No entanto, quando Mercúrio ficar retrógrado, no dia 17, será preciso verificar essa intuição. Como nossos leitores assíduos já sabem, Mercúrio retrógrado não impede os ganhos, apenas desacelera tudo. Provavelmente haverá adiamentos financeiros, mas será possível minimizá-los prestando mais atenção aos detalhes, como garantir que documentos estejam datados e assinados e que os envelopes de depósito bancário sejam preenchidos corretamente. Com as transações financeiras pela internet ganhando popularidade, não se esqueça de clicar nos lugares certos. O problema com o mundo da internet é a facilidade para cometer erros.

O próximo mês parece mais ativo em termos sociais e românticos. A Décima Primeira Casa estará forte o mês inteiro, e o seu Planeta do Amor receberá ótimos aspectos a partir do dia 19. Plutão (o Planeta do Amor) estará em seu signo por muitos anos, então as tendências amorosas tendem a ser de longo prazo. Você vai preferir pessoas altamente educadas, refinadas e até religiosas. As oportunidades românticas vão acontecer na universidade ou em eventos religiosos. O magnetismo sexual sempre é importante, mas você também gosta da compatibilidade filosófica.

Vênus, o senhor do seu horóscopo, terá um de seus solstícios entre os dias 8 e 10. Ele faz uma pausa no céu (em latitude) e depois muda de direção. Uma pausa nos assuntos agora será provável e benevolente.

Os filhos e figuras filiais em sua vida terão um mês bastante ativo e feliz na área social, especialmente a partir do dia 19. O romance poderá acontecer neste mês ou no próximo. Se eles não tiverem idade adequada para isso, vão fazer amizades e frequentar mais festas e eventos.

MARÇO

Melhores dias: 1º, 8, 9, 17, 18, 27, 28
Dias mais tensos: 6, 7, 12, 13, 19, 20
Melhores dias para o amor: 1º, 8, 9, 12, 13, 17, 18, 27, 28
Melhores dias para o dinheiro: 1º, 2, 3, 8, 9, 10, 11, 17, 18, 22, 23, 27, 28, 29, 30
Melhores dias para a carreira: 1º, 8, 16, 17, 19, 20, 26, 27

Saturno cruza o Meio do Céu no dia 23 e entra em sua Décima Casa (a da Carreira), o que é basicamente bom em termos profissionais e indica viagens relacionadas ao trabalho. As exigências profissionais são fortes e você deverá se esforçar para ter sucesso, mas ele virá. Saturno costuma ser um planeta desafiador, mas será mais benéfico em seu mapa. Ele é o senhor da Nona Casa, o que é sempre positivo. Poderá surgir um convite para ser mentor de outras pessoas nesse período, e isso o ajudará. Oportunidades educacionais relacionadas à carreira virão até você, e será positivo aceitá-las.

As boas notícias em termos profissionais não acabam aí. Vênus, o senhor do horóscopo, entra em seu signo no dia 5 e viaja com o Planeta da Carreira entre os dias 6 e 9, indicando elevação e possibilidades nessa área. Uma nova oportunidade profissional pode surgir de repente.

A saúde vai bem este mês. Haverá apenas um planeta lento em alinhamento tenso com você (Saturno), e só depois do dia 23. Após esse período, a maioria dos taurinos não sentirá esse aspecto; apenas os nascidos no início do signo (20 e 21 de abril) serão mais afetados. Você pode melhorar ainda mais a saúde com massagens no couro cabeludo e no rosto, além de exercícios físicos até o dia 5 e com massagens no pescoço e garganta a partir desse dia. O seu estado de saúde sempre afeta a aparência pessoal, mas depois do dia 5 isso se intensifica. Portanto, você deverá estar com boa aparência nesse período.

A vida onírica parece muito ativa este mês, especialmente nos dias 8 e 9. Preste atenção aos sonhos, pois eles terão informações importantes para você.

As finanças continuam complicadas até o dia 20. Mercúrio não só estará retrógrado como trocará de signo duas vezes. Ele começa o mês na Décima Primeira Casa, volta para a Décima Casa no dia 4 e depois retorna à Décima Primeira Casa no dia 16. A intuição financeira precisa de mais cautela até o dia 4, mas parece bastante confiável após o dia 16. Evite grandes compras ou investimentos até o dia 10. Depois disso, o julgamento financeiro ficará mais confiável. O Planeta das Finanças na Décima Primeira Casa (entre os dias 1º e 4 e a partir do dia 16) será positivo para os ganhos. A Décima Primeira Casa é benéfica, e é nela que as melhores esperanças e desejos se realizam, então este mês deverá ser próspero. Ele começa devagar, mas ganha embalo após o dia 11. Os amigos parecem ajudar nas finanças. Você poderá comprar equipamentos e produtos de alta tecnologia. Estar envolvido com grupos e organizações profissionais também será útil.

O amor parece feliz este mês. Júpiter vai viajar com seu Planeta do Amor (Plutão), o mês inteiro, trazendo encontros amorosos e bastante eróticos para os solteiros.

ABRIL

Melhores dias: 5, 6, 13, 14, 23, 24
Dias mais tensos: 3, 4, 9, 10, 15, 16, 30
Melhores dias para o amor: 6, 7, 8, 9, 10, 14, 15, 16, 17, 24, 25, 26
Melhores dias para o dinheiro: 1º, 2, 6, 10, 11, 14, 20, 21, 24, 25, 26, 30
Melhores dias para a carreira: 5, 13, 15, 16, 17, 23

Júpiter continua viajando com Plutão (o Planeta do Amor) o mês inteiro, mostrando felicidade no amor, mesmo com a Sétima Casa estando vazia. Todos os taurinos parecem mais sexualmente ativos nesses dias, independentemente de estarem em um relacionamento ou solteiros. Seja qual for a sua idade ou fase da vida, a libido estará mais forte que o usual.

Este mês será feliz e próspero. Aproveite.

No dia 19, o Sol entrará em seu signo. O setor oriental do "eu" é o mais forte do horóscopo neste mês. Isso significa que o poder planetário avança em vez de se afastar de você. Será um forte período de independência pessoal, e você poderá fazer tudo do seu jeito, pois dependerá menos dos outros e da opinião alheia. Respeite os demais, mas faça tudo como julgar mais apropriado — será o melhor a fazer nesse período.

A entrada do Sol em seu signo inicia um dos ápices de prazer pessoal de 2020. Dê ao corpo o prazer que ele deseja. Este período também será bom para obter o corpo e a imagem que você procura. A família parece muito dedicada a você e ajudará na carreira. Um parente ou conexão familiar lhe oferecerá boas oportunidades ou conselhos profissionais, especialmente entre os dias 24 e 26.

As finanças vão bem. Mercúrio está se movendo para a frente com agilidade. Ele passa por três signos e casas do seu mapa, indicando confiança e progresso financeiro rápido. A intuição financeira continua muito forte até o dia 27. A vida onírica ainda está ativa: os sonhos terão informações financeiras importantes para você, assim como videntes, astrólogos, leitores de tarô e canais espirituais. Você pode ter que trabalhar mais para obter ganhos entre os dias 11 e 27, mas eles virão. No dia 27, Mercúrio cruza o seu ascendente e entra na Primeira Casa. Este é um período especialmente próspero, trazendo sorte inesperada e roupas ou acessórios caros. As oportunidades financeiras vão procurar por você. Vênus entrará em sua Casa do Dinheiro no dia 3 e passará o resto do mês nela, mostrando envolvimento pessoal e foco nas finanças, o que indica abundância. Você gastará consigo mesmo e passará uma imagem de prosperidade. A aparência e apresentação pessoal como um todo serão extremamente importantes em termos financeiros.

Marte, junto com Saturno, passa o mês em sua Décima Casa (a da Carreira), indicando que é preciso ser agressivo, brigar com os concorrentes e mostrar coragem em questões profissionais.

MAIO

Melhores dias: 2, 3, 10, 11, 20, 21, 29, 30
Dias mais tensos: 1º, 6, 7, 13, 14, 27, 28
Melhores dias para o amor: 3, 4, 5, 6, 7, 11, 12, 13, 14, 21, 22, 23, 24

Melhores dias para o dinheiro: 2, 3, 12, 13, 22, 23, 24
Melhores dias para a carreira: 2, 10, 13, 14, 20

Embora existam dois planetas em alinhamento tenso com você, a saúde estará basicamente boa. Depois do dia 12, quando Marte sair do aspecto tenso, a saúde ficará mais favorável. Além disso, você poderá melhorar ainda mais a saúde, conforme descrito no relatório anual, com massagens nos braços e ombros. Exercícios respiratórios também trarão bem-estar. Os poderes do ar terão influência curativa este mês. Saia de casa um dia e deixe o vento soprar por todo o seu corpo. Ou dirija na estrada com os vidros abertos e deixe o fluxo de ar massageá-lo. Será muito revigorante.

Vênus passará o mês "fora dos limites", então você estará se aventurando além da esfera normal, e isso também vale para as questões de saúde. Não existem respostas em sua esfera normal: será preciso buscá-las fora. Pode ser que o emprego em que você está (ou que procura) o leve para longe das fronteiras normais.

Assim como Vênus, Mercúrio, o seu Planeta das Finanças, estará além dos limites a partir do dia 17, então você também está pensando "fora da caixa" em termos financeiros. As oportunidades de negócios estarão mais promissoras. Os filhos e figuras filiais também sairão das fronteiras normais nesse período.

Júpiter continua viajando com seu Planeta do Amor o mês inteiro, o que costuma ser um ótimo sinal para a vida amorosa e o romance. Plutão ficou retrógrado só agora (isso começou no dia 25 de abril), e Júpiter também ficará retrógrado no dia 14, então o amor estará presente, mas é melhor evitar as decisões amorosas importantes. Não é preciso apressar o relacionamento; deixe-o se desenvolver naturalmente.

Este mês será próspero, pois Vênus passará o mês inteiro nele. O Planeta das Finanças chega no dia 12 e o Sol entra no dia 20, quando você começará o ápice financeiro anual. Do dia 20 ao dia 29 a Casa do Dinheiro será a mais forte do seu horóscopo. O Sol na Casa do Dinheiro indica apoio da família e oportunidades financeiras que vêm de conexões familiares. Mercúrio na Casa do Dinheiro mostra que as pessoas relacionadas a essa área em sua vida darão apoio e oportunidades a você. Vênus em seu signo indica envolvimento pessoal e foco, além de mostrar gastos consigo mesmo e talvez relacionados a dispositivos e produtos ligados à saúde.

O lado noturno do seu horóscopo é o mais forte de todo o ano, mas o lado diurno continua dominante. Portanto, a carreira e as atividades externas serão mais importantes, mas você poderá direcionar a atenção (apenas um pouco) para o lar, a família e a vida emocional.

JUNHO

Melhores dias: 7, 8, 16, 17, 18, 26, 27
Dias mais tensos: 3, 4, 9, 10, 24, 28, 29
Melhores dias para o amor: 1º, 3, 4, 8, 9, 10, 18, 19, 20, 27, 28, 29
Melhores dias para o dinheiro: 3, 4, 8, 11, 12, 18, 19, 20, 21, 22, 27
Melhores dias para a carreira: 7, 8, 9, 10, 16, 17, 26, 27

Por um lado, o mês será muito movimentado. Dois eclipses indicam mudanças e contratempos. Por outro, este mês será tranquilo, pois a atividade retrógrada chegará ao auge para 2020 (embora alcance o mesmo auge novamente em setembro).

Mudanças e contratempos serão prováveis, mas a reação não acontecerá de imediato.

O eclipse lunar do dia 5 (o segundo dos quatro que acontecerão em 2020) ocorre em sua Oitava Casa, gerando importantes mudanças financeiras para o cônjuge, parceiro ou interesse amoroso atual. Ele pode trazer encontros com a morte, geralmente de cunho psicológico. Às vezes ocorrem experiências de quase morte, em que você fica bem próximo dela, em outras ocasiões acontecem falecimentos de pessoas que você conhece ou sonhos com a morte. O cosmos está estimulando você a confrontá-la e obter uma compreensão melhor sobre ela. Cirurgias podem ser recomendadas, mas você parece saudável, então obtenha uma segunda opinião. Irmãos e figuras fraternas serão afetados, podendo viver um susto relacionado à saúde ou uma mudança de emprego. Também podem acontecer momentos dramáticos na vida dos vizinhos. Carros e equipamentos de comunicação serão testados e podem precisar de reparos ou substituições. Será uma boa ideia dirigir com cuidado e de modo mais defensivo. O eclipse será forte, porque afetará outros planetas do seu mapa, Marte e Vênus. O impacto em Vênus poderá trazer uma redefinição do conceito de "eu" e da sua apresentação perante os outros, o que acontecerá por mais alguns meses. Você vai se vestir de modo diferente, talvez mude o cabelo e a imagem como um todo. Isso pode gerar sustos relacionados à saúde (provavelmente não vai passar disso) e transtornos no emprego ou momentos dramáticos na vida dos colegas de trabalho ou funcionários. O impacto em Marte indica mudanças na vida espiritual em termos de atitudes, práticas, ensinamentos e mestres. Haverá abalos em organizações espirituais ou de caridade com as quais você está envolvido e momentos dramáticos na vida de gurus ou figuras que fazem esse papel para você. Vá com calma nesse período de eclipse e evite atividades estressantes. Não é preciso provocar o destino.

O eclipse solar do dia 21 ocorre em sua Terceira Casa e mais uma vez afeta irmãos e figuras fraternas, trazendo mudanças financeiras importantes e dramáticas, além da necessidade de redefinir a imagem e apresentação deles para o mundo. Isso também pode acontecer com vizinhos. Os estudantes abaixo do nível superior serão afetados pelos dois eclipses e provavelmente haverá mudanças nos planos educacionais ou problemas na escola. Mais uma vez, carros e equipamentos de comunicação serão testados; continua sendo uma boa ideia ter mais cuidado ao dirigir.

JULHO

Melhores dias: 4, 5, 14, 15, 23, 24, 31
Dias mais tensos: 1º, 6, 7, 8, 21, 22, 27, 28
Melhores dias para o amor: 1º, 5, 6, 7, 8, 15, 16, 17, 24, 25, 26, 27, 28
Melhores dias para o dinheiro: 1º, 4, 5, 9, 10, 14, 15, 16, 17, 19, 20, 23, 24, 27, 28, 31
Melhores dias para a carreira: 4, 6, 7, 8, 14, 24

Seus irmãos, figuras fraternas, vizinhos, carros e equipamentos de comunicação parecem não ter folga. Eles sofreram e foram testados no mês passado e o processo continua neste mês. Outro eclipse lunar no dia 5 volta a atingir exatamente essas áreas. Este ocorre em sua Nona Casa, portanto não só afeta os estudantes abaixo do nível superior (como os eclipses do mês passado) como os universitários. Haverá mudanças nos planos educacionais e contratempos na escola. Se você estiver envolvido em questões judiciais, elas darão uma virada dramática e a situação vai avançar.

Os outros planetas marginalmente afetados por esse eclipse serão Mercúrio, Júpiter e Marte, o que pode levar a pequenos contratempos financeiros, mais mudanças em organizações espirituais ou de caridade com as quais você esteja envolvido, novos momentos dramáticos na vida de gurus ou pessoas que exercem esse papel para você e outras experiências psicológicos com a morte.

Saturno se afasta do aspecto tenso com você no dia 1º. A saúde, que já estava boa, ficará ainda melhor. E mesmo depois do dia 23, quando o Sol formar um aspecto estressante com você, a saúde continuará boa. É verdade que não será um dos seus melhores períodos, mas nada sério deverá acontecer nessa área. Você pode se sentir bem com massagens nos braços e ombros. A massagem nos ombros também alivia o pescoço, que é sempre importante para os nativos de Touro.

As finanças vão bem este mês. Vênus passará o mês inteiro em sua Casa do Dinheiro, indicando foco. Pela lei espiritual, nós conseguimos tudo em que nos concentramos. Isso também mostra dinheiro vindo do trabalho: seu profissionalismo significará dinheiro na conta. O Planeta das Finanças (Mercúrio) vai passar o mês em sua Terceira Casa, favorecendo comércio, varejo, compras e vendas, além de boas estratégias de marketing e publicidade para o que você estiver fazendo. Até o dia 12 a intuição financeira estará boa, mas depois disso precisará de verificação. O único problema financeiro, além do eclipse do dia 5, será Mercúrio retrógrado no dia 12. Evite fazer grandes compras ou investimentos após o dia 12. Tente resolver tudo antes disso.

Você entrará na meia-noite do seu ano, que começa no dia 23, mas essa meia-noite é diferente da maioria: você não estará dormindo profundamente; continuará bastante concentrado na carreira e em outros assuntos. Metaforicamente falando, é como se você estivesse dormindo e acordando. Repetidamente, você cochila, acorda e se concentra na vida exterior. Mesmo assim, como dissemos no mês passado, ainda é possível direcionar um pouco de energia para o lar e a família.

AGOSTO

Melhores dias: 1º, 2, 10, 11, 19, 20, 28, 29
Dias mais tensos: 3, 4, 17, 18, 23, 24, 30, 31

Melhores dias para o amor: 2, 3, 4, 11, 15, 16, 20, 23, 24, 29
Melhores dias para o dinheiro: 2, 8, 11, 13, 14, 17, 18, 20, 28, 29
Melhores dias para a carreira: 1º, 2, 3, 4, 10, 11, 19, 20, 28, 29, 30, 31

A atividade retrógrada estará muito intensa este mês, A partir do dia 15, metade dos planetas estará em movimento retrógrado. Este não é o máximo para 2020, que ocorreu em junho e vai acontecer novamente mês que vem, mas estamos perto do máximo. Tudo desacelera no mundo. O nativo de Touro lida com essa desaceleração melhor que a maioria das pessoas, pois o taurino é paciente por natureza.

A metade superior do seu mapa (o lado diurno) ainda está mais forte do que a metade inferior, mas os planetas retrógrados estão todos na metade superior do mapa. Até o Planeta da Carreira, Urano, ficará retrógrado a partir do dia 15. Então, você poderá muito bem se concentrar no lar, na família e no bem-estar emocional, pois as questões relacionadas à carreira vão precisar de tempo para serem resolvidas.

Vênus está na Casa do Dinheiro há quatro meses. No dia 7 ele entra em sua Terceira Casa (da Comunicação e Interesses Intelectuais), então você se concentrará nessas áreas. Você vai ler mais, estudar mais, falar mais e se conectar mais com os outros. É um bom trânsito para alunos abaixo do nível superior e para quem trabalha nas áreas de marketing, relações públicas e varejo. A mente estará mais afiada e as habilidades de comunicação ficarão melhores.

A saúde estará boa no geral, mas este não é um dos seus melhores meses nessa área. Você sentirá a diferença após o dia 22, quando a saúde e a disposição voltarem aos padrões usuais. Enquanto isso, cuide do seu bem-estar e aumente a disposição com massagens nos braços e ombros até o dia 7 e com massagens abdominais após o dia 7. A alimentação também passa a ser mais importante para a saúde depois do dia 7.

As finanças não serão um grande interesse após o dia 7, mas continuam boas. Mercúrio agora está se movendo rapidamente, então você terá progresso rápido e várias fontes de ganhos. Até o dia 5, as atividades mentais, como vendas, marketing, relações públicas, ensino e escrita serão lucrativas. Os vizinhos também parecerão úteis. Até o dia 20 haverá apoio familiar. Além disso, você provavelmente vai gastar com o lar e a família. Do dia 5 até o fim do mês aparecerá dinheiro feliz, que é aquele recebido com alegria e gasto em objetivos agradáveis. Haverá probabilidade de mais gastos com os filhos ou figuras filiais em sua vida, e você estará mais especulativo que o habitual. Os taurinos não são exatamente gastadores, mas, entre os dias 5 e 20, é assim que você vai se comportar.

O amor se complicará neste mês, especialmente após o dia 7. O Planeta do Amor continuará retrógrado, e Vênus (você) estará oposto ao Planeta do Amor, então você e o seu interesse amoroso atual ficarão distantes um do outro. Não necessariamente será uma distância física, e sim psicológica. Vocês enxergam a vida de jeitos opostos. Será preciso resolver as diferenças este mês.

SETEMBRO

Melhores dias: 6, 7, 8, 16, 17, 24, 25
Dias mais tensos: 14, 15, 20, 21, 26, 27
Melhores dias para o amor: 2, 3, 6, 7, 13, 14, 16, 17, 20, 21, 22, 23, 24, 25
Melhores dias para o dinheiro: 6, 7, 9, 10, 16, 17, 18, 19, 24, 25, 26, 27
Melhores dias para a carreira: 6, 7, 16, 17, 24, 25, 26, 27

No dia 20 do mês passado houve um Grande Trígono nos signos de terra, seu elemento nativo. Isso é muito bom para você, que fica confortável com muita terra. Além disso, o Planeta das Finanças (Mercúrio) estava no Grande Trígono, então você vive um período próspero. Mercúrio saiu do Grande Trígono no dia 5, fazendo os ganhos exigirem mais trabalho e esforço. E haverá mais desafios financeiros. Mercúrio estará na Sexta Casa até o dia 27, indicando ganhos que vêm do emprego e de trabalhos por fora. Não é a posição de um ganhador da loteria (o mês passado foi melhor para especulações). Apesar do aumento na atividade retrógrada este mês, estaremos no máximo para o ano entre os dias 9 e 12. Depois do dia 12, teremos cinquenta por cento dos planetas retrógrados, mas isso não parece afetar você em termos financeiros. Os ganhos estão progredindo.

O setor social ocidental do seu mapa ganhou força mês passado e neste mês fica ainda mais forte, sendo agora o setor dominante. A vida social ficará mais ativa e ganhará destaque.

A independência pessoal está mais fraca que o usual. Agora é um momento para colocar os interesses dos outros acima dos seus. O bem virá até você pelas graças das outras pessoas. É hora de cultivar as habilidades sociais. Isso será particularmente verdadeiro no reino das finanças a partir do dia 27. O traquejo social terá papel importante nessa área.

O seu Planeta do Amor (Plutão) ainda estará retrógrado, então é melhor adiar decisões amorosas importantes. Esse é o momento para fazer uma análise da vida social e para obter clareza nessa área.

A saúde estará boa, e você se concentrará mais nela a partir do dia 22. É o mês para manter o foco na saúde e no bem-estar emocional. O Planeta da Saúde entrará na Quarta Casa no dia 6, e o Planeta da Família entrará na Sexta Casa (a da Saúde) no dia 22. Você pode estar mais concentrado na saúde de parentes do que na sua. Trabalhe para manter o humor positivo e construtivo e tudo dará certo.

A metade superior do seu horóscopo estará dominante o ano inteiro e ficará ainda mais no dia 27, então o foco estará na carreira. O único problema é que o seu Planeta da Carreira estará retrógrado e vai continuar assim por vários meses. Portanto, concentre-se, mas estude bem os movimentos que pretende fazer em termos profissionais. Tire todas as dúvidas antes de agir.

OUTUBRO

Melhores dias: 4, 5, 13, 14, 21, 23, 31
Dias mais tensos: 11, 12, 17, 18, 23, 24, 25
Melhores dias para o amor: 3, 4, 5, 13, 14, 17, 18, 21, 22, 31
Melhores dias para o dinheiro: 4, 5, 6, 7, 9, 10, 13, 14, 17, 18, 21, 23, 26, 31
Melhores dias para a carreira: 4, 5, 13, 21, 23, 24, 25, 31

A atividade retrógrada está diminuindo este mês e continuará assim pelo resto do ano. Os eventos no mundo estão avançando aos poucos. O Planeta das Finanças (Mercúrio) ficará retrógrado no dia 14, então faça compras e investimentos importantes antes disso. Poderá haver discordâncias financeiras com um dos pais, figura paterna ou materna, ou chefe que exigirão algum tempo para serem resolvidas. Mercúrio passa quase o mês inteiro na Sétima Casa, a do Amor (até o dia 28). Então, como no mês passado, o traquejo e as conexões sociais serão importantes nas finanças. Muitas vezes aparecem oportunidades para parcerias de negócios ou sociedades durante esse trânsito, mas elas devem ser muito bem analisadas, especialmente após o dia 14. Você parece envolvido financeiramente com o cônjuge, parceiro ou interesse amoroso atual. O Planeta das Finanças em Escorpião sugere uma necessidade de desintoxicar a vida financeira. A prosperidade virá quando você se livrar do que não pertence à vida financeira em vez de acrescentar algo a ela. Touro é um acumulador por natureza, e às vezes isso pode ser um problema. Livre-se de contas redundantes, desperdícios em seus gastos e objetos dos quais você não precisa ou que não usa mais. Isso vai liberar espaço para o novo e melhor que deseja entrar. É hora de organizar a vida financeira.

O destaque este mês é a vida amorosa. Existem muitos eventos interessantes acontecendo. Primeiro, o Planeta do Amor (Plutão) começa a se mover para a frente no dia 4 após vários meses retrógrado. Em segundo lugar, sua Sétima Casa (do Amor) ficará muito forte a partir do dia 23. O momento é muito bom, você está em clima de romance e tem mais clareza no amor e na vida social. Boa parte da socialização parece voltada para os negócios e a família. Portanto, as oportunidades românticas poderão acontecer quando você buscar seus objetivos financeiros ou com pessoas envolvidas em suas finanças. Também haverá mais socialização com a família e no lar. Os parentes e as conexões familiares provavelmente vão bancar o cupido. No dia 2, Vênus entrará na Quinta Casa, criando outro Trígono nos signos de terra, um aspecto positivo para a vida pessoal e amorosa. A carreira vai se beneficiar, mas vai exigir mais cuidado. Vênus (você) formará aspectos muito bons com o Planeta do Amor, especialmente nos dias 21 e 22. Júpiter estará bem perto do Planeta do Amor a partir do dia 25 (e no mês que vem estará ainda mais próximo dele). Tudo isso indica romance e oportunidades amorosas. Até um noivado ou casamento não seria surpresa. Os que já são casados vão sair mais e conhecer gente nova. Haverá mais romance no relacionamento atual.

NOVEMBRO

Melhores dias: 1º, 10, 18, 19, 27, 28
Dias mais tensos: 7, 8, 14, 15, 20, 21

Melhores dias para o amor: 2, 3, 11, 12, 14, 15, 19, 21, 22
Melhores dias para o dinheiro: 2, 3, 4, 11, 19, 30
Melhores dias para a carreira: 1º, 9, 10, 17, 18, 20, 21, 27

Vênus terá o segundo solstício do ano nos dias 1º e 2. Esse planeta estaciona no céu e depois muda de direção (em latitude), então fazer uma pausa nas suas questões será bom, seguido por uma mudança de rumo.

A vida amorosa ainda está ativa e feliz em novembro. Júpiter está viajando com Plutão, o Planeta do Amor. É provável que o mês também seja sexualmente ativo, pois a Sétima Casa (a do Amor) estará forte o mês inteiro. O Sol vai sair da Sétima Casa no dia 21, mas Vênus entrará nela no mesmo dia. Você ainda estará no ápice amoroso e financeiro anual ao longo de todo o mês. Vênus na Sétima Casa indica popularidade pessoal. Você estará presente para os amigos e eles vão reconhecer isso. Você colocará o interesse alheio acima do seu. Haverá menos autoconfiança e independência pessoal, mas a vida social feliz compensará tudo isso.

O quarto eclipse lunar da temporada ocorrerá no dia 30 na Casa do Dinheiro e afetará levemente Netuno, exigindo correções de rumo na vida financeira, tanto em termos de estratégia quanto de pensamento. A situação não é como imaginava, mas as mudanças que você fará serão boas. Geralmente elas não são confortáveis durante o processo, mas o resultado final é positivo. Esse eclipse mais uma vez afeta irmãos, figuras fraternas e vizinhos, forçando-os a se redefinir. O eclipse também afeta estudantes universitários e abaixo do nível superior, que farão mudanças nos planos educacionais e enfrentarão contratempos nesse campo, além de fazer mudanças na vida espiritual em termos de atitudes, ensinamentos e mestres.

Esse não é o seu melhor período em termos de saúde, mas ela estará boa. Será por um curto período. A disposição geral não estará dentro dos padrões habituais. A boa notícia é que Vênus vai passar grande parte do mês (até o dia 21) na Sexta Casa, a da Saúde, indicando foco nessa área. A saúde poderá melhorar com massagens nos quadris até o dia 21. Depois do dia 21, o sexo seguro e a moderação sexual serão importantes (você está em um período sexualmente ativo, mas não precisa exagerar). As desintoxicações também serão benéficas.

A atividade retrógrada estará cada vez mais fraca. No final do mês, noventa por cento dos planetas se moverão para a frente. Os eventos acontecerão em ritmo mais acelerado. O progresso avançará como não acontecia há vários meses.

DEZEMBRO

Melhores dias: 7, 8, 15, 16, 24, 25, 26
Dias mais tensos: 5, 6, 11, 12, 17, 18
Melhores dias para o amor: 2, 3, 8, 11, 12, 16, 22, 23, 25, 26
Melhores dias para o dinheiro: 1º, 5, 6, 8, 13, 14, 16, 24, 27, 28
Melhores dias para a carreira: 7, 15, 17, 18, 24, 25

Um período bastante movimentado anuncia mudanças não só para este mês como para o próximo ano. Primeiro, os dois planetas lentos mudam de signo: Saturno sairá da Nona Casa para entrar na Décima Casa no dia 18, agora pelos próximos dois anos, e Júpiter vai entrar na Décima Casa (a da Carreira) no dia 20, passando praticamente todo ano de 2021 por lá. Em segundo lugar, teremos o eclipse final do ano, no dia 14. Será um eclipse solar que ocorrerá na Oitava Casa.

A mudança de um planeta lento é sempre um destaque, assim como um eclipse.

A carreira terá muito sucesso agora. Sim, você vai lutar para conquistá-lo, mas o sucesso vai chegar. Provavelmente haverá uma cirurgia ou experiência de quase morte na vida de chefes, um dos pais, figura paterna ou materna. Haverá muitas questões e enfrentamentos com a morte no ano que vem.

O eclipse solar do dia 14 traz confrontos com a morte, geralmente em nível psicológico. O cosmos deseja que você entenda melhor essa questão. O eclipse também traz mudanças financeiras dramáticas para o cônjuge, parceiro ou interesse amoroso atual. Será necessário fazer correções de rumo nas finanças. Um dos pais, figura paterna ou materna, terá momentos dramáticos na vida pessoal, talvez uma experiência de quase morte ou uma cirurgia (outro tipo de experiência de quase morte). Ele ou ela precisará redefinir a própria imagem e apresentação para o mundo. Além disso, poderá haver necessidade de consertos em casa.

Esse eclipse afetará Netuno (o Planeta dos Amigos), então haverá momentos dramáticos na vida dos amigos. As amizades frequentemente serão testadas. Equipamentos de alta tecnologia ficarão mais temperamentais e muitas vezes precisam de reparos e substituições. Verifique se as senhas que você usa são fortes e se os programas antivírus e contra hackers estão atualizados. Confira também se os arquivos importantes têm cópia de segurança.

O Planeta das finanças (Mercúrio) estará "fora dos limites" a partir do dia 13, então você estará fora da esfera normal em questões financeiras. Talvez as soluções financeiras não estejam nos lugares de praxe e você precise procurar em locais diferentes. É possível que as oportunidades para ganhar dinheiro venham de fora do seu ambiente usual. Mercúrio estará na Oitava Casa até o dia 21, então é bom se lembrar das nossas discussões anteriores sobre organizar e desintoxicar a vida financeira. Você vai prosperar cortando o que não é necessário.

Quando Júpiter e Saturno entrarem em Aquário, a saúde ficará mais delicada e vai exigir mais atenção no próximo ano. Este mês, contudo, a saúde está boa. Com exceção de Júpiter e Saturno (e isso acontecerá mais tarde neste mês), os outros planetas estarão em aspecto harmonioso ou deixarão você em paz.

♊

GÊMEOS

OS GÊMEOS

Nascidos entre 21 de maio e 20 de junho

PERFIL PESSOAL

GÊMEOS EM UM RELANCE

Elemento: Ar
Planeta Regente: Mercúrio
  Planeta da Carreira: Netuno
  Planeta da Saúde: Plutão
  Planeta do Amor: Júpiter
  Planeta das Finanças: Lua
Cores: azul, amarelo, amarelo-ouro
Cor que promove o amor, o romance e a harmonia social: azul-celeste
Cores que propiciam ganhos: cinza, prateado
Pedras: ágata, água-marinha
Metal: mercúrio
Perfumes: alfazema, lilás, lírio-do-vale, estoraque (benjoim)
Qualidade: mutável (– flexibilidade)
Qualidades essenciais ao equilíbrio: profundidade de pensamento, pouca superficialidade
Maiores virtudes: grande habilidade comunicativa, pensamento ágil, rápida capacidade de aprendizagem
Necessidade mais profunda: comunicação
Características a evitar: tendência a fofocas e a magoar os outros com palavras ásperas, superficialidade, uso da oratória para desinformar ou desviar de assuntos
Signos de maior compatibilidade: Libra, Aquário

Signos de maior incompatibilidade: Virgem, Sagitário, Peixes
Signo mais útil à carreira: Peixes
Signo que fornece maior suporte emocional: Virgem
Signo mais prestativo em questões financeiras: Câncer
Melhor signo para casamento e associações: Sagitário
Signo mais útil em projetos criativos: Libra
Melhor signo para sair e se divertir: Libra
Signo mais útil em assuntos espirituais: Touro, Aquário
Melhor dia da semana: quarta-feira

COMPREENDENDO A PERSONALIDADE GEMINIANA

O signo de Gêmeos representa para a sociedade o que o sistema nervoso representa para o organismo. Não produz informações novas, mas constitui um transmissor vital entre os estímulos gerados pelos sentidos e pelo cérebro e vice-versa. O sistema nervoso não julga ou pondera esses impulsos; tal função é atribuição do cérebro ou dos instintos. Ele apenas transmite informações, e o faz com perfeição.

Essa analogia deve fornecer uma ideia do papel dos geminianos na sociedade. Eles são os comunicadores e transmissores de mensagens. Para um geminiano, o teor da verdade de uma mensagem é irrelevante; ele apenas transmite o que vê, ouve ou lê; apregoa o que os livros escolares ensinam e o que lhe é passado por seus superiores. Assim, os nativos de Gêmeos são capazes de espalhar os maiores disparates, bem como de trazer luz e verdade a um tema. Eles tendem, por vezes, a ser inescrupulosos em suas comunicações e podem usar esse poder para o bem ou para o mal. É por isso que Gêmeos é considerado um signo de dualidade.

A habilidade para se comunicar com facilidade faz dos geminianos excelentes professores, escritores e profissionais da mídia. Nesse aspecto, são ajudados pelo fato de que Mercúrio, o planeta regente dos nativos do signo, rege também essas atividades.

Os geminianos possuem o dom da eloquência. E que eloquência! Podem falar sobre qualquer tema, a qualquer hora e em qualquer lugar. Nada é mais divertido para eles do que uma boa conversa, sobretudo se com ela aprenderem algo novo. Eles adoram aprender e ensinar. Privar um geminiano de conversas, livros e revistas é uma punição extremamente cruel.

Eles costumam ser excelentes alunos e são bem-sucedidos nos estudos. Suas mentes armazenam vasto arsenal de informação, que inclui histórias, anedotas, trivialidades, curiosidades, fatos e estatísticas. Dessa forma, conseguem sustentar qualquer disputa intelectual a que se disponham. São assombrosos como debatedores, e quando envolvidos em política, oradores imbatíveis.

A eloquência de Gêmeos é tão impressionante que, mesmo quando os nativos do signo não têm a menor ideia do que estão falando, dão a impressão de que são especialistas no assunto. É impossível não se deixar ofuscar por seu brilhantismo.

FINANÇAS

Os geminianos tendem a se preocupar mais com a riqueza do aprendizado e das ideias do que com a riqueza material propriamente dita. Brilham em profissões ligadas à escrita, à didática, ao comércio e ao jornalismo. Nem todas essas profissões pagam bem! Mas sacrificar necessidades intelectuais por dinheiro é inconcebível para um geminiano. Ele sempre tenta conciliar os dois.

Câncer ocupa a Segunda Casa Solar geminiana (Finanças), o que indica que você, de Gêmeos, pode ganhar dinheiro extra de forma harmoniosa e natural, por meio de investimentos em restaurantes, hotéis, imóveis e pousadas. Em virtude de sua habilidade de oratória, você adora situações de barganha e negociação, principalmente quando há dinheiro envolvido.

A Lua, que rege a Segunda Casa Solar de Gêmeos, é o corpo sideral mais rápido do Zodíaco; percorre todos os signos e as Casas zodiacais a cada 28 dias. Nenhum outro astro ou planeta se equipara à Lua em capacidade de mudança rápida. A análise da Lua e de seus fenômenos nos ajuda a compreender melhor a postura financeira dos nativos deste signo. Ao lidar com finanças, eles são versáteis e flexíveis. Ganham dinheiro de diversas formas, e suas necessidades e atitudes financeiras parecem flutuar diariamente. O mesmo acontece com sua maneira de encarar o dinheiro: entusiasmam-se com ele em alguns momentos e, em outros, parecem não lhe dar a mínima importância.

Para o geminiano, as metas financeiras e o dinheiro são vistos como mera forma de sustento para constituir uma família; fora isso, têm pouco valor.

A Lua, regente das Finanças de Gêmeos, também envia outra importante mensagem para os geminianos: para concretizar plenamente seu potencial financeiro, eles precisam aprender a desenvolver profunda compreensão do aspecto emocional da vida. Necessitam combinar sua espantosa capacidade de raciocínio lógico com a compreensão da psicologia humana. Os sentimentos possuem lógica própria. É uma lição que os geminianos têm de aprender e aplicar na área das finanças.

CARREIRA E IMAGEM PÚBLICA

Os geminianos intuem que foram agraciados com o dom da comunicação e que esse é um poder capaz de produzir grande bem ou terrível mal-estar. Anseiam por colocar esse dom a serviço de ideais transcendentes e elevados. Sua principal meta consiste em comunicar verdades eternas e prová-las por meio da lógica. Respeitam poetas, artistas, músicos e místicos, por terem conseguido transcender o intelecto. Encantam-se com a vida dos santos e mártires. Para um geminiano, a transmissão da verdade, seja ela de caráter científico, histórico ou revelador, constitui a mais elevada das possibilidades de realização. Aqueles que conseguem transcender o intelecto assumem o papel de líderes naturais para eles, que têm perfeita consciência disso.

O signo de Peixes ocupa a Décima Casa Solar de Gêmeos, da Carreira. Netuno, o planeta da espiritualidade e do altruísmo, é o planeta da Carreira para os nativos do signo. Para que um geminiano se realize profissionalmente é preciso, portanto, que desenvolva seu lado transcendente, espiritual e altruísta. Ele deve compreender o vasto panorama cósmico e a maneira como a evolução humana flui, sua origem e seu destino. Somente então sua potência intelectual encontrará seu legítimo lugar, e ele poderá tornar-se "mensageiro dos deuses". Os geminianos precisam aprender a cultivar a inspiração, que não é algo que se origina *no* intelecto, mas *por meio* dele. Esse procedimento só tende a enriquecer e a fortalecer a mente geminiana.

AMOR E RELACIONAMENTOS

A tagarelice e o brilhantismo naturais dos geminianos refletem-se em sua vida amorosa e social. Uma boa conversa ou um bom bate-papo pode ser o interessante prelúdio de um novo romance. O único problema que enfrentam no amor é que seu intelecto é demasiado frio e apático para despertar ardor no outro. As emoções chegam a perturbar os nativos do signo, e seus(suas) companheiros(as) se queixam disso. Quem estiver apaixonado(a) por alguém do signo deve compreender por que isso ocorre. Os geminianos evitam paixões profundas porque elas interferem em sua habilidade de raciocínio e comunicação. Se eles parecerem frios para você, que é nativo de outro signo, compreenda que se trata da própria natureza deles.

Não obstante, os geminianos precisam entender que falar de amor é diferente de sentir o amor em toda a sua radiância e retribuí-lo. Falar sobre o amor não os levará a lugar algum. Precisam senti-lo e agir de acordo com isso. Esse sentimento pertence aos domínios do coração, não do intelecto. Se você deseja saber como um geminiano se sente em relação ao amor, não ouça o que ele diz; observe como ele age. Os geminianos tendem a ser bastante generosos com aqueles a quem amam.

Os nativos de Gêmeos apreciam companheiros refinados, educados e viajados. Se o consorte for mais rico do que eles, melhor ainda. Se você se apaixonou por um geminiano, é melhor ser um ótimo ouvinte.

O relacionamento ideal para um geminiano é o de natureza mental. É claro que ele também aprecia os aspectos emocionais e físicos de uma relação, mas se a comunhão intelectual não se fizer presente, ele sofrerá muito com essa ausência.

VIDA DOMÉSTICA E FAMILIAR

No lar, os geminianos se mostram incrivelmente organizados e meticulosos. Esperam que o cônjuge e os filhos mantenham o padrão ideal que eles mesmos seguem. Quando isso não ocorre, eles se lamentam e criticam, mas são bons membros de família e gostam de servi-la de maneira prática e útil.

O lar de um geminiano é confortável e aprazível. Ele gosta de receber convidados e é um ótimo anfitrião. Os nativos de Gêmeos também são bons em reparos, consertos e melhorias no lar. Nisso são impulsionados por sua necessidade de permanecer ativos e ocupados com algo que apreciem. Eles possuem muitos hobbies e passatempos, que os mantêm ocupados quando ficam sozinhos em casa.

Os geminianos compreendem as crianças e se dão muito bem com elas — em parte porque eles também são muito jovens de espírito. Como grandes comunicadores, sabem explicar as coisas aos mais moços e, assim, ganham seu respeito, seu amor e sua confiança. Encorajam os filhos a serem criativos e falantes, como eles próprios.

GÊMEOS
PREVISÃO ANUAL PARA 2020

TENDÊNCIAS GERAIS

O grande poder planetário deste ano está em sua Oitava Casa, que ficou forte nos últimos dois anos e em 2020 ganha ainda mais força. Portanto, este ano será de transformação pessoal, que vai acontecer por meio de crises, experiências de quase morte e encontros com a morte. Geralmente isso não indica morte física e real, costuma ser em nível psicológico. Este é o ano em que você poderá dar à luz a pessoa que deseja e é capaz de ser. As tensões que você sente são as dores do parto.

O poder em sua Oitava Casa mostra um ano sexualmente ativo, ainda mais quando comparado aos últimos dois anos. Seja qual for sua idade ou fase da vida, a libido estará mais forte que o habitual.

Netuno está em sua Décima Casa (a da Carreira) há muitos anos e continuará lá por outros tantos. Portanto, a carreira será o foco principal, junto com a espiritualidade. Voltaremos a esse assunto mais adiante.

A vida espiritual está ainda mais pronunciada agora que Urano está em sua Décima Segunda Casa, a da Espiritualidade. Ele entrou nesta posição ano passado e continuará lá por vários anos. Há uma grande mudança acontecendo nessa área e muita experimentação espiritual. Voltaremos a esse assunto mais à frente.

Saturno ficará em sua Nona Casa entre 23 de março e 1º de julho e depois voltará para a Oitava Casa até 18 de dezembro, indicando um teste de suas crenças religiosas e filosóficas, que vão receber a "terapia da realidade". Algumas terão que ser alteradas, enquanto outras serão descartadas. Esta também será uma tendência de longo prazo a partir de 18 de dezembro.

Júpiter passa boa parte do ano em sua Oitava Casa, indicando também aumento na libido. O amor será expresso em termos físicos e sexuais. Voltaremos a esse assunto depois. Muitas vezes isso indica herança, mas também pode mostrar lucros com imóveis ou a nomeação para um cargo administrativo relacionado a um espólio. Com sorte, ninguém precisará morrer.

Júpiter ficará em sua Nona Casa até o fim do ano (20 de dezembro), sendo um aspecto maravilhoso para estudantes universitários e para quem deseja entrar na universidade. Haverá boa sorte nesse campo.

As áreas de interesse este ano serão sexo, transformação pessoal, estudos sobre ocultismo, religião, filosofia, teologia, ensino superior e viagens ao exterior (de 23 de março a 1º de julho e a partir de 18 de dezembro); grupos de amigos e atividades em grupo (a partir de 28 de julho); carreira e espiritualidade.

Os caminhos de maior realização este ano serão finanças (até 6 de maio); comunicação e interesses intelectuais (a partir de 6 de maio); sexo, transformação sexual e estudos sobre ocultismo (até 20 de dezembro); religião, filosofia, teologia, ensino superior e viagens ao exterior (a partir de 20 de dezembro).

SAÚDE

(Esta é uma perspectiva astrológica sobre a saúde, não uma visão médica. No passado essas perspectivas eram idênticas, mas hoje podem ocorrer diferenças significativas. Para obter uma opinião com base em diagnósticos da medicina convencional, consulte seu médico ou um profissional da área da saúde.)

A saúde está boa este ano e ficará ainda melhor ao longo dos meses. Você provavelmente chegará ao fim do ano com mais saúde e disposição do que no início. Existe apenas um planeta lento em alinhamento tenso com você: Netuno. Todos os outros vão deixá-lo em paz e no fim de 2020, dois deles formarão aspectos harmoniosos com você (Saturno e Júpiter).

A Sexta Casa está vazia, apenas planetas rápidos passarão por lá com impacto temporário, o que é outro bom sinal para a saúde. Você não precisa prestar muita atenção nesta área porque ela vai bem.

Plutão (o Planeta da Saúde) viaja com Saturno e Júpiter em 2020, podendo haver cirurgias (ou elas serem recomendadas a você), mas não parecem graves e o resultado final parece bom. Plutão é o regente geral das cirurgias e ele está em sua Oitava Casa (a da Cirurgia) há muitos anos. Então você tende a ver uma intervenção cirúrgica como solução rápida para um problema de saúde, mas esses mesmos aspectos favorecem a desintoxicação, que também deverá ser explorada. Você vai obter bons resultados com ela, muitas vezes o mesmo que uma cirurgia (embora a desintoxicação geralmente exija mais tempo e envolva mais disciplina).

O cônjuge, parceiro ou interesse amoroso atual também pode passar por um procedimento cirúrgico. Ele ou ela também deverá explorar a desintoxicação.

Por mais que a saúde esteja boa, pode ficar ainda melhor. Dê mais atenção às seguintes áreas, que são as mais vulneráveis do seu mapa:

Cólon, bexiga e órgãos sexuais. São muito importantes para os geminianos porque Plutão (seu Planeta da Saúde) rege essas áreas. Os reflexos aparecem em seu mapa. Como sempre, fazer sexo seguro e com moderação é extremamente importante. E uma desintoxicação do cólon com chás de ervas de vez em quando é uma boa ideia.

Coluna, joelhos, dentes, pele e alinhamento do esqueleto. Os reflexos aparecem em seu mapa. Estas áreas ganharam importância desde 2008, quando seu Planeta da Saúde entrou em Capricórnio, e continuarão importantes por vários anos. Portanto, massagens regulares nas costas e nos joelhos serão boas, além de visitas regulares a um quiropraxista ou osteopata. Terapias como Técnica de Alexander, Rolfing e Feldenkrais também são recomendáveis. Além disso, dê mais apoio aos joelhos quando se exercitar e faça check-ups com dentista regularmente.

Pulmões, braços, ombros e sistema respiratório. Sempre são importantes para os geminianos e os reflexos aparecem em seu mapa. Os braços e ombros precisam de massagens regulares, pois a tensão costuma se acumular nos ombros e precisa ser liberada.

Embora a saúde esteja boa este ano, haverá períodos em que não estará tão boa como o habitual. Isso vem da tensão nos planetas rápidos, que são temporárias e não chegam a ser tendências para 2020. Quando elas passarem, a saúde volta a ser boa como sempre e a disposição retorna.

Os períodos vulneráveis serão de 19 de fevereiro a 20 de março; de 23 de agosto a 22 de setembro; de 22 de novembro a 21 de dezembro. Descanse mais nestes períodos. Isso será abordado com mais profundidade nos relatórios mensais.

LAR E FAMÍLIA

Mercúrio, o senhor do seu mapa, também é o seu Planeta da Família, mostrando que o lar e a família sempre são importantes para você, que tende a ser uma pessoa voltada para o ambiente familiar. Contudo, em 2020 todos os planetas lentos estarão na metade superior do seu mapa (o setor diurno), voltada para a carreira e atividades externas. E embora o setor noturno se fortaleça um pouco ao longo do ano, nunca será dominante. Além disso, a Quarta Casa está basicamente vazia (apenas planetas rápidos passarão por lá), portanto esta área não está tão pronunciada quanto o habitual. A carreira será muito mais importante que o lar e a família. A Quarta Casa vazia, como nossos leitores assíduos já sabem, tende ao *status quo*, o que também pode ser interpretado como algo bom. Você parece satisfeito com o estado em que as coisas estão e não precisará fazer grandes mudanças porque considera a situação doméstica garantida. Esta área estará relativamente tranquila em 2020.

O seu Planeta da Família (Mercúrio) é muito rápido e frequentemente errático. Às vezes ele se move muito rapidamente (passando por três signos e casas em um mês), em outras ocasiões ele se move bem devagar (e fica em um signo por um mês inteiro). Três vezes por ano ele fica retrógrado. Então a vida familiar tende a refletir isso, podendo ser errática. Contudo, você já está acostumado e sabe como enfrentar essas situações.

Como Mercúrio se move rapidamente, existem várias tendências familiares de curto prazo que dependem de onde ele está e dos aspectos que recebe. Isso será abordado com mais profundidade nos relatórios mensais.

Os pais, figuras paternas ou maternas, também terão um ano familiar e não haverá muitas mudanças. Um deles parece muito espiritual, envolvido em caridade e causas altruístas, enquanto o outro parece dedicado a se divertir e curtir a vida.

Irmãos e figuras fraternas podem se mudar este ano, mas isso parece muito complicado e pode envolver vários adiamentos. Se eles estiverem em idade fértil, ficarão mais férteis que o habitual. O casamento ou relacionamento atual deles será testado, mas poderá sobreviver.

Filhos e figuras filiais provavelmente vão se mudar e isso também parece complicando, com vários problemas e adiamentos. Se eles estiverem em idade fértil, parecerão mais férteis.

Os netos (caso você os tenha) ou pessoas que desempenham esse papel em sua vida poderão se mudar várias vezes em 2020, em uma tendência que continua por vários anos. A vida doméstica parece instável. Eles também ficarão mais férteis que o habitual (se estiverem em idade adequada).

Se você estiver planejando reformas em casa, o período entre 22 de agosto e 22 de setembro será o ideal. Caso esteja planejando decorar ou comprar objetos de arte para o lar, o melhor momento será entre os dias 2 e 28 de outubro.

DINHEIRO E CARREIRA

A Casa do Dinheiro não terá poder este ano, pois está basicamente vazia. Apenas planetas rápidos vão passar por lá e seus efeitos serão breves. Em geral isso é bom, pois mostra um contentamento com as finanças. Não é preciso fazer grandes mudanças ou se concentrar excessivamente nessa área. Contudo, em 2020 será diferente: seu Planeta das Finanças (a Lua) terá quatro eclipses esse ano, o dobro do usual. Além disso, haverá dois eclipses (um solar e um lunar) na Casa do Dinheiro, garantindo muitas mudanças financeiras importantes e dramáticas. Será preciso fazer correções de rumo. O pensamento e a perspectiva financeira provavelmente não serão realistas, como os eventos do eclipse vão mostrar.

O Planeta das Finanças (a Lua) é o mais rápido e errático de todos. Enquanto os outros planetas rápidos (Sol, Mercúrio e Vênus) levam um ano para percorrer o zodíaco, a Lua faz isso a cada mês, portanto haverá muitas tendências financeiras de curto prazo que dependem de onde a Lua está e dos aspectos que recebe. Isso será abordado com mais profundidade nos relatórios mensais.

Em geral (e isso será discutido posteriormente) o seu poder financeiro estará mais forte na Lua Nova, Cheia e Crescente e também quando a Lua estiver no perigeu (a distância mais próxima da Terra). Durante a Lua Minguante, será bom usar o dinheiro sobrando para pagar dívidas.

Haverá bons dias financeiros durante a Lua Minguante ou quando ela não estiver no perigeu, mas um bom dia para as finanças durante o perigeu ou na Lua Crescente será mais forte do que o contrário.

Há muito poder em sua Oitava Casa em 2020, ela é disparada a mais forte do horóscopo. Portanto, este é um ano para fazer ou pagar dívidas, dependendo da necessidade. É um ano bom para o planejamento tributário e de compra de imóveis (se você tiver idade para isso). O dinheiro pode vir de seguros ou restituições de impostos. Muitas vezes surge uma herança quando a Oitava Casa está forte, mas com sorte ninguém precisará morrer. Você poderá ser colocado no testamento de alguém ou indicado para um cargo administrativo relacionado a um espólio. Como a Oitava Casa diz respeito ao dinheiro alheio, este é um ano para se concentrar na prosperidade dos outros. O interesse financeiro alheio vem antes do seu (embora você não deva deixar os seus interesses de lado). O cônjuge, parceiro ou interesse amoroso atual terá um ano financeiro muito forte. Não há dúvida que ele ou ela sairá ganhando e terá prosperidade suficiente para cobrir seus ganhos pessoais, que não estarão tão bons.

A carreira está em destaque há muitos anos, e em 2020 ganhará ainda mais importância, e não só porque sua Décima Casa (a da Carreira) está forte. Conforme mencionamos anteriormente, a metade superior (o lado diurno) do seu horóscopo estará dominante o ano inteiro, deixando você ainda mais ambicioso que o habitual.

Você nasceu com um senso de missão e sempre teve ideais elevados em relação ao que desejava conquistar na vida. Agora que Netuno está em sua Décima Casa (a da Carreira) há muitos anos, esta ideia de missão se intensificou e vai continuar assim nos próximos anos. Muitos de vocês entraram em carreiras voltadas para a espiritualidade ou para a caridade, enquanto outros buscam uma carreira mundana, mas estão muito envolvidos nesses tipos de atividade. Apenas ganhar dinheiro e ser bem-sucedido não bastará para você, que precisará fazer algo significativo e que eleve a humanidade. Se você não estiver envolvido com algo espiritual ou de caridade, as portas para isso vão se abrir em 2020 ou nos próximos anos.

AMOR E VIDA SOCIAL

O amor está complicado em 2020 (e quando não está? Mas em alguns anos a situação fica mais difícil do que em outros).

O Planeta do Amor (Júpiter) passará quase o ano inteiro no conservador Capricórnio, sua Oitava Casa. Além disso, Júpiter vai viajar com Saturno e Plutão em 2020, então temos muitas mensagens aqui.

Em primeiro lugar, Júpiter não está muito forte em Capricórnio. Os astrólogos dizem que Júpiter está em "queda", sua posição mais fraca, então o magnetismo social não estará nos padrões habituais. Em segundo lugar, isso mostra uma socialização menor que a habitual. Os solteiros vão namorar e ir a festas, mas não tanto como de costume porque há uma necessidade de se concentrar na qualidade em vez da quantidade. Haverá menos namoros, menos eventos sociais, mas é melhor ter poucos e bons do que vários e medianos. Portanto, você vai estar mais exigente nesses dias. Um casamento não será provável em 2020, nem recomendável. O ano seguinte será muito melhor para isso. Você se sentirá atraído por pessoas mais velhas, sérias e estabelecidas que você. Na verdade, terá oportunidades românticas com esse tipo de pessoa. O perigo aqui é se envolver em um relacionamento de conveniência em vez de amor verdadeiro. Você terá oportunidade para esse tipo de relacionamento. Esses aspectos também mostram que você vai demorar a se apaixonar e vai devagar nesta área. Qualquer pessoa envolvida romanticamente com um nativo de Gêmeos precisará entender isso.

Júpiter na Oitava Casa e viajando com o senhor da Oitava Casa (Saturno) sugere que o magnetismo sexual será o principal apelo nesses dias. (Júpiter também viaja com Plutão, o regente geral do sexo, reforçando essa ideia). Não há problema algum com o bom magnetismo sexual, mas um relacionamento sólido precisa de mais do que isso.

O Planeta do Amor na Oitava Casa mostra que você vai se encantar por pessoas com dinheiro e que ganham bem. A riqueza excitará você romanticamente.

O Planeta do Amor viajando com o senhor da Sexta Casa mostra uma atração por profissionais da área da saúde ou pessoas envolvidas diretamente na sua saúde. Muitas vezes isso indica romance no ambiente de trabalho, mas não levará ao casamento, pelo menos não em 2020.

Para quem está buscando um segundo casamento, a perspectiva melhora após 20 de dezembro, mas o casamento ainda não vai acontecer, embora exista amor em 2020. Quem trabalha no terceiro casamento, contudo, terá um ano sem mudanças. Os casados provavelmente vão continuar casados e os solteiros continuarão solteiros.

Para quem já estiver em um relacionamento amoroso, ele será testado este ano. O desafio será manter a chama do romance acesa. Tudo parece prático demais, muito pé no chão. Todos fazem o necessário e cumprem seus deveres, mas está faltando paixão.

AUTOAPRIMORAMENTO

Conforme mencionamos anteriormente, Netuno está em sua Décima Casa há muitos anos e continuará lá por outros tantos. Ele é o planeta mais espiritual e idealista de todos, levando a uma carreira voltada para a espiritualidade que será significativa para você. Existe também outra forma de ler isso, que será verdadeira para muitos geminianos: a sua prática e crescimento espiritual será a verdadeira carreira e missão nesses dias. A maioria de vocês está em um caminho espiritual, mas ele está se aprofundando e ficando mais dinâmico.

Netuno (o Planeta Espiritual geral) está no místico signo de Peixes, favorecendo o caminho místico bhakti. A lógica e a razão muitas vezes serão vistas como inimigas, e o sentimento é o que importa. Embora este caminho do amor, devoção e exaltação emocional certamente seja poderoso, com Urano em sua Décima Segunda Casa (a da Espiritualidade), será necessário um pouco de ciência e racionalidade para embasar tudo isso. Você é uma pessoa racional por natureza, um intelectual. Ignorar a mente vai criar um conflito em sua natureza. A mente não precisa ser o inimigo, ela poderá ser uma importante aliada em seu caminho. Os inimigos são as impurezas mentais.

Urano rege a ciência e a tecnologia, então muitos de vocês vão aplicar a alta tecnologia à prática espiritual, utilizando realidade virtual, ouvindo palestras em plataformas de streaming e assistindo a eventos, palestras e aulas de meditação on-line. Existem vários tipos de plataformas digitais que ajudam a meditar e você parece encantado por elas.

Como Urano também rege a astrologia, a astrologia esotérica (o lado filosófico da astrologia) será um caminho espiritual viável para muitos de vocês. Para saber mais sobre isso, acesse meu blog em www.spiritual-stories.com [em inglês].

Existe algo mágico e místico na Oitava Casa que será facilmente a mais forte no seu horóscopo em 2020, conforme já mencionamos. Em níveis mais profundos, a Oitava Casa diz respeito à "ressurreição" e revivificação, trazer o que está morto de volta à vida. Todos nós temos algo na vida que precisa ser ressuscitado. Talvez seja um relacionamento, um projeto financeiro ou um objetivo artístico que está dormente ou até morto. Como ele poderá ser ressuscitado? Em 2020 a Oitava Casa revelará seus segredos para você. É bem provável que a mente esteja lotada de questões paralelas e precise de uns ajustes. Talvez sua casa e vida material também estejam bagunçadas demais. É hora de organizar e ficar apenas com o essencial. Talvez a vida emocional tenha questões não resolvidas, então é hora de organizá-la também. Ao fazer isso, você subitamente vai descobrir que terá mais disposição para ressuscitar seus projetos de estimação.

PREVISÕES MENSAIS

JANEIRO

Melhores dias: 7, 8, 16, 24, 25, 26
Dias mais tensos: 1º, 14, 20, 21, 27, 28
Melhores dias para o amor: 5, 6, 13, 14, 18, 19, 20, 21, 22, 23, 27, 28
Melhores dias para o dinheiro: 5, 6, 9, 10, 14, 15, 22, 23, 24, 25
Melhores dias para a carreira: 1º, 9, 10, 18, 19, 27, 28

Você começa o ano com o setor ocidental social do seu mapa dominante. Até o senhor do seu horóscopo (Mercúrio) está no ocidente, então não será um período de muita independência e as necessidades dos outros virão em primeiro lugar. Isso não faz de você particularmente altruísta, é apenas o ciclo que está vivendo. O bem virá até você pelas graças dos outros e não tanto pela sua iniciativa pessoal. Se as circunstâncias não agradarem, reconheça isso e, quando os planetas forem para o leste (o que eles vão fazer), prepare-se para fazer as mudanças necessárias.

O lado diurno do seu horóscopo está imensamente dominante. No dia 2, todos os planetas (com exceção da Lua) estarão no lado diurno, que é a metade superior do seu horóscopo, então esse é o momento para se concentrar na carreira e nos assuntos externos da vida. Você servirá melhor à família e provavelmente terá muita satisfação emocional com o sucesso na carreira em vez da dedicação exagerada ao núcleo familiar.

A sua Oitava Casa estará forte em 2020, especialmente neste mês, pois sessenta por cento dos planetas estarão ou passarão por ela. Portanto, este é um mês para desintoxicar, organizar e praticar a ciência e a arte da ressurreição e transformação pessoal. Não pode haver transformação quando existem vários tipos de bagunça acumulada, sejam objetos, padrões mentais ou emocionais. Livre-se deles e você começará a florescer. Será um ótimo mês para se aprofundar em psicologia.

O cônjuge, parceiro ou interesse amoroso atual terá um excelente mês em termos de finanças. Ele ou ela estará pessoalmente envolvido nisso, mas também terá muito apoio (especialmente de você). O amor será erótico nesses dias.

Um eclipse lunar no dia 10, o primeiro dos quatro que teremos esse ano, ocorrerá na Casa do Dinheiro (tenha em mente que a Lua, o planeta eclipsado, também é seu Planeta das Finanças, então este eclipse parece fortemente financeiro). Portanto, este é o mês para corrigir o rumo na vida financeira. Os eventos do eclipse vão mostrar que a situação não é como você imaginava e será preciso fazer mudanças dramáticas nessa área. Também haverá momentos dramáticos do tipo divisor de águas na vida das pessoas do dinheiro com as quais você está envolvido. Este eclipse afetará ainda outros três planetas, então será forte. Ele mostra que o cônjuge, parceiro ou interesse amoroso atual precisa fazer mudanças financeiras. Se você for empregador, poderá enfrentar rotatividade de pessoal. Também podem acontecer mudanças de emprego ou nas condições de trabalho. Se houver um susto relacionado à saúde, provavelmente não vai passar disso. A saúde parece boa.

FEVEREIRO

Melhores dias: 3, 4, 5, 12, 13, 21, 22
Dias mais tensos: 10, 11, 16, 17, 23, 24, 25
Melhores dias para o amor: 1º, 2, 7, 8, 10, 11, 16, 17, 19, 20, 26, 27, 28, 29
Melhores dias para o dinheiro: 1º, 2, 3, 4, 6, 7, 10, 11, 12, 13, 19, 20, 23, 24, 28, 29
Melhores dias para a carreira: 6, 7, 14, 15, 23, 24, 25

Você está em um período anormalmente forte para a carreira. todos os planetas (com exceção da Lua entre os dias 3 e 15) estão acima do horizonte e sua Décima Casa da Carreira ficará muito forte a partir do dia 19. Isso significa que todo o ímpeto cósmico está voltado para seus objetivos externos e até a família vai apoiar sua carreia, além de também parecer mais bem-sucedida. Ter sucesso em seus assuntos externos é o melhor que você poderá fazer para a família nesses dias. O seu sucesso levanta a família e vice-versa.

Este mês a Oitava e a Décima Casa competem por poder e proeminência. As duas parecem igualmente poderosas. A Oitava Casa também estava poderosa no mês passado, então boa parte do que dissemos no relatório de janeiro também se aplica ao de fevereiro. O cônjuge, parceiro ou interesse amoroso atual está muito concentrado nas finanças e parece ter sucesso. Ele ou ela está trabalhando para isso e a prosperidade virá. É um ótimo período para projetos envolvendo transformação e reinvenção pessoal. A libido está mais forte do que o habitual. É também um bom momento para se aprofundar em pesquisas e em psicologia. Regimes de desintoxicação trarão resultados positivos. Talvez você precise lidar mais com a morte e questões relacionadas a ela, geralmente em nível psicológico.

A Casa do Dinheiro está vazia este mês, apenas a Lua vai passar por lá nos dias 6 e 7. O sucesso na carreira vai se traduzir em aumento nos ganhos, mas não imediatamente. Em geral, o poder de ganhar dinheiro estará mais forte entre os dias 1º e 9 e 23 a 28, durante a Lua Crescente. A Lua Cheia no dia 9 também deverá ser especialmente boa para as finanças porque ela estará no perigeu (a distância mais próxima da Terra). O período de Lua Crescente (do dia 9 a 23) será bom para pagar dívidas ou reduzir gastos, além de ser positivo para tudo o que você precisa reduzir.

A Casa do Dinheiro vazia indica um mês sem muitas mudanças para as finanças. Eu interpreto isso como positivo, pois mostra contentamento com a situação atual. Você não precisa prestar muita atenção a essa área.

A saúde precisa de cuidados a partir do dia 19. No geral ela está boa, mas este não é um dos seus melhores períodos nessa área. A disposição não está tão boa quanto o habitual. Você poderá melhorar a saúde das formas mencionadas no relatório anual, porém o mais importante é descansar muito. Faça o possível para manter a disposição em alta.

MARÇO

Melhores dias: 2, 3, 10, 11, 19, 20, 29, 30
Dias mais tensos: 8, 9, 14, 15, 22, 23
Melhores dias para o amor: 1º, 8, 9, 14, 15, 17, 18, 27, 28
Melhores dias para o dinheiro: 1º, 4, 5, 8, 9, 12, 13, 17, 18, 24, 25, 27, 28
Melhores dias para a carreira: 4, 5, 12, 13, 22, 23

Mercúrio, o senhor do seu horóscopo e planeta mais importante do seu mapa, está em sua Décima Casa, a da Carreira, desde o dia 3 de fevereiro e continuará lá até o dia 3 do mês que vem e depois a partir do dia 16. O senhor do horóscopo no alto do mapa indica sucesso não só em termos profissionais, como também na aparência, atitude e estilo. As pessoas vão admirar você nesses dias. A única complicação é Mercúrio, que está retrógrado desde 17 de fevereiro e vai até o dia 10 deste mês. Você terá sucesso, mas parece faltar um rumo. Pode parecer que a carreira está regredindo (entre os dias 4 e 10), mas não é verdade. Você ainda está em um ápice profissional anual até o dia 10, e no dia 16 você estará de volta ao topo do seu mundo. Os dias 8 e 9 serão bons para falar com superiores, pois eles parecem receptivos. Você também terá boas ideias em termos de carreira nesse período.

A saúde ainda precisa de cuidados até o dia 20. Reveja nossa discussão sobre isso no mês passado. A desintoxicação é sempre boa para você, mas neste mês massagens nas coxas e uma limpeza no fígado também podem ajudar. Além disso, é importante que a saúde social esteja em dia, visto que problemas com o ser amado ou os amigos podem afetar a saúde física. A boa notícia é que você verá uma mudança dramática na saúde e na disposição após o dia 20.

A vida amorosa está muito interessante e feliz em março. O Planeta do Amor viaja com Plutão o mês inteiro, mostrando aumento no erotismo e na atividade sexual, além de indicar que o magnetismo sexual terá destaque no amor. Haverá também uma atração por profissionais da saúde e pessoas envolvidas na sua saúde. O amor será intenso e tempestuoso nesses dias. As paixões estarão a todo vapor, tanto em termos positivos quanto negativos.

A Casa do Dinheiro continua vazia neste mês. Apenas a Lua passará por lá nos dias 4 e 5, mostrando uma situação sem muitas mudanças em março. O poder de lucrar (e o seu entusiasmo) estará mais forte entre os dias 1º e 9 e também a partir do dia 24, quando a Lua entra na fase Crescente. Outra Lua Cheia próxima ao perigeu acontecerá no dia 9 e deverá ser um dia especificamente bom para as finanças.

Saturno entrará em sua Nona Casa no dia 23 e ameaçará o progresso dos estudantes universitários, que precisarão ser mais disciplinados.

ABRIL

Melhores dias: 7, 8, 15, 16, 17, 25, 26
Dias mais tensos: 5, 6, 11, 12, 18, 19
Melhores dias para o amor: 6, 7, 8, 11, 12, 14, 15, 16, 17, 24, 25, 26
Melhores dias para o dinheiro: 1º, 2, 3, 4, 6, 12, 14, 23, 24, 28, 29
Melhores dias para a carreira: 1º, 2, 9, 10, 18, 19, 28, 29

Saturno estará em sua Nona Casa até o dia 1º de julho. Além de afetar os estudantes universitários, conforme já mencionamos, também testará suas crenças filosóficas, religiosas e teológicas. Este será um processo de longo prazo, no qual elas não mudarão logo de cara, mas ao longo do tempo. Boa parte de suas crenças mudarão e algumas serão descartadas. Isso é bom e terá implicações poderosas em sua forma de viver e sentir.

A saúde está excelente este mês e a disposição parece abundante no geral. Se houver doenças preexistentes, elas ficarão em suspenso agora. A boa saúde social também será muito importante. Vênus entrando em seu signo no dia 3 melhora a aparência física e empresta glamour à sua imagem, mostrando também um lado mais divertido. Você vai entrar em um ápice anual de prazer pessoal no mês que vem, mas sentirá o início dele desde já. Os filhos e figuras filiais parecem dedicados a você. As oportunidades de lazer e diversão virão até você, não será preciso procurá-las.

Embora o seu ápice profissional anual tenha acabado (por enquanto), haverá sucesso na carreira nos dias 3 e 4. Você também parece estar em harmonia com chefes, idosos, pais, figuras paternas e maternas. A sua vida onírica estará muito ativa e reveladora nesses dias, então preste atenção aos sonhos.

O setor oriental do "eu" ficou dominante no mês passado, então você está em um período de independência pessoal. Os outros sempre serão importantes, mas você não precisará da ajuda ou das boas graças deles. A felicidade caberá a você e a iniciativa pessoal será essencial. Seja o responsável pela sua felicidade e faça as mudanças necessárias para isso.

Mercúrio terá solstício entre os dias 14 e 16. Ele fará uma pausa no céu e depois mudará de rumo (em latitude). É provável que haja uma pausa em seus assuntos, mas nada com que se preocupar. É uma pausa que renova e leva você a um novo rumo.

O próximo mês será espiritual, principalmente após o dia 19, sendo bom para meditação, práticas espirituais e literatura sacra. É hora de fazer avanços na área espiritual.

O Sol viaja com Urano entre os dias 24 e 26, trazendo ideias originais e inovadoras. Talvez novos equipamentos de comunicação e alta tecnologia venham até você.

O amor ainda está bom neste mês. As tendências que mencionamos no mês passado continuam em vigor.

MAIO

Melhores dias: 4, 5, 13, 14, 23, 24
Dias mais tensos: 2, 3, 8, 9, 15, 16, 29, 30
Melhores dias para o amor: 3, 4, 5, 8, 9, 12, 13, 14, 22, 23, 24
Melhores dias para o dinheiro: 2, 3, 11, 12, 22, 23, 25, 26
Melhores dias para a carreira: 6, 7, 15, 16, 25, 26

A atividade retrógrada aumenta este mês, pois quarenta por cento dos planetas (uma porcentagem alta) estará retrógrada a partir do dia 14. Plutão, seu Planeta da Saúde, ficou retrógrado no final do mês passado (25 de abril) e continuará assim por muitos meses. Quem procura emprego precisa analisar bem as oportunidades de trabalho. Nada é o que parece. Também não é uma boa ideia fazer grandes mudanças em termos de saúde, então pense bem antes de agir. Os filhos e figuras filiais precisam ter mais cuidado em questões financeiras. É preciso ter mais atenção.

O Planeta do Amor (Júpiter) ficará retrógrado no dia 14 e também passará muitos meses assim. A vida amorosa vai desacelerar, como deve ser. Existe amor no seu mapa, mas não é preciso se apressar. Deixe que ele se desenvolva naturalmente.

O setor oriental do "eu" está forte no seu mapa desde o mês passado e a força aumenta agora. Marte sai do oeste e entra no leste no dia 13, portanto sessenta (às vezes até setenta) por cento dos planetas estarão no leste. A Primeira Casa (a do "eu") ficará muito forte a partir do dia 20. Depois do dia 20 o poder planetário estará na posição oriental máxima. O setor oriental do "eu" não ficará mais forte do que está agora, então é hora de fazer tudo do seu jeito. Você terá o apoio do poder planetário para isso. A sua felicidade é importante para o cosmos. Se você estiver feliz, haverá menos sofrimento no mundo. O amor e as questões sociais vão precisar de tempo para serem resolvidos, então este é o momento para cuidar de você.

Mercúrio estará "fora dos limites" a partir do dia 17, então você estará fora da esfera normal. Isso também vale para os seus parentes. Como não existem soluções no seu ambiente atual, será preciso procurá-las em outros lugares.

Com a Primeira Casa forte, será um bom mês para colocar o corpo e a imagem em forma e também para dar ao corpo os prazeres que ele tanto deseja (mas não exagere).

A Casa do Dinheiro ganha força depois do dia 20 e ficará ainda mais forte no mês que vem, então a prosperidade vai aumentar. Os ganhos deverão ser mais fortes entre os dias 1º e 7 e a partir do dia 22. A Lua Cheia no dia 6 sugere um dia especialmente forte para as finanças. É uma "Super Lua" que estará no perigeu (a distância mais próxima da Terra). O dia 23 também parece anormalmente forte para as finanças. Sorte inesperada ou oportunidades surgirão na área financeira.

JUNHO

Melhores dias: 1º, 9, 10, 19, 20
Dias mais tensos: 5, 6, 11, 12, 13, 26, 27, 30
Melhores dias para o amor: 1º, 5, 6, 8, 9, 10, 18, 19, 20, 27, 30
Melhores dias para o dinheiro: 1º, 8, 9, 10, 18, 20, 21, 22, 27
Melhores dias para a carreira: 3, 4, 11, 12, 21, 22, 28, 29

Vênus está em seu mapa desde abril e continuará lá o mês inteiro. Então o seu traquejo social estará anormalmente forte. O senso estético também estará mais apurado. É um bom mês para comprar roupas e acessórios, embelezar o corpo e a imagem, especialmente após o dia 25. O amor deverá estar empacado, mas não é devido a sua capacidade de ser atraente. Você ainda estará em um ápice de prazer pessoal anual praticamente o mês inteiro, então ceda aos desejos do corpo agora (mas sem exageros). Dê ao corpo os prazeres que ele tanto deseja. É um bom momento para mimar a si mesmo.

Dois eclipses serão o destaque deste mês. Ambos afetam a vida financeira e mostram que é preciso mudar de rumo. Os eventos causados por esses eclipses indicam que seu pensamento e estratégias financeiras não estão muito realistas, obrigando você a fazer mudanças.

O eclipse lunar do dia 5 ocorre em sua Sétima Casa (a do Amor), portanto o amor será testado. Geralmente assuntos reprimidos e antigas mágoas virão à tona para serem resolvidos. Se você lidar com isso adequadamente e o relacionamento estiver forte, ele vai sobreviver e melhorar. Se o relacionamento estiver imperfeito, correrá perigo. Como o Planeta do Amor ainda está retrógrado, não tome decisões importantes nessa área em junho. É hora de obter clareza sobre o amor. As pessoas do dinheiro em sua vida podem viver momentos dramáticos relacionados à saúde. Este eclipse afetará Marte e Vênus, levando amizades a serem testadas. Pode haver momentos dramáticos na vida dos amigos. Os filhos e figuras filiais também serão afetados e devem evitar situações perigosas neste período. Este eclipse será forte em você, então é melhor ter uma agenda mais tranquila nesse período. Você receberá sinais inegáveis para avisar quando será preciso ir com calma.

O eclipse solar do dia 22 ocorre na Casa do Dinheiro, afetando irmãos, figuras fraternas e vizinhos. Eles viverão mudanças espirituais em termos de atitudes, práticas, ensinamentos e mestres. Os estudantes abaixo do nível superior serão afetados, podendo haver problemas na escola ou mudanças de planos educacionais. O cônjuge, parceiro ou interesse amoroso atual poderá ter sonhos ou outros encontros psicológicos com a morte.

A atividade retrógrada estará no auge para este mês (haverá outro auge em setembro), então boa parte do que escrevemos aqui poderá ter uma reação adiada.

JULHO

Melhores dias: 6, 7, 8, 16, 17, 25, 26
Dias mais tensos: 2, 3, 9, 10, 23, 24, 29, 30
Melhores dias para o amor: 1º, 2, 3, 6, 7, 8, 9, 10, 16, 17, 19, 20, 25, 26, 27, 28, 29, 30
Melhores dias para o dinheiro: 1º, 4, 5, 9, 10, 14, 15, 19, 20, 21, 22, 23, 24, 29, 31
Melhores dias para a carreira: 1º, 9, 10, 19, 20, 27, 28

Embora você esteja em um ápice financeiro anual desde o dia 21 de junho, outro eclipse lunar no dia 2 abalará as finanças mais uma vez. O pensamento financeiro ainda não é o que deveria ser e você está fazendo as correções necessárias. Este eclipse ocorre na Oitava Casa e também afeta a renda do cônjuge, parceiro ou interesse amoroso atual. Vocês dois precisarão fazer mudanças dramáticas nas finanças. Este eclipse pode trazer encontros psicológicos com a morte, seja por meio de sonhos, momentos "por um triz", histórias de crimes terríveis, ou ainda pelo falecimento ou experiência de quase morte de alguém que você conhece. Outros três planetas serão afetados de modo indireto pelo eclipse. O impacto em Mercúrio afetará você e seus parentes, que poderão estar mais temperamentais nesse período. Talvez seja preciso fazer reparos em casa. Você precisará se redefinir e mudanças de imagem podem acontecer nos próximos meses. O impacto em Júpiter afetará o cônjuge, parceiro ou interesse amoroso e testará o seu relacionamento atual.

O impacto em Marte atingirá os amigos, levando amizades a serem testadas e a momentos dramáticos na vida deles. Equipamentos de alta tecnologia podem se comportar erraticamente nesse período, exigindo reparos ou substituições.

O amor está complicado neste mês. Primeiro, o cônjuge, parceiro ou interesse amoroso atual será afetado pelo eclipse. Além disso, Júpiter (o Planeta do Amor) continua retrógrado. Em terceiro lugar, Mercúrio (você) estará retrógrado até o dia 12, então ninguém terá clareza sobre nada. Para complicar, você e o ser amado estarão o mais longe possível um do outro no horóscopo, mostrando que enxergam tudo de jeitos opostos. O desafio será aparar estas arestas, o que não será fácil neste mês. O amor ficará bem mais tranquilo em agosto.

É muito bom que a Casa do Dinheiro esteja forte este mês (está assim desde 21 de junho). O seu foco será necessário nessa área. Apesar de todos os momentos dramáticos, você deverá terminar o mês em situação financeira melhor do que começou. Mercúrio na Casa do Dinheiro é bom sinal. Não só mostra foco, como indica os melhores cenários possíveis nas finanças. Você passa imagem de riqueza. As pessoas veem você como próspero. Além disso, você gasta consigo mesmo. A aparência, atitude e estilo pessoal como um todo terão papel importante nos seus ganhos.

No dia 22 o Sol entra na Terceira Casa, a da Comunicação e Atividades Intelectuais. É a posição de casa favorita dos nativos de Gêmeos, então você estará ainda mais geminiano que o habitual. A sua capacidade mental e de comunicação, que já é excelente, estará ainda mais forte.

AGOSTO

Melhores dias: 3, 4, 13, 14, 21, 22, 30, 31
Dias mais tensos: 5, 6, 19, 20, 25, 26, 27
Melhores dias para o amor: 2, 3, 4, 11, 15, 16, 20, 23, 24, 25, 26, 27, 29
Melhores dias para o dinheiro: 2, 8, 9, 11, 15, 16, 18, 19, 20, 21, 28, 29
Melhores dias para a carreira: 5, 6, 15, 16, 23, 24

A metade superior do seu horóscopo, o lado diurno que enfatiza atividades externas e a carreira, está dominante o ano inteiro e continuará assim. Contudo, o setor inferior, voltado para o lar, a família e as questões emocionais, está em seu nível mais forte para 2020. Embora a carreira seja importante, será bom direcionar um pouco de atenção para o lar, a família e o bem-estar emocional, especialmente a partir do dia 22, quando a Quarta Casa ganha força.

Vênus está em seu signo desde abril e continuará lá até o dia 7 deste mês. Isso é bom para a aparência pessoal, a vida espiritual e o relacionamento com filhos e figuras filiais. Vênus entrará na Casa do Dinheiro no dia 7, um trânsito financeiro positivo, mostrando uma boa intuição para esta área. A orientação financeira virá em sonhos, palpites e muitas vezes por meio de astrólogos, leituras de tarô, videntes e canais espirituais. O universo invisível se importa com a sua prosperidade e estará ativamente envolvido nela. Este trânsito também indica dinheiro feliz e ganho de modo prazeroso, talvez enquanto você se diverte, praticando esportes, em uma festa ou local de entretenimento. Você terá uma tendência a especular após o dia 7, mas isso não é recomendável. Os filhos e figuras filiais parecem ativos em sua vida financeira, mas isso depende da idade e fase da vida deles. Os mais jovens inspiram e motivam você, além de frequentemente terem ideias lucrativas, enquanto os mais velhos podem ajudar de modo mais direto nas finanças.

O poder de ganhar dinheiro ficará mais forte entre os dias 1º e 3 do dia 19 e ao dia 31, durante a Lua Crescente. O dia 21 será bom para as finanças (embora você provavelmente tenha que trabalhar muito para isso), pois a Lua estará no perigeu. Entre os dias 19 e 31, use o dinheiro sobrando para reduzir dívidas e aproveite para reduzir os gastos como um todo.

Você ainda estará no céu de Gêmeos até o dia 22, significando que vai respirar informações e se comunicar ainda melhor que o usual. Será um excelente mês para escritores, publicitários, professores e alunos.

A vida amorosa vai melhorar a partir do dia 20. Mercúrio (você) e Júpiter (o cônjuge, parceiro ou interesse amoroso atual) estão em um relacionamento harmonioso, mas lembre-se de que Júpiter continua retrógrado. Então vá com calma no amor. Isso é particularmente importante para os solteiros.

SETEMBRO

Melhores dias: 9, 10, 18, 19, 26, 27
Dias mais tensos: 1º, 2, 3, 16, 17, 22, 23, 29, 30
Melhores dias para o amor: 2, 3, 6, 7, 13, 14, 16, 17, 22, 23, 24, 25
Melhores dias para o dinheiro: 6, 7, 11, 12, 16, 17, 24, 25, 26
Melhores dias para a carreira: 1º, 2, 3, 11, 12, 20, 21, 29, 30

A atividade retrógrada cresce este mês: entre os dias 9 e 12, sessenta por cento dos planetas estarão retrógrados e o resto do mês, a quantidade diminui um pouco, para cinquenta por cento. Não se abata com a lentidão da vida ou os vários adiamentos que vão acontecer. Isso é muito natural, é o clima cósmico. Você não é má pessoa e o cosmos não odeia você. É possível minimizar adiamentos e problemas sendo impecável em tudo o que faz. Desacelere e verifique se todos os detalhes estão perfeitos.

Os períodos retrógrados têm outros aspectos positivos, pois nos obrigam a reavaliar diversas áreas da vida e ver onde podemos melhorar. Depois, quando os planetas voltarem a se mover para a frente (e isso vai acontecer nos próximos meses), estaremos em boa posição para avançar também.

O amor está melhorando aos poucos. No dia 5 Mercúrio entrará em Libra, um signo romântico, deixando você mais no clima para o sentimento. Júpiter (o Planeta do Amor) vai começar a se mover para a frente no dia 13, então haverá mais clareza no amor para os dois lados da equação.

Você está se divertindo há vários meses, especialmente entre os dias 3 de abril e 7 de agosto, e o próximo mês terá ainda mais diversão, lazer e criatividade a partir do dia 5. Além disso, você entrará em um dos ápices de prazer pessoal para 2020 no dia 22. Com toda essa desaceleração em nível mundano, é melhor curtir o momento.

A saúde não estava dentro dos padrões habituais desde 22 de agosto e continuará assim até o dia 22 deste mês. Não é sério, trata-se apenas do impacto dos planetas rápidos em sua vida. Você poderá ficar vulnerável caso se permita chegar à exaustão, portanto descanse bastante. Você verá um grande avanço a partir do dia 22. Enquanto isso, melhore a saúde das formas citadas no relatório anual.

Marte, o senhor da Décima Primeira Casa, ficará retrógrado no dia 9 e continuará assim até 11 de novembro, significando que não é um bom momento para comprar equipamentos de alta tecnologia. É ótimo para pesquisar sobre eles, mas feche a compra quando Marte começar a se mover para a frente (se possível). Os equipamentos de alta tecnologia podem ficar temperamentais a partir do dia 9.

Quando Vênus entrar na Casa do Dinheiro no dia 6, ela estará vazia (exceto pela vista da Lua nos dias 11 e 12). Isso é bom, pois mostra contentamento com a situação atual e tende ao *status quo*. O poder de lucrar ficará mais forte entre os dias 1º e 2 e a partir do dia 17, durante a Lua Crescente. A Lua Nova do dia 17 parece ser um dia particularmente bom para as finanças por ser uma "Super Lua Nova" com a Lua no perigeu (distância mais próxima da Terra).

OUTUBRO

Melhores dias: 6, 7, 15, 16, 23, 24, 25
Dias mais tensos: 13, 14, 19, 20, 26, 27
Melhores dias para o amor: 3, 4, 5, 13, 14, 19, 20, 21, 22, 31
Melhores dias para o dinheiro: 1º, 4, 5, 6, 7, 9, 10, 13, 14, 15, 16, 21, 23, 25, 31
Melhores dias para a carreira: 9, 10, 17, 18, 26, 27

É um mês feliz e saudável, geminiano. Aproveite.

A Quinta Casa (da Diversão, Crianças e Criatividade) continuará muito forte até o dia 23, então você ainda está no meio de um ápice de prazer pessoal anual. De vez em quando é bom curtir a vida e simplesmente aproveitar. Muitos problemas existem porque nos apegamos a eles. Quando você deixa para lá, eles frequentemente se dissolvem. Às vezes, as soluções também aparecem nesses momentos.

A Sexta Casa ganha força quando Plutão (o senhor da Sexta Casa) começa a se mover para a frente, o que acontecerá no dia 4, dando mais clareza à situação profissional. Mudanças na rotina de saúde darão certo. Quem procura emprego também terá boas oportunidades (especialmente até o dia 14 e a partir do dia 23).

Este mês deverá ser próspero, embora a Casa do Dinheiro esteja vazia. Teremos duas Luas Cheias em outubro, que serão dois dias fortes para as finanças. Geralmente existe apenas uma Lua Cheia, então você terá um gás extra nas finanças este mês. A Lua Nova (sempre um bom momento financeiro para você) do dia 16 também estará mais forte que o usual. É uma "Super Lua Nova" que ocorre quando ela está no perigeu (distância mais próxima da Terra). Em geral, o poder de ganhar dinheiro estará mais forte no dia 1º e entre os dias 16 e 31. A Lua Cheia do dia 31 ocorre exatamente em Urano, senhor da Nona Casa, um planeta muito afortunado e que indica dinheiro "inesperado".

Mercúrio (o senhor do seu horóscopo) ficará retrógrado no dia 14, então será preciso analisar seus objetivos pessoais. Talvez a autoestima e a autoconfiança estejam temporariamente enfraquecidas, mas isso também parece bom. O setor ocidental social do seu mapa ficará dominante no dia 2. Como você estará em um período mais social, não precisará ter autoconfiança e autoestima em excesso. Deixe que as pessoas façam tudo do jeito delas (desde que não seja destrutivo) e coloque os outros em primeiro lugar. É hora de cultivar as habilidades sociais.

Vênus vai entrar na Quarta Casa no dia 2 e ficará lá por boa parte do mês, até o dia 28. Será um bom momento para redecorar ou comprar objetos de decoração para o lar. Os parentes (especialmente filhos e figuras filiais) parecem mais espirituais e idealistas neste período.

Marte continua retrógrado o mês inteiro, então tenha paciência com equipamentos de alta tecnologia. Se você precisar substituí-los, pesquise bastante.

NOVEMBRO

Melhores dias: 2, 3, 4, 12, 20, 21, 30
Dias mais tensos: 10, 16, 22, 23
Melhores dias para o amor: 2, 3, 11, 12, 16, 19, 21, 22
Melhores dias para o dinheiro: 2, 5, 6, 11, 14, 15, 19, 24, 25
Melhores dias para a carreira: 5, 6, 14, 15, 22, 23

Nenhum geminiano ficará desempregado este mês porque vão surgir pelo menos três oportunidades maravilhosas na área profissional. O

Planeta do Trabalho (Plutão) está se movendo para a frente e sua Sexta Casa (a do Trabalho) está forte. Júpiter também está viajando com Plutão, indicando boas oportunidades profissionais. Além disso, contatos sociais provavelmente trarão boas notícias relacionadas à carreira. Você estará no clima para o trabalho e os empregadores perceberão. Até quem já está empregado poderá ter novas e melhores oportunidades. E você provavelmente pegará trabalhos "por fora" ou fará horas extras.

A saúde também está boa. Com sorte você já mantém um estilo de vida saudável e voltado para prevenir doenças. Já que a saúde vai bem, o foco excessivo nessa área poderá levar à hipocondria. Tenha cuidado para não transformar algo pequeno em imenso. A desintoxicação é sempre boa para você, especialmente neste mês.

Saúde para você significa uma vida sexual e amorosa saudável, e ambas parecem boas. Outro sinal positivo nesse aspecto.

O setor social ocidental do seu mapa está imensamente dominante em novembro, e no dia 21 o Sol entrará na Sétima Casa, a do Amor. Portanto, este é um mês social em que você colocará os interesses alheios acima dos seus. Quando o Sol entrar na Casa do Amor, você começará um ápice amoroso e social anual. Os solteiros terão muitas oportunidades românticas. Algumas serão no bairro ou com vizinhos, enquanto outras acontecerão na escola, em eventos educacionais como palestras e seminários ou em locais como bibliotecas e livrarias. As pessoas no seu local de culto também vão brincar de cupido. O Planeta do Amor está viajando muito perto de Plutão este mês, portanto haverá oportunidades românticas e sociais no local de trabalho, com profissionais da saúde e pessoas envolvidas na sua saúde. Uma ida ao consultório médico ou academia poderá se transformar em algo mais.

No dia 30 teremos o quarto eclipse lunar da temporada. Ele ocorrerá em seu signo, então será forte. Vá com calma neste período. Cumpra os seus compromissos, mas o que for eletivo deverá ser reagendado, especialmente se for algo estressante. Novamente será preciso corrigir o rumo financeiro, pela quarta vez este ano. Se você ainda não estiver se cuidando em relação à alimentação, este eclipse poderá gerar uma desintoxicação no corpo. Você se redefinirá nos próximos meses, fazendo ajustes finos na personalidade e imagem. Isso costuma levar a mudanças no guarda-roupa, cabelo, etc.

DEZEMBRO

Melhores dias: 1º, 9, 10, 17, 18, 27, 28
Dias mais tensos: 7, 8, 13, 14, 19, 20, 21
Melhores dias para o amor: 2, 3, 8, 11, 12, 13, 14, 16, 22, 23, 27
Melhores dias para o dinheiro: 2, 3, 5, 6, 8, 13, 14, 16, 24, 27, 29, 30, 31
Melhores dias para a carreira: 2, 3, 11, 12, 19, 20, 21, 29, 30, 31

O sexto e último eclipse do ano é um eclipse solar que acontecerá no dia 16. (Ano que vem será mais normal em termos de eclipses, com dois solares e dois lunares). Como ele ocorre na Sétima Casa (a do Amor), o amor será testado, especialmente o relacionamento atual. Este é o segundo eclipse do ano nessa casa. O amor está sendo positivo ultimamente, agora é hora de ver o quanto ele realmente está bom. Os relacionamentos sólidos vão sobreviver, mas os problemáticos correm perigo. Os estudantes universitários ou abaixo do nível superior também serão afetados. Haverá problemas na escola, mudanças em planos educacionais e talvez de instituições de ensino. Irmãos, figuras fraternas e vizinhos terão momentos dramáticos na vida pessoal. Carros e equipamentos de comunicação ficam temperamentais e muitas vezes será preciso fazer reparos. Dirija com mais cautela neste período

Além do eclipse, existem outras mudanças acontecendo no amor, que serão boas. O seu Planeta do Amor, Júpiter, entrará em Aquário, sua Nona Casa, no dia 20. Isso muda completamente o jogo. No último ano o amor tem sido erótico, mas agora você já viu os limites disso e anscia por algo mais. Você quer compatibilidade filosófica, buscando uma pessoa que não apenas seja satisfatória na cama, e sim alguém com quem possa aprender e admirar. No ano passado, você foi bem conservador no amor. Estava cauteloso e demorando para se apaixonar, mas agora você quer experimentar mais. Por fim, do ponto de vista astrológico, o seu Planeta do Amor está muito mais forte em Aquário do que em Capricórnio (o signo de sua queda). Então o magnetismo social vai ficar muito mais forte. Você ficará mais atraído por estrangeiros também. Essas tendências vão continuar por quase todo o próximo ano.

No dia 15, Vênus sai do lado inferior e noturno do seu horóscopo para o lado superior e diurno, voltando a uma condição que prevalecia no começo do ano. Todos os planetas estarão do lado diurno, a metade superior do horóscopo. Isso é altamente incomum, levando você a se concentrar de novo na carreira e nos objetivos externos. Você será mais útil à família tendo sucesso no mundo. Talvez alguns jogos de futebol ou peças escolares dos filhos sejam perdidos, mas você dará a eles os recursos para uma vida melhor. O sucesso exterior coloca você em harmonia emocional em vez do contrário.

A Casa do Dinheiro está vazia este mês. Só a Lua vai visitá-la nos dias 2, 3 e a partir do dia 29, então as finanças não têm muita importância agora. Você parece satisfeito com a situação atual. Contudo, este mês parece próspero. A Lua (seu Planeta das Finanças) vai passar o dobro do tempo usual (e mais um pouco) na Casa do Dinheiro. Geralmente ela fica lá por dois dias e neste mês ficará cinco. O poder de ganhar dinheiro ficará mais forte e você terá mais entusiasmo para isso do dia 14 ao dia 30, durante a Lua Crescente. O perigeu da Lua no dia 12 também deverá ser uma boa data para as finanças, embora existam alguns desafios pelo caminho.

♋

CÂNCER

O CARANGUEJO

Nascidos entre 21 de junho e 20 de julho

PERFIL PESSOAL

CÂNCER EM UM RELANCE

Elemento: Água

Planeta Regente: Lua

Planeta da Carreira: Marte

Planeta da Saúde: Júpiter

Planeta do Amor: Saturno

Planeta das Finanças: Sol

Planeta do Divertimento e dos Jogos: Plutão

Planeta do Lar e da Vida Familiar: Vênus

Cores: azul, castanho-escuro, prata

Cores que promovem o amor, o romance e a harmonia social: preto, índigo

Cores que propiciam ganhos: dourado, alaranjado

Pedras: pedra da lua, pérola

Metal: prata

Perfumes: jasmim, sândalo

Qualidade: cardeal (= atividade)

Qualidade essencial ao equilíbrio: controle das variações de humor

Maiores virtudes: sensibilidade emocional, tenacidade, capacidade de cuidar

Necessidade mais profunda: harmonia no lar e na vida familiar

Características a evitar: hipersensibilidade, estados depressivos

Signos de maior compatibilidade: Escorpião, Peixes

Signos de maior incompatibilidade: Áries, Libra, Capricórnio

Signo mais útil à carreira: Áries
Signo que fornece maior suporte emocional: Libra
Signo mais prestativo em questões financeiras: Leão
Melhor signo para casamento e associações: Capricórnio
Signo mais útil em projetos criativos: Escorpião
Melhor signo para sair e se divertir: Escorpião
Signos mais úteis em assuntos espirituais: Gêmeos, Peixes
Melhor dia da semana: segunda-feira

COMPREENDENDO A PERSONALIDADE CANCERIANA

No signo de Câncer, o céu parece empenhado em desenvolver o lado emocional do Universo. Se pudéssemos resumir o canceriano em uma única palavra, seria *sentimento.* No que Áries tende a errar pelo excesso de ação, Touro, pela inércia, e Gêmeos pela frieza mental, Câncer erra por demasiada emotividade.

Os cancerianos parecem desconfiar da lógica. Talvez com razão. Para eles, não basta que um projeto ou argumento tenha aparência lógica; eles têm de *sentir* isso. Se não *sentirem* claramente que está tudo bem, rejeitarão a proposta ou se irritarão com ela. A frase "Siga seu coração" deve ter sido cunhada por um canceriano, pois descreve precisamente a atitude do nativo deste signo diante da vida.

A capacidade de sentir constitui um método mais direto de conhecimento do que a capacidade de pensar. O pensar nunca toca o objeto de sua análise, ao passo que o sentimento sempre encontra o alvo em questão e nos faz vivenciá-lo. A intuição emocional é quase um sexto sentido da raça humana, um sentido de natureza psíquica. E, tendo em vista que muitas das realidades com as quais deparamos são pungentes e até destrutivas, não é de surpreender que os cancerianos optem por erguer barreiras de defesa, que funcionam como carapaças para proteger sua natureza sensível e vulnerável. Para os cancerianos, é pura e simplesmente uma questão de bom senso.

Quando um nativo de Câncer está na presença de desconhecidos ou em um ambiente hostil, entra na carapaça, onde se sente protegido. As outras pessoas se queixam disso, mas é preciso questionar seus motivos. Por que essa proteção as incomoda tanto? Acaso gostariam de feri-lo e sentem-se frustradas por não poderem fazê-lo? Afinal, se as intenções forem louváveis, não haverá o que recear: basta um pouco de paciência e a carapaça se abrirá — o estranho será aceito como parte do círculo familiar e da esfera de amizades do canceriano.

Os processos de raciocínio são geralmente analíticos e fracionários. Para pensar com clareza, precisamos fazer distinções, comparações etc. Já o sentimento unifica e integra. Analisar algo com clareza equivale a distanciar-se dele. Sentir é aproximar-se. Tendo aceitado você como amigo, um canceriano não o renegará jamais. Você terá que fazer muito mal para chegar a perder a amizade de um canceriano. E, ao se relacionar com nativos do signo, você jamais conseguirá se desligar totalmente deles. Eles sempre procuram conservar algum tipo de laço, mesmo nas circunstâncias mais extremas.

FINANÇAS

Os nativos de Câncer intuem profundamente como os demais se sentem em relação a algo e por que o fazem. Essa faculdade representa um dom valiosíssimo no trabalho e no mundo dos negócios. É claro que também ajuda a formar um lar e a criar uma família. Mas, indubitavelmente, tem grande aplicação nas finanças. Os cancerianos, frequentemente, acumulam grandes fortunas em negócios familiares. Mesmo que não se trate de um negócio em família, eles o tratarão como tal. Se o canceriano trabalhar para alguém, encarará o chefe como figura paternal (ou maternal), e os colegas de trabalho, como irmãos e irmãs. Se o canceriano for o patrão, os demais serão tidos como filhos ou apadrinhados. Os nativos de Câncer adoram ser vistos como provedores. Regozijam-se em saber que outras pessoas obtêm sustento direto ou indireto de suas ações. É outra forma de prover.

O fato de Leão ocupar a cúspide da Segunda Casa Solar de Câncer, das Finanças, faz dos cancerianos jogadores sortudos, com grandes possibilidades de êxito em transações imobiliárias, hoteleiras e gastronômicas. Estâncias, spas e casas noturnas também lhes proporcionam bons lucros. Eles se sentem atraídos por propriedades próximas à água, e embora tendam ao convencionalismo, gostam, por vezes, de tirar seu sustento de atividades glamourosas.

O Sol, regente das finanças de Câncer, acena com importante mensagem para os nativos. Em questões financeiras, eles devem procurar ser menos "de lua"; mais estáveis e fixos. Para se dar bem no mundo dos negócios, não podem deixar o humor oscilar a seu bel-prazer — estar hoje aqui e amanhã ali. Precisam desenvolver o amor-próprio e valorizar-se para realizar seu pleno potencial financeiro.

CARREIRA E IMAGEM PÚBLICA

Áries rege a Décima Casa (da Carreira) dos nativos de Câncer, indicando que eles anseiam por ter o próprio negócio, por se mostrarem mais ativos em público e na política e por serem mais independentes. Responsabilidades familiares, o medo de magoar os outros ou de se ferir amiúde os inibem de atingir essas metas. Mas isso é, no fundo, o que gostariam de fazer.

Os cancerianos apreciam que seus chefes e líderes concedam liberdade, mas que também saibam se impor quando necessário. Sabem como lidar com essas características em um superior. Eles esperam que seus líderes se comportem como guerreiros e que lutem sempre por seus liderados.

Quando ocupam posições de chefia, os cancerianos atuam como verdadeiros senhores feudais, dispostos a travar qualquer batalha em defesa dos vassalos sob sua proteção. É claro que as batalhas que travam não são só em autodefesa, mas em defesa daqueles por quem se sentem responsáveis. Se não possui esse instinto de luta, esse pioneirismo e essa independência, o nativo de Câncer encontra grande dificuldade em atingir suas metas profissionais mais elevadas, pois sua capacidade de liderança fica cerceada.

Por serem tão paternais, eles apreciam trabalhar com crianças, e são excelentes professores e educadores.

AMOR E RELACIONAMENTOS

Os cancerianos, da mesma forma que os taurinos, gostam de relacionamentos sérios. Funcionam melhor quando a relação é definida com clareza e cada uma das partes conhece bem seu papel. Quando se casam, é para toda a vida. São extremamente fiéis ao ser amado. Mas existe um segredinho que a maioria dos cancerianos oculta a sete chaves: tendem a encarar os compromissos e o relacionamento afetivo como uma obrigação ou dever.

Entram neles porque desconhecem outra forma de criar a família que desejam. A união para eles é apenas um caminho, um meio para se atingir uma finalidade, não um fim em si. A legítima finalidade para eles é a família.

Se estiver apaixonado por um nativo de Câncer, você terá de lidar com os sentimentos dele de maneira suave. Você, que não é do signo, levará um bom tempo para conhecer a delicada sensibilidade e suscetibilidade dos cancerianos. O menor clima de negatividade os perturba. O seu tom de voz, sua mais leve irritação, um olhar ou uma expressão mais severa podem revelar-se motivo de profunda tristeza para eles. Registram os mínimos gestos e reagem intensamente a eles. Pode ser difícil habituar-se de início, mas não desista de seu amor canceriano. São grandes companheiros depois que você passa a conhecê-los e aprende a lidar com eles. É importante entender que os cancerianos reagem não tanto ao que você diz, mas à maneira como você se sente no momento.

VIDA DOMÉSTICA E FAMILIAR

É nesse terreno que os cancerianos dão tudo de si. O ambiente doméstico e familiar por eles criado é como uma primorosa joia personalizada. Esforçam-se para desenvolver coisas belas que sobrevivam aos próprios criadores. E frequentemente o conseguem.

Os nativos de câncer sentem-se muito ligados à família, aos parentes e, sobretudo, às mães. Esses elos perduram por toda a vida e amadurecem à medida que eles envelhecem. Orgulham-se muito dos familiares bem-sucedidos e são bastante apegados aos bens herdados e às recordações familiares. Os cancerianos adoram crianças e gostam de provê-las com tudo aquilo que desejam e de que necessitam. Essa natureza nutriz e sensível os torna excelentes pais — sobretudo a mulher canceriana, que encarna o arquétipo da mãe zodiacal por excelência.

A postura dos pais cancerianos em relação aos filhos é sempre do tipo "certos ou errados, são meus filhos". A dedicação incondicional a eles está sempre na ordem do dia. Aliás, não importa o que um membro da família faça, os cancerianos sempre acabam perdoando-o; afinal, "somos uma família", argumentam eles. A preservação da instituição e da tradição familiar é uma das principais razões existenciais dos cancerianos. Nesse ponto, eles têm muitas lições a nos ensinar.

Por serem tão voltados para a família, seus lares se revelam sempre impecavelmente limpos, organizados e confortáveis. Apreciam mobiliário antigo, mas não dispensam os confortos da modernidade. Os cancerianos adoram hospedar, receber parentes e amigos e organizar festas. São excelentes anfitriões.

CÂNCER
PREVISÃO ANUAL PARA 2020

TENDÊNCIAS GERAIS

Será um ano muito interessante e turbulento. Muitas mudanças vão acontecer em sua vida. Haverá seis eclipses neste ano e todos afetarão você. Além disso, teremos o dobro de eclipses lunares que o usual: quatro, quando normalmente são dois. Isso garante mudanças e contratempos. Como a Lua é o seu planeta regente, isso terá uma influencia específica em você. Lembre-se de que eclipses normalmente trazem boas notícias, mas podem também causar perturbações.

Quase todos os planetas lentos estarão no setor ocidental e social do seu mapa em 2020. O setor oriental do "eu" até ganhará força ao longo do ano, mas não será dominante. Além disso, a Sétima Casa (do Amor e Atividades Sociais) será facilmente a mais forte do seu horóscopo, então 2020 será um ano muito social, voltado para os outros, para cultivar o traquejo social e conquistar a cooperação alheia. Voltaremos a esse assunto depois.

A saúde vai precisar de mais cuidados este ano. Ela esteve delicada nos últimos dois anos e ficará ainda mais em 2020. Voltaremos a esse assunto mais adiante.

Urano está em sua Décima Primeira Casa e continuará lá pelos próximos sete anos aproximadamente. Isso começou em março do ano passado, então haverá momentos dramáticos do tipo divisor de águas na vida dos amigos e amizades serão testadas. Quando Urano tiver encerrado esse período, você estará em um círculo social completamente novo.

Marte vai passar uma quantidade incomum de tempo na Décima Casa, a da Carreira. Ele ficará lá a partir do dia 28 de junho, indicando um aumento na atividade profissional. Você vai ficar muito ocupado e agressivo nessa área. Voltaremos a esse assunto nas próximas páginas.

As áreas de maior interesse esse ano serão amor, romance e atividades sociais; sexo, transformação pessoal e estudos sobre ocultismo (entre 23 de março e 1º de julho e a partir de 18 de dezembro); religião, filosofia, teologia e viagens ao exterior; amigos, grupos e atividades em grupo.

As áreas de maior realização este ano serão corpo e imagem (até 6 de maio); finanças (a partir de 6 de maio); amor, romance e atividades sociais (até 20 de dezembro); sexo, transformação pessoal e estudos sobre ocultismo (a partir de 20 de dezembro).

SAÚDE

(Esta é uma perspectiva astrológica sobre a saúde, não uma visão médica. No passado essas perspectivas eram idênticas, mas hoje podem ocorrer diferenças significativas. Para obter uma opinião com base em diagnósticos da medicina convencional, consulte seu médico ou um profissional da área da saúde.)

Conforme já mencionamos, a saúde precisa de mais atenção em 2020. Existem três planetas lentos (às vezes, quatro) em alinhamento tenso com você. Isto já é suficientemente desafiador, mas quando os planetas rápidos entrarem no grupo vai ficar ainda mais complicado. O motivo de preocupação é que a Sexta Casa da Saúde está vazia (apenas planetas lentos passam por lá). Isso pode fazer você achar que está tudo bem e não se preocupar, talvez nao dando a atençao que esta área merece. Você irá se sentir obrigado a priorizar a saúde, mesmo quando não tiver vontade.

A saúde precisará de cuidados especiais entre 1º e 20 de janeiro; 20 de março a 19 de abril e 23 de setembro a 22 de outubro. Descanse e relaxe mais nesses períodos passando tempo em um spa ou agendando mais massagens ou tratamentos de saúde. Será importante aumentar a disposição.

O destino traz eventos para nós e não podemos evitá-los, mas a forma de enfrentá-los e as escolhas que fazemos graças ao livre arbítrio podem fazer toda a diferença. As escolhas certas podem amenizar o destino (e até mudá-lo), e este é o nosso objetivo.

Então é bom dar atenção especial a estas áreas, que são as mais vulneráveis do seu horóscopo. Frequentemente isso vai impedir que os problemas se desenvolvam e, mesmo quando não puderem ser totalmente evitados, poderá amenizá-los.

Estômago e seios. Eles são sempre importantes para os nativos de Câncer. Os reflexos estão no seu mapa. Também é bom massagear a parte superior do pé. A alimentação é sempre importante para você e deverá ser avaliada por um profissional. Frequentemente, fazer mudanças simples na alimentação pode acabar com problemas de saúde. Além disso, Como você se alimenta é particularmente importante. Trabalhe para elevar o ato de comer e transformá-lo de mero apetite animal a um ato de adoração, louvor e agradecimento. Isso não só vai aumentar as vibrações da comida, como do sistema digestivo e os alimentos serão digeridos com mais facilidade.

Fígado e coxas. Também são importantes para os cancerianos. Os reflexos para o fígado estão no seu mapa. Massagens regulares nas coxas deverão fazer parte da sua rotina de saúde, pois não só fortalecerão o fígado e as coxas, como a parte inferior das costas, uma área importante este ano.

Coluna, joelhos, dentes, pele e alinhamento do esqueleto. Essas áreas ganharam importância em dezembro do ano passado e continuam importantes até 20 de dezembro deste ano. Portanto, em 2020, será bom receber massagens nas costas e nos joelhos. Você pode consultar um quiropraxista ou osteopata regularmente. Não deixe de fazer check-ups dentários e preste atenção na higiene bucal. Terapias como Técnica de Alexander, Rolfing e Feldenkrais serão boas e também será importante manter a boa postura em 2020. Dê mais apoio aos joelhos quando se exercitar.

Tornozelos e panturrilhas. Se tornarão importantes após 20 de dezembro, quando o Planeta da Saúde entrar em Aquário. Será bom receber massagens regulares nos tornozelos e panturrilhas.

A boa saúde emocional sempre é importante para os nativos de Câncer. Trabalhe para manter o humor animado e positivo. Evite a depressão com todas as forças. A meditação será de grande ajuda para isso.

Com o Planeta da Saúde passando quase o ano inteiro na Sétima Casa (a do Amor), a mensagem é que boa saúde para você significa boa saúde social, um casamento e vida amorosa saudável. Os problemas nessas áreas podem afetar a saúde física. Caso eles surjam (Deus queira que não), restaure a harmonia o mais rapidamente possível.

Você está muito "voltado para o outro" em 2020, conforme já mencionamos. O Planeta da Saúde na Sétima Casa pode mostrar que você está mais preocupado com a saúde dos outros (cônjuge, parceiro, interesse amoroso ou amigos) do que com a sua. Você parece muito envolvido na saúde deles nesses dias.

LAR E FAMÍLIA

A família é sempre importante para os nativos de Câncer. Podemos dizer que eles a veem como missão de vida e motivo para a própria existência. Nada é mais importante do que a família. Até a vida financeira deles (que tende a ser boa) é movida por preocupações familiares, mas a vida tem altos e baixos. Este ano o lar e a família serão menos importantes que o habitual, o que já vem acontecendo há alguns anos. A Quarta Casa (do Lar e da Família) está basicamente vazia, com apenas planetas rápidos passando por lá. Eu interpreto isso como positivo. Você está basicamente satisfeito com a situação atual, sem precisar de grandes mudanças ou mais foco nessa área. O seu casamento, corpo e imagem parecem ter mais prioridade do que a família. Além disso, mudar de residência não parece provável. Nada contra isso, mas não há algo que apoie a ideia. Você tem o livre arbítrio, mas talvez falte interesse.

Este é um ano muito mais forte na área social do que da família (talvez esta seja a melhor forma de servir à família).

Contudo, haverá quatro eclipses lunares em 2020 e a Lua é o regente geral da família, então provavelmente haverá crises e reviravoltas nessa área, o dobro do habitual. Você vai precisar de mais paciência com os parentes nesse período, pois eles estarão mais temperamentais.

Um dos pais, figura paterna ou materna, poderá se mudar este ano, mas isso parece muito complicado e cheio de adiamentos. Ele ou ela também poderá fazer grandes reformas em casa, além de parecer emocionalmente tenso(a).

Os irmãos ou figuras fraternas não têm probabilidade de se mudar. Se estiverem na idade adequada, ficarão mais férteis que o habitual, mas a gravidez parece complicada.

Já os filhos e figuras filiais têm probabilidade maior de se mudar em 2021, mas haverá adiamentos e complicações envolvidos no processo.

Se você planeja fazer uma reforma, o período entre 22 de setembro e 23 de outubro parece o melhor. Se estiver planejando decorar ou comprar objetos de decoração para o lar, entre 28 de outubro a 21 de novembro será o melhor período.

Como o seu Planeta da Família (Vênus) é muito rápido, várias tendências dependerão de onde ele está e dos aspectos que recebe. Isso será abordado com mais profundidade nos relatórios mensais.

Vênus, o Planeta da Família, terá um de seus raros movimentos retrógrados em 2020. Ele só faz isso a cada dois anos e desta vez será entre 13 de maio e 25 de junho. Este não será um bom período para tomar decisões importantes relativas à família. É hora de analisar bem a situação nesta área.

O Planeta da Família vai passar uma quantidade incomum de tempo em Gêmeos (sua Décima Segunda Casa) em 2020. Ele estará lá de 3 de abril a 7 de agosto, quase quatro vezes mais tempo que o trânsito usual. Isso mostra que os parentes estarão mais espirituais e idealistas neste período. Talvez o lar seja usado para eventos beneficentes ou espirituais.

DINHEIRO E CARREIRA

Embora não sejam conhecidos por isso, os cancerianos têm fortes habilidades e um dom para as finanças. Eles tendem a se concentrar nelas e costumam ter sucesso, mas o que os motiva é a família: eles precisam ser bons provedores. Por isso as finanças tendem a ser sempre importantes, mas serão menos importantes que o usual neste ano, como acontecerá com a família. Isso também vem acontecendo há alguns anos. A Casa do Dinheiro está basicamente vazia, apenas planetas rápidos vão passar por lá em 2020 e os efeitos serão de curto prazo. Eu interpreto isso como positivo. Você parece contente com a situação financeira atual e não precisa dar muita atenção ou fazer grandes mudanças nesta área, tendendo ao *status quo*.

Se acontecerem problemas financeiros, talvez seja porque você não deu atenção suficiente às finanças e precisará se concentrar mais nelas.

Apesar disso, o ano parece próspero. O Nódulo Norte da Lua vai entrar na Casa do Dinheiro no dia 6 de maio e ficará lá pelo resto do ano. Ele não é um planeta, mas um "ponto abstrato". Os hindus o consideram um "planeta sombra" e dão muita importância a ele. Aqui no Ocidente, ele não recebe tanta ênfase, mas indica uma ideia de "excesso", um tipo de desequilíbrio que geralmente não é bom, mas nas finanças pode ser. Ele pode indicar excesso de dinheiro, o que não é um problema. No Ocidente nós interpretamos a posição do Nódulo Norte como indício de grande realização, então este é outro sinal de um ano próspero.

O Sol é o seu Planeta das Finanças, o que é bom. Este ano teremos dois eclipses solares, como de praxe. Eles trarão oportunidades para correções de rumo na vida financeira, que muitas vezes acontecem devido a alguma perturbação financeira, como despesas extras ou imprevistos. Quando as correções forem feitas, a vida financeira voltará ao rumo. Esses eclipses geralmente não são agradáveis, mas o resultado final será bom. Como eles acontecem duas vezes por ano (usualmente), você já sabe como lidar com eles.

O Sol é um planeta rápido. Durante o ano ele vai passar por todos os signos e casas do horóscopo. Portanto, haverá muitas tendências financeiras de curto prazo que dependem de onde o Sol está e dos aspectos que recebe. Isso será abordado com mais profundidade nos relatórios mensais.

Embora sua Décima Casa (a da Carreira) esteja vazia pela primeira metade de 2020, o resto do ano parece forte para a carreira. O lado superior e diurno do seu horóscopo, o setor que enfatiza os objetivos e atividades externas está imensamente forte. Todos os planetas lentos estão na metade superior do mapa. A metade inferior, o lado noturno (setor das atividades internas e subjetivas, lar, família e vida emocional) ficará mais forte ao longo do ano, mas não chega a dominar a metade superior do mapa. O foco em 2020 está nas atividades externas. A Décima Casa (da Carreira) ganhará força entre 7 de fevereiro e 5 de março; 20 de março a 19 de abril e a partir de 28 de junho, que serão períodos ótimos para a carreira. Conforme dissemos anteriormente, Marte passará mais de seis meses na Décima Casa, um trânsito anormalmente longo. Portanto você terá que trabalhar muito, enfrentar a concorrência e assumir uma postura mais agressiva no ramo profissional.

AMOR E VIDA SOCIAL

A Sétima Casa (do Amor e Atividades Sociais) é a mais forte do horóscopo este ano, como já mencionamos. Três planetas lentos vão ocupá-la pela maior parte do ano e haverá momentos em que cinquenta a sessenta por cento dos planetas estarão nela, então o amor está no ar, mas será muito complicado.

O Nódulo Sul da Lua (que não é um planeta, e sim um ponto abstrato) também estará na Sétima Casa até o dia 6 de maio. Enquanto o Nódulo Norte denota excesso, o Nódulo Sul indica uma sensação de falta, uma ideia de deficiência. Você sente que falta algo no amor, mas a Casa do Amor está repleta de planetas!

Uma forma de interpretar isso é que a sensação de falta está causando uma compensação exagerada, levando você a namorar mais, procurar mais, etc. E realmente, os solteiros terão vários relacionamentos e muitas oportunidades em 2020. Outra interpretação possível é que haverá mais parceiros amorosos este ano (ou possíveis parceiros), mas ainda haverá uma sensação de falta, algo parece incompleto.

Felizmente, esta sensação será de curto prazo. O Nódulo Sul da Lua sairá da Sétima Casa no dia 6 de maio. O amor deverá ser mais satisfatório depois disso.

Com tantos planetas na Sétima Casa, você vai se enturmar e socializar com vários tipos de pessoas. Plutão está na Sétima Casa por muitos anos, indicando relacionamentos divertidos e casos amorosos. Saturno na Sétima Casa (nos últimos dois anos) indica oportunidades para relacionamento mais sério e comprometido, e também mostra um relacionamento com alguém mais velho e estabelecido, uma pessoa com caráter empresarial ou corporativo, que fornece uma sensação de segurança. Júpiter na Sétima Casa mostra afinidade com pessoas altamente educadas ou religiosas, talvez alguém do seu local de culto ou que você conheceu na escola ou evento educacional. Ele indica também uma atração por profissionais da área da saúde ou pessoas envolvidas na sua saúde. Além disso, encontros românticos podem acontecer no exterior.

Os solteiros terão oportunidades de casamento em 2020. O principal problema será escolher com quem casar. Às vezes, ter muitas opções não é bom e sim confuso, mas este é um bom problema para ter.

Quem já estiver em um relacionamento também vai socializar mais. Você irá a mais casamentos, festas e eventos e fará novos amigos. Esses aspectos também indicam parcerias profissionais.

Os que estão buscando o segundo casamento encontrarão o amor, aparentemente com uma pessoa espiritual ou artística. Os que estão no terceiro casamento ou trabalhando para consegui-lo terão muito mais instabilidade amorosa pela frente. O casamento ou relacionamento atual será testado.

AUTOAPRIMORAMENTO

Quando olhamos para a religião de modo superficial, ela parece um conjunto de regras, regulamentos e superstições arbitrárias que não têm muito a ver com a racionalidade, mas basta aprofundar-se nela e você conseguirá encontrar bons motivos espirituais para boa parte dessas regras, regulamentos e práticas. É verdade que muitos erros e superstições foram incluídos ao longo dos séculos. O pensamento humano destrói tudo, mas por baixo disso existe algo real. Esta é a lição que você vai aprender esses dias, agora que Netuno está em sua Nona Casa por um longo período. Isso vem acontecendo há muitos anos e continuará por outros tantos. Cada religião é pouco mais que a sombra, o efeito colateral das experiências místicas de seu fundador. Portanto, a vida religiosa estará mais espiritualizada, real e dinâmica. Você está em um ciclo de grandes avanços religiosos e filosóficos e descobrindo por que as regras existem.

Conforme dissemos anteriormente, Vênus passa muito tempo (mais de quatro meses) na Décima Segunda Casa (a Espiritual), favorecendo o caminho espiritual Bhakti, voltado para o amor e a devoção. Quando você viver um estado de amor, vai se sentir perto do divino. Contudo, existem outras mensagens aqui: Vênus rege a Décima Primeira Casa (dos Amigos), então você encontrará amigos com tendência ao lado espiritual neste período (entre 3 de abril e 7 de agosto). Ele favorece o amor e a dedicação, conforme mencionamos, e também favorece o lado esotérico da astrologia, um caminho espiritual válido. O seu conhecimento sobre a astrologia, ciência e tecnologia vai aumentar em 2020 (uma tendência de longo prazo). O amor e a devoção formam um caminho espiritual poderoso, mas enquanto Vênus estiver na Décima Segunda

Casa, talvez seja bom adotar abordagem mais científica e racional para equilibrar tudo. Existe outra mensagem aqui também: a compreensão espiritual vai permitir que você lide muito melhor com parentes e situações familiares. Neste período (entre 3 de abril e 7 de agosto), se um problema familiar aparecer, não tente resolvê-lo pela ação direta. Medite primeiro, acalme-se e procure orientação espiritual antes de agir.

Urano está na Décima Primeira Casa (dos Amigos) por vários anos. Conforme dissemos anteriormente, isso desestabiliza as amizades, mas não a vida romântica. Os amigos vêm e vão. Novos amigos podem surgir inesperadamente, enquanto velhos amigos podem sumir. Muitas vezes isso não é culpa do relacionamento e sim dos momentos dramáticos que acontecem na vida deles. Aprender a lidar com a instabilidade social será a principal lição espiritual para os próximos anos.

A Oitava Casa ganhará força entre 23 de março e 1º de julho e a partir de 18 de dezembro, favorecendo a transformação no "eu" ideal, o ato de dar à luz a pessoa que você deseja ser. Isso será importante também ao longo de todo o ano de 2021. Esse tipo de projeto exige a remoção de distrações e de tudo o que desperdice energia. Simplifique a vida, organizando-a em todos os níveis: material, emocional e mental. Livre-se do que estiver fraco e o poder espiritual vai transformar o que precisa ser transformado.

PREVISÕES MENSAIS

JANEIRO

Melhores dias: 1º, 9, 10, 18, 19, 27, 28
Dias mais tensos: 2, 3, 16, 22, 23, 29, 30, 31
Melhores dias para o amor: 6, 13, 14, 15, 18, 19, 22, 23, 27, 28
Melhores dias para o dinheiro: 5, 6, 12,14, 15, 22, 23, 24, 25
Melhores dias para a carreira: 1º, 2, 3, 12, 20, 21, 29, 30, 31

A saúde será uma grande questão neste mês, pois cinco e, às vezes, seis planetas estarão em alinhamento tenso com você. Além disso, haverá um forte eclipse lunar no seu signo no dia 10, que complica a situação. Descanse bastante e melhore a saúde das formas citadas no relatório anual.

Você começará o ano em um ápice amoroso e social. A Sétima Casa (do Amor e das Atividades Sociais) é facilmente a mais forte do horóscopo e está repleta de planetas. Neste mês você se dará bem com todos os tipos de pessoa: endinheirados, intelectuais, profissionais da saúde e os tipos artísticos e espirituais. Os solteiros terão mais oportunidades românticas nesse período.

O eclipse lunar do dia 10 será forte em você, então vá com calma. Faça o que precisa ser feito, mas reagende o que for desnecessário. O eclipse traz uma redefinição da personalidade e autoimagem. Também pode acontecer uma desintoxicação do corpo, especialmente se você não se preocupou muito com a alimentação. Este eclipse afetará outros três planetas, aumentando sua força: Saturno (o Planeta do Amor), Plutão (o Planeta das Crianças, Diversão e Criatividade) e Mercúrio, o Planeta Espiritual e da Comunicação. Portanto, muitas áreas da sua vida sofrerão com perturbações. O seu relacionamento atual será testado. Haverá momentos dramáticos na vida do cônjuge, parceiro ou interesse amoroso atual. Filhos ou figuras filiais serão afetados e devem ser mantidos longe do perigo. Carros e equipamentos de comunicação serão testados e provavelmente vão se comportar de modo errático. Haverá abalos nas organizações espirituais ou de caridade com as quais você está envolvido e figuras com papel de guru em sua vida terão momentos dramáticos na vida pessoal.

A boa notícia é que a saúde e a disposição vão melhorar após o dia 20. Esta área ainda vai precisar de cuidados, mas a gravidade e o estresse serão menores.

O poder planetário está quase todo no oeste (o setor social) em janeiro. Oitenta e, às vezes, noventa por cento dos planetas estarão no oeste, então este mês diz respeito aos outros e suas necessidades. A independência e iniciativa pessoal não serão fatores para o sucesso: o principal fator será o traquejo social, a capacidade de se dar bem com os outros. Isso também vale para as finanças: o seu trabalho este mês será o de ajudar a prosperar o trabalho de outras pessoas. Ao fazer isso, os ganhos virão naturalmente.

FEVEREIRO

Melhores dias: 6, 7, 14, 15, 23, 24, 25
Dias mais tensos: 12, 13, 18, 19, 20, 26, 27

Melhores dias para o amor: 7, 8, 11, 16, 17, 18, 19, 20, 26, 27, 29
Melhores dias para o dinheiro: 1º, 2, 3, 4, 8, 9, 10, 11, 12, 13, 19, 20, 23, 24, 28, 29
Melhores dias para a carreira: 8, 9, 17, 18, 26, 27, 28, 29

A saúde apresenta melhora em relação ao mês passado, mas ainda precisa de cuidados neste mês, especialmente depois do dia 16, quando quatro planetas lentos formarão aspectos discordantes com você. Portanto, descanse e relaxe sempre que possível. Existem duas grandes áreas de interesse este mês. A primeira é o amor e a vida social, que parece bastante caótica. A outra é a vida religiosa e filosófica. A Nona Casa também rege as viagens ao exterior, o que significa que as terras estrangeiras vão atrair você. O poder em sua Nona Casa será excelente para estudantes universitários, indicando foco e sucesso nos estudos. Este sucesso não será fácil, mas vai acontecer. Este é o mês para avanços filosóficos e religiosos.

As finanças devem ser boas neste mês. Até o dia 19 será um bom período para se livrar de objetos que você não precisa ou usa. Venda-os ou faça uma doação para caridade. O uso é o principal fator para manter ou descartar algo. Depois de limpar tudo e organizar a vida financeira, você abrirá espaço para o novo e melhor entrar. As artérias financeiras estavam entupidas. Até o dia 19 o Sol está na Oitava Casa, deixando você bastante envolvido nas finanças do cônjuge, parceiro ou interesse amoroso atual. Será um ótimo período para pagar dívidas, fazer planejamento tributário e (se você tiver idade adequada), planejar a compra de imóveis.

A Casa do Dinheiro está vazia este mês, só a Lua vai passar por lá nos dias 8 e 9. Isso é bom. As finanças vão bem e você não precisará prestar atenção especial nesta área. A "Super Lua Cheia" do dia 9 indica que esse será um dia forte para as finanças, já que ela estará no perigeu, a distância mais próxima da Terra, e isto acontecerá na Casa do Dinheiro.

O Planeta das Finanças entrará na Nona Casa, uma posição afortunada. Os planetas na Nona Casa tendem a se expandir e crescer, então o poder de ganhos estará mais forte que o habitual. A intuição financeira também será boa. Os investidores ficarão atraídos por empresas estrangeiras, especialmente de petróleo, gás natural e água. Você terá uma boa intuição para estas áreas.

Dois setores do seu mapa estarão imensamente poderosos este mês: o setor ocidental social e a metade superior (o lado diurno) do mapa. Até o dia 7, oitenta e, às vezes, noventa por cento dos planetas estarão no oeste, uma porcentagem imensa. Portanto, este será um mês bastante social. Não é hora de fazer tudo do seu jeito. Deixe que os outros ajam do jeito deles, desde que não seja destrutivo. O traquejo social não só vai ajudar você em termos financeiros como também profissionalmente.

MARÇO

Melhores dias: 4, 5, 12, 13, 22, 23
Dias mais tensos: 10, 11, 17, 18, 24, 25
Melhores dias para o amor: 1º, 8, 9, 17, 18, 27, 28, 29
Melhores dias para o dinheiro: 1º, 4, 5, 6, 7, 8, 9, 12, 13, 17, 18, 24, 25, 27, 28
Melhores dias para a carreira: 1º, 8, 9, 17, 18, 24, 25, 27, 28

A saúde continuará estressante neste mês, mas não chega nem perto do nível em que estava em janeiro. Tudo é relativo. Descanse o suficiente e melhore a saúde das formas mencionadas no relatório anual.

A metade superior do horóscopo, o lado diurno, contém todos os planetas. Só a Lua passará pelo seu lado noturno (a metade inferior do mapa) entre os dias 4 e 16. Isso é muito poder. A carreira pode ir bem, pois você estará muito motivado.

As finanças também parecem boas neste mês. Embora a Casa do Dinheiro esteja vazia, o Planeta das Finanças receberá muito estímulo. A passagem dele pela Nona Casa é um sinal financeiro muito positivo. A intuição financeira estará boa, especialmente nos dias 8 e 9. Preste atenção aos sonhos e palpites nesse período. No dia 20, o Sol atravessa o Meio do Céu e entra na Décima Casa. Muitas vezes isso mostra aumentos de salário (oficial ou não) e você deve cair nas graças financeiras de chefes, idosos, pais e figuras paternas e maternas. Até o governo pode estar favorável a você. Mantenha a boa reputação profissional, porque ela será uma fonte de renda, trazendo indicações e recomendações. O Planeta das Finanças estará em Áries a partir do dia 20, o que talvez leve você a fazer negócios e gastos rapidamente. É uma posição especulativa, então tente desacelerar um pouco. Por outro lado, isso indica progresso financeiro rápido.

A família está apoiando sua carreira nesses dias. Este apoio era mais forte no mês passado, mas continua este mês. Portanto, você não viverá o conflito entre o lar e a carreira que é comum a tanta gente.

Vênus está viajando com Urano entre os dias 6 e 9. Isso pode trazer contratempos no lar ou momentos dramáticos na vida de um dos pais, figura paterna ou materna, que precisará ter uma agenda mais tranquila nesse período.

Saturno (o Planeta do Amor) faz uma grande movimentação no dia 23, saindo da Sétima para a Oitava Casa, trazendo mudança de atitude. O amor ficará mais erótico e o magnetismo sexual passa a ter grande importância. Se o sexo for bom, vai ocultar vários problemas em um relacionamento. O cônjuge, parceiro ou interesse amoroso atual estará concentrado nas finanças nesses dias e este foco tende a trazer sucesso.

Júpiter está viajando com Plutão o mês inteiro, indicando felicidade no trabalho e nas oportunidades de emprego. Haverá uma tendência a especular e oportunidades para casos amorosos.

ABRIL

Melhores dias: 1º, 2, 9, 10, 18, 19, 28, 29
Dias mais tensos: 7, 8, 13, 14, 20, 21, 22
Melhores dias para o amor: 6, 7, 8, 13, 14, 15, 16, 17, 24, 25, 26
Melhores dias para o dinheiro: 3, 4, 6, 12, 14, 23, 24, 30
Melhores dias para a carreira: 7, 8, 15, 16, 20, 21, 22, 25, 26

A carreira ainda será o principal foco até o dia 19 deste mês. Não só a Décima Casa estará forte, como a metade superior do horóscopo contém todos os planetas, como no mês passado. Você não deverá ter problemas para se concentrar na carreira.

O setor social ocidental do seu mapa ainda é o mais forte, mas não tanto quanto nos meses anteriores. Você vai ficar mais independente a cada dia. Você não está inteiramente lá, pois ainda precisa de outras pessoas, mas está mais independente do que nos últimos meses. Abril trará equilíbrio entre seus interesses e os dos outros. Não vá longe demais.

Você ainda está em um ápice profissional anual até o dia 19, então este mês será de sucesso. O Planeta das Finanças passará um tempo em

Áries até o dia 19. Áries é muito especulativo e gosta de riscos, mas isso deve ser evitado (ou reduzido) agora. Como no mês passado, proteja sua reputação profissional, pois ela será fonte de ganhos. No dia 19 o Planeta das Finanças entra em Touro, um signo mais conservador, mas as finanças continuam instáveis. Entre os dias 24 e 27 parece um bom período financeiro (embora complicado). O Planeta das Finanças viaja com Urano, o que pode trazer renda ou despesas súbitas e inesperadas. Se for uma despesa, haverá dinheiro para cobri-la.

A Oitava Casa está forte o mês inteiro. Contudo, o senhor da Oitava Casa, Urano, está altamente estimulado em abril, então este é um ótimo mês para pagar ou fazer dívidas, dependendo da necessidade. Também deverá ser um bom mês para as finanças do cônjuge, parceiro ou interesse amoroso atual. A Lua Nova do dia 23 parece um dia muito poderoso para as finanças, pois ocorre em Urano e novamente indica dinheiro repentino.

Vênus passará quase o mês inteiro "fora dos limites", começando no dia 3. Parentes e amigos irão além das fronteiras usuais. Não haverá respostas para eles na esfera normal, então será preciso sair dela.

O Planeta das finanças entrará na Décima Primeira Casa a partir do dia 19, o que é positivo para as finanças. Você provavelmente vai gastar muito em alta tecnologia, mas poderá ganhar com ela. As conexões sociais serão muito úteis. É bom se envolver com grupos, atividades em grupos e organizações relacionadas à profissão, pois tudo isso ajuda. As melhores esperanças e desejos na área financeira viram realidade, pelo menos em curto prazo.

MAIO

Melhores dias: 6, 7, 15, 16, 25, 26
Dias mais tensos: 4, 5, 10, 11, 18, 19
Melhores dias para o amor: 4, 5, 10, 11, 12, 13, 14, 22, 23, 24
Melhores dias para o dinheiro: 1º, 2, 3, 11, 12, 22, 23, 27, 28
Melhores dias para a carreira: 4, 5, 14, 15, 18, 19, 25, 26

Vênus, o seu Planeta da Família, estará "fora dos limites" o mês inteiro. Ele está assim desde 3 de abril, então parentes, pais, figuras paternas ou maternas estarão fora da esfera habitual. O mesmo vale para os amigos. Não existem soluções para eles nos locais de praxe e eles precisarão sair deles.

Neste mês, a partir do dia 17, Mercúrio também ficará "fora dos limites", mostrando que seus gostos intelectuais, leituras e periódicos estarão fora do seu normal, e o mesmo vale para a vida espiritual. Você ficará atraído por sistemas e práticas diferentes. A Lua Nova do dia 22 vai esclarecer a vida espiritual ao longo do mês (até a próxima Lua Nova).

Júpiter e Plutão estão viajando juntos este mês, mostrando prosperidade e oportunidades financeiras para filhos e figuras filiais, além de favorecer a especulação.

As finanças parecem boas até o dia 19 deste mês. Os amigos e conexões sociais terão papel importante nesta área. Você terá uma intuição boa para o mundo da alta tecnologia e parece mais experimental que o habitual nas finanças. Você provavelmente está gastando mais em tecnologia, mas também ganhará com ela. Um dos pais, figura paterna ou materna, terá um bom mês em termos financeiros (embora ele ou ela vá além das normas habituais nas finanças). No dia 2, o Planeta das Finanças entrará na Décima Segunda Casa (a Espiritual), destacando a intuição nessa área. Uma boa intuição, como nossos leitores assíduos já sabem, vale muitos anos de trabalho árduo, ainda que só por uma fração de segundo. Você estará mais generoso e caridoso nesse período e terá "dinheiro milagroso" em vez de dinheiro natural. Fique alerta aos sonhos e palpites que surgirem, pois haverá boa orientação financeira neles. Você também encontrará orientação financeira com astrólogos, videntes, leitores de tarô, gurus e canais espirituais.

A atividade retrógrada aumenta em junho. No final do mês, quarenta por cento dos planetas estarão retrógrados. Saturno em movimento retrógrado afetará a vida amorosa, desacelerando tudo. Vênus ficará retrógrado no dia 13 (um de seus raros movimentos retrógados), o que afeta o amor, mas exerce maior influência na situação familiar. Decisões familiares importantes não deverão ser tomadas até o dia 13. Se você estiver comprando equipamentos de alta tecnologia, procure fazer isso antes do dia 13.

JUNHO

Melhores dias: 3, 4, 11, 12, 13, 21, 22, 28, 29
Dias mais tensos: 1º, 7, 8, 14, 15

Melhores dias para o amor: 1º, 2, 7, 8, 9, 10, 18, 19, 20
Melhores dias para o dinheiro: 1º, 8, 9, 10, 18, 20, 21, 24, 27
Melhores dias para a carreira: 3, 4, 11, 12, 14, 15, 21, 22, 30

A metade oriental do seu mapa (o setor do "eu") estará no ponto máximo de força para 2020. Ela não ficará dominante, pois o setor social ocidental estará igualmente forte, mas ficará mais pronunciada do que em qualquer outro período. A Primeira Casa também ganhará força a partir do dia 21, então este provavelmente será o melhor mês para fazer as mudanças necessárias à sua felicidade. Nos próximos meses você trabalhará para equilibrar as suas necessidades com as dos outros. Você não estará totalmente independente, nem dependente.

Teremos dois eclipses este mês: um eclipse lunar no dia 4 e o eclipse solar no dia 21. Ambos serão fortes para você, então vá com calma nestes períodos.

O eclipse lunar do dia 5 acontecerá na Sexta Casa e anuncia mudanças de emprego (pode ser dentro da empresa atual ou em outra). Haverá mudanças na rotina de saúde também, que vai se prolongar por alguns meses. Às vezes acontece um susto relacionado à saúde, mas apesar disso ela parece boa este mês e não deverá ser motivo de preocupação. Os filhos e figuras filiais estão fazendo mudanças financeiras importantes, enquanto os irmãos e figuras fraternas estão vivendo momentos dramáticos em casa. O eclipse afetará Marte e Vênus, indicando momentos dramáticos na vida de um dos pais, figura paterna ou materna, mudanças na carreira e talvez reparos em casa. Todo eclipse lunar afeta muito você porque a Lua é o senhor do seu horóscopo. Este poderá trazer uma "perda de honra" (temporária), calúnias contra você e às vezes uma desintoxicação do corpo. Mais haverá uma redefinição da própria imagem e conceito de si, o que é basicamente saudável.

O eclipse solar do dia 21 ocorre em seu signo. Todos vocês vão senti-lo, mas ele será sentido com mais força pelos nascidos no início do signo (em 21 e 22 de junho). Este eclipse trará mudanças financeiras dramáticas. O seu pensamento e planejamento financeiro não andam muito realistas, sendo necessária uma correção de rumo. Isso também pode levar a uma desintoxicação do corpo e redefinição do "eu", da autoimagem e da personalidade. Você precisará se redefinir por conta própria ou os outros farão isso por você e não será tão agradável. Estas mudanças internas o levarão a mudanças de guarda-roupa e de imagem, além da forma de se apresentar para os outros.

A atividade retrógrada chegará ao máximo neste mês (embora volte a este ponto em setembro). Entre os dias 23 e 25, sessenta por cento dos planetas estarão retrógrados. Após o dia 25, cinquenta por cento estarão retrógrados, então este será um período de paciência. Tudo no mundo está desacelerando.

JULHO

Melhores dias: 1º, 9, 10, 19, 20, 27, 28
Dias mais tensos: 4, 5, 11, 12, 25, 26, 31
Melhores dias para o amor: 4, 5, 6, 7, 8, 15, 16, 17, 24, 25, 26, 31
Melhores dias para o dinheiro: 1º, 4, 5, 9, 10, 14, 15, 20, 21, 22, 23, 24, 29, 31
Melhores dias para a carreira: 2, 3, 11, 12, 21, 22, 29, 30

Apesar do eclipse solar no mês passado, você está em um forte período de prosperidade. O Planeta das Finanças em seu signo é um excelente sinal financeiro. Haverá sorte inesperada, o dinheiro e as oportunidades virão até você. As pessoas do dinheiro em sua vida darão muito apoio às suas iniciativas. No dia 22 o Sol entrará na Casa do Dinheiro (seu signo e casa), o que também indica aumento nos ganhos. O Sol fica anormalmente poderoso em seu signo e casa. Você começará um ápice financeiro anual, mas embora as finanças estejam boas, não será um período tranquilo. Você terá que trabalhar muito para ganhar dinheiro, mas vai prosperar se fizer isso. Mudanças financeiras importantes provavelmente acontecerão no fim do mês.

Haverá outro eclipse este mês, um eclipse lunar no dia 5. Será o terceiro deste ano e ocorrerá em sua Sétima Casa (a do Amor). O relacionamento amoroso será testado e geralmente a roupa suja e as mágoas reprimidas virão à tona para serem resolvidas. Pode também haver momentos dramáticos na vida do ser amado que deixarão o relacionamento tenso. Um relacionamento sólido vai sobreviver, mas os problemáticos correm perigo. Este eclipse afetará levemente (não de modo direto) outros três planetas, Mercúrio, Júpiter e Marte, o que pode indicar mudanças na carreira, de emprego, contratempos no local de trabalho ou na alta gerência da empresa. O impacto em Mercúrio também afetará carros e equipamentos de comunicação, que serão testados. A vida espiritual será afetada, além de organizações espirituais ou de caridade com as quais você esteja envolvido e gurus ou figuras que fazem esse papel em sua vida. Como no eclipse do mês passado, haverá mudanças na rotina de saúde. Tenha uma agenda mais tranquila neste período.

Marte (seu Planeta da Carreira) terá solstício entre os dias 7 e 16. Ele faz uma pausa no movimento latitudinal e depois muda de direção. Portanto, uma pausa seguida de mudança de rumo na carreira vai acontecer e isso será bom.

Saturno volta para Capricórnio no dia 1º. Ele, mais uma vez, estará em alinhamento tenso com você. A saúde vai precisar de mais cuidados. Você poderá melhorá-la das formas descritas no relatório anual. O mais importante é manter a disposição em alta. Não se permita ficar vulnerável pelo excesso de cansaço.

Como no mês passado, o desafio será equilibrar os seus interesses e os dos outros. Não vá longe demais neste processo.

AGOSTO

Melhores dias: 5, 6, 15, 16, 23, 24
Dias mais tensos: 1º, 2, 8, 9, 21, 22, 28, 29
Melhores dias para o amor: 1º, 2, 3, 4, 11, 15, 16, 20, 23, 24, 28, 29
Melhores dias para o dinheiro: 2, 8, 9, 11, 17, 18, 19, 20, 28, 29
Melhores dias para a carreira: 8, 9, 17, 18, 25, 26, 27

Vênus entrará em seu signo no dia 7 e continuará nele pelo resto do mês. A aparência pessoal vai brilhar e a sua noção de estilo e moda estará excelente. Talvez você esteja mais emocionalmente instável que o habitual. Os parentes e especialmente um dos pais, figura paterna ou materna, parecem bastante dedicados a você. Embora a atração pessoal seja boa, o amor estará complicado. Todos os planetas na Sétima Casa (a do Amor) estarão retrógrados este mês. Haverá amor em sua vida, mas parece faltar direção.

Você ainda está no meio de um ápice financeiro anual até o dia 22. Haverá contratempos nessa área entre os dias 1 e 3, mas será um problema de curto prazo. Talvez haja conflito financeiro entre você e o cônjuge, parceiro ou interesse amoroso atual. A boa notícia é que os pais, figuras paternas ou maternas, apoiarão seus objetivos financeiros, bem como chefes. Aumentos de salário (oficiais ou não) podem acontecer e as especulações parecem favoráveis.

No dia 22, seu Planeta das Finanças (o Sol) entrará na Terceira Casa, favorecendo vendas, marketing, relações públicas, publicidade, escrita, blogs e trabalho no setor de varejo. Independente do que você fizer, o bom uso da mídia e do marketing será importante. Até o dia 22 você parece especulativo. Você vai gastar bastante e depois ficar mais conservador, pois o julgamento financeiro vai melhorar. O Planeta das Finanças em Virgem favorece o campo da saúde e os ganhos por meio do trabalho. Talvez você esteja gastando mais em questões de saúde, mas também poderá ganhar com isso. As pessoas na área de saúde podem ser importantes para as finanças. Você provavelmente vai gastar mais em livros, revistas e equipamentos de comunicação.

Quatro planetas lentos estão em alinhamento estressante com você, então a saúde precisa de cuidados. Como sempre, descanse bem. Mantenha o foco no que realmente importa na vida e não desperdice energia com frivolidades. Você terá disposição para fazer o que é importante. Melhore a saúde das formas mencionadas no relatório anual.

A atividade retrógrada aumentará este mês. A partir do dia 15, cinquenta por cento dos planetas estarão retrógrados. Este ainda não é o máximo para o ano, mas chega perto disso, portanto, tudo acontece devagar no mundo. O movimento retrógrado de Urano afetará as finanças do cônjuge, parceiro ou interesse amoroso atual (quem fizer o papel de cônjuge). A parte financeira está mais incerta e acontece mais devagar.

SETEMBRO

Melhores dias: 1º, 2, 3, 11, 12, 20, 21, 29, 30
Dias mais tensos: 4, 5, 18, 19, 24, 25
Melhores dias para o amor: 2, 3, 8, 13, 14, 17, 22, 23, 24, 25
Melhores dias para o dinheiro: 6, 7, 14, 15, 16, 17, 24, 25, 26
Melhores dias para a carreira: 4, 5, 14, 15, 22, 23

A saúde será a principal preocupação neste mês porque sessenta e, às vezes, setenta por cento dos planetas estarão em alinhamento tenso com você. Isso não é brincadeira. Com a Sexta Casa vazia, você tenderá a ignorar a saúde, o que não é recomendável. Será necessário se obrigar a manter o foco nessa área. Melhore a saúde seguindo as sugestões do relatório anual. Além disso, conforme dissemos várias vezes, descanse bem e mantenha a energia em alta, visto que ela é a melhor defesa contra as doenças. Se você conseguir passar mais tempo em um spa para cuidar da saúde ou agendar mais massagens ou tratamentos de reflexologia, seria de grande ajuda. Conforme dissemos no mês passado, mantenha o foco em suas prioridades e deixe para lá o que for menos importante.

A boa notícia é que o Planeta da Saúde (Júpiter) volta a se mover para a frente no dia 13, então você terá mais clareza.

A atividade retrógrada alcançará o ápice para 2020 (igualando-se ao que tivemos em junho). Entre os dias 9 e 12 teremos sessenta por centro dos planetas retrógrados, e a partir do dia 12, serão cinquenta por cento. Com os eventos no mundo desacelerando, este será um bom mês para tirar férias ou alguns dias de folga.

O Planeta da Carreira (Marte) ficará retrógrado no dia 9 e continuará assim até 14 de novembro. As questões profissionais não estarão claras e serão resolvidas apenas com o tempo, então você poderá se desligar um pouco da carreira e prestar mais atenção no lar e na família, especialmente a partir do dia 22.

Embora o lar e a família não tenham sido tão importantes quanto o habitual este ano, eles ganharão importância a partir do dia 22 deste mês. Este é o paraíso dos cancerianos. Você vai gastar mais com o lar e a família, mas vai ganhar mais com eles também. O apoio familiar será bom. As conexões familiares também serão importantes em termos financeiros. Os aspectos financeiros parecem mais fáceis antes do dia 22, você só terá que trabalhar mais arduamente até este dia. Poderá haver conflitos financeiros com filhos, figuras filiais e o cônjuge, parceiro ou interesse amoroso atual.

No dia 6, Vênus entrará na Casa do Dinheiro e ficará lá pelo resto do mês, o que também indica apoio familiar ou conexões familiares envolvidas com as finanças. Os amigos também parecem ajudar nesse sentido.

OUTUBRO

Melhores dias: 9, 10, 17, 18, 26, 27
Dias mais tensos: 1º, 2, 15, 16, 21, 22, 28, 29, 30
Melhores dias para o amor: 3, 5, 14, 21, 22
Melhores dias para o dinheiro: 4, 5, 9, 10, 11, 12, 13, 14, 17, 18, 21, 23, 26, 31
Melhores dias para a carreira: 1º, 2, 11, 12, 19, 20, 28, 29, 30

A saúde ainda será uma grande questão este mês. Lembre-se do que falamos no mês passado. A boa notícia é que haverá melhoras após o dia 23, mas ainda assim a saúde precisa de cuidados.

A Quarta Casa (do Lar e da Família) é uma das mais fortes do horóscopo este mês, com a Sétima Casa (do Amor) sendo igualmente poderosa. O Planeta da Carreira continua retrógrado o mês inteiro, então vale a pena se concentrar mais no lar e na família. Você provavelmente não vai perder oportunidades na carreira ao fazer isso.

A independência pessoal não estava forte este ano e em outubro ficará ainda mais fraca quando o poder planetário mudar para o setor social ocidental. No final do mês, setenta e, às vezes, oitenta por cento dos planetas estarão no oeste. O seu foco estará nos outros e nas necessidades alheias. O seu bem virá pelas graças dos outros em vez da sua iniciativa pessoal. A capacidade dos outros gostarem de você e a boa vontade social serão mais importantes que as habilidades pessoais.

As finanças estão boas neste mês, mas ficarão melhores após o dia 23. Até o dia 23 poderá haver discordâncias financeiras com o cônjuge, parceiro, interesse amoroso atual, filhos ou figuras filiais. Talvez haja despesas extras relacionadas a eles. No dia 23, o Planeta das Finanças entrará em Escorpião e os ganhos virão mais fáceis. Você deverá terminar o mês em situação financeira melhor do que começou.

Com o Planeta das finanças em Escorpião a partir do dia 23, será bom cortar despesas e fazer uma desintoxicação da vida financeira. Ajuste-a, organize-a. Será um período positivo para fazer planejamento tributário e, se você tiver idade adequada, para planejar a aquisição de imóveis.

Plutão se moverá para a frente no dia 4 após vários meses em movimento retrógrado. O Planeta das Finanças entrará na Casa de Plutão no dia 23, portanto você estará mais especulativo neste período e as coisas tendem a dar certo. Você gastará mais com os filhos e figuras filiais em sua vida, mas também poderá ganhar com eles. Este será um período de dinheiro feliz, que é apreciado, tanto ao ganhar quanto ao gastar.

A Lua Nova do dia 16 será uma "Super Lua Nova", que acontece quando a Lua está no perigeu (distância mais próxima da Terra), então ela estará mais poderosa que o usual, indicando acontecimentos inesperados. É melhor ter uma agenda tranquila nesse dia.

NOVEMBRO

Melhores dias: 5, 6, 14, 15, 22, 23
Dias mais tensos: 12, 18, 19, 25, 26
Melhores dias para o amor: 2, 3, 11, 12, 18, 19, 21, 22
Melhores dias para o dinheiro: 5, 6, 2, 7, 8, 11, 14, 15, 19, 24, 25
Melhores dias para a carreira: 7, 8, 16, 25, 26

No dia 23 do mês passado, você entrou em (um dos) ápices de prazer pessoal, que continuará até o dia 23, então divirta-se e curta a vida. A alegria em si é uma ótima curandeira.

A saúde vai melhorar muito em relação ao mês passado, mas ainda precisará de cuidados. Se você passou pelos últimos dois meses com a saúde e a sanidade intactas, conseguiu uma proeza e tanto e pode se considerar uma pessoa de sucesso. Continue melhorando a saúde das formas sugeridas no relatório anual. A boa notícia é que a saúde ficará mais proeminente no seu horóscopo após o dia 21, quando o Sol entra na Sexta Casa. Será necessário ter foco nesses dias.

A atividade retrograda declina rapidamente este mês. Após o dia 10, oitenta por cento dos planetas vão se mover para a frente, e depois do dia 19, noventa por cento farão este movimento. Os eventos no mundo e na vida estão avançando. Haverá mais clareza sobre tudo. Com sorte, você terá usado a intensa atividade retrógrada para analisar suas metas e fazer planos para o futuro, que é o objetivo dos períodos retrógrados. Se você fez isso, agora estará em boa situação para colocar os planos em prática e o progresso deverá acontecer bem mais rapidamente.

O quarto e último eclipse lunar do ano ocorrerá no dia 30. Todo eclipse lunar afeta fortemente você, mas este afetará menos que o habitual. Ele ocorrerá na Décima Segunda Casa (a da Espiritualidade), afetando a vida espiritual, seus ensinamentos, práticas e mestres. Geralmente as mudanças espirituais acontecem por meio de "revelações": uma nova verdade é vista, um novo vislumbre aparece, e as velhas metodologias não se aplicam mais. Haverá abalos em organizações espirituais e de caridade com as quais você está envolvido e momentos dramáticos na vida pessoal dos gurus ou figuras que fazem esse papel em sua vida. Os amigos serão obrigados a fazer mudanças financeiras dramáticas. O cônjuge, parceiro ou interesse amoroso atual (quem fizer este papel em sua vida) poderá mudar de emprego e a rotina de saúde. A cada eclipse lunar você é novamente obrigado a se redefinir, aperfeiçoar sua imagem e autoconceito. Isso vem acontecendo o ano inteiro e o processo continuará até você acertar.

A Lua Nova do dia 15 será uma "Super Lua Nova", que acontece quando ela está no perigeu (distância mais próxima da Terra), e deverá trazer um excelente dia para as finanças. O cônjuge, parceiro ou interesse amoroso atual terá um dia bastante social.

DEZEMBRO

Melhores dias: 2, 3, 11, 12, 19, 20, 21, 29, 30, 31
Dias mais tensos: 9, 10, 15, 16, 22, 23
Melhores dias para o amor: 2, 3, 8, 9, 11, 12, 15, 16, 17, 22, 23, 27
Melhores dias para o dinheiro: 5, 6, 8, 13, 14, 16, 24, 27
Melhores dias para a carreira: 5, 6, 13, 14, 22, 23

Será um mês bastante movimentado e com grandes mudanças. Primeiro, dois planetas lentos mudam de signo. Saturno entrará em Aquário no dia 18 (e ficará pelos próximos dois anos ou mais) e Júpiter também entrará em Aquário logo depois, no dia 20, ficando lá durante quase todo o ano de 2020. Além disso, haverá um eclipse solar no dia 14, contribuindo para mais mudanças.

Há boas notícias também. Como dois planetas lentos estão se afastando do aspecto tenso com você, a saúde e a energia vão melhorar no próximo ano. Você terá meses difíceis (causados por trânsitos de curto prazo), mas nada como este ano.

A entrada de Saturno em Aquário afeta a vida amorosa, que ficará mais erótica. O magnetismo sexual parece o fator mais importante para os solteiros e até para os casados ou que já estão em um relacionamento. Se o sexo for bom, abafará vários problemas na relação, e também haverá bastante experimentalismo no amor.

A entrada de Júpiter em Aquário indica mudanças na rotina de saúde e nas atitudes relacionadas a ela. Além disso, você vai ficar mais experimental nesse setor. No ano passado você foi bastante conservador em questões de saúde e isso vai mudar. Os tornozelos e panturrilhas vão exigir mais atenção. A espinha, os joelhos e o esqueleto deverão ficar bem.

O eclipse solar do dia 14 ocorre na Sexta Casa (da Saúde e do Trabalho) e parece anunciar as mudanças na rotina de saúde que estão por vir. Talvez haja mudança de emprego, seja na sua empresa atual ou em outra. As condições de trabalho mudam. Este eclipse traz as correções de rumo necessárias em termos financeiros, tanto para você quanto para os filhos ou figuras filiais. As pessoas do dinheiro em sua vida terão momentos dramáticos na vida pessoal. Como este eclipse afetará Netuno, o senhor da Nona Casa, os estudantes universitários serão afetados, podendo haver mudanças de escola, de curso ou planos educacionais. Problemas jurídicos (caso você esteja envolvido neles) terão uma virada dramática e avançarão. As crenças religiosas, teológicas e filosóficas serão testadas e algumas serão abandonadas, enquanto outras serão revistas.

A saúde precisará de cuidados após o dia 21, mas a tensão não será tão intensa quanto em setembro e outubro. Será mais uma situação de curto prazo. Descanse bastante.

Poderá haver mudanças de emprego, mas não há nada a temer. Você terá amplas oportunidades profissionais este mês. A Sexta Casa está forte e você está no clima para o trabalho.

♌

LEÃO

O LEÃO

Nascidos entre 21 de julho e 21 de agosto

PERFIL PESSOAL

LEÃO EM UM RELANCE

Elemento: Fogo
Planeta Regente: Sol
Planeta da Carreira: Vênus
Planeta da Saúde: Saturno
Planeta do Amor: Urano
Planeta das Finanças: Mercúrio
Cores: dourado, alaranjado, vermelho
Cores que promovem o amor, o romance e a harmonia social: preto, índigo, azul-ultramarino
Cores que propiciam ganhos: amarelo, amarelo-ouro
Pedras: âmbar, crisólito, diamante amarelo
Metal: ouro
Perfumes: bergamota, incenso, almíscar, nerol
Qualidade: fixa (= estabilidade)
Qualidade essencial ao equilíbrio: humildade
Maiores virtudes: capacidade de liderança, amor-próprio, autoconfiança, generosidade, criatividade, jovialidade
Necessidades mais profundas: divertimento, elevação espiritual, desejo de se fazer notar
Características a evitar: arrogância, vaidade, autoritarismo
Signos de maior compatibilidade: Áries, Sagitário
Signos de maior incompatibilidade: Touro, Escorpião, Aquário

Signo mais útil à carreira: Touro
Signo que fornece maior suporte emocional: Escorpião
Signo mais prestativo em questões financeiras: Virgem
Melhor signo para casamento e associações: Aquário
Signo mais útil em projetos criativos: Sagitário
Melhor signo para sair e se divertir: Sagitário
Signos mais úteis em assuntos espirituais: Áries, Câncer
Melhor dia da semana: domingo

COMPREENDENDO A PERSONALIDADE LEONINA

Pensou em Leão, pensou em realeza. Assim você compreenderá melhor a personalidade dos leoninos e o porquê de eles agirem como agem. Os nativos de signo são o que são. É verdade que, por motivos variados, nem todos expressam essa qualidade de realeza, mas certamente gostariam de fazê-lo.

Um monarca não governa com base no exemplo, como fazem os arianos; tampouco por consenso, como os capricornianos e os aquarianos. Ele o faz por vontade pessoal. Sua vontade é lei. Seus gostos pessoais são logo imitados por todos os súditos. Um grande monarca é, de certa forma, imortal, e é assim que os leoninos desejariam ser.

O fato de você contestar a vontade de um leonino é assunto sério. Ele considerará isso uma afronta pessoal, um insulto; logo fará você saber que a vontade dele encerra autoridade e que desobedecê-la é aviltante e desrespeitoso.

Os leoninos são reis ou rainhas em seus domínios. Os amigos, os subordinados e a família são os leais súditos de confiança, que eles governam com benevolência e por cujos interesses sempre zelam. Dotados de presença majestosa, são poderosos e parecem atrair a atenção em qualquer evento social a que compareçam. Destacam-se porque são astros em seus espaços. Todo leonino sente, à semelhança do Sol, que nasceu para brilhar e governar. Os nativos de Leão pressentem que nasceram com privilégios reais, e a maioria deles alcança, pelo menos até certo ponto, esse status.

O Sol, regente do signo, é sinônimo de saúde e entusiasmo. É difícil pensar no fulgor do Sol e continuar a sentir-se enfermo e deprimido, pois ele é, de certa forma, a antítese da enfermidade e da apatia. Por isso, os leoninos amam a vida e adoram se divertir. Apreciam o teatro, a música e todos os tipos de divertimento. Afinal, são essas atividades que colorem e alegram a existência. Se, mesmo que seja para o bem, você tentar privá-los dos prazeres, das boas comidas, das bebidas e dos divertimentos, subtrairá deles a própria vontade de viver, pois consideram que a vida sem alegrias não é vida.

O signo de Leão representa o anseio humano de poder. Mas o poder em si não é bom nem ruim. Somente quando se abusa dele é que ele se torna maligno. Sem a existência de um poder, nem mesmo as coisas boas poderiam se concretizar. Os leoninos compreendem isso e parecem feitos para o comando. São, entre todos os signos do Zodíaco, os que melhor exercem o poder. Capricórnio, outro grande detentor de poder zodiacal, gera e administra extremamente bem, até melhor do que Leão, mas perde para ele em magnanimidade. Leão *adora* exercer o poder, ao passo que Capricórnio encara seu exercício apenas como uma responsabilidade.

FINANÇAS

Os leoninos são excelentes líderes, mas nem sempre são bons administradores. Lidam bem com decisões importantes de ordem geral, mas não gostam de ficar se preocupando com os pormenores de um negócio. Tendo bons gerentes a seu serviço, podem tornar-se executivos excepcionais, pois são dotados de visão e de bastante criatividade.

Os leoninos amam a riqueza e os prazeres que ela proporciona. Apreciam a opulência, a pompa e o glamour. Mesmo quando não são ricos, vivem como se fossem. Por isso, tendem a contrair dívidas vultosas e muitas vezes têm dificuldade em quitá-las.

Os leoninos, assim como os piscianos, são extremamente generosos. Muitas vezes, aspiram à riqueza apenas com o intuito de ajudar economicamente outras pessoas. Na visão de um leonino, o dinheiro compra serviços e a capacidade de gerenciamento. Serve para gerar empregos para terceiros e para melhorar o bem-estar geral dos que o cercam. Portanto, para um leonino, a riqueza é uma coisa boa e deve ser desfrutada ao máximo. O dinheiro não foi feito para acumular poeira em um velho cofre. Tem de ser posto em uso, precisa circular e ser bem-aproveitado. Não é preciso dizer que os nativos de Leão, perdulários por natureza, gastam de forma descuidada.

Virgem ocupa a cúspide da Segunda Casa Solar de Leão, do Dinheiro e das Finanças. E, de fato, os leoninos precisam aprender a cultivar alguns traços virginianos — como a capacidade de análise e o discernimento — para lidar com as finanças de forma mais equilibrada. Precisam aprender a ser mais cuidadosos com detalhes financeiros (ou contratar alguém que o faça) e a observar melhor seus gastos. Trocando em miúdos, eles devem administrar melhor o dinheiro. Irritam-se com apertos financeiros, mas essas limitações podem ser decisivamente úteis ao desenvolvimento de seu pleno potencial financeiro.

Os leoninos sentem-se bem em saber que seus amigos e seus familiares contam com seu apoio financeiro ou precisam dele. Não se importam — na verdade, até gostam — de emprestar dinheiro, desde que não se sintam explorados. Do alto de seu trono real, os nativos de Leão gostam de dar presentes a seus familiares e aos amigos e compartilhar a alegria e o bem-estar que esses mimos proporcionam a todos. Adoram investir e, quando as influências celestes são favoráveis, costumam ter bastante sorte.

CARREIRA E IMAGEM PÚBLICA

Os leoninos gostam de transmitir a impressão de riqueza, pois no mundo de hoje ela quase sempre se traduz em poder. Quando são realmente ricos, adoram morar em mansões nababescas com muitas terras e vários animais.

No trabalho, destacam-se em posições de liderança e autoridade. Exibem excelente capacidade de decisão no tocante a questões mais amplas, mas preferem deixar os detalhes para os outros. São, geralmente, respeitados por colegas e subordinados, porque têm o dom de compreender e de se relacionar bem com os que os cercam. Os leoninos sempre almejam o ápice, mesmo quando têm de começar de baixo e trabalhar duro para atingir o topo. Como seria de se esperar de um signo tão carismático, os leoninos estão sempre tentando melhorar sua situação profissional. E o fazem pensando em chegar às posições mais altas.

Por outro lado, os nativos de Leão não apreciam que lhes digam o que fazer, detestam ser mandados. Talvez seja até por isso que aspiram a alcançar o topo, onde possam tomar eles mesmos as decisões, sem ter de acatar ordens.

Um leonino nunca duvida do seu sucesso e canaliza toda a sua atenção e o seu esforço para alcançá-lo. Outra característica distintiva deles é que, a exemplo dos monarcas esclarecidos, jamais tentam abusar do poder ou da reputação que chegam a conquistar. Se porventura o fizerem, não terá sido de forma deliberada ou consciente, pois, geralmente, procuram compartilhar a riqueza e fazer com que todos ao seu redor também sejam bem-sucedidos em suas aspirações.

São bons trabalhadores e gostam de ser vistos assim. Contudo, embora deem duro no trabalho e sejam capazes de grandes realizações, não se pode esquecer de que, lá no fundo, é de muita diversão que eles gostam.

AMOR E RELACIONAMENTOS

Os leoninos não são tipos muito casadouros. Para eles, os relacionamentos são bons enquanto dão prazer. Quando a relação deixa de ser prazerosa, querem logo acabar com ela. E valorizam muito a liberdade de poder dar o fora quando bem entenderem. Por isso, destacam-se mais pela quantidade de casos amorosos do que pela qualidade dos compromissos. Quando casados, porém, costumam ser fiéis, embora sua tendência seja a de casar-se muitas vezes. Se você se apaixonou por um nativo de Leão, proporcione-lhe muita diversão. Viaje, frequente cassinos, clubes, teatros, pistas de dança. Saia sempre para beber e jantar fora com seu amor leonino; custará caro, mas valerá a pena... E você se divertirá muito.

Os nativos deste signo costumam ter vida sentimental bastante ativa e demonstram claramente a afeição. Gostam de conviver com pessoas otimistas e hedonistas — como eles próprios —, mas muitas vezes acabam se envolvendo com pessoas vanguardistas, mais sérias e intelectualizadas do que eles. Os companheiros dos leoninos também exibem mais consciência sociopolítica e espírito libertário do que seus parceiros de Leão. Todavia, se você se casou com alguém deste signo, saiba que dominar o apego do seu amado à liberdade será um desafio para toda a vida — e tome cuidado para que seu amor leonino não domine você primeiro.

Aquário ocupa a cúspide da Sétima Casa de Leão (a do Amor). Dessa forma, para atingir um ótimo potencial no amor e na vida social, os leoninos precisam cultivar um pouco a maneira igualitária dos aquarianos de encarar e tratar os demais — o que nem sempre é fácil para o rei Leão, que só consegue se considerar igual a outros reis e rainhas como ele. Mas talvez aí resida a solução para o dilema social dos leoninos, e eles possam permanecer reis entre reis. Afinal, não há nada de errado em ter sangue nobre, desde que se consiga reconhecer também a nobreza nos demais.

VIDA DOMÉSTICA E FAMILIAR

Embora os leoninos sejam ótimos anfitriões e gostem de receber convidados, muitas vezes tudo não passa de um show. Somente poucos amigos íntimos chegam a conhecer o lado autêntico da vida diária de um nativo de Leão. Para ele, o lar é um local de conforto, recreação e transformação; um refúgio secreto e privado — um castelo. Os leoninos gostam de gastar dinheiro, exibir-se um pouquinho, entreter e divertir-se. Além de adquirir os últimos lançamentos de móveis, roupas e tecnologia doméstica.

Os nativos deste signo são ferozmente leais à família e, em contrapartida, esperam o mesmo dela. Amam os filhos intensamente e devem tomar cuidado para não mimá-los demais. Também devem procurar evitar moldar membros da família à sua imagem e semelhança. Precisam entender que os outros têm o direito e a necessidade de continuar a ser como são. Nesse sentido, você, leonino, deve tomar o máximo de cuidado para não ser um dominador ou autoritário.

LEÃO
PREVISÃO ANUAL PARA 2020

TENDÊNCIAS GERAIS

A saúde, o trabalho e a carreira serão os destaques de 2020. Se alguns de vocês estiverem desempregados, haverá muitas oportunidades de trabalho à espera. Será um ano voltado para a área profissional.

Embora a saúde esteja boa, você parece muito envolvido em questões desta área este ano e provavelmente também procurará um estilo de vida saudável para prevenir doenças. Em muitos casos, vai se preocupar também com a saúde de outras pessoas. Voltaremos a esse assunto mais adiante.

A carreira talvez seja a área mais empolgante em 2020, tendência que se iniciou em 2019 e se estenderá por muitos anos. A empolgação levará a mudanças e a momentos dramáticos. Afinal, se tudo estiver tranquilo, não haverá drama e nem empolgação — o que é bom pode se tornar um tanto entediante, mas isso não vai acontecer este ano. Você está aprendendo a lidar com a instabilidade profissional.

A entrada de Urano na Décima Casa em março de 2019 também afetou a vida amorosa, mudando suas atitudes. Você vai conviver com pessoas poderosas e importantes — contatos sociais que o ajudarão a avançar na carreira. Isto também é um sinal positivo para o amor, mas ele será posto à prova. Voltaremos a esse assunto depois.

Netuno, o mais espiritual de todos os planetas, está na Oitava Casa há muitos anos e continuará por outros tantos. É uma tendência de longo prazo e certamente já falamos disso nos relatórios anteriores. O sexo e as práticas sexuais estão ficando mais espiritualizados e refinados. Pouco a pouco, o sexo deixa de ser mera luxúria animal para se transformar em ato de adoração.

Marte vai passar mais de seis meses em sua Nona Casa este ano. Isso será bom para estudantes universitários, indicando foco e sucesso nos estudos. Problemas jurídicos podem surgir, ocupando muito do seu tempo.

Embora a Décima Segunda Casa (a da Espiritualidade) não esteja forte em 2020, teremos quatro eclipses lunares este ano, o dobro do habitual. Isso indica muitas mudanças espirituais e correções de rumo nesta área (dois eclipses, um solar e um lunar, vão acontecer na Décima Segunda Casa e reforçam o que está sendo dito).

As suas áreas de interesse em 2020 serão saúde e trabalho; amor, romance e atividades sociais; sexo, transformação pessoal e estudos sobre ocultismo; religião, filosofia, ensino superior e viagens ao exterior (a partir de 28 de junho); carreira.

Os caminhos de maior realização em 2020 serão espiritualidade (até o dia 6 de maio); corpo e imagem (a partir de 6 de maio); saúde e carreira (até 20 de dezembro); amor, romance e atividades sociais (a partir de 20 de dezembro).

SAÚDE

(Esta é uma perspectiva astrológica sobre a saúde, não uma visão médica. No passado essas perspectivas eram idênticas, mas hoje podem ocorrer diferenças significativas. Para obter uma opinião com base em diagnósticos da medicina convencional, consulte seu médico ou um profissional da área da saúde.)

A saúde estará boa em 2020. Na maior parte do ano haverá apenas um planeta lento (Urano) em alinhamento tenso com você. Saturno fará uma breve estadia em um alinhamento tenso entre 23 de março e 1º de julho, mas não será o bastante para causar problemas graves. Contudo, a partir de 18 de dezembro, dois planetas lentos (Saturno e Júpiter) entrarão em alinhamento tenso e será o momento de descansar, relaxar mais e desacelerar o ritmo. Na maior parte do ano, você parece bem nesta área.

A Sexta Casa (a da Saúde) será a mais forte do horóscopo. Por um lado, isso é bom, pois as medidas preventivas tomadas até aqui deixarão você preparado para o que virá depois (e no próximo ano). Por outro, não é tão bom assim, já que pode gerar a tendência de aumentar demais as coisas, criando problemas onde não existem. É preciso ter cuidado com isso. O Nódulo Sul da Lua, que indica uma sensação de deficiência, estará na Sexta Casa até o dia 6 de maio e também poderá contribuir para o foco na saúde. Talvez você sinta que falta algo nesta área.

Conforme já mencionamos, a preocupação com a saúde pode indicar ainda que você estará envolvido com o bem-estar de parentes, filhos, pessoas que você considera como da família ou que você considera como filhos.

Por mais que a saúde esteja boa, será possível deixá-la ainda melhor. Dê mais atenção às seguintes partes do corpo, que são as mais vulneráveis do seu mapa.

Coração. É sempre importante para os nativos de Leão. Como sempre, ter boa saúde cardíaca significa evitar preocupações e ansiedade. Há um consenso entre curadores espirituais em relação a isso. Eles afirmam que estas são as principais causas dos problemas de coração.

Coluna, joelhos, dentes, pele e alinhamento do esqueleto. São partes do corpo sempre consideradas importantes para os leoninos. Cuidar bem da coluna é fundamental, portanto será bom receber massagens nas costas e visitar o quiropraxista ou osteopata regularmente. Os joelhos também devem ser massageados e receber mais apoio durante os exercícios físicos. Mantenha uma boa higiene dental. Terapias como as técnicas de Alexander (que trabalha a postura), Rolfing e Feldenkrais serão boas. Além delas, ioga e pilates são bons exercícios para a coluna e o alinhamento em geral.

Cólon, bexiga e órgãos sexuais. Ganharam importância em 2008, quando Plutão entrou na Sexta Casa (a da Saúde) e assim continuarão nos próximos anos. Os reflexos aparecem em seu mapa. Será importante fazer sexo seguro e com moderação. Uma desintoxicação do cólon com chás de ervas de vez em quando é uma boa ideia, especialmente se você estiver indisposto.

Fígado e coxas. São importantes desde o ano passado e continuarão assim até 20 de dezembro. Os reflexos aparecem em seu mapa. Massagens regulares não fortalecem só as coxas, como também o fígado e a parte inferior das costas, que são muito importantes para você.

Tornozelos e panturrilhas. Ganharão importância a partir de 18 de dezembro e continuarão assim pelos próximos anos. Como Saturno (o Planeta da Saúde) entrará em Aquário, massagens regulares nas panturrilhas serão bem-vindas. Além de fortalecer esta região, elas também ajudam os órgãos reprodutores, muito importantes nesse período.

Plutão é o Senhor da Quarta Casa (do Lar, da Família e da Vida Emocional). Isso indica que ter boa saúde para você significa uma vida doméstica e familiar saudáveis e que os problemas nessa área podem afetar a saúde física. Portanto, caso aconteçam problemas (Deus queira que não), restaure a harmonia o mais rapidamente possível. O humor precisa continuar positivo e construtivo; a meditação será de grande ajuda para isso.

Júpiter na Casa da Saúde indica que as relações com filhos e figuras filiais em sua vida serão importantes; problemas nesta área poderão afetar a saúde física. Portanto, faça de tudo para manter a harmonia.

Isso também pode indicar o valor terapêutico de um hobby criativo. Haverá uma necessidade de expressar sua criatividade em 2020.

LAR E FAMÍLIA

Embora a Quarta Casa esteja basicamente vazia em 2020, com apenas planetas rápidos passando por lá, Plutão (o senhor da Quarta Casa) receberá muito estímulo. A Quarta Casa vazia mostra uma situação do tipo *status quo*, mas o impacto em Plutão indica várias mudanças.

Plutão estará recebendo influências contraditórias em 2020, complicando a situação familiar. Tanto Saturno quanto Júpiter (que na verdade são opostos) vão afetar Plutão. Saturno é restritivo e controlador, enquanto Júpiter é expansivo e ama a liberdade. Existem várias formas de interpretar isso e todas podem ser verdadeiras.

Os parentes vão mostrar extrema ambivalência em 2020, podendo alternar entre conservadorismo e frieza (influência de Saturno) para carinho e generosidade (influência de Júpiter). Saturno tende à frugalidade, enquanto Júpiter inclina-se para a generosidade. Portanto, os parentes e um dos pais, figura paterna ou materna, estarão assim. Ele ou ela poderá ser excessivamente controlador em um momento e demonstrar carinho e generosidade logo depois. Muito provavelmente, ele ou ela vai considerar a parte controladora (a severidade) como positiva e se sentirá um ditador benevolente. O outro (pai ou mãe) será o oposto, parecendo rebelde, buscando a liberdade pessoal e a fuga de todas as responsabilidades. Se eles ainda estiverem juntos a relação parece boa, mas entre 23 de março e 1º de julho e a partir de 18 de dezembro haverá conflitos e o casamento será posto à prova.

Uma parte de você adoraria se mudar (influência de Júpiter), enquanto outra teme a mudança e deseja ficar onde está (influência de Saturno). Com isso, a troca de residência pode acontecer, mas haverá problemas e atrasos. Eu diria que a força de Saturno (a vontade de ficar no mesmo lugar) será mais forte. Saturno em Capricórnio é sério e poderoso, pois está em sua própria casa, no seu signo. Júpiter, por outro lado, está em "queda", e sua posição é mais fraca. Embora a mudança possa acontecer, será mais provável que você continue onde está e use melhor o espaço disponível no momento.

Você está trabalhando para deixar a casa mais "saudável" há muitos anos (e já falamos disso nos relatórios anteriores). Provavelmente, você gastou dinheiro para se livrar de problemas ambientais e outras toxinas, além de instalar equipamentos para fazer exercícios ou de outro tipo. Você está deixando a casa mais parecida com um spa. Em 2020, essa tendência será ainda mais forte que nos outros anos.

Você também está transformando seu lar em local de trabalho, montando um escritório doméstico. Muitos de vocês estão trabalhando em casa. Esta tendência também ganhará força em 2020.

Este ano você também vai transformar a casa em lugar de entretenimento. Não será preciso sair para se distrair: a diversão estará no ambiente doméstico.

DINHEIRO E CARREIRA

A Casa do Dinheiro não está forte há alguns anos e continuará assim em 2020. Apenas planetas rápidos passarão por lá, o que tem seus pontos positivos e negativos. No lado positivo, indica o contentamento com a situação atual. Não haverá necessidade de fazer mudanças dramáticas e se concentrar exageradamente nas finanças. No lado negativo, você talvez esteja ignorando uma área importante da vida. Se os problemas financeiros surgirem, esta poderá ser a causa. Será preciso se concentrar mais nessa área.

Apesar disso, vejo prosperidade em 2020. A Sexta Casa (da Saúde e do Trabalho) será a mais forte do horóscopo. Duvido que algum leonino fique desempregado nesse ano, porque haverá muitas ofertas e boas oportunidades de trabalho. Mesmo quem estiver empregado receberá ofertas de outras empresas ou pedidos para fazer horas extras (e provavelmente vai aceitá-las). O seu profissionalismo estará anormalmente forte esses dias e será notado por supervisores, ajudando sua carreira.

O Planeta das Finanças (Mercúrio) é rápido e muitas vezes errático, o que se reflete na vida financeira. Em certos momentos, os ganhos virão rapidamente e depois, mais devagar. Em algumas ocasiões não haverá nenhum; em outras, você terá prejuízo. Os ganhos tendem a imitar os movimentos de Mercúrio no céu, mas como o planeta é muito rápido (ele passa pelo horóscopo inteiro em um ano), várias tendências financeiras de curto prazo dependerão de onde ele está e dos aspectos que recebe. Isso será abordado com mais profundidade nos relatórios mensais.

A carreira terá mais destaque que as finanças este ano. Urano entrou na Décima Casa (a da Carreira) em março de 2019 e continuará lá por vários anos, enviando diversas mensagens. Como dissemos anteriormente, isso mostra instabilidade e constantes mudanças, o que acaba favorecendo a vida de *freelancer*. Você precisará de mais liberdade profissional. Se um emprego fixo permitir isso, essa ocupação poderá funcionar para você.

A instabilidade é apenas outro nome para empolgação e mudança. Tudo poderá acontecer a qualquer momento. Não importa o quanto a situação pareça difícil, ela poderá mudar rapidamente. As oportunidades profissionais surgirão do nada. Urano na Décima Casa favorece o mundo da alta tecnologia (computadores, programação, atividades na internet). Se o projeto envolver arte e entretenimento, melhor ainda. Independentemente do que você faça, os conhecimentos tecnológicos serão um fator importante.

Além disso, Urano é o seu Planeta do Amor, o que também envia muitas mensagens. Boa parte da socialização será voltada para a carreira ou os negócios. As pessoas que você conhece poderão ser mais importantes do que suas habilidades propriamente ditas. A interação social e a capacidade de os outros gostarem de você terão papel importantíssimo no sucesso profissional. Portanto, será bom cultivar o traquejo social em 2020 (o setor social ocidental do seu mapa estará dominante, reforçando o que acabamos de dizer). Você vai avançar na carreira pelos meios sociais, frequentando ou oferecendo o tipo certo de festas e reuniões. E também desenvolverá uma habilidade especial de conhecer exatamente as pessoas certas para ajudá-lo.

Existe outra forma de interpretar isso que é igualmente precisa: o Planeta do Amor perto do Meio do Céu (sua posição mais elevada) frequentemente indica que a missão para este ano (e outros tantos) será estar presente para o cônjuge, parceiro, interesse amoroso atual e os amigos. Você poderá se envolver em assuntos mundanos, mas a verdadeira missão será com os amigos e parceiros amorosos.

O Planeta da Carreira (Vênus) se move rapidamente e costuma percorrer todo o mapa em um ano. Em 2020 (por estar retrógrado), ele passará por apenas 11 casas em vez das 12 habituais, mas ainda é bastante movimento. Portanto, haverá muitas tendências profissionais de curto prazo que dependem de onde Vênus está e dos aspectos que recebe. Isso será abordado com mais profundidade nos relatórios mensais.

AMOR E VIDA SOCIAL

O amor e a vida social serão muito importantes em 2020. A Sétima Casa terá poder entre 23 de março e 1º de julho e a partir de 18 de dezembro, mas ainda mais importante será o Planeta do Amor no Meio do Céu (o alto do mapa), que é a posição mais poderosa para um planeta. Assim como o Sol fica mais forte ao meio-dia (o ponto em que está no Meio do Céu), o mesmo vale para os outros planetas. Soma-se a isso a dominância do setor social ocidental que já foi mencionada e teremos um ano em que o traquejo e as habilidades sociais estarão muito acentuados. Será um ano para manter o foco nos outros. Haverá momentos ao longo de 2020 em que o setor oriental do "eu" ganhará força, mas nunca chegará a ser dominante.

O Planeta do Amor no Meio do Céu indica que poder e prestígio serão fatores atraentes para o amor, talvez mais do que o habitual. Você vai girar em torno dos ricos e poderosos, conhecer pessoas com status acima do seu e que poderão ajudá-lo a chegar onde deseja.

Muitas vezes isso indica oportunidades amorosas com chefes e superiores, favorecendo o romance no local de trabalho (o Planeta do Trabalho, Saturno, entrará na Sétima Casa, a do Amor, entre 23 de março e 1º de julho e a partir de 18 de dezembro, deixando os colegas atraentes). Muitas empresas têm regras em relação a isso. Há, porém, outros cenários possíveis: chefes, superiores ou colegas de trabalho podem bancar o cupido, apresentando as pessoas certas etc. Eles parecem muito envolvidos no romance, de uma forma ou de outra.

O Planeta do Amor estará o ano inteiro em Touro, um signo conservador. Saturno também é um planeta conservador, então você estará mais cauteloso no amor nesse período (bem diferente de como estava entre 2012 e 2019). Interpreto isso como positivo. Antes você estava agindo rápido demais. Um pouco de cautela faz bem.

A entrada de Júpiter na Sétima Casa no fim do ano muitas vezes é sinal de casamento ou relacionamento sério (que se assemelha a um casamento), o que poderá acontecer ano que vem, em 2021; é melhor não apressar a situação. Saturno também estará na Sétima Casa e tende a atrasar tudo.

No geral, os melhores períodos para o amor e a vida social serão entre 1º a 20 de janeiro; 20 de abril a 20 de maio; 23 de agosto a 22 de setembro e 22 a 31 de dezembro.

Para quem está no segundo casamento, haverá romance após o dia 28 de junho, mas parece bastante complicado. Tudo vai ficar mais fácil a partir de 18 de dezembro. Quem casou pela terceira vez terá um ano sem muitas mudanças.

AUTOAPRIMORAMENTO

Plutão, regente geral do sexo, está na Sexta Casa (a da saúde) por vários anos, então o sexo seguro e moderado vem sendo importante em termos de saúde há muito tempo. Netuno, o mais espiritual de todos os planetas, também está ocupando a Oitava Casa (a do sexo) há um longo tempo, enviando uma forte mensagem do horóscopo: haverá uma necessidade de elevar a vibração do sexo, transformando um ato de luxúria em ato de adoração. Este aumento na vibração será o "verdadeiro" sexo seguro. Se você usar apenas os métodos convencionais poderá se proteger de alguns fatores, mas não evitará a baixa vibração; isso pode levar a outros problemas.

Nesse período você poderá experimentar alguns dos ensinamentos e práticas espirituais do sexo. Será um bom momento para praticar tantra ou kundalini yoga, se você gostar de práticas orientais. Quem prefere as práticas ocidentais poderá estudar Karezza ou ciência hermética, que também lida com essa questão.

Conforme mencionamos anteriormente, os quatro eclipses lunares deste ano (o dobro do habitual) afetarão diretamente a vida espiritual. Além disso, dissemos que dois eclipses acontecerão na Décima Segunda Casa: um eclipse lunar em 10 de janeiro e outro solar em 21 de junho, significando várias mudanças e turbulências nessa área. Os eventos da vida vão testar suas atitudes, práticas, seus ensinamentos e líderes espirituais. Se você pertence a uma organização espiritual ou está envolvido com instituições de caridade, haverá transtornos e problemas relacionados a elas. Isso não é necessariamente ruim. Muitas vezes, as mudanças de rumo e nas práticas espirituais acontecerão devido a uma revelação interior, o que é positivo. Uma prática pode ter sido boa por um tempo e agora não ser mais necessária, levando você a experimentar outras. Quem ainda não estiver em um caminho espiritual provavelmente vai enveredar por um este ano.

Júpiter e Plutão na Sexta Casa (a da Saúde) mostram que é preciso ser emocionalmente sadio (conforme já mencionamos) e ter uma vida criativa saudável. Será muito importante evitar a depressão nesses dias. A boa notícia é que os nativos de Leão geralmente são otimistas e não costumam ser depressivos, mas você precisa sentir que está aproveitando a sua vida — uma existência divertida e feliz. A alegria em si é uma força curativa poderosa, e em 2020 será ainda mais que o habitual. Terapias como ioga do riso serão muito poderosas para você. A meditação também será de grande ajuda e ótima para manter a estabilidade emocional. Os que desejarem se aprofundar nesses temas podem visitar meu blog, onde discutimos esses assuntos mais detalhadamente: www.spiritual-stories.com [em inglês].

PREVISÕES MENSAIS

JANEIRO

Melhores dias: 2, 3, 12, 20, 21, 29, 30, 31
Dias mais tensos: 5, 6, 18, 19, 24, 25, 26
Melhores dias para o amor: 4, 5, 13, 14, 18, 19, 22, 24, 25, 26, 27, 28
Melhores dias para o dinheiro: 5, 6, 14, 15, 22, 23, 25, 26
Melhores dias para a carreira: 5, 6, 13, 14, 18, 19, 27, 28

O ímpeto planetário estará intensamente voltado para a frente este mês. No dia 11, quando Urano avançar, Todos os planetas estarão se movendo para a frente. Os eventos avançarão rapidamente, tanto em termos pessoais quanto mundiais. O ritmo da vida é veloz, do jeito que você gosta.

A saúde estará boa e você parece concentrado nela. A Sexta Casa (a da Saúde) será a mais forte do horóscopo esse mês. Além disso, vai ser difícil encontrar um leonino desempregado neste período. Na verdade, acontecerá o oposto: muitos de vocês terão mais de um emprego.

A saúde vai exigir mais cuidados após o dia 20. Não será nada sério e vai ser por pouco tempo, mas não será um dos melhores períodos nessa área. Melhore a saúde seguindo as sugestões do relatório anual.

O setor social ocidental estará incrivelmente dominante neste mês. Na verdade, esta será a tendência para todo o ano de 2020. Você estará em um forte ciclo social. As necessidades alheias virão antes das suas. O traquejo social vai determinar o que acontecerá em sua vida, especialmente a partir do dia 20, quando o Sol entrará na Sétima Casa (a do Amor). Você começará um ápice amoroso e social para 2020. O movimento para a frente de Urano também ajudará a vida amorosa. Sua popularidade será grande, mas poderá complicar um relacionamento existente. O cônjuge, parceiro ou interesse amoroso atual não ficará satisfeito com isso. Seja mais paciente com o ser amado entre os dias 21 e 23.

O eclipse lunar do dia 10 acontecerá na Décima Segunda Casa e se mostrará benigno para você, mas, mesmo assim, será bom manter uma agenda reduzida. Este eclipse indica mudanças nos ensinamentos, nas atitudes e práticas espirituais (lembre-se de que a Lua é o seu planeta espiritual e este eclipse atuará em dobro nessa área), além de trazer abalos nas organizações espirituais ou de caridade nas quais você está envolvido, e drama na vida de gurus e figuras que desempenham papel importante para você. O cônjuge, parceiro ou interesse amoroso atual poderá ter mudanças de emprego e na rotina de saúde.

Mercúrio (o Planeta das Finanças) estará "fora dos limites" entre os dias 1º e 12, deixando você aquém da esfera normal em questões financeiras. As pessoas do dinheiro em sua vida também estarão assim. No dia 16, Mercúrio entrará na Sétima Casa, indicando que favorecer os outros será importante para as finanças — você colocará de bom grado o interesse alheio acima do seu. Mercúrio em Aquário é a posição mais poderosa, indicando um bom mês em termos financeiros.

FEVEREIRO

Melhores dias: 8, 9, 16, 17, 26, 27
Dias mais tensos: 1º, 2, 14, 15, 21, 22, 28, 29
Melhores dias para o amor: 1º, 7, 8, 9, 10, 16, 17, 18, 21, 22, 26, 27, 28
Melhores dias para o dinheiro: 1º, 2, 6, 7, 10, 11, 14, 15, 19, 20, 23, 24, 25, 28, 29
Melhores dias para a carreira: 1º, 2, 7, 8, 16, 17, 26, 27, 28, 29

Você ainda estará em um ápice amoroso e social até o dia 19 e o relacionamento com o cônjuge, parceiro ou interesse amoroso atual vai melhorar bastante. O amor parece feliz e a popularidade estará em alta.

No mês passado, a metade superior do horóscopo ficou mais forte que a metade inferior. O Sol está nascendo no seu ano, então é hora de acordar e se concentrar nos assuntos externos. O lar, a família e as questões emocionais poderão ficar em segundo plano agora.

As finanças estarão boas neste mês, mas um tanto complicadas porque Mercúrio ficará retrógrado no dia 17, então faça compras, investimentos ou tome decisões financeiras importantes antes disso. Após o dia 17, mantenha uma atitude de "esperar para ver". Pesquise mais, veja onde é possível melhorar nas finanças e adie as decisões financeiras importantes.

A partir do dia 3, Mercúrio (o Planeta das Finanças) estará na Oitava Casa, indicando que ainda será necessário se concentrar nos interesses financeiros alheios em vez dos seus. Esta precisa ser a prioridade. A prosperidade vai acontecer à medida que você enriquecer os outros. Este também será um bom mês para fazer uma desintoxicação financeira e se livrar de contas ou despesas redundantes, além de um bom momento para organizar tanto a vida financeira quanto os objetivos pessoais. O que você não usa mais deverá ser vendido ou doado. Especialmente até o dia 17, este será um período positivo para fazer planejamento tributário ou adquirir seguros (o dinheiro também poderá vir destas fontes). Também será um bom período para planejar a compra de imóveis.

Mercúrio no signo de Peixes vai melhorar a sua intuição financeira. Após o dia 17, contudo, é melhor ficar mais atento. A intuição até pode estar correta, mas sua interpretação dos fatos poderá falhar.

Vênus (o Planeta da Carreira) terá um solstício entre os dias 8 e 10, fazendo uma pausa no céu antes de mudar de direção (em latitude). Então, haverá uma pausa nos problemas em sua carreira, com uma mudança de rumo. Vênus estará em sua Nona Casa a partir do dia 7, o que muitas vezes indica viagens e oportunidades educacionais relacionadas ao trabalho. Elas poderão ser úteis para você.

Marte entrará na Sexta Casa no dia 16, então exercícios físicos e um bom tônus muscular serão importantes para a saúde.

A Oitava Casa estará muito poderosa em fevereiro, especialmente a partir do dia 19; portanto, este mês favorecerá os projetos envolvendo mudança pessoal para transformar-se no eu ideal e na pessoa que você deseja ser. O período também favorecerá regimes de desintoxicação em todos os níveis: físico, emocional e mental.

MARÇO

Melhores dias: 6, 7, 14, 15, 24, 25
Dias mais tensos: 1º, 12, 13, 19, 20, 27, 28
Melhores dias para o amor: 1º, 8, 16, 17, 18, 19, 20, 26, 27, 28
Melhores dias para o dinheiro: 1º, 8, 9, 10, 11, 17, 18, 22, 23, 27, 28
Melhores dias para a carreira: 1º, 8, 17, 18, 27, 28

Saturno entrará na Sétima Casa no dia 23, mas não é o trânsito completo — será apenas um flerte e um prenúncio do que está por vir. O amor será testado e os solteiros provavelmente vão namorar menos graças ao desejo de se concentrar na qualidade em vez da quantidade. Haverá uma atração por profissionais da área da saúde ou pessoas envolvidas no seu bem-estar. Marte entrará na Sétima Casa no dia 31 e também colocará o amor à prova, mas os bons relacionamentos sobreviverão.

Porém, o mais importante: este aspecto indica a necessidade de se concentrar mais na saúde. A saúde e a energia não seguirão os padrões habituais, especialmente no próximo mês. Siga as sugestões de cuidados do relatório anual. A partir do dia 23, ter boa saúde significará uma vida amorosa sadia, então procure manter a harmonia nessa área. Os problemas no amor e com amigos poderão causar problemas físicos.

Mercúrio se moverá erraticamente em março: ele começará o mês na Oitava Casa, fará um movimento retrógrado para a Sétima Casa no dia 4 e voltará para a Oitava Casa no dia 16, indicando que algo não resolvido deverá ser finalizado para você avançar novamente. A boa notícia é que Mercúrio se moverá para a frente no dia 10, trazendo suas habilidades financeiras de volta (na verdade, entre os dias 10 a 16 elas estarão acima do comum). A intuição financeira voltará ao normal a partir do dia 16.

O Sol viajará com Netuno nos dias 8 e 9 (e muitos de vocês vão sentir este aspecto antes disso), trazendo várias mensagens. Haverá avanços espirituais, aumento na percepção extrassensorial, sonhos proféticos e, talvez, um encontro erótico (frequentemente, eles acontecem em sonhos). A Lua Cheia do dia 9 não será tecnicamente uma "Super Lua Cheia", mas chegará perto porque acontecerá com a Lua quase no perigeu, a distância mais próxima da Terra. Isso também mostra uma vida onírica ativa, um aumento na percepção extrassensorial, experiências sobrenaturais e, talvez, um avanço espiritual.

No dia 20, o Sol entrará em sua Nona Casa, um belo trânsito para você. Leão sempre tende a brilhar, mas agora a luz estará bem mais forte. O Sol ocupará sua posição mais elevada no signo de Áries, então você vai experimentar uma explosão de criatividade e de amor descontraído neste período — uma verdadeira estrela. Será preciso usar óculos escuros para encarar você. Este vai ser um trânsito maravilhoso para estudantes universitários, que terão sucesso nos estudos. Oportunidades para viagens ao exterior também vão aparecer.

Um evento feliz para a carreira (como uma reunião social) acontecerá entre os dias 6 e 9.

ABRIL

Melhores dias: 3, 4, 11, 12, 20, 21, 22
Dias mais tensos: 9, 10, 15, 16, 23, 24
Melhores dias para o amor: 5, 7, 8, 13, 15, 16, 17, 23, 25, 26
Melhores dias para o dinheiro: 1º, 2, 5, 6, 10, 11, 14, 20, 21, 24, 30
Melhores dias para a carreira: 7, 8, 15, 16, 17, 23, 24, 25, 26

Júpiter e Plutão viajarão juntos o mês inteiro, talvez levando a uma mudança de residência, venda ou compra fortuita de uma casa. Um dos pais, figura paterna ou materna, vai prosperar e a família como um todo terá um período de fartura.

Marte e Saturno viajarão juntos nos dias 1º e 2. A saúde poderá melhorar com exercícios físicos e massagens no rosto e no couro cabeludo. Talvez o trabalho o leve a outros países e apareça uma oportunidade profissional no exterior.

A principal questão neste mês será a saúde, especialmente a partir do dia 19. Cinco (às vezes, seis) planetas estarão em alinhamento tenso com você, o que é grave. Você estará ocupado, a carreira terá sucesso e exigirá bastante — mas de que adianta tudo isso sem ter boa saúde? E ainda existem outras questões. O que você fazia com facilidade antes será difícil de realizar agora. Talvez você tenha subido uma escada para consertar o teto há alguns meses e foi moleza, ou andou de bicicleta por 30 quilômetros sem suar — neste período, nada disso será fácil; problemas podem acontecer se você tentar repetir os resultados anteriores. Concentre-se na carreira, pois você estará em um ápice profissional anual a partir do dia 19. O foco nessa área será plenamente justificado, mas não se permita chegar à exaustão. Concentre-se no que é essencial em sua vida, pois haverá disposição para isso. Abra mão das trivialidades. Melhore a saúde seguindo as sugestões do relatório anual. Se possível, passe um tempo em um spa, agende sessões extras de massagens ou tratamentos de reflexologia.

O amor continuará sendo posto à prova, mas haverá um encontro romântico feliz entre os dias 24 e 26. Poderá envolver a carreira ou será com alguém relacionado à sua vida profissional.

Mercúrio (o Planeta das Finanças) terá um solstício entre os dias 14 e 16. Ele fará uma pausa no céu e depois mudará de direção (em latitude), levando a uma provável parada nas finanças. Será uma pausa boa, natural e cósmica, nada com que se preocupar. Quando ela terminar, você terá vivido uma mudança de rumo financeiro. As finanças parecem boas este mês. Primeiro, Mercúrio vai se mover rapidamente. O progresso acontecerá com velocidade e a confiança estará alta. O dinheiro e as oportunidades financeiras poderão surgir de muitas formas e por meio de várias pessoas. Até o dia 11, a desintoxicação das finanças continuará em destaque, sendo um bom período para fazer ou pagar dívidas, conforme a necessidade. Você terá acesso a capital externo e, se tiver boas ideias, será um momento positivo para atrair investidores para os seus projetos. Entre os dias 11 e 27, Mercúrio estará em Áries (sua Nona Casa), um indicador bastante positivo para as finanças. Como a Nona Casa é muito benéfica, os ganhos vão aumentar e as decisões financeiras serão tomadas com mais rapidez. Contudo, tenha cuidado e não corra riscos demais. Em geral, você é uma pessoa especulativa e será ainda mais neste período. A partir do dia 27, Mercúrio estará na Décima Casa (a da Carreira), onde se torna mais conservador. Aumento de ganhos (salário ou renda extra) poderá acontecer.

MAIO

Melhores dias: 1º, 8, 9, 18, 19, 27, 28
Dias mais tensos: 6, 7, 13, 14, 20, 21
Melhores dias para o amor: 2, 4, 5, 10, 13, 14, 20, 23, 24
Melhores dias para o dinheiro: 2, 3, 12, 13, 22, 23, 24, 29, 30
Melhores dias para a carreira: 4, 5, 13, 14, 20, 21, 23, 24

Vênus (o Planeta da Carreira) ficará "fora dos limites" no dia 3 de abril e continuará assim o mês inteiro, o que é altamente incomum. Portanto, a carreira levará você para longe da esfera normal. Talvez as responsabilidades profissionais estejam afastando (bastante) você dos limites habituais.

Existe uma situação parecida na área financeira. Como Mercúrio (o Planeta das Finanças) está "fora dos limites" desde o dia 17 de maio, provavelmente não haverá soluções financeiras em sua esfera normal e você precisará sair dela. As pessoas com dinheiro em sua vida também parecem estar fora das fronteiras habituais.

A saúde ainda exigirá cuidados este mês, especialmente até o dia 20, mas está melhorando a cada dia. A situação não chega nem perto da gravidade encontrada no mês anterior. Além disso, Mercúrio se afastará do aspecto tenso no dia 12, Marte deixará de formar um aspecto tenso com você no dia 13 e o Sol começará a formar aspectos harmoniosos no dia 20. Até o dia 19, melhore a saúde seguindo as sugestões mencionadas no relatório anual. E o mais importante: repouse quando o cansaço aparecer.

A carreira vai bem. Você terá sucesso e estará no auge. As pessoas vão admirá-lo — você será reconhecido e respeitado. Financeiramente, tudo parece bem. Até o dia 12, o dinheiro terá origem da boa reputação profissional ou da carreira em si; pode acontecer aumento de ganhos (salário ou renda extra). Chefes, idosos, pais ou figuras paternas ou maternas, apoiarão seus objetivos financeiros. Mercúrio na Décima Casa indica foco nas finanças, que serão prioridade máxima. Como qualquer outro planeta, Mercúrio está sempre mais forte (e digno) no alto do mapa, mas ele também estará forte após o dia 12, quando entrará no próprio signo e casa, onde está mais confortável. Isso também é bom para os ganhos, indicando que você cairá nas graças financeiras de amigos e terá boa intuição para alta tecnologia, computadores e o mundo digital. No dia 29, Mercúrio entrará na Décima Segunda Casa e você ficará mais generoso e caridoso (ainda mais que o habitual). Seu instinto para a perspectiva espiritual da riqueza aflorará. A orientação financeira virá de sonhos, palpites e por meio de astrólogos, videntes, leitores de tarô e canais espirituais. Algo poderá surgir em um jornal ou panfleto e trazer uma mensagem financeira para você. O mundo invisível ajudará os seus objetivos financeiros.

O amor estará complicado este mês, mas as amizades estarão boas. Alguns meses (e anos) são assim.

JUNHO

Melhores dias: 5, 6, 14, 15, 24, 30
Dias mais tensos: 5, 6, 14, 15, 24, 30
Melhores dias para o amor: 1º, 7, 8, 9, 10, 16, 17, 19, 20, 26, 27
Melhores dias para o dinheiro: 3, 4, 8, 11, 12, 18, 21, 22, 26, 27
Melhores dias para a carreira: 1º, 9, 10, 16, 17, 18, 19, 20

A carreira está desacelerando um pouco. O Planeta da Carreira (Vênus) tornou-se retrógrado no dia 13 de maio e continuará assim até o dia 25, significando que as questões da carreira não estão claras agora e só ficarão mais nítidas com o tempo. A desaceleração não acontecerá só nessa área. Neste mês, a atividade retrógrada atinge o máximo do ano. Entre os dias 23 e 25, sessenta por cento dos planetas estarão retrógrados; após o dia 25, serão cinquenta por cento, uma porcentagem imensa (a atividade retrógrada atingirá outro máximo em setembro). Os eventos do mundo e o ritmo da vida estarão mais lentos; portanto, será um bom mês para a prática espiritual. As portas do mundo podem se fechar, mas as espirituais sempre estarão abertas.

Teremos dois eclipses este mês. No dia 5, um eclipse lunar ocorrerá na Quinta Casa e, no dia 21, um eclipse solar ocupará a Décima Segunda Casa. Ambos afetarão a vida espiritual, as organizações espirituais ou de caridade com as quais você está envolvido e as figuras com papel de guru em sua vida.

O eclipse lunar do dia 5 afetará filhos e figuras filiais em sua vida: eles deverão ter uma agenda mais leve e ficar longe do perigo, de preferência passando mais tempo tranquilamente em casa. Talvez tenham encontros com a morte, mas em geral, serão psicológicos, como momentos "por um triz", uma cirurgia (eletiva ou de emergência), sonhos com a morte ou pensamentos sobre ela. O eclipse afetará também a renda de um dos pais, figura paterna ou materna. Ele ou ela precisará fazer algumas mudanças dramáticas nos próximos meses. Os estudantes de nível universitário serão afetados e vão lidar com mudanças nos planos educacionais ou problemas na escola. Não é recomendável fazer viagens ao exterior neste período. Sua filosofia e crenças pessoais serão postas à prova; haverá mudanças nesta área nos próximos meses.

O eclipse solar do dia 21 ocorrerá na Décima Segunda Casa (da Espiritualidade) e afetará esta área, conforme já mencionamos. Todo eclipse solar é forte em você porque o Sol (o planeta eclipsado) é o senhor do seu horóscopo, portanto, haverá a necessidade de você redefinir sua imagem e a maneira que você se apresenta para o mundo (em termos de visual e aparência). Isso vai se refletir em mudanças internas. Haverá um desejo para que os outros vejam você de modo totalmente diferente. Será bom ter uma agenda tranquila nesse período também.

Mercúrio ficará retrógrado no dia 18, então é melhor tomar decisões importantes relacionadas a investimentos antes disso. A intuição financeira será boa até o dia 28, mas depois você precisará ser mais cuidadoso ao segui-la.

JULHO

Melhores dias: 2, 3, 11, 12 , 21, 22, 29, 30
Dias mais tensos: 1º, 6, 7, 8, 14, 15, 27, 28
Melhores dias para o amor: 4, 6, 7, 8, 14, 16, 17, 24, 25, 26
Melhores dias para o dinheiro: 1º, 4, 5, 9, 10, 14, 15, 19, 20, 23, 24, 27, 28, 31
Melhores dias para a carreira: 6, 7, 8, 14, 15, 16, 17, 25, 26

A saúde vai melhorar bastante este mês. Saturno se afastará do aspecto tenso com você no dia 1º, os planetas rápidos estarão em alinhamento harmonioso ou deixarão você em paz; o senhor do seu horóscopo (o Sol) entrará em seu signo no dia 22. A disposição estará de volta e, embora você esteja concentrado na saúde, não há problema nessa área. Até as condições preexistentes estarão em suspenso.

O setor social oriental do mapa continuará sendo o mais forte em julho, mas este será um período de independência máxima para o ano (você está sendo independente nos últimos anos e continuará assim no futuro, mas 2020 será o ápice). O próximo mês também será um período de independência máxima. Os planetas de curto prazo estarão nas posições mais orientais, então as necessidades dos outros ainda virão em primeiro lugar, mas você poderá dedicar algum tempo aos seus desejos. Caso precise fazer mudanças, este será o momento para isso.

Teremos outro eclipse lunar este mês, o terceiro do ano (haverá mais um no dia 30 de novembro). Esse eclipse ocorrerá na Sexta Casa e o levará a mudanças na área profissional, que poderão envolver as condições de trabalho ou mudança de emprego na empresa atual ou em outra. Talvez as regras do local de trabalho sejam alteradas. As mudanças de emprego não devem assustá-lo, pois você terá várias oportunidades profissionais e será disputado no mercado de trabalho. Os empregadores podem promover rotatividade na empresa, muitas vezes causada por dramas na vida dos funcionários e não por você. Também haverá alterações na rotina de saúde, talvez envolvendo mudanças de médicos ou terapeutas, na alimentação ou nos medicamentos. Em muitos casos, elas serão mais profundas, envolvendo mudanças filosóficas e na forma de lidar com a saúde. Filhos e figuras filiais em sua vida farão mudanças financeiras importantes, enquanto os pais, figuras paternas e maternas, terão problemas com irmãos e figuras fraternas. E como vem acontecendo quase o ano inteiro, haverá mudanças espirituais. Você vai precisar corrigir o rumo das práticas e atitudes espirituais. Além disso, haverá dramas e problemas nas organizações espirituais e de caridade com as quais você está envolvido. Os gurus e figuras que fazem esse papel em sua vida passarão por dificuldades pessoais, com os casamentos ou parcerias sendo postos à prova.

Este eclipse afetará outros três planetas (Mercúrio, Júpiter e Marte), mas apenas de modo superficial, levando a pequenas mudanças e correções de rumo na área das finanças. Além disso, os computadores, software e equipamentos de alta tecnologia poderão se mostrar temperamentais. Haverá momentos dramáticos na vida de filhos e figuras filiais; estudantes universitários viverão mudanças nos planos educacionais. Momentos dramáticos na vida dos líderes religiosos também podem acontecer, mas não parecem ser muito sérios, apenas pequenos obstáculos pelo caminho.

AGOSTO

Melhores dias: 8, 9, 17, 18, 25, 26, 27

Dias mais tensos: 3, 4, 10, 11, 23, 24, 30, 31

Melhores dias para o amor: 1º, 2, 3, 4, 10, 11, 15, 16, 19, 20, 23, 24, 28, 29, 30, 31

Melhores dias para o dinheiro: 2, 8, 11, 17, 18, 19, 20, 28, 29

Melhores dias para a carreira: 3, 4, 10, 11, 15, 16, 23, 24

A saúde estará maravilhosa, pois haverá apenas um planeta lento em alinhamento tenso com você. Os planetas rápidos também vão se mover a seu favor (às vezes, a Lua vai causar um pouco de tensão, mas será passageira). Com o aumento na energia, todas as portas vão se abrir para você. O que parecia impossível quando a energia estava baixa agora poderá acontecer.

A aparência estará boa. O Sol estará em seu signo até o dia 22, indicando boa autoestima e autoconfiança. Você vai agir mais de acordo com o "eu" leonino natural e se sentirá confortável com isso, além de irradiar carisma digno de uma estrela. Mercúrio entrará em seu signo no dia 5, indicando sorte inesperada e oportunidades nas finanças. Além disso, você vai se vestir com roupas caras, gastar consigo mesmo e terá a aparência de uma pessoa próspera. O dinheiro será ganho com facilidade e gasto livremente. Você parecerá despreocupado com as finanças, mas isso mudará ao longo do mês. Mercúrio entrará na Casa do Dinheiro e no signo de Virgem no dia 20. No dia 22, o Sol também entrará na Casa do Dinheiro, marcando o começo de um ápice financeiro anual. Este mês será próspero.

A prosperidade será ainda maior do que prevemos, pois seu Planeta das Finanças fará parte de um Grande Trígono dos signos de terra, uma posição muito afortunada. O dinheiro será ganho com facilidade, seu tino para finanças estará afiado. Você não gastará demais e fará valer cada centavo, além de lidar muito bem com todos os detalhes financeiros. Nesse período você terá o toque de Midas. O Sol na Casa do Dinheiro indica foco pessoal nas finanças. Na minha opinião, isso é ainda mais importante que os aspectos afortunados. Pela lei espiritual, nós conseguimos tudo em que nos concentramos — seja bom, ruim ou indiferente.

O amor se mostrará turbulento no início de agosto, com os dias 1º e 2 especialmente estressantes. Você e o cônjuge, parceiro ou interesse amoroso atual parecem estar em conflito, mas isso passará ao longo do mês. A vida amorosa vai brilhar a partir do dia 22. Quem estiver em um relacionamento viverá em harmonia com o ser amado, e os solteiros (ou os que acabaram de sair de um relacionamento) terão encontros românticos. O único problema para o amor será o movimento retrógrado de Urano, que começará no dia 15. Isso não vai impedir o romance (os solteiros ainda vão sair e namorar), mas vai desacelerar o processo, além de trazer imprevistos e adiamentos. O amor levará mais tempo para se desenvolver, pois a pessoa que você deseja não terá certeza do que sente.

SETEMBRO

Melhores dias: 4, 5, 14, 15, 22, 23
Dias mais tensos: 6, 7, 8, 20, 21, 26, 27
Melhores dias para o amor: 2, 3, 6, 7, 13, 14, 16, 17, 22, 23, 24, 25, 26, 27
Melhores dias para o dinheiro: 6, 7, 9, 16, 17, 18, 19, 24, 25, 26, 27
Melhores dias para a carreira: 2, 3, 6, 7, 8, 13, 14, 22, 23

Neste ano, a atividade retrógrada chegará ao máximo em setembro. Cinquenta por cento dos planetas estarão retrógrados este mês; sessenta por cento, entre os dias 9 e 12 (igualando a taxa que vimos em junho). Com isso, o ritmo da vida vai desacelerar. Você poderá reduzir (mas provavelmente não eliminar) os atrasos sendo perfeito em tudo o que fizer. Reserve um tempo para conferir todos os detalhes. Evite os atalhos (que frequentemente não adiantam) e avance de modo lento e metódico. Existem alguns pontos positivos nos períodos retrógrados, apesar de eles geralmente não serem muito confortáveis. Aprendemos a ter paciência, algo que o esquentado leonino precisa fazer. Eles também nos dão um espaço para análise e reflexão, sendo bons para rever objetivos e fazer planos para o futuro. Assim, quando os planetas voltarem a se mover para a frente (e isso vai acontecer), você também estará preparado para avançar.

A saúde estará boa este mês, mas todos os planetas envolvidos nesta área estarão retrógrados. Apesar disso, não será preciso fazer grandes mudanças na alimentação ou na saúde. Estude mais sobre essa área. Se você leu sobre suplementos, curas ou dietas milagrosas, é melhor desconfiar, muito provavelmente nada disso é o que parece. O mesmo vale para oportunidades de trabalho: elas existirão para você, não há dúvidas, mas podem não ser exatamente o que aparentam. Pesquise mais Caso você seja empregador, isso também se aplica.

Embora o ritmo da vida esteja mais lento, tudo se moverá com rapidez nas finanças. Mercúrio estará a todo vapor este mês: até o dia 5 ele estará na Casa do Dinheiro e fará parte de um afortunado (e raro) Grande Trígono em Terra, trazendo prosperidade. Você ainda estará no meio de um ápice financeiro anual até o dia 22. Mercúrio entrará em Libra no dia 5, indicando a necessidade de traquejo social na área financeira. A partir desse dia, será preciso trabalhar mais para ganhar dinheiro, mas ele virá. Mercúrio estará em Libra (sua Terceira Casa) até o dia 27, indicando a importância (mais do que nunca) das boas estratégias de vendas, marketing, publicidade e relações públicas no que você estiver fazendo. Afinal, as pessoas precisam conhecer o seu produto ou serviço. Você também vai gastar mais em livros, palestras, seminários, revistas e itens educacionais. As oportunidades financeiras acontecerão no seu bairro, talvez com vizinhos. Além disso, irmãos e figuras fraternas parecem envolvidos em suas finanças. No dia 27, Mercúrio entrará em Escorpião, sua Quarta Casa. Poderá haver abalos financeiros neste período, talvez a necessidade de fazer mudanças repentinas ou uma despesa súbita e inesperada. Haverá discordâncias financeiras com o cônjuge, parceiro ou interesse amoroso atual. Apesar de tudo isso, você vai prosperar em setembro.

Com o Sol na Terceira Casa, este será um bom mês para estudantes abaixo do nível universitário, que deverão ter sucesso nos estudos. Será também um bom mês para buscar conhecimento, independentemente da idade. A mente estará mais afiada e vai aprender melhor.

OUTUBRO

Melhores dias: 1º, 2, 11, 12, 19, 20, 28, 29, 30
Dias mais tensos: 4, 5, 17, 18, 23, 24, 25, 31
Melhores dias para o amor: 3, 4, 5, 13, 21, 22, 23, 24, 25, 31
Melhores dias para o dinheiro: 4, 5, 9, 10, 13, 14, 17, 18, 21, 23, 26, 31
Melhores dias para a carreira: 3, 4, 5, 21, 22, 31

O setor oriental do mapa (dedicado ao "eu") não esteve forte o ano inteiro, mas este mês ficará ainda mais fraco. A independência pessoal continuará não sendo um problema. Este mês e os próximos serão voltados a priorizar os interesses alheios. Isso é difícil para o leonino, mas será uma boa lição espiritual. É bom tirar férias de si mesmo de vez em quando. Muitos problemas psicológicos têm origem no egocentrismo excessivo, portanto há uma dimensão terapêutica neste processo. Você vai aprender (e isso vem acontecendo ao longo do ano) que atende suas necessidades ao cuidar dos outros. Tudo será feito "não pela força, nem pela violência, mas pelo meu Espírito".

Vênus (o Planeta da Carreira) entrará na Casa do Dinheiro no dia 2, o que é um bom sinal para as finanças, mostrando que você cairá nas graças financeiras de chefes, pais, figuras paternas ou maternas e figuras de autoridade em sua vida. Isso poderá trazer aumento de ganhos (salário ou renda extra) e também indica foco. Você medirá o sucesso na carreira em termos monetários e não pelo prestígio ou status.

A carreira não será uma grande questão este mês. A metade inferior (o lado noturno do horóscopo) será dominante, ou seja, um período de preparação e execução de todo o trabalho de bastidores que permitirão o sucesso profissional. Será uma questão de entrar em harmonia com as emoções e garantir que a situação do lar e da família esteja sólida. Os que estiverem envolvidos em terapias psicológicas deverão progredir a partir do dia 23, quando o Sol entrará na Quarta Casa; os que não fizerem também vão avançar. A Quarta Casa é o sistema terapêutico da natureza, então o passado estará perto e o corpo da memória se abrirá. Os traumas ocultos e as experiências que atrasam você serão facilmente vistos, talvez em sonhos ou pelos eventos da vida, sendo reinterpretados mais adequadamente com base em seu entendimento atual.

O Planeta da Carreira (Vênus) terá um solstício entre 29 de outubro e 2 de novembro, indicando uma pausa na trajetória profissional, seguida por uma mudança de rumo e de atitude.

A situação financeira se complica depois do dia 14, pois Mercúrio começará o movimento retrógrado. Como sempre, tente fazer compras, investimentos ou tomar decisões financeiras importantes antes do dia 14. Depois disso, você poderá comprar o necessário, mas será melhor ter uma atitude mais conservadora nas finanças.

Mercúrio estará em Escorpião (a Quarta Casa) até o dia 24, indicando vários eventos. Você vai gastar mais com o lar e a família e talvez ganhe com eles. O apoio familiar neste período será bom e recíproco.

NOVEMBRO

Melhores dias: 7, 8, 16, 25, 26
Dias mais tensos: 1º, 14, 15, 20, 21, 27, 28
Melhores dias para o amor: 1º, 2, 3, 9, 10, 12, 17, 18, 20, 21, 22, 27
Melhores dias para o dinheiro: 2, 3, 4, 10, 11, 13, 14, 19, 22, 23
Melhores dias para a carreira: 1º, 2, 3, 12, 21, 22, 27, 28

A atividade retrógrada aumentou em setembro, mas vem diminuindo desde então. No fim do mês, noventa por cento dos planetas estarão se movendo para a frente. A vida vai avançar e os eventos acontecerão em ritmo mais acelerado. Com sorte, você terá usado o período retrógrado para se preparar e conseguirá avançar de modo confiante.

A saúde exigirá cuidados este mês, especialmente até o dia 21. A boa notícia é que a Sexta Casa (da Saúde) estará muito forte e você vai prestar atenção nessa área. A saúde emocional levará à saúde física e novembro será bom para mergulhar na saúde emocional. A Quarta Casa (do Lar e da Família) estará ainda mais forte que no mês anterior. Uma mudança de residência poderá acontecer, seja literal ou uma renovação que deixe a casa como nova. O círculo familiar parece se expandir, geralmente por meio de casamentos ou nascimentos, mas às vezes encontrando pessoas que serão como uma família para você. Filhos e figuras filiais terão um período espiritual, enquanto os pais, figuras paternas ou maternas vão prosperar e os parentes em idade fértil estarão mais férteis que o habitual.

Marte está retrógrado desde 9 de setembro e continuará assim até o dia 14 de novembro. Os últimos meses não foram os melhores para viagens ao exterior, embora muitos de vocês tenham viajado mesmo assim. Os estudantes de nível universitário não terão certeza em relação aos estudos e os problemas jurídicos sofreram atrasos, mas voltarão a avançar no dia 14.

Como no mês anterior, novembro também será voltado para o lar e a família, deixando a carreira em segundo plano por um tempo. No dia 21 seu Planeta da Carreira (Vênus) entrará na Quarta Casa, o que pode ser lido de algumas formas. Uma delas é que lar e família são, na verdade, sua carreira e sua verdadeira missão neste período. Às vezes isso indica que você está trabalhando em casa. Além disso, a família e as conexões familiares terão um grande papel na sua trajetória profissional. O mais importante: isso indica que acertar a vida emocional (especialmente a situação familiar) vai levar ao sucesso profissional. A carreira vai progredir quando você conquistar a harmonia emocional.

O último eclipse lunar do ano será no dia 30. Ele acontecerá na Décima Primeira Casa, afetando amigos e organizações profissionais ou de ofício com as quais você esteja envolvido, causando abalos também na vida de amigos. Os computadores, softwares e equipamentos de alta tecnologia poderão se mostrar temperamentais neste período, talvez exigindo reparos ou atualizações. Como sempre acontece nos eclipses lunares, a vida espiritual vai mudar e haverá abalos nas organizações espirituais e de caridade com as quais você estiver envolvido. Os pais, figuras paternas ou maternas, farão mudanças importantes nas finanças.

DEZEMBRO

Melhores dias: 5, 6, 13, 14, 22, 23
Dias mais tensos: 11, 12, 17, 18, 24, 25, 26
Melhores dias para o amor: 2, 3, 7, 11, 12, 15, 17, 18, 22, 23, 24, 25
Melhores dias para o dinheiro: 5, 6, 7, 8, 13, 14, 16, 24, 27
Melhores dias para a carreira: 2, 3, 11, 12, 22, 23, 24, 25, 26

O último eclipse do ano será um eclipse solar e ocorrerá no dia 14 em sua Quinta Casa, afetando você, filhos e figuras filiais em sua vida, então é melhor deixá-los em segurança neste período. O necessário deverá ser feito, mas reagende o que for possível, especialmente aquilo que gera estresse. Você e filhos ou figuras filiais em sua vida passarão por outro período de redefinição pessoal, envolvendo conceito, imagem e personalidade. Tudo isso será atualizado nos próximos meses, com reflexos na forma de se vestir e usar acessórios. Este eclipse afetará fortemente Netuno, o senhor da Oitava Casa, mostrando mudanças financeiras importantes que vão acontecer com o cônjuge, parceiro ou interesse amoroso atual. Os banqueiros ou investidores com os quais você esteja envolvido terão momentos dramáticos na vida pessoal, tendo que lidar com seus casamentos sendo postos à prova. Além disso, talvez haja confrontos com a morte, geralmente em nível psicológico e às vezes envolvendo experiências de quase morte do tipo "por um triz", recomendação de cirurgias ou sonhos com a morte. O Anjo de Mil Olhos vai encontrar um jeito de chamar sua atenção. O objetivo será levar você a se concentrar no motivo de ter nascido, mantendo o foco em sua missão na vida. "A nossa existência é curta e pode acabar a qualquer momento. Dê toda a atenção ao motivo da sua encarnação", diz o Anjo Negro.

Embora o eclipse cause abalos, trazendo excitação e empolgação a este mês, dezembro será feliz. Você estará no meio de um ápice anual de prazer pessoal e nem um eclipse conseguirá ofuscar sua alegria — pelo menos, não por muito tempo.

Saturno sairá de Capricórnio para entrar em Aquário no dia 18 e Júpiter o acompanhará no dia 20. Isso o fará prestar mais atenção na área da saúde. A saída de Saturno em Capricórnio vai afetar essa área, algo que será sentido com mais força no próximo ano.

Saturno entrando na Sétima Casa vai por à prova o relacionamento amoroso atual e esta será uma tendência de longo prazo. Como só o melhor servirá para você, os relacionamentos serão submetidos a testes de estresse para ver se "aguentam o tranco". Um relacionamento que conseguir sobreviver aos próximos dois anos poderá suportar praticamente tudo.

Enquanto Saturno testará o amor, Júpiter vai expandi-lo, trazendo oportunidades românticas para os solteiros. Geralmente esse tipo de trânsito sugere casamento ou um relacionamento que se assemelha ao casamento, mas Saturno na Sétima Casa recomenda ter mais cautela.

♍

VIRGEM

A VIRGEM

Nascidos entre 22 de agosto e 22 de setembro

PERFIL PESSOAL

VIRGEM EM UM RELANCE

Elemento: Terra

Planeta Regente: Mercúrio
- *Planeta da Carreira:* Mercúrio
- *Planeta da Saúde:* Urano
- *Planeta do Amor:* Netuno
- *Planeta das Finanças:* Vênus
- *Planeta do Lar e da Vida Familiar:* Júpiter

Cores: tons terrosos, ocre, amarelo, laranja

Cor que promove o amor, o romance e a harmonia social: azul-turquesa

Cor que propicia ganhos: verde-jade

Pedras: ágata, jacinto

Metal: mercúrio

Perfumes: alfazema, lilás, lírio-do-vale, estoraque (benjoim)

Qualidade: mutável (= flexibilidade)

Qualidade essencial ao equilíbrio: amplitude de visão

Maiores virtudes: agilidade mental, capacidade de análise, meticulosidade, poder curativo

Necessidade mais profunda: ser útil e produtivo

Característica a evitar: mania de criticar destrutivamente

Signos de maior compatibilidade: Touro, Capricórnio

Signos de maior incompatibilidade: Gêmeos, Sagitário, Peixes

Signo mais útil à carreira: Gêmeos

Signo que fornece maior suporte emocional: Sagitário
Signo mais prestativo em questões financeiras: Libra
Melhor signo para casamento e associações: Peixes
Signo mais útil em projetos criativos: Capricórnio
Melhor signo para sair e se divertir: Capricórnio
Signos mais úteis em assuntos espirituais: Touro, Leão
Melhor dia da semana: quarta-feira

COMPREENDENDO A PERSONALIDADE VIRGINIANA

A virgem é uma representação simbólica bastante adequada ao signo. Meditar sobre sua imagem facilita muito a compreensão da personalidade virginiana. Ela é um símbolo natural da pureza e da inocência. Um objeto virgem é aquele que nunca foi utilizado. Terras virgens preservam suas características originais. E as matas virgens também conservam sua pureza prístina.

Se aplicarmos o conceito de pureza aos processos mentais, à vida emocional, ao corpo físico e às atividades e aos projetos do mundo cotidiano, chegaremos perto da forma como os virginianos encaram o Universo. Eles procuram manifestar a pureza de ideal em sua mente, corpo e negócios; e, se encontram impurezas, tentam expurgá-las.

Impurezas são princípios geradores de desordem, tristeza e intranquilidade. O trabalho dos virginianos consiste em extirpar as impurezas, conservando apenas o que pode ser assimilado e utilizado pelo corpo e pela mente.

Aí reside o segredo da boa saúde: noventa por cento da arte de permanecer sadio decorre da manutenção da pureza física, mental e emocional. Quando o limite de impurezas ultrapassa a capacidade de tolerância do corpo e da mente, surge o que conhecemos como moléstia ou mal-estar. Não é de surpreender que muitos virginianos se revelem excelentes médicos, enfermeiros, curandeiros e nutricionistas. Eles possuem uma compreensão inata do que vem a ser uma boa saúde e sabem que ela transcende o plano meramente físico. Em todos os aspectos da vida, os que desejam ter êxito em um projeto devem salvaguardar sua pureza. Ela precisa ser protegida de elementos adversos que possam miná-la. É esse o grande segredo por trás da espantosa competência técnica dos virginianos.

A formidável capacidade virginiana de análise, seu perfeccionismo e detalhismo sobre-humanos derivam, todos, do anseio do nativo deste signo pela pureza e pela perfeição. Um mundo sem virginianos estaria arruinado há muito tempo.

Um vício ou defeito pode, em muitos casos, não ser outra coisa senão uma virtude às avessas, mal-utilizada ou mal-aplicada em um contexto específico. Os aparentes vícios ou máculas dos virginianos derivam, muitas vezes, de virtudes inerentes. Seu forte poder de análise, que deveria ser empregado para curar, auxiliar ou aperfeiçoar projetos no mundo, pode, quando mal-empregado, voltar-se contra as pessoas. Sua faculdade crítica, que deveria ser utilizada construtivamente para aprimorar uma estratégia ou proposta, pode ser usada de forma destrutiva como arma, para magoar ou ferir. Seu anseio de perfeição pode converter-se em preocupação excessiva que mina a confiança; e sua humildade natural, de tão grande, pode induzi-los à autonegação e a um complexo de inferioridade. Quando os virginianos se tornam negativos, podem até voltar seu ferino senso crítico contra eles mesmos, lançando a semente da autodestruição.

FINANÇAS

Os virginianos possuem todos os predicados que facilitam o acúmulo de riquezas. São trabalhadores engenhosos, eficientes, organizados, frugais, produtivos e prestativos. Um virginiano bem-equilibrado é o sonho de todo empregador, mas, enquanto não aprenderem a exercitar um pouco da graça social libriana, os nativos de Virgem continuarão longe da realização de seu potencial financeiro. Sua pureza e seu perfeccionismo, quando manejados de forma incorreta, incomodam os demais. Esses atritos de relacionamento podem causar estragos devastadores tanto em seus projetos preferidos quanto em sua conta bancária.

Os virginianos apreciam a segurança financeira. Por serem trabalhadores, conhecem o real valor do dinheiro, e não gostam de arriscá-lo desnecessariamente. Preferem poupar para quando se aposentarem ou para os dias mais difíceis de inverno. Só investem de maneira prudente e calculada, procurando minimizar riscos. A estratégia funciona bem, ajudando os virginianos a alcançar a estabilidade financeira que almejam. Os abastados, e mesmo os não tão abastados, gostam de ajudar amigos em dificuldade.

CARREIRA E IMAGEM PÚBLICA

Os nativos de Virgem se realizam quando conseguem comunicar seus conhecimentos de forma que os outros os compreendam. Para transmitir melhor suas ideias, eles precisam aprimorar sua habilidade verbal e aprender a exprimir-se de modo mais natural, que não tenha qualquer tom de julgamento. Respeitam muito os professores e os comunicadores. Apreciam que seus chefes e superiores sejam bons comunicadores, mas dificilmente irão respeitá-los se a capacidade intelectual deles não se equiparar a sua, independentemente de quanto dinheiro e poder esses superiores possuam. Os virginianos gostam de ser vistos como intelectuais e educados.

A humildade nata deles, muitas vezes, dificulta a realização de suas ambições e os impede de adquirir renome e prestígio. Precisam se valorizar um pouquinho mais para conquistar seus objetivos profissionais, bem como auxiliar o próprio progresso com a mesma veemência com que encorajam o dos colegas.

No trabalho, apreciam a atividade. Mostram-se dispostos a aprender qualquer tipo de serviço que possa contribuir para sua segurança material. Podem mudar de ocupação diversas vezes em sua vida profissional antes de descobrir o que realmente gostam de fazer. Os virginianos não têm medo de trabalho, sabem trabalhar bem em grupo e sempre cumprem suas responsabilidades.

AMOR E RELACIONAMENTOS

Para permitir que os virginianos analisem melhor ou critiquem algo, é necessário limitar a esfera de abrangência. Focar nas partes — não no todo. Isso pode transmitir uma impressão de limitação mental, e os virginianos detestam pessoas possuidoras dessa mente limitada. Gostam de parceiros com mente aberta e visão ampla. Possivelmente, como forma de compensar a carência que eles próprios têm dessas qualidades.

Os nativos de Virgem são tão perfeccionistas no amor quanto nas demais áreas. Precisam de companheiros tolerantes, abertos e afetuosos. Se você se apaixonou por um virginiano, nem perca tempo com gestos românticos sem praticidade. Terá mais chances de conquistá-lo fazendo por ele coisas úteis e práticas. É exatamente isso que ele aprecia e fará por você.

Os virginianos demonstram seu amor de forma pragmática e utilitária. Você, nativo de outro signo, não se deixe abater pelo fato de eles não o chamarem de "meu amor" todo dia. Não faz parte da natureza deles. Se o amam, demonstrarão de forma prática. Estarão sempre por perto quando você necessitar; mostrarão interesse por sua saúde e suas finanças; consertarão as torneiras de sua casa e a televisão que quebrou. Para eles, essas ações são muito mais importantes do que buquês de flores ou caixas de bombons.

Nos relacionamentos amorosos, não são particularmente passionais ou espontâneos. Não considere isso uma falha pessoal sua. Não significa que você não seja atraente aos olhos de seu parceiro virginiano ou que ele não goste de você. É o jeito dele. O que lhe falta em ardor é compensado em dedicação e lealdade.

VIDA DOMÉSTICA E FAMILIAR

Não é preciso dizer que a casa de um virginiano é sempre imaculada. Tudo é bem limpinho e organizado em seu cantinho — não se atreva a tirar nada do lugar! Para encontrarem a felicidade no lar, entretanto, os nativos de Virgem precisam relaxar um pouquinho mais e conceder mais liberdade ao cônjuge e aos filhos, e ser mais generosos e abertos. Os membros da família não são meras criaturas biológicas passíveis de análise microscópica — são seres humanos que possuem as próprias qualidades.

Malgrado essas pequenas dificuldades, os virginianos são bons anfitriões. Gostam de ficar em casa, de receber amigos para pequenas reuniões e se empenham em manter seus convidados felizes. Adoram crianças, mas tendem a ser severos com elas, pois querem se assegurar de que sejam educadas no princípio dos bons valores pessoais e familiares.

VIRGEM
PREVISÃO ANUAL PARA 2020

TENDÊNCIAS GERAIS

Você parece ter um ano saudável e feliz pela frente, virginiano. Aproveite! A Quinta Casa (da Diversão, Criatividade e Infância) será facilmente a mais poderosa do mapa, o que torna 2020 um ano para curtir a vida com mais entusiasmo. Para os nativos de Virgem, até a diversão envolve disciplina e trabalho, mas esta é a sua natureza. O trabalho é o seu divertimento.

O verdadeiro paraíso dos virginianos acontecerá entre 23 de março e 1º de julho e a partir de 18 de dezembro, quando a Sexta Casa do Trabalho ficará muito forte. Você vai gostar do trabalho e da carreira ainda mais que o habitual.

A saúde parece boa em 2020, pois haverá apenas um planeta lento em alinhamento estressante com você. Todos os outros estarão em aspectos harmoniosos ou deixarão você em paz. Voltaremos a esse assunto mais adiante.

Urano está em sua Nona Casa desde março do ano passado e continuará assim pelos próximos sete anos ou mais, indicando que as crenças religiosas e filosóficas (sua religião pessoal) serão postas à prova, provavelmente por descobertas e conhecimentos científicos. Quando Urano concluir este período, você terá uma nova religião pessoal e outra perspectiva em relação à vida. Isso também afetará estudantes de nível universitário, trazendo muita instabilidade, talvez envolvendo mudanças em série de escolas e cursos. Também haverá muita instabilidade em seu local de culto.

Os quatro eclipses lunares de 2020 (o dobro do habitual) indicam momentos dramáticos na vida dos amigos — um teste para as amizades. Além disso, os equipamentos tecnológicos poderão ser postos à prova várias vezes.

Netuno está na Sétima Casa (a do Amor) há vários anos e falamos sobre isso nos relatórios anteriores. A vida amorosa está ficando mais idealista, espiritualizada e refinada. Você está atraindo amigos e interesses amorosos espirituais e artísticos. Voltaremos a esse assunto mais tarde.

Vênus vai passar um período anormalmente longo (mais de quatro meses) na Quarta Casa (a da Carreira) sendo um bom sinal para a área profissional e indicando aumento de renda (salário ou ganhos extras) este ano. Falaremos sobre isso depois.

Embora a Décima Segunda Casa (da Espiritualidade) esteja vazia, com apenas planetas rápidos passando por lá, a espiritualidade parece gratificante e bem-sucedida em 2020. O Nódulo Norte da Lua entrará na Décima Segunda Casa no dia 6 de maio.

Marte vai passar mais de seis meses (um tempo anormalmente longo) na Oitava Casa em 2020, entre 28 de junho até o fim do ano, indicando um período mais ativo sexualmente e centrado na transformação pessoal. Também poderá haver encontros psicológicos com a morte; talvez, cirurgias sejam recomendadas para você ou pessoas próximas.

As principais áreas de interesse este ano serão filhos, diversão e criatividade; saúde e trabalho (entre 23 de março e 1º de julho e a partir de 18 de dezembro); sexo, transformação pessoal e estudos sobre ocultismo (a partir de 28 de junho); religião, filosofia, ensino superior e viagens ao exterior.

Os caminhos de maior realização serão filhos, diversão e criatividade (até 20 de dezembro); saúde e trabalho (a partir de 20 de dezembro); amigos, grupos e atividades em grupo (até 6 de maio) e espiritualidade (a partir de 6 de maio).

SAÚDE

(Esta é uma perspectiva astrológica sobre a saúde, não uma visão médica. No passado essas perspectivas eram idênticas, mas hoje podem ocorrer diferenças significativas. Para obter uma opinião com base em diagnósticos da medicina convencional, consulte seu médico ou um profissional da área da saúde.)

Como já mencionamos, a saúde estará boa em 2020. Se eu fosse obrigado a emitir um parecer, diria que o início do ano será melhor que o fim, mas, no geral, o ano todo será bom para a saúde. Com a energia em alta, as condições preexistentes parecem estar em suspenso e tudo o que antes era considerado impossível agora parece factível.

A saúde é sempre importante para os nativos de Virgem — o signo trata exatamente dessa área. Até o dia 23 de março, porém, será menos importante que o habitual. O foco aumentará entre 23 de março e 1º de julho e a partir de 18 de dezembro, quando a Sexta Casa ganhará força.

Por mais que a saúde esteja boa, sempre é possível melhorá-la dando mais atenção a estas áreas, que serão as mais vulneráveis em 2020:

Intestino grosso. É sempre importante para os nativos de Virgem e os reflexos aparecem em seu mapa.

Tornozelos e panturrilhas. Também têm importância para os virginianos, pois Urano (o senhor dessas áreas) é o seu Planeta da Saúde. Portanto, massagens regulares nos tornozelos e nas panturrilhas deverão fazer parte da rotina normal de saúde. Além disso, sempre dê apoio aos tornozelos quando se exercitar.

Pescoço e garganta. Ganharam importância desde o ano passado e continuarão assim nos próximos anos. Massagens regulares no pescoço são bem-vindas, pois a tensão costuma se acumular nessa região e precisa ser liberada. A terapia craniossacral é excelente para o pescoço. Há pouco tempo ouvi falar de terapias que liberam o pescoço e a garganta pela manipulação do maxilar. Isso também seria bom.

Coluna, joelhos, dentes, pele e alinhamento do esqueleto. Vão ganhar importância entre 23 de março e 1º de julho e a partir de 18 de dezembro. Após esta última data, sua saúde se tornará fundamental pelos próximos dois anos e meio. Massagens regulares nas costas e nos joelhos são recomendadas, assim como visitas regulares ao quiropraxista ou osteopata. As vértebras vão precisar se manter alinhadas e manter a boa postura será importante. Terapias como a Técnica de Alexander, Feldenkrais ou Rolfing e exercícios como ioga e pilates são bons tanto para a coluna quanto para o alinhamento do esqueleto. Dê mais apoio aos joelhos quando se exercitar. Além disso, não deixe a higiene bucal de lado (os virginianos provavelmente não farão isso, mas é sempre bom lembrar).

Fígado e coxas. Só ganharão importância no fim do ano, a partir de 20 de dezembro, quando Júpiter (senhor dessas áreas) entrará na Sexta Casa. Eles também serão importantes pela maior parte de 2021. Portanto, as coxas deverão ser massageadas, o que não só vai fortalecê-las como também ajudará o fígado e a parte inferior das costas. Os reflexos no fígado estão em seu mapa. A alimentação também ganhará relevância. Será necessário ter uma boa saúde emocional.

LAR E FAMÍLIA

A Quarta Casa do Lar e da Família não estará forte este ano, pois ficará praticamente vazia. Apenas planetas de curto prazo vão passar por lá. Ela estava bem mais forte no ano passado e muitos de vocês se mudaram ou renovaram a casa em 2019. Este ano, vocês parecem mais ou menos satisfeitos com a situação atual e não precisarão fazer mudanças dramáticas, sendo basicamente um ano sem grandes mudanças nessa área.

Júpiter (o Planeta da Família) passará a maior parte do ano na Quinta Casa, o que transmite várias mensagens. Você está curtindo mais a família e ficará focado nos filhos ou nas figuras filiais em sua vida. Mulheres em idade fértil estarão mais férteis que o habitual, mas uma gravidez parece complicada. É provável que você esteja deixando o lar mais divertido, transformando-a em local de entretenimento. Você vai instalar sistemas de *home theather* e equipamentos esportivos, além de comprar mais brinquedos (adultos e infantis). Não será preciso sair de casa para se divertir.

Júpiter vai entrar na Sexta Casa (da Saúde e do Trabalho) no dia 20 de dezembro, indicando um esforço para deixar o lar e a família saudáveis. Você vai gastar para remover substâncias nocivas de tinta das paredes ou do terreno, além de comprar equipamentos de saúde e talvez de exercícios físicos para a sua residência, que será praticamente um consultório médico. Isso é natural para os nativos de Virgem. Você também vai trabalhar mais no ambiente doméstico, montando um escritório ou talvez uma empresa em casa, que será tanto espaço de trabalho quanto lar. Esta tendência vai continuar por boa parte de 2021.

Irmãos e figuras fraternas poderão se mudar mais para o fim do ano, mas não será uma empreitada tranquila. Haverá muitos atrasos. O casamento ou relacionamento atual deles será posto à prova, algo que começou em 2019 e continuará por vários anos. Eles também vão viver muita instabilidade social.

Um dos pais, figura paterna ou materna, vai trabalhar muito, mas terá um bom ano financeiro. Uma mudança de residência não será provável, embora não haja algo contra isso. O outro pai, mãe, figura paterna ou materna, vai fazer grandes mudanças financeiras este ano, mas a vida doméstica parece continuar a mesma.

Filhos ou figuras filiais em sua vida vão assumir mais responsabilidades e a prosperidade será forte no próximo ano. Eles parecem alternar entre comer demais e fazer dieta; poderão reformar a casa em 2020, mas uma mudança de casa será pouco provável.

Os netos (caso você os tenha) ou os que desempenham esse papel em sua vida parecem muito confusos e vão precisar de liberdade pessoal nesses dias. Eles vão viajar muito e talvez morar em lugares diferentes por longos períodos, mas uma mudança formal de residência não parece provável.

Se você estiver planejando grandes reformas em casa, o período entre 3 de janeiro e 16 de fevereiro será bom para isso. Caso esteja pensando em embelezar o lar, redecorando, pintando ou comprando objetos de arte, entre 21 de novembro e o fim do ano será um bom momento para isso.

DINHEIRO E CARREIRA

A área financeira não é um ponto de foco (uma Casa do Poder) há muitos anos, o que tem seu lado positivo e negativo. O lado bom mostra satisfação e contentamento com a situação atual. Não será preciso dar atenção especial a essa área, pois tudo acontecerá naturalmente. O lado negativo poderá ser a falta de atenção a uma área vital da vida. Caso surjam problemas financeiros, esta será a principal causa.

Mesmo assim, este ano deverá ser próspero. Em primeiro lugar, você terá pelo menos duas oportunidades de trabalho felizes em 2020 e, no próximo ano, as perspectivas profissionais parecem ainda melhores. Em segundo lugar, o Planeta das Finanças (Vênus) passará uma quantidade incomum de tempo (quatro vezes mais que o habitual) na Décima Casa (da Carreira), uma posição proeminente. O alto do mapa tende a ser mais poderoso que as outras áreas. Isso acontecerá entre 3 de abril e 7 de agosto e indica foco nas finanças, que será noventa por cento da batalha. Esta área ficará em alta na sua agenda e haverá aumento no poder de ganhar dinheiro. Além disso, aumento de ganhos (salário ou renda extra) poderá acontecer. A boa reputação profissional trará lucros inesperados e as figuras de autoridade em sua vida (pais, figura paterna ou materna, chefes e idosos) vão apoiar seus objetivos financeiros.

Como o Planeta das Finanças (Vênus) se moverá muito rapidamente, passando por 11 casas este ano, o dinheiro e as oportunidades financeiras poderão vir de muitas formas e por meio de pessoas diferentes. Não será apenas a sua natureza. Essas tendências de curto prazo serão abordadas com mais profundidade nos relatórios mensais.

Vênus como seu Planeta das Finanças mostra a importância dos contatos e das boas habilidades sociais na vida financeira. Talvez isso seja tão importante quanto suas habilidades profissionais. Em 2020, as habilidades sociais e a capacidade de obter a cooperação dos outros serão ainda mais importantes que o habitual. O setor social ocidental do seu mapa estará incrivelmente dominante. Mantenha o foco nos outros e a prosperidade virá naturalmente e sem muito esforço.

A carreira também não será um grande problema em 2020. Alguns anos são assim. O cosmos deseja um desenvolvimento completo e alguns anos enfatizam atividades diferentes. A Décima Casa estará vazia pela maior parte do ano, com apenas planetas rápidos passando por lá. Contudo, como já mencionamos, Vênus passará um longo tempo na Décima Casa, entre 3 de abril e 7 de agosto. Além dos benefícios financeiros já mencionados, isso indica viagens ao exterior relacionadas à carreira, além de oportunidades educacionais relacionadas à trajetória profissional (e você deverá aceitá-las). Mostra também sucesso para estudantes universitários e para quem deseja entrar na universidade. As questões jurídicas terão altos e baixos, mas terão um desfecho satisfatório, no fim das contas.

No dia 30 de novembro, um eclipse lunar ocorrerá na Décima Casa, trazendo mudanças e correções de rumo na carreira. Poderá haver mudanças na administração de sua empresa ou em seu ramo de trabalho. Talvez o governo mude normas e regulamentos que afetem a sua profissão. As regras do jogo vão mudar.

Seu Planeta da Carreira (Mercúrio) é o mais rápido de todos, junto com a Lua. Durante o ano ele passa por todo o seu mapa, trazendo oportunidades profissionais de muitas formas e por meio de várias pessoas. É assim que essa área vai funcionar para você, que experimentará grande flexibilidade em sua trajetória profissional. Essas tendências de curto prazo serão abordadas com mais profundidade nos relatórios mensais.

AMOR E VIDA SOCIAL

O amor tem sido importante há vários anos. A Sétima Casa está forte e continuará assim por muito tempo. Em 2020, o amor e a vida social parecem ainda mais fortes do que antes. O setor social ocidental do seu mapa, a área voltada para os outros, estará incrivelmente dominante este ano, fazendo você se concentrar mais naqueles ao seu redor. O traquejo social estará mais evidente e você provavelmente será mais popular que o habitual.

Apesar disso, as tendências amorosas continuam basicamente as mesmas. Isso vem acontecendo há muitos anos e já escrevemos sobre elas.

Você é idealista no amor e sempre está procurando o par ideal. Você gosta de perfeição em tudo, especialmente no romance, e nesses dias será assim mais do que nunca. Seus padrões para o amor são muito altos e, em muitos casos, nenhum mortal poderá atendê-los. Isso produz uma sensação sutil de decepção até nos melhores relacionamentos. Eles podem ser bons, mas não perfeitos como você deseja.

Para um virginiano é sempre útil entender que a perfeição é um processo que raramente acontece do nada, é algo que criamos ou permitimos que se manifeste. Desde que haja um progresso constante e o relacionamento esteja melhor hoje do que no passado, estamos no caminho para a perfeição, mas ainda não chegamos lá.

Como nossos leitores assíduos já sabem, Mercúrio é o mais espiritual dos planetas. Ele é tanto o senhor quanto ocupante da Sétima Casa, uma posição muito poderosa. O poder espiritual estará muito forte nesses dias, especialmente no amor e na vida social, então se você buscar o amor em casas noturnas e bares, provavelmente vai perder tempo. Será possível encontrar sexo nesses lugares, mas não amor. Para encontrá-lo você deve frequentar eventos de caridade ou espirituais, como seminários, cursos de meditação, encontros de oração, estúdios de ioga, eventos beneficentes ou que envolvam causas altruístas.

Você precisará de uma pessoa espiritualizada no amor: ministros, místicos, canais espirituais, videntes e similares, embora também possa se atrair por tipos artísticos, como poetas, músicos, dançarinos, cineastas ou pessoas envolvidas na indústria do cinema.

Talvez o principal perigo no amor (e isso também vem acontecendo há muitos anos) é a tendência a idealizar demais o parceiro, colocando essa figura em um pedestal tão alto que ninguém poderá alcançá-lo. E quando o parceiro se mostra humano, acontece a decepção.

A vida amorosa vai brilhar entre 3 de fevereiro e 3 de março (com algumas reviravoltas, pois Mercúrio ficará retrógrado nesse período); entre 16 de março e 11 de abril e de 29 de março a 4 de agosto (também haverá reviravoltas nesse período, pois Mercúrio se mostrará retrógrado novamente); de 27 de setembro a 28 de outubro (mais uma vez Mercúrio retrógrado complica tudo) e entre 11 de novembro e 1º de dezembro.

A Quinta Casa, muito forte o ano inteiro, mostrará oportunidades para casos amorosos e relacionamentos divertidos, mas não é provável que eles acabem em casamento.

Haverá muita turbulência nas amizades, conforme já mencionamos. Quatro eclipses lunares afetam esta área e dois deles ocorrerão na Décima Primeira Casa (a dos Amigos), então amizades serão postas à prova e os amigos viverão muitos momentos dramáticos em 2020.

AUTOAPRIMORAMENTO

O virginiano não é conhecido pela espiritualidade. Pensamos neles como intelectuais, médicos, curadores, programadores, engenheiros e pessoas produtivas, mas há uma profunda espiritualidade nos nativos de Virgem — é dela que se originam todos os seus atributos. Lembre-se de que o senhor da Décima Segunda Casa (o Sol) está em Virgem, portanto os nativos deste signo só expressam a espiritualidade servindo aos outros e por meio da saúde. Um dos talentos ocultos do virginiano, raramente mencionado em textos astrológicos, é o poder sobre o corpo. Eles têm uma capacidade inata de trabalhar o corpo por meios espirituais. Esse conhecimento é inato, mas tende a se manifestar somente com o tempo.

Por ter o Sol como Planeta Espiritual, os nativos de Virgem se sentem confortáveis com religiões orientadas pelo sol, como cristianismo, judaísmo e krishna yoga.

A espiritualidade vem se manifestando no amor e na vida social há muitos anos. Conforme mencionamos anteriormente, a vida amorosa está ficando mais refinada e espiritualizada. As formas sensuais e comuns de romance estão perdendo o apelo, pois o virginiano quer algo mais. Nesse período, Virgem quer um relacionamento que gere crescimento espiritual e o faça avançar nessa área. Antes, você talvez olhasse a aparência, o magnetismo sexual ou as finanças do parceiro; agora, prestará atenção no desenvolvimento espiritual (essas outras áreas ainda podem ser importantes, mas o desenvolvimento e a compatibilidade espiritual será o principal). Este será o fator de atração.

Há algo ainda mais profundo acontecendo. Escrevemos sobre isso nos relatórios anteriores, mas a tendência continua em vigor com força. Você está sendo levado gradativamente ao amor espiritual. Muitas pessoas confundem isso com o amor romântico, o amor por uma pessoa ou um objeto específico, mas o amor espiritual é mais amplo do que isso. Os antigos o chamavam de Ágape, o amor incondicional, com ou sem um alvo específico — apenas a força cósmica do amor fluindo por corpo, mente e emoções. Com o amor espiritual não se busca o amor de fora, somos apenas um canal para que a força do sentimento flua através de nós. A pessoa canaliza o amor para o mundo em vez de tirá-lo dele. Nem todos vão devolver esse amor, mas pode ter certeza que esse sentimento vai voltar para você. Isso acontecerá independentemente de estar em um relacionamento ou não, fazendo com que se sinta sempre amado. Em um relacionamento haverá certos prazeres; fora de um relacionamento, haverá outros. De qualquer modo, você se sentirá amado e estará feliz, não importa a situação. Este é o verdadeiro Amor Ideal que você procura. Os humanos só podem amar com limitações, mas o Divino ama sem limites.

PREVISÕES MENSAIS

JANEIRO

Melhores dias: 5, 6, 14, 22, 23
Dias mais tensos: 1º, 7, 8, 20, 21, 27, 28
Melhores dias para o amor: 1º, 9, 10, 13, 14, 18, 19, 27, 28
Melhores dias para o dinheiro: 5, 6, 13, 14, 16, 18, 19, 22, 23, 27, 28
Melhores dias para a carreira: 5, 6, 7, 8, 14, 15, 25, 26

Um mês "pé no chão" para uma pessoa que gosta de ser assim. Será um período muito confortável. O progresso acontecerá tranquilamente: depois do dia 11, Todos os planetas vão se mover para a frente. A saúde e a energia estarão em alta e a vida será bela.

Nem o eclipse lunar do dia 10 vai ofuscar a maravilha que será este mês, servindo apenas para acrescentar um pouco de tempero e empolgação à vida. O excesso de tranquilidade deixa a vida entediante. Na verdade, você poderá descobrir que os transtornos e as mudanças que ele traz serão bons para remover barreiras e abrir portas.

Para o astrólogo, o fato de os meses serem complicados e as pessoas enfrentarem desafios não tem importância. Todo mundo enfrenta desafios, todos os meses podem ser complicados. Para o astrólogo, só existe uma questão: O que é mais forte? A harmonia é mais forte que o desafio ou vice-versa? No seu caso, a harmonia será muito mais forte.

O eclipse lunar do dia 10 ocorrerá na Décima Primeira Casa (a dos Amigos) e também afetará o senhor desta mesma casa, trazendo a seguinte mensagem: amizades serão postas à prova. As que são fracas podem não resistir, mas as boas permanecerão. Provavelmente, haverá eventos dramáticos do tipo divisor de águas na vida dos amigos, o que vai acontecer por todo o ano. Além disso, os pais, figuras paternas ou maternas, precisarão fazer correções de rumo nas finanças: os eventos do eclipse mostram que seu pensamento financeiro não vai bem. Filhos e figuras filiais em sua vida terão o casamento e relacionamento postos à prova (se tiverem a idade adequada). Os computadores e equipamentos de alta tecnologia provavelmente ficarão erráticos neste período, às vezes exigindo reparos ou substituições. Por isso, será uma boa ideia fazer cópias de segurança regulares de arquivos importantes e manter atualizados os antivírus e programas contra hackers.

As finanças serão boas este mês. Até o dia 13 os ganhos serão à moda antiga, por meio do trabalho e serviço produtivo. Após esse dia os lucros serão muito mais altos. Vênus (o Planeta das Finanças) entrará em Peixes, sua posição mais alta e poderosa, indicando aumento no poder de ganhar dinheiro, boa intuição financeira e abordagem espiritual para a riqueza. Você estará mais generoso neste período. As conexões sociais são sempre importantes quando se trata de finanças, mas serão ainda mais após o dia 13. Observe os sonhos nos dias 26 e 27, pois eles serão importantes para as finanças.

FEVEREIRO

Melhores dias: 1º, 2, 10, 11, 18, 19, 20, 28, 29
Dias mais tensos: 3, 4, 5, 16, 17, 23, 24, 25
Melhores dias para o amor: 6, 7, 8, 14. 15. 16, 17, 23, 24, 25, 26, 27
Melhores dias para o dinheiro: 1º, 2, 7, 8, 10, 11, 12, 13, 16, 17, 19, 20, 26, 27, 28, 29
Melhores dias para a carreira: 3, 4, 5, 6, 7, 14, 15, 23, 24, 25

O setor social ocidental do seu mapa conterá todos os planetas (com exceção da Lua entre os dias 3 e 15), o que é altamente incomum. Até o senhor do seu horóscopo (Mercúrio) passará o mês inteiro no Oeste e a maior parte dele na Sétima Casa (a do Amor). Esta Sétima Casa estará anormalmente forte, enquanto a Primeira Casa ficará vazia (com apenas a Lua passando por lá nos dias 10 e 11). A mensagem é clara: este será um mês social, que dirá respeito aos outros e não a você. O seu bem virá por meio das graças das pessoas e não pela sua visão ou iniciativa, e você ficará confortável com isto. Além disso, você será muito popular. Até Mercúrio retrógrado no dia 17 se encaixa nessa situação. Ele pode enfraquecer a autoconfiança e autoestima, mas você não vai precisar muito delas neste mês. Deixe que os outros ajam do jeito deles (e você parece fazer isso), desde que não seja destrutivo.

Há duas casas igualmente poderosas em seu mapa este mês: a Quinta Casa (da Diversão, Criatividade e Infância) e a Sétima Casa (a do Amor). Então o mês dirá respeito a essas áreas. O poder na Sexta Casa até o dia 19 também poderá se somar a isso: o virginiano ama trabalhar e encontra realização no que faz, então você vai se divertir este mês. Os solteiros terão muitas oportunidades românticas. Após o dia 17, o problema será quem escolher.

Cuidar da saúde não será tão fácil quanto o habitual até o dia 19, mas no geral ela estará excelente. Este será um contratempo de curto prazo, nada com que se preocupar. Contudo, descansar mais e melhorar a saúde das formas citadas no relatório anual poderá ajudar.

As finanças parecem boas e fluirão com mais facilidade até o dia 7. Os ganhos também vão acontecer depois disso, embora exijam mais trabalho. Acredite em sua intuição financeira até o dia 7, aplicando as leis espirituais da riqueza. Após esse dia, será preciso agir; Vênus estará na Oitava Casa, portanto será um bom período para a desintoxicação financeira. Você vai prosperar reduzindo desperdícios e despesas desnecessárias (jamais corte o essencial, apenas o supérfluo). Será bom se livrar de objetos dos quais você não precisa ou não usa, pois eles ocupam espaço e entopem as artérias da fartura. Até nas finanças os outros virão em primeiro lugar. Você não vai ignorar os seus interesses financeiros, mas dará preferência ao interesse alheio nessa área. Será um ótimo período para pagar ou fazer dívidas, dependendo da necessidade. Se você tiver boas ideias, esse será o momento para atrair investidores aos seus projetos.

MARÇO

Melhores dias: 1º, 8, 9, 17, 18, 27, 28
Dias mais tensos: 2, 3, 14, 15, 22, 23, 29, 30
Melhores dias para o amor: 4, 5, 8, 12, 13, 17, 18, 22, 23, 27, 28
Melhores dias para o dinheiro: 1º, 8, 9, 10, 11, 17, 18, 27, 28
Melhores dias para a carreira: 2, 3, 10, 11, 22, 23, 29, 30

O ímpeto planetário estará intensamente avançado este mês. Mercúrio será o único planeta em movimento retrógrado e isso acabará no dia 10, entao o mundo se moverá rapidamente à frente. Em termos pessoais, haverá progresso rápido em seus objetivos.

Você ainda estará em um ápice amoroso e social até o dia 20 e a popularidade pessoal continua bem forte. O problema no amor será basicamente você, que não tem certeza nem direção e se afasta do sentimento. Isso mudará após o dia 10, quando a confiança social e o pensamento ganharão clareza.

Nos dias 7 e 8, quando o Sol e Netuno viajam juntos, haverá uma oportunidade romântica com uma pessoa espiritualizada, que poderá ser uma figura do tipo guru ou alguém que esteja aconselhando você em relação ao amor. Em geral, será um momento muito espiritual. Observe a vida onírica. Além disso, haverá experiências sobrenaturais. As suas habilidades extrassensoriais estarão muito mais fortes que o habitual.

Dois planetas poderosos entrarão na Sexta Casa este mês: Saturno no dia 23 e Marte no dia 31, mostrando que a saúde precisará mudar.

Coluna, joelhos, dentes e alinhamento do esqueleto ganham importância o mês inteiro, enquanto exercícios físicos e massagem no couro cabeludo serão importantes a partir do dia 31. A saúde voltará ao normal a partir do dia 20. A entrada desses planetas na Sexta Casa também indica novas oportunidades ou ofertas de trabalho.

O Planeta das Finanças (Vênus) está em Áries desde 7 de fevereiro, então você se tornará ainda mais especulativo e assumirá mais riscos nas finanças, talvez gastando muito e impulsivamente; no dia 5 deste mês, porém, Vênus entrará em Touro, um signo conservador, e o julgamento financeiro melhorará. Vênus viajará com Urano entre os dias 6 e 9, enviando várias mensagens. Dinheiro súbito e inesperado pode surgir e, às vezes, isso também indica uma despesa inesperada. Além disso, é provável que apareça uma oportunidade de trabalho. A partir do dia 9, a prosperidade acontecerá com facilidade. Vênus vai passar o resto do mês na benéfica Nona Casa.

Mercúrio (o senhor do seu horóscopo) voltará para a Sétima Casa (a do Amor) no dia 16, indicando popularidade. Você estará totalmente concentrado nos outros, fazendo de tudo por seus amigos ou seu interesse amoroso atual — e eles vão perceber isso.

Júpiter viajará com Plutão o mês inteiro, indicando que irmãos ou figuras fraternas em sua vida terão um excelente mês financeiro. Também será bom para estudantes abaixo do nível universitário, que parecem ter sucesso nessa área.

ABRIL

Melhores dias: 5, 6, 13, 14, 23, 24
Dias mais tensos: 11, 12, 18, 19, 25, 26
Melhores dias para o amor: 1º, 2, 7, 8, 9, 10, 15, 16, 17, 18, 19, 25, 26, 28, 29
Melhores dias para o dinheiro: 6, 7, 8, 14, 15, 16, 17, 24, 2526
Melhores dias para a carreira: 1º, 2, 10, 11, 20, 21, 25, 26, 30

O ímpeto planetário continua seguindo em frente, mas no fim do mês, no dia 15, Plutão começará a ficar retrógrado. Como ele rege a Terceira Casa da Comunicação, você precisará ter mais cuidado no intercâmbio de informações, o que deverá acontecer por vários meses. Verifique se os outros receberam sua mensagem como você pretendeu mandá-la e vice-versa. Um pouco de cuidado no começo pode evitar muitas dores de cabeça depois.

Júpiter e Plutão continuam viajando juntos neste mês, o que pode indicar um novo carro ou equipamento de comunicação (tente fazer esta compra antes do dia 25). Abril também continuará muito bom para estudantes abaixo do nível universitário, conforme mencionamos no mês passado. Será um bom trânsito para professores, escritores, publicitários e relações públicas. Comprar e vender — isto é, fazer comércio — também parece lucrativo.

A vida financeira estará interessante neste mês. No dia 3, Vênus (o Planeta das Finanças) entrará em Gêmeos (a Décima Casa), o que será bom para professores, escritores, publicitários, relações públicas e comerciantes. Isso também traz outras mensagens. O planeta Vênus estará fortemente situado no alto do mapa, uma posição poderosa, que pode trazer aumentos de renda (salário ou ganhos extras) e as graças financeiras de chefes, idosos, pais, figuras paternas ou maternas. Até o governo parece ajudar suas finanças. Os ganhos poderão vir da boa reputação profissional. Vênus ficará "fora dos limites" a partir do dia 3, significando que não haverá respostas para as questões financeiras em seu círculo normal, será preciso sair dele. As pessoas do dinheiro em sua vida também estarão fora do ambiente habitual.

Mercúrio viajará com Netuno (o Planeta do Amor) nos dias 3 e 4. Para os solteiros, isso trará um encontro romântico, que pode ser com uma pessoa espiritualizada em um ambiente espiritual. Para quem já estiver em um relacionamento, pode indicar uma proximidade com o ser amado. Será um período altamente romântico.

Mercúrio, o senhor do seu horóscopo, terá um solstício entre os dias 14 e 16, no qual fará uma pausa no céu e depois mudará de direção (em latitude). Portanto, será provável que aconteça uma parada em seus negócios, seguida por uma mudança de rumo. Isto será bom, como uma pausa refrescante. É como se Mercúrio estivesse respirando fundo antes de se mover novamente.

O Sol viajará com Urano (o Planeta da Saúde) entre os dias 24 e 27, mostrando que você se beneficiará de curas espirituais. A saúde estará boa, mas você terá uma nova percepção nessa área.

MAIO

Melhores dias: 2, 3, 10, 11, 20, 21, 29, 30
Dias mais tensos: 8, 9, 15, 16, 23, 24
Melhores dias para o amor: 4, 5, 6, 7, 13, 14, 15, 16, 23, 24, 25, 26
Melhores dias para o dinheiro: 3, 4, 5, 12, 13, 14, 22, 23, 24
Melhores dias para a carreira: 2, 3, 12, 13, 23, 24

O lado superior e diurno do seu horóscopo vem ficando cada vez mais forte desde 19 de fevereiro. Neste mês, especialmente após o dia 13 (quando Marte passa da metade inferior para a superior do mapa) ele estará dominante, mudando o foco para os assuntos externos. Além disso, lembre-se de que a Décima Casa ficará bem forte a partir do dia 20, enviando outra mensagem para se concentrar na carreira e deixar as questões familiares de lado por um tempo (este momento será bem interessante, pois seu Planeta da Família, Júpiter, começará a ficar retrógrado no dia 14, pouco antes da Décima Casa ganhar força). Este mês será de muito sucesso.

A única complicação em maio será o aumento na atividade retrógrada. Embora esteja longe do máximo que pode atingir no ano, quarenta por cento dos planetas ficarão retrógrados a partir do dia 14, o que é uma porcentagem alta. O ritmo da vida vai desacelerar em comparação com os últimos meses. Haverá mais problemas e adiamentos para resolver.

As finanças também ficam mais complicadas neste mês. O Planeta das Finanças (Vênus) continuará "fora dos limites" o mês inteiro. No dia 13 ele ficará retrógrado, então tente fazer compras ou investimentos importantes antes do dia 13. Depois disso, preste atenção nas finanças. Você estará em um período bom para ganhar mais clareza nessa área, mas o quadro financeiro não será como você imaginava.

Vênus "fora dos limites" indica que você continuará em território financeiro desconhecido e o movimento retrógrado dele mostra a necessidade de mais fatos e clareza. Quando surge o desconhecido, sempre é bom ter cautela.

Tudo está desacelerando no mundo, mas você parece se mover rapidamente. Mercúrio também está a todo vapor este mês. Até o dia 12 ele estará em sua Nona Casa, indicando viagens ao exterior. Entre os dias

12 e 29 ele estará na Décima Casa (a da Carreira), mostrando sucesso e elevação pessoal. Você estará no topo do mundo e será admirado e reconhecido tanto pelas habilidades profissionais como pela pessoa que é. No dia 20, quando o Sol entra na Casa da Carreira, você avançará ainda mais na área profissional por meio de atividades voluntárias e de caridade. Poderá ser igualmente reconhecido pelas conquistas espirituais, pessoais e profissionais.

Mercúrio também estará "fora dos limites" a partir do dia 17. Então você estará fora de sua esfera em termos financeiros e também pessoais. Talvez as responsabilidades profissionais enviem você para lugares desconhecidos.

JUNHO

Melhores dias: 7, 8, 16, 17, 18, 26, 27
Dias mais tensos: 5, 6, 11, 12, 13, 19, 20, 30
Melhores dias para o amor: 1º, 3, 4, 9, 10, 11, 12, 13, 19, 20, 21, 22, 28, 29
Melhores dias para o dinheiro: 1º, 8, 9, 10, 18, 19, 20, 27
Melhores dias para a carreira: 3, 4, 11, 12, 19, 20, 21, 22

A saúde exige mais cuidados desde o dia 20 de maio e continuará assim até o dia 21 deste mês. Um eclipse lunar no dia 2 também afetará essa área, entao descansar bastante será fundamental. Faça uma agenda mais tranquila até o dia 22, particularmente durante o eclipse. A saúde começará a melhorar após este dia, principalmente depois do dia 28. Cuide da saúde seguindo as sugestões do relatório anual.

O eclipse lunar do dia 5 ocorrerá na Quarta Casa, talvez levando a momentos dramáticos na vida de parentes, especialmente um dos pais, figura paterna ou materna. Reparos talvez sejam necessários em casa e os ânimos podem estar exaltados no lar, então seja mais paciente com a família. Mais uma vez, amizades, computadores e equipamentos de alta tecnologia serão postos à prova, sendo que os equipamentos tecnológicos em casa parecerão especialmente vulneráveis. Novamente, haverá abalos nas organizações profissionais e de ofício com as quais você está envolvido. Chefes, pais, figuras paternas ou maternas, além de você e o cônjuge, parceiro ou interesse amoroso atual, farão importantes mudanças financeiras. Viagens ao exterior não serão uma boa ideia durante o eclipse; se você precisar viajar, evite este período. Os estudantes de nível universitário viverão abalos na escola e nos planos educacionais.

O eclipse solar do dia 21 será benigno para você, mas é bom ter uma agenda mais tranquila mesmo assim. O eclipse acontecerá na Décima Segunda Casa (a dos Amigos), submetendo as amizades a mais provas: haverá momentos dramáticos na vida dos amigos. O mesmo acontecerá com as organizações profissionais e de ofício e, desta vez, também nas organizações espirituais e de caridade com as quais você está envolvido. Haverá ainda mudanças em práticas, ensinamentos, mestres e atitudes espirituais, além de momentos dramáticos na vida de pessoas que fazem papel de guru em sua vida.

Você continuará em um ápice profissional anual até o dia 21 e terá sucesso nessa área, apesar dos eclipses.

O Planeta das Finanças (Vênus) será afetado pelo eclipse lunar do dia 5, indicando mudanças na área financeira. Você deverá prestar mais atenção nessa área até o dia 25. Depois disso, Vênus voltará a se mover para a frente, trazendo clareza e confiança nessa área. Além disso, Vênus voltará "aos limites" a partir do dia 2, deixando você em território mais seguro (e conhecido).

Nesse mês, a atividade retrógrada chegará ao máximo. Entre os dias 23 e 26, sessenta por cento dos planetas ficarão retrógrados. Após o dia 25, serão cinquenta por cento dos planetas, então tenha paciência porque a vida vai desacelerar.

JULHO

Melhores dias: 4, 5,14, 15, 23, 24, 31
Dias mais tensos: 2, 3, 9, 10, 16, 17, 29, 30
Melhores dias para o amor: 1º, 6, 7, 8, 9, 10, 16, 17, 19, 20, 25, 26, 27, 28
Melhores dias para o dinheiro: 4, 5, 6, 7, 8, 14, 15, 16, 17, 23, 24, 25, 26, 31
Melhores dias para a carreira: 1º, 9, 10, 16, 17, 19, 20, 27, 28

Outro eclipse lunar (o terceiro este ano) acontecerá no dia 5, abalando organizações profissionais e amizades, além de levar equipamentos de alta tecnologia a se comportarem de modo errático. Este eclipse ocorrerá na Quinta Casa (da Diversão, Criatividade e Infância). Filhos e figuras filiais em sua vida serão afetados, então será melhor que sigam uma agenda mais tranquila nesse período. Se estiverem envolvidos em um relacionamento amoroso, ele será posto à prova. Se forem jovens demais para isso, haverá instabilidade social. Mais uma vez os pais, figuras paternas e maternas (e talvez chefes) precisarão fazer mudanças financeiras importantes. O pensamento financeiro não anda realista e será necessário fazer correções de rumo. Este eclipse afetará levemente outros três planetas (Mercúrio, Júpiter e Marte), levando a momentos dramáticos na carreira e vida pessoal, além de ajustes na imagem e na aparência. O cônjuge, parceiro ou interesse amoroso atual também fará algumas mudanças financeiras. Poderá haver momentos dramáticos em casa e com a família, mas não parece algo sério. Como Marte será levemente afetado, talvez aconteçam sonhos ou encontros com a morte, no geral em nível psicológico. Será uma boa ideia evitar atividades estressantes durante o eclipse.

As finanças pessoais parecem muito fortes agora. Vênus continuará no alto do mapa e se movendo para a frente. Ele ficará forte em seu nome, mostrando um mês próspero. O Planeta das Finanças em Gêmeos continuará favorecendo professores, escritores, palestrantes, publicitários, relações públicas e comerciantes. Os ricos e poderosos de sua vida estão interessados em seus objetivos financeiros. A boa reputação profissional trará ganhos extras para você. Mas, talvez, o mais importante seja o foco preciso nas finanças, que serão a prioridade máxima nesse período. Pela lei espiritual, nós conseguimos tudo aquilo em que nos concentramos.

A atividade retrógrada vai diminuir levemente este mês. Até o dia 12, cinquenta por cento dos planetas estarão retrógrados e após esse dia, quarenta por cento. Embora tudo esteja um pouco mais fácil este mês, ainda são números altos. Como não há nada muito importante acontecendo no mundo, você poderá se concentrar mais na prática espiritual, que ganha importância a partir do dia 22. O mundo pode parecer empacado, mas isso jamais se aplicará ao espírito.

Este será um bom mês para o amor. Netuno (o Planeta do Amor) receberá aspectos muito bons, mas estará retrógrado. Você terá oportunidades, mas vá devagar.

AGOSTO

Melhores dias: 1º, 2, 10, 11, 19, 20, 28, 29
Dias mais tensos: 5, 6, 13, 14, 25, 26, 27
Melhores dias para o amor: 3, 4, 5, 6, 15, 16, 23, 24
Melhores dias para o dinheiro: 2, 8, 11, 17, 18, 20, 21, 22, 28, 29
Melhores dias para a carreira: 8, 13, 14, 17, 18, 28, 29

A atividade retrógrada aumentará novamente este mês. Após o dia 15, cinquenta por cento dos planetas ficarão retrógrados. Antes disso, serão quarenta por cento, então continue a se concentrar na vida espiritual até o dia 22 e no seu corpo e imagem depois disso. Você poderá fazer isso tranquilamente, pois não há muito acontecendo no mundo.

Este ano não está particularmente favorável à independência pessoal. O setor oriental do "eu" nunca ficou mais forte que o setor social ocidental. O ano de 2020 será um período para se concentrar nos outros e nas necessidades alheias. Você precisava cair nas graças das pessoas para fazer tudo, mas agora os planetas rápidos estão se movendo para a posição máxima no oriente. Isso é o mais forte que o Leste ficará neste ano. O setor social continuará em foco, mas você terá um pouquinho mais de independência nesses dias.

Este mês parece feliz. Saturno voltou para a Quinta Casa no dia 2 de julho. A Quinta Casa (da Diversão, Criatividade e Infância) será a mais forte do horóscopo. Além disso, o Sol entrará em seu signo no dia 22 (Mercúrio fará o mesmo no dia 20), completando a receita para um mês divertido. Com todos esses movimentos retrógrados acontecendo, a diversão pode ser uma boa ideia. A saúde estará excelente neste mês, pois apenas um planeta lento (Netuno) estará em alinhamento tenso com você (a Lua formará aspectos tensos ocasionais de curta duração). Além disso, a partir do dia 20 teremos um Grande Trígono de Terra, seu elemento nativo, que deixará você muito confortável. A criatividade pessoal estará excelente e você assumirá uma abordagem despreocupada em relação à vida. O Sol em seu signo será ótimo para sua aparência, dando-lhe um glamour extraordinário. Você terá a capacidade de moldar o corpo por meios espirituais. Mercúrio em seu signo também vai melhorar sua aparência através de uma aura de sucesso. As pessoas verão você dessa forma.

Vênus passou mais de quatro meses na Décima Casa (a da Carreira). No dia 7 ele entrará na Décima Primeira Casa. Embora a intuição financeira esteja boa e você tenha a cooperação financeira do cônjuge, parceiro ou interesse amoroso atual, haverá mais desafios neste mês. Será preciso trabalhar mais arduamente que o normal para ganhar dinheiro, e a área financeira não parecem ser o foco principal como nos meses anteriores. Se você se esforçar e trabalhar mais, vai prosperar. A pergunta é: você tem interesse nisso?

SETEMBRO

Melhores dias: 6, 7, 8, 16, 17, 24, 25
Dias mais tensos: 1º, 2, 3, 9, 10, 22, 23, 29, 30
Melhores dias para o amor: 1º, 2, 3, 11, 12, 13, 14, 20, 21, 22, 23, 29, 30
Melhores dias para o dinheiro: 2, 3, 6, 7, 13, 14, 16, 17, 18, 19, 22, 23, 24, 25
Melhores dias para a carreira: 9, 10, 18, 19, 26, 27

A atividade retrógrada mais uma vez chegará ao ápice para 2020. Entre os dias 9 e 12, sessenta por cento dos planetas estarão retrógrados, igualando o ápice de junho. Antes e depois desse período, cinquenta por cento dos planetas ficam retrógrados. Então o ritmo da vida desacelera, mas o que é importante está avançando para você. Mercúrio está se movendo rapidamente neste mês, indicando que você também está seguindo em frente e com a confiança necessária para isso. A carreira e as finanças representam outro ponto de progresso. O Planeta das Finanças (Vênus) está acelerando, então os ganhos não parecem afetados pelos movimentos retrógrados.

Você ainda estará no meio de um dos seus ápices de prazer pessoal anual até o dia 22. A aparência pessoal vai brilhar e você terá grande capacidade de moldar o corpo por meios espirituais, ainda mais que o habitual.

O poder planetário mudou do lado superior diurno para o lado inferior noturno do seu mapa no mês passado, então é hora de se concentrar mais no lar, na família e no bem-estar emocional, e construir a infraestrutura psicológica que servirá de base para o futuro sucesso profissional. O momento será muito bom para isso. O Planeta da Família (Júpiter) vai se mover para a frente no dia 13, trazendo clareza no lar e na família, além de ações sólidas de sua parte.

Ainda teremos um Grande Trígono de Terra até o dia 22, o que é excelente para a saúde. Por ser de um signo de Terra, você ficará muito confortável com isso. E suas decisões administrativas e habilidades empresariais, que sempre são boas, estarão ainda mais fortes. A vida espiritual também brilhará e a percepção extrassensorial e a intuição vão funcionar bem.

No dia 22 o Sol entrará na Casa do Dinheiro e você começará um ápice financeiro anual, mudando o foco para a área financeira. O Planeta das Finanças entrará na Décima Segunda Casa (a Espiritual) no dia 6, o que também aumentará os ganhos. Vênus se afastará do aspecto tenso com três planetas lentos e começará a receber aspectos mais positivos. Este mês você vai aprender que o espírito deseja a sua prosperidade e está preocupadíssimo com ela. O Planeta Espiritual (o Sol) e o Planeta das Finanças (Vênus) serão hóspedes na casa um do outro, no que se chama "recepção mútua", mostrando grande cooperação entre as finanças e a espiritualidade. O foco nos objetos materiais costuma ser uma distração para a prática espiritual, mas os dois trabalharão juntos neste período. Você achará fácil aplicar as leis espirituais da riqueza e certamente vivenciará "dinheiro milagroso" neste período (o dinheiro natural também virá, mas o milagroso será mais divertido).

O amor vai melhorar após o dia 5 e mais ainda depois do dia 22.

OUTUBRO

Melhores dias: 4, 5, 13, 14, 21, 23, 31
Dias mais tensos: 6, 7, 19, 20, 26, 27
Melhores dias para o amor: 3, 9, 10, 17, 18, 21, 22, 26, 27
Melhores dias para o dinheiro: 3, 4, 5, 13, 14, 15, 16, 21, 22, 23, 31
Melhores dias para a carreira: 6, 7, 9, 10, 17, 18, 26

Este mês será muito próspero. Você ainda está no meio de um ápice financeiro anual até o dia 23. E mais importante: Vênus, seu Planeta das Finanças, entrará no seu signo no dia 2 e ficará lá até o dia 28. Esse tipo de trânsito já traz prosperidade, mas desta vez os benefícios de Vênus serão mais fortes que o habitual. Ele faz parte do Grande Trígono de Terra, uma configuração muito afortunada. Você terá sorte inesperada nas finanças, ainda mais que o habitual. Roupas e acessórios também surgirão. Seu armário estará repleto de peças caras e estilosas que lhe darão um ar de luxuosidade e riqueza (este será um bom período para comprar esses produtos, especialmente antes do dia 14). As oportunidades financeiras virão até você sem muito esforço. O julgamento financeiro estará sólido e conservador. Haverá também oportunidades para viagens ao exterior. Além disso, as pessoas do dinheiro em sua vida estarão dedicadas a você. No dia 23, Vênus entrará na Casa do Dinheiro, onde também será muito forte (por estar em seu próprio signo e casa, ele ficará ainda mais poderoso para você). A Lua Nova do dia 16 também ocorrerá na Casa do Dinheiro, indicando um dia poderoso para as finanças, com efeitos que vão durar até a próxima Lua Nova, e que lhe ajudarão a resolver questões econômicas. Tudo o que você precisa saber para tomar uma boa decisão virá até você muito naturalmente.

A saúde estará boa neste mês. Haverá apenas um planeta lento em alinhamento tenso (e a Lua às vezes formará breves aspectos discordantes), mas isso não será o bastante para causar problemas. A maioria dos planetas está apoiando ou deixando você em paz. A aparência pessoal estará melhor que o habitual. Vênus em seu signo não só traz dinheiro como uma boa noção de estilo e beleza.

O amor vai melhorar em relação ao mês anterior, mas o Planeta do Amor (Netuno) continuará retrógrado, então deixe a relação se desenvolver de modo natural. Netuno retrógrado não impede que o amor aconteça, mas gera adiamentos, problemas e indecisões.

Mercúrio (o senhor do seu mapa) ficará retrógrado no dia 14, então a autoconfiança e autoestima não estão como deveriam. Isso também desacelera a carreira, que já anda devagar. O poder estará no lado inferior e noturno do seu mapa.

O movimento retrógrado continuará forte, embora menos que em setembro. Ele está diminuindo gradualmente a cada mês.

NOVEMBRO

Melhores dias: 1º, 10, 18, 19, 27, 28

Dias mais tensos: 2, 3, 4, 16, 22, 23, 30

Melhores dias para o amor: 2, 3, 5, 6, 12, 14, 15, 21, 22, 23

Melhores dias para o dinheiro: 2, 3, 11, 12, 19, 21, 22
Melhores dias para a carreira: 2, 3, 4, 13, 14, 22, 23, 30

Júpiter e Plutão estão viajando juntos mais uma vez, trazendo prosperidade para a família como um todo, especialmente para um dos pais, figura paterna ou materna. Uma mudança de residência ou renovação em casa também poderá acontecer (embora pareça complicada) e o círculo familiar vai se expandir.

Vênus (o Planeta das Finanças) estará na Casa do Dinheiro até o dia 21, uma posição poderosa. Os ganhos serão altos, mas você precisará trabalhar mais arduamente por eles. Haverá mais obstáculos a enfrentar.

A atividade retrógrada praticamente desaparecerá neste mês. Após o dia 14, oitenta por cento dos planetas vão se mover para a frente. Após o dia 29, eles serão noventa por cento, então o ritmo da vida vai acelerar e você fará progressos mais rápidos em seus objetivos.

Mercúrio vai se mover para a frente no dia 3, restaurando o senso de direção e autoconfiança. As questões profissionais também ganham clareza. Nos dias 16 e 17, Mercúrio ficará em oposição a Urano, o que pode indicar transtornos no trabalho e momentos dramáticos na vida de pais, figuras paternas ou maternas, ou chefes. É recomendável que todos (incluindo você) tenham uma agenda mais leve nesses dias.

O quarto e último eclipse lunar do ano acontecerá no dia 2 e será forte para você, então vá devagar neste período. Ele ocorrerá na Décima Casa e indicará mudanças na carreira que poderão se manifestar como problemas na administração de sua empresa ou indústria, além de novos momentos dramáticos na vida de chefes, pais, figuras paternas e maternas, ou idosos (as figuras de autoridade em sua vida). O governo poderá mudar as regulamentações em seu ramo de trabalho e, consequentemente, as regras do jogo. Mais uma vez, haverá momentos dramáticos na vida de amigos e amizades serão postas à prova (um processo sem pausas este ano). Também ocorrerão abalos nas organizações profissionais e de ofício às quais você pertence. Os computadores e equipamentos de alta tecnologia serão postos à prova, então faça cópias de segurança de arquivos importantes e atualize os programas antivírus e contra hackers.

A saúde precisará de mais cuidados a partir do dia 21, especialmente no período do eclipse. Não será algo sério, pois ela estará boa no longo prazo. Será apenas uma queda temporária no nível de energia. Melhore a saúde das formas seguindo as sugestões do relatório anual e, como sempre, descanse bastante.

DEZEMBRO

Melhores dias: 7, 8, 15, 16, 24, 25, 26
Dias mais tensos: 1º, 13, 14, 19, 20, 21, 27, 28
Melhores dias para o amor: 2, 3, 11, 12, 19, 20, 21, 22, 23, 29, 30
Melhores dias para o dinheiro: 2, 3, 8, 9, 10, 11, 12, 16, 22, 23, 27
Melhores dias para a carreira: 1º, 5, 6, 13, 14, 24, 27, 28

Será um período bastante movimentado. As peças de xadrez estão mudando de posição no tabuleiro cósmico. Dois planetas lentos mudarão de signo este mês, o que é sempre um destaque. Além disso, um eclipse solar no dia 14 se juntará ao movimento, formando a receita clássica para a mudança.

Dezembro será um mês voltado para o lar e a família, pois a Quarta Casa estará muito forte. Até o Planeta da Carreira (Mercúrio) estará na Quarta Casa até o dia 21, enviando uma mensagem bem clara: a sua missão e carreira estarão no lar e na família e você estará presente para eles. Isso frequentemente mostra uma pessoa trabalhando em casa. Como o eclipse solar do dia 14 também ocorrerá na Quarta Casa, haverá alguns abalos e mudanças no lar e na família, embora as questões familiares estejam bem. Muitas vezes, falhas ocultas serão encontradas na residência, exigindo reparos. Você provavelmente nunca saberia da existência delas se não fosse pelo eclipse. Além disso, os ânimos estarão exaltados, com parentes mais temperamentais que o habitual e talvez momentos dramáticos na vida de parentes e de um dos pais, figura paterna ou materna. Irmãos e figuras fraternas vão fazer mudanças financeiras importantes, enquanto filhos e figuras filiais sofrerão importantes mudanças espirituais — e o mesmo vale para você. As mudanças espirituais frequentemente acontecem devido a uma nova revelação, o que sempre é bom e levará a mudanças nas práticas, nos ensinamentos e nos mestres. As organizações espirituais ou de caridade com as quais você está envolvido enfrentarão problemas e figuras que fazem papel de guru em sua vida viverão momentos dramáticos. A vida onírica neste período não terá muito peso, pois boa parte dela será resultado das perturbações no mundo dos sonhos (o plano astral) causadas pelo eclipse.

Saturno sairá da Quinta Casa para a Sexta Casa no dia 18. Muitos de vocês encontrarão empregos mais prazerosos no próximo ano. Filhos e figuras filiais estarão mais concentrados nas finanças.

Júpiter sairá da Quinta Casa no dia 20 e também entrará na Sexta Casa, indicando mais oportunidades de bons trabalhos vindo até você em 2021 (e que podem até acontecer no fim deste mês).

Mercúrio estará "fora dos limites" a partir do dia 13, então você e talvez um dos pais, figura paterna ou materna, sairá da esfera normal. Pode ser que a carreira leve a isso. Não haverá respostas para você na esfera normal e será preciso sair dela para encontrá-las.

♎

LIBRA

A BALANÇA

Nascidos entre 23 de setembro e 22 de outubro

PERFIL PESSOAL

LIBRA EM UM RELANCE

Elemento: Ar
Planeta Regente: Vênus
  Planeta da Carreira: Lua
  Planeta da Saúde: Netuno
  Planeta do Amor: Marte
  Planeta das Finanças: Plutão
  Planeta do Lar e da Vida Familiar: Saturno
Cores: azul, verde-jade
Cores que promovem o amor, o romance e a harmonia social: carmesim, vermelho, escarlate
Cores que propiciam ganhos: vinho, púrpura, violeta
Pedras: cornalina, crisólito, coral, esmeralda, jade, opala, quartzo, mármore branco
Metal: cobre
Perfumes: amêndoa, rosa, baunilha, violeta
Qualidade: cardeal (= atividade)
Qualidades essenciais ao equilíbrio: noção do eu, autossuficiência, independência
Maiores virtudes: encanto social, charme, tato, diplomacia
Necessidades mais profundas: amor, romance, harmonia social
Característica a evitar: violação de princípios (para ser socialmente aceito)
Signos de maior compatibilidade: Gêmeos, Aquário

Signos de maior incompatibilidade: Áries, Câncer, Capricórnio
Signo mais útil à carreira: Câncer
Signo que fornece maior suporte emocional: Capricórnio
Signo mais prestativo em questões financeiras: Escorpião
Melhor signo para casamento e associações: Áries
Signo mais útil em projetos criativos: Aquário
Melhor signo para sair e se divertir: Aquário
Signos mais úteis em assuntos espirituais: Gêmeos, Virgem
Melhor dia da semana: sexta-feira

COMPREENDENDO A PERSONALIDADE LIBRIANA

No signo de Libra, a psique universal manifesta sua capacidade de relacionamento, isto é, o talento para harmonizar elementos distintos, de forma orgânica e unificada. Libra representa o poder da alma de expressar a beleza em todas as suas formas. Mas a beleza não pode existir isoladamente. Ela nasce da comparação, da relação proporcional entre as partes. Sem essa justa harmonia nas relações não haverá beleza, seja nas artes, nos costumes, nas ideias, no foro sociopolítico.

Duas faculdades humanas elevam a espécie acima do reino animal. A primeira é a capacidade de raciocínio, conforme expressada nos signos de Gêmeos e Aquário. A segunda é o senso estético que Libra personifica, sem o qual não passaríamos de bárbaros inteligentes. Libra corresponde ao ímpeto civilizador da alma.

A beleza é a essência da natureza dos librianos. Eles vieram a este mundo para embelezá-lo. Poderíamos falar de seu charme social, de seu senso de equilíbrio e justiça, de sua capacidade de perceber e acatar o ponto de vista alheio, mas todos derivam de uma única qualidade central: o anseio pela beleza dos nativos de Libra.

Ninguém, por mais solitário que pareça, vive isolado. A vida no Universo apenas se mantém mediante ampla colaboração entre os seres. Os librianos compreendem isso muito bem e conhecem as leis espirituais que tornam as relações amenas e agradáveis.

Eles são, consciente ou inconscientemente, os grandes civilizadores, harmonizadores e artistas do planeta, traduzindo sua necessidade mais profunda e maior talento. Adoram reunir pessoas e são perfeitamente qualificados para isso. Conseguem detectar os pontos de união entre elas e os elos que as atraem, em vez de separá-las.

FINANÇAS

Os librianos podem parecer frívolos ou ilógicos em assuntos financeiros. Talvez porque estejam mais preocupados em ganhar dinheiro para os outros do que para si mesmos. Porém existe uma lógica por trás dessa atitude: eles sabem que tudo está interligado e que é, portanto, impossível ajudar os demais a progredir sem prosperar junto. E como aumentar a renda dos parceiros tende a fortalecer o relacionamento, os librianos optam por esse caminho. Para eles não há nada mais divertido do que um bom relacionamento. E você raramente encontrará um libriano enriquecendo à custa de alguém.

Escorpião, regente da Segunda Casa Solar de Libra, a do Dinheiro, confere aos librianos uma inusitada capacidade de visão em questões financeiras, que muitas vezes surge disfarçada de aparente indiferença. Muitos nativos de outros signos voltam-se para os librianos em busca de aconselhamento e orientação financeira.

Sua graça social faz com que gastem grandes quantias na organização de festas, recepções e eventos sociais. Também gostam de ajudar os que necessitam. Os librianos são capazes de deixar suas prioridades de lado para auxiliar um amigo, mesmo que tenham de pegar dinheiro emprestado para fazê-lo. Contudo, sempre pagam suas dívidas, sem que tenham de ser lembrados de fazê-lo.

CARREIRA E IMAGEM PÚBLICA

Os librianos apreciam aparecer em público como mecenas de boas causas. Os amigos e conhecidos são sua família, e os librianos gostam de exercer influência paternalista sobre eles. Também gostam de chefes com essa característica.

A cúspide da Décima Casa de Libra, a da Carreira, está no signo de Câncer. A Lua, regente da carreira dos librianos, é o corpo celeste mais ágil e mutável nos céus do horóscopo. É o único a percorrer todo o Zodíaco e as 12 Casas a cada mês. Aí temos uma chave fundamental para entender a forma como os librianos abordam a carreira e o que precisam fazer a fim de melhorar seu potencial profissional. A Lua é o corpo sideral dos humores e sentimentos; assim, os librianos precisam de uma carreira em que possam expressar livremente suas emoções. É por isso que tantos librianos se dedicam às artes. As ambições librianas crescem e minguam com a Lua. Sua capacidade varia segundo o humor lunar.

A Lua governa as massas, fazendo com que o ideal mais elevado de Libra seja conquistar a aclamação popular e o prestígio público. Os librianos que alcançam a fama tratam o público como um amigo íntimo ou amante. São muito flexíveis, por vezes inconstantes, em sua carreira e em suas ambições. Por outro lado, conseguem atingir seus objetivos de diversas maneiras. Não se prendem a um único tipo de postura ou jeito de fazer as coisas.

AMOR E RELACIONAMENTOS

Os librianos expressam sua verdadeira natureza no amor. Não há companheiros mais românticos, sedutores e justos. Se existe algo capaz de destruir uma relação e bloquear o amor que flui de um coração libriano é a desigualdade ou o desequilíbrio nas trocas entre amante e amado. Se um lado estiver dando ou recebendo demais, o ressentimento aflorará mais cedo ou mais tarde. Os librianos cuidam muito para que isso não ocorra. Erram sempre por dar demais — nunca por deixar faltar.

Se você estiver apaixonado por alguém de Libra, certifique-se de manter vicejante a aura de romance. Concentre-se nos detalhes: jantares à luz de velas, viagens a locais exóticos, flores e presentinhos. Presenteie com objetos belos, não necessariamente caros. Envie cartões. Telefone regularmente, mesmo que não tenha nada especial para dizer. Essas delicadezas são essenciais para os librianos, que encaram o relacionamento como uma obra de arte — torne-o belo e seu parceiro libriano ficará encantado. Se você for criativo nisso, ele o apreciará ainda mais — e tratará você do mesmo jeito.

Os librianos gostam que seus parceiros sejam determinados e até um pouco agressivos. Sabem que carecem dessas qualidades, de forma que apreciam que seus companheiros as exibam. Nos relacionamentos, entretanto, os próprios librianos podem ser um tanto agressivos, mas sempre de forma sutil e encantadora. É que eles agem deliberadamente no sentido de encantar e seduzir o objeto de seu desejo. E essa determinação é sempre deliciosa para quem está sendo cortejado.

VIDA DOMÉSTICA E FAMILIAR

Por serem criaturas intensamente sociais, os librianos não morrem de amores pelas tarefas domésticas. Gostam de uma casa bem-organizada, limpa e bela, e com tudo de que necessitam, mas as tarefas domésticas são para eles um fardo, uma carga de trabalho desagradável que tentam executar com a maior rapidez possível. Quando têm dinheiro — e muitas vezes mesmo quando não têm —, eles preferem pagar a alguém para cuidar dessas atividades. Apreciam, no entanto, a jardinagem, e adoram ter flores e plantas em casa.

O lar do libriano é moderno e decorado com muito bom gosto. Haverá sempre boa quantidade de pinturas e de esculturas na residência do nativo deste signo. Por apreciar estar com os amigos e com a família, o libriano adora receber convidados, e é ótimo anfitrião.

Capricórnio ocupa a cúspide da Quarta Casa Solar de Libra, do Lar e da Vida Familiar. Saturno, o planeta da Lei, da Ordem, dos Limites e da Disciplina, governa os assuntos domésticos de Libra. Se desejarem que sua vida doméstica seja boa e alegre, precisarão desenvolver mais algumas das virtudes saturninas — da ordem, da organização e da disciplina. É que os librianos, por serem tão criativos e necessitarem de harmonia, tendem a ser demasiado permissivos com os filhos, o que nem sempre é bom. Devem compreender que as crianças precisam de liberdade, mas também de limites.

LIBRA
PREVISÃO ANUAL PARA 2020

TENDÊNCIAS GERAIS

Embora o ano não seja particularmente forte para a carreira, pois a Décima Casa estará basicamente vazia, quase todos os planetas de longo prazo estarão no lado noturno do seu mapa e a Quarta Casa (do Lar e da Família) estará muito mais forte que a Décima Casa (a da Carreira). Muitas mudanças na trajetória profissional acontecerão este ano. Teremos quatro eclipses lunares em 2020 (o dobro do habitual), e como a Lua é o seu Planeta da Carreira, isso indica mudanças, turbulências e problemas. Voltaremos a esse assunto mais adiante.

A Quarta Casa (do Lar e da Família) será definitivamente a mais forte do seu horóscopo, pelo menos até 18 de dezembro. Este será um ano dedicado às atividades de bastidores, preparando e definindo o palco para o futuro progresso na carreira.

Urano está na Oitava Casa desde março de 2019 e continuará lá pelos próximos sete anos, indicando uma tendência à experimentação sexual. O antigo livro de regras será jogado pela janela e você descobrirá o que funciona melhor para você. Desde que não seja algo destrutivo, isso provavelmente será bom. É assim que aprendemos. A transformação pessoal não é uma ciência exata. Você estará muito envolvido nesse tipo de projeto e também experimentará bastante nessa área.

A saúde será um problema em 2020. Haverá muitos planetas lentos em alinhamento tenso com você. A boa notícia é que você estará preparado, pois a Sexta Casa estará forte. Falaremos sobre isso mais à frente.

O amor e a vida social serão ativos este ano. Todos os planetas de longo prazo estarão no setor social ocidental do seu mapa. De certa forma, é o paraíso para os nativos de Libra. O ano será totalmente dedicado às outras pessoas e a se dar bem com elas. Os solteiros viverão acontecimentos românticos a partir de 28 de junho, quando Marte fará um trânsito extremamente longo pela Sétima Casa (a do Amor). Voltaremos a esse assunto depois.

Vênus (o senhor do seu horóscopo) vai passar um longo tempo (quatro vezes mais que o de costume) em sua Nona Casa entre 3 de abril e 7 de agosto, indicando viagens ao exterior e oportunidades educacionais felizes.

As áreas de maior interesse e foco para este ano serão: lar e família; filhos, diversão e criatividade (entre 23 de março e 1º de julho e a partir de 18 de dezembro); sexo, transformação pessoal, estudos sobre ocultismo; saúde; amor, romance e atividades sociais (a partir de 28 de junho); religião, filosofia, ensino superior e viagens ao exterior (entre 3 de abril e 7 de agosto).

Os caminhos de maior realização este ano serão a carreira (até 6 de maio); amigos, grupos e atividades em grupo (a partir de 6 de maio); lar e família (até 20 de dezembro); filhos, diversão e criatividade (a partir de 20 de dezembro).

SAÚDE

(Esta é uma perspectiva astrológica sobre a saúde, não uma visão médica. No passado essas perspectivas eram idênticas, mas hoje podem ocorrer diferenças significativas. Para obter uma opinião com base em diagnósticos da medicina convencional, consulte seu médico ou um profissional da área da saúde.)

Conforme já mencionamos, a saúde estará delicada em 2020. Durante quase todo o ano, até quatro planetas lentos estarão em alinhamento tenso com você, mas a situação ficará realmente delicada quando os planetas rápidos também entrarem em alinhamento tenso. Esses períodos, entre 1º e 20 de janeiro, 20 de março e 19 de abril e 21 de junho a 22 de julho serão bons para descansar e relaxar, além de agendar mais massagens ou outros tratamentos preventivos. O importante será manter a energia em alta, que é a melhor forma de prevenir doenças.

A vida é a interação entre o destino e o livre arbítrio. O destino gera alguns eventos, mas a forma de enfrentá-los cabe a você decidir. Pelo uso do livre arbítrio é possível intensificar ou atenuar o destino.

A boa notícia é que a Sexta Casa estará forte e você vai prestar muita atenção à saúde. Seria muito mais perigoso se você ignorasse essa área. Depois de 18 de dezembro você deverá sentir uma grande melhora na saúde e na disposição. O ano de 2021 será muito melhor nesse aspecto do que 2020.

E as boas notícias continuam. Você poderá fazer muito para melhorar a saúde e prevenir eventuais problemas. E até quando não for possível impedir o problema (devido aos fortes ímpetos cármicos), será possível suavizá-los. Eles não precisam ser devastadores.

Rins e quadris. São sempre importantes para os nativos de Libra e os reflexos aparecem em seu mapa. Massagens regulares nos quadris precisam fazer parte da sua rotina de saúde. Uma desintoxicação dos rins com chás de ervas de vez em quando será uma boa ideia, especialmente se você estiver indisposto.

Pés. São sempre importantes para o libriano, pois Netuno (o planeta que rege os pés) é o seu Planeta da Saúde. Ultimamente, com Netuno na Sexta Casa, os pés ganharam ainda mais importância. Esta será uma tendência para muitos anos, portanto massagens regulares nos pés serão importantes para você. Os reflexos aparecem em seu mapa. Elas fortalecerão os pés e também o corpo inteiro. Existem equipamentos baratos que massageiam os pés enquanto você estiver vendo TV ou no computador e que serão um bom investimento este ano. Equipamentos como escalda-pés, que fazem tratamentos do tipo turbilhão, também serão bem-vindos.

Coração. Ganhou relevância apenas nos últimos dois anos, quando Saturno começou a viajar com Plutão em Capricórnio, e ficou ainda mais importante quando Júpiter entrou em Capricórnio no fim do ano passado. Os reflexos aparecem em seu mapa. O importante em relação ao coração é desenvolver mais fé, reduzindo preocupações e ansiedade, as duas emoções que mais estressam este órgão. A boa notícia é que o coração ficará menos vulnerável no fim do ano (a partir de 18 de dezembro) e em 2021 ele não será mais um problema.

Por ter Netuno como Planeta da Saúde você sempre reage bem a terapias espirituais, mas agora que ele está fortemente posicionado no próprio signo e em sua casa, a reação a elas será ainda melhor. Caso você se sinta indisposto, procure um tratamento espiritual.

Você também terá uma boa conexão com os poderes curativos da água nesse período, então será bom estar perto deste elemento (oceanos, rios, lagos e nascentes) e os cursos naturais sempre são melhores. Mergulhar nessas águas terá resultados positivos. Além disso, nadar, fazer passeios de barco e praticar esportes aquáticos são bons exercícios, assim como ioga e tai chi chuan. Os exercícios espirituais também serão benéficos. Quando você estiver no chuveiro, imagine que a água está lavando você por dentro e por fora. Os poderes curativos da água são importantes. Quem deseja aprender mais sobre este assunto encontrará muito mais informações em www.spiritual-stories.com [em inglês].

LAR E FAMÍLIA

O lar e a família vêm sendo importantes desde 2008, quando Plutão entrou na Quarta Casa, e ganharam ainda mais importância nos últimos dois anos, quando Saturno se juntou a ele. Em 2020 eles serão facilmente as áreas mais importantes da vida, pois Júpiter vai passar quase o ano inteiro nesta casa.

A situação do lar e da família será igualmente prazerosa e dolorosa, embora pareça melhor e mais feliz que no ano passado. Júpiter vai trazer mais felicidade e prosperidade ao núcleo familiar.

Saturno na Quarta Casa indica que a vida familiar será um fardo e exigirá disciplina. Você vai aguentar firme, mesmo fazendo cara feia. Expressar os verdadeiros sentimentos foi difícil nos últimos dois anos e provavelmente tudo foi jogado para baixo do tapete. Este ano será um pouco mais fácil para expressar sentimentos, e escrevê-los parece uma boa forma de fazer isso.

As mulheres em idade fértil estarão mais férteis que o habitual em 2020, mas uma gravidez parece complicada e nada fácil. A fertilidade estará muito forte após o dia 20 de dezembro e em quase todo o ano de 2021.

Você parece dividido em relação a mudar de residência. Uma parte sua gostaria de se mudar, enquanto a outra, mais conservadora, prefere ficar onde está e usar melhor o espaço atual. Você se sente meio "espremido" em casa há alguns anos. Qual lado vai vencer? Esta parece uma decisão de livre arbítrio, mas é importante saber que, mesmo se você decidir pela mudança, será complicado.

A tendência a ganhar dinheiro sem sair de casa vem acontecendo há muitos anos e está ainda mais forte em 2020. Você vai gastar mais com o lar e a família, mas se beneficiará disso. O apoio familiar parece forte.

Um dos pais, figura paterna ou materna, parece muito pessimista e controlador, mas ele ou ela vai prosperar nesse período, parecendo estar muito envolvido em suas finanças. Esta figura paterna ou materna poderá fazer reformas em casa (ou até construir uma nova), mas a mudança de residência parece improvável. O outro pai, mãe, figura paterna ou materna, terá muitas crises pessoais em 2020. Ele ou ela vai redefinir a personalidade, o conceito de si e a imagem que projetará para o mundo, mas será pouco provável que mude de endereço.

Irmãos e figuras fraternas vão assumir mais responsabilidade entre 23 de março e 1º de julho e a partir de 18 de dezembro e precisarão levar a vida mais a sério. Eles também parecem mais férteis que o habitual (se tiverem idade para isso) e poderão se mudar várias vezes e/ou fazer reformas no lar em 2020 e nos próximos anos. A situação doméstica parece instável para eles.

Netos (caso você os tenha) ou pessoas que desempenham esse papel em sua vida terão um ano sem grandes mudanças na área familiar.

Se você planeja fazer uma reforma ou grandes reparos no lar, quase o ano inteiro será bom, mas entre 16 de fevereiro e 13 de março parece melhor. Se você estiver redecorando sua casa ou comprando objetos de arte, os períodos entre 5 e 23 de março, 3 de abril a 1º de julho e entre 2 e 28 de outubro serão os melhores para isso.

DINHEIRO E CARREIRA

Embora a Casa do Dinheiro esteja vazia em 2020 (apenas planetas rápidos passarão por lá), o ano parece próspero. Você não tem o mapa de um ganhador de loteria, então será preciso conquistar esta prosperidade, mas ela virá. Seu Planeta das Finanças (Plutão) estará recebendo fortes estímulos.

Plutão é um planeta muito lento, que fica entre vinte e trinta anos em um signo, então muitas tendências que mencionamos nos anos anteriores continuam em vigor, talvez até mais fortes.

Plutão está na Quarta Casa há muitos anos, desde 2008, indicando que o apoio familiar será bom. Você poderá ganhar dinheiro com o negócio da família ou em uma empresa com administração familiar. Você ficará atraído por esse tipo de empreitada nesse período e terá uma boa intuição para negócios relacionados a alimentos, restaurantes, hotéis, motéis e imóveis residenciais, além de empresas e serviços que atendem a donos de imóveis, como paisagismo, design de interiores, fábricas de móveis e similares.

Plutão é o regente geral das heranças, dos impostos e das dívidas, o que transmite várias mensagens. O bom planejamento e a eficiência na área tributária serão importantes para os ganhos e várias decisões financeiras provavelmente serão influenciadas por isso. Muitos de vocês receberam heranças nos últimos anos e isso ainda pode acontecer em 2020. Com sorte, ninguém precisará morrer, mas você poderá ser citado no testamento de alguém ou ser indicado a um cargo administrativo em um espólio. Este aspecto costuma aparecer em pessoas que trabalham com espólios, como negociadores de antiguidades e casas de leilão.

Este será um bom ano para pagar ou fazer dívidas, dependendo da necessidade. Será possível ganhar com o uso criativo das dívidas. Se você tiver boas ideias, este ano será excelente (melhor que o ano passado) para atrair investidores externos aos seus projetos. O acesso a dinheiro externo acontecerá em 2020.

Os que tiverem idade adequada planejarão a compra de imóveis este ano e provavelmente farão mudanças nessa área.

O Planeta das Finanças viajará com Saturno e Júpiter, dois tipos opostos de planeta. Saturno é ultraconservador e tem aversão a riscos (especialmente nos últimos dois anos). Júpiter, por outro lado, é mais otimista, disposto a especular e correr riscos. Júpiter pode ser confiante demais, enquanto Saturno tende a ser pessimista. Essas duas forças dialogam em sua mente e ocupam o mesmo corpo. Uma estimula a cautela e o cuidado, enquanto a outra diz que tudo vai dar certo e vale a pena arriscar. Satisfazer esse dois anseios será um desafio, e o melhor investimento será o que satisfizer tanto o lado pessimista quanto o otimista. Além disso, a família como um todo ficará mais rica em 2020.

Júpiter rege a Terceira Casa (da comunicação e dos interesses intelectuais). A posição dele perto do Planeta das Finanças indica que os ganhos poderão vir por meio de irmãos ou figuras fraternas, vizinhos, e também através da escrita, vendas, marketing, publicidade, relações públicas e comércio (compra e venda). Professores e escritores deverão ter um ano particularmente bom para as finanças.

Conforme dissemos anteriormente, a Décima Casa (a da Carreira) não será proeminente este ano, pois o foco estará concentrado no lar e na família. Até o sucesso financeiro provavelmente será motivado por preocupações familiares em vez do anseio por prestígio ou status. O lado noturno do mapa (especialmente a Quarta Casa) pode ser comparado à atividade de bastidores em um filme ou produção teatral. Nesta analogia, a Décima Casa seria o produto final, o filme ou peça. Sem a atividade de bastidores, invisível para a plateia, o produto final jamais veria a luz do dia. Portanto, não despreze a importância de 2020, porque o palco está sendo montado para o sucesso futuro.

AMOR E VIDA SOCIAL

Como já mencionamos, este ano será muito social. O setor social ocidental do horóscopo estará totalmente dominante. Claro que o setor oriental vai se fortalecer um pouco ao longo do ano, mas jamais superará o poder do Oeste. Portanto, apesar de um período de relativa independência, 2020 será o momento de exercer a sua genialidade social (que é considerável).

E o mais importante: Marte (o Planeta do Amor) passará mais de seis meses na Sétima Casa (a do Amor) a partir de 28 de junho. Esta é uma posição muito poderosa, pois ele estará no próprio signo e em casa, aumentando ainda mais o seu magnetismo social. Isso também indica um relacionamento e romance para os solteiros, mas não parece ser algo tranquilo. As obrigações e os deveres familiares vão interferir na vida amorosa; talvez a família ou uma figura paterna ou materna atrapalhe, mas os librianos sabem lidar com relacionamentos desafiadores.

Com Urano na Sétima Casa desde o ano passado, a situação amorosa deverá ficar mais estável do que nos últimos anos (entre 2020 e 2018).

Marte em Áries na Sétima Casa indica uma tendência a se apaixonar e a entrar em relacionamentos com rapidez, além de atrair pessoas que são assim. A impulsividade será o principal problema. Um pouco de cautela e de "pé atrás" poderão ser uma boa ideia este ano.

Você ficará atraído por pessoas atléticas, além de militares ou policiais. Você vai gostar de pessoas independentes e ousadas. O magnetismo pessoal será o principal fator de atração.

As oportunidades românticas poderão acontecer nos locais de praxe esse ano, como festas, casamentos e reuniões sociais, mas a academia ou campo de futebol também serão lugares interessantes para encontros amorosos.

Os que estiverem trabalhando no segundo ou terceiro casamento (e muitos de vocês estão) terão um aumento na vida social, mas o amor não parece sair do *status quo*.

Marte não é um planeta muito veloz, embora não seja dos mais lentos. Ele vai passar por seis signos e casas do seu mapa em 2020, mostrando várias tendências rápidas no amor que serão abordadas com mais profundidade nos relatórios mensais.

Embora Marte esteja na Sétima Casa, ele fará um de seus raros movimentos retrógrados entre 9 de setembro e 14 de novembro, acrescentando complicações ao relacionamento. Evite tomar decisões amorosas importantes no período retrógrado.

A entrada de Júpiter na Quinta Casa no fim do ano indica um possível caso amoroso. E também haverá muitas oportunidades para isso em 2021.

AUTOAPRIMORAMENTO

A Quarta Casa tem significados mais profundos do que o lar e a família. Na verdade, ela trata dos humores e da vida emocional como um todo. Psicologicamente falando, é onde você vive. Os habitantes do lar emocional são a família emocional, então o poder na Quarta Casa indica que 2020 será um ano de progresso psicológico e cura emocional.

Os que estiverem envolvidos em terapias psicológicas farão muitos progressos. O desejo de se curar representa noventa por cento do processo.

Plutão está na Quarta Casa há muitos anos e continuará lá por outros tantos. Ele é o Planeta das Finanças e também regente da psicologia, aprofundando-se na psique e cortando cirurgicamente a negatividade, os antigos padrões e traumas do passado que bloqueiam o seu progresso. Isso costuma se manifestar como morte ou experiência de quase morte na família. Este tipo de experiência certamente aconteceu ao longo dos anos. Às vezes, também indica a "morte" ou "quase morte" da família em si, seguida da ressurreição em um nível melhor.

Saturno estará em sua Quarta Casa pelos próximos dois anos e passará a maior parte de 2020 por lá, o que pode ter algumas interpretações. Por um lado, indica uma tendência a reprimir os verdadeiros sentimentos (e já escrevemos sobre isso nos relatórios anteriores). As pessoas não se sentem seguras para expressá-los e os guardam para si, mas isso não pode durar muito, pois os sentimentos acabarão vindo à tona, geralmente de modo desequilibrado e destrutivo. Em nível mais profundo, a passagem de Saturno pela Quarta Casa mostra a necessidade de administrar e assumir o controle das emoções para direcioná-las de acordo com a sua vontade. Não fomos criados para sermos vítimas das emoções (especialmente as negativas) e sim para dominá-las. Falando em termos espirituais, esta vem sendo a sua tarefa nos últimos dois anos. Contudo, administrar e controlar as emoções não significa reprimi-las porque a repressão não é saudável. Administrar significa externar sentimentos destrutivos (e os pensamentos por trás deles) de modo seguro e inofensivo. Existem vários métodos para fazer isso: você poderá escrever os sentimentos ruins e depois jogar o papel fora sem reler (um método que recomendo para 2020). Outra forma de fazer isso é "tocar e deixar ir". Em um pedaço de papel, escreva cinco coisas que incomodam você. Então toque no que escreveu e deixe o que está ali "ir embora". Repita isso por aproximadamente quinze minutos no começo. Depois, à medida que você ficar mais proficiente, poderá expandir esse tempo. Encontre mais informações sobre esses assuntos em meu blog, www.spiritual-stories.com, e no meu livro *A Technique for Meditation* [ambos em inglês].

Após fazer esses exercícios para externar os sentimentos, você terá mais controle emocional. Os que meditam vão descobrir que isso também vai melhorar.

PREVISÕES MENSAIS

JANEIRO

Melhores dias: 7, 8, 16, 24, 25, 26
Dias mais tensos: 2, 3, 9, 10, 22, 23, 29, 30, 31
Melhores dias para o amor: 1º, 2, 3, 12, 13, 14, 18, 19, 20, 21, 27, 28, 29, 30, 31
Melhores dias para o dinheiro: 5, 6, 14, 15, 18, 19, 22, 23
Melhores dias para a carreira: 5, 6, 9, 10, 14, 15, 24, 25

Será um mês estressante em termos físicos e emocionais. Lembre-se de que o universo nunca oferece um fardo maior do que a sua capacidade de carregá-lo. Se lhe foi dado, por definição você poderá carregá-lo.

A saúde será a principal preocupação neste mês. Cinquenta e, às vezes, sessenta por cento dos planetas estarão em alinhamento tenso com você, incluindo os dois pesos pesados Saturno e Plutão; portanto, será muito importante manter a energia em alta e descansar. Mantenha o foco no essencial e deixe de lado as trivialidades e distrações. Você terá disposição para o que é importante, mas não para o supérfluo. Melhore a saúde das formas mencionadas no relatório anual. Se for possível, agende mais massagens ou outros tratamentos de saúde em janeiro. Você deverá sentir uma melhora na energia a partir do dia 20, mas a saúde ainda exigirá cuidados.

Um eclipse lunar no dia 10 também será forte em você, então tente ir com calma nesse período. O crucial deverá ser feito, mas será melhor reagendar o que for eletivo. Como o eclipse ocorrerá na Décima Casa (da Carreira) e afetará o Planeta da Carreira (a Lua), ele terá um efeito duplo. Poderá haver mudanças e problemas na carreira, além de abalos na administração de sua empresa ou no seu ramo de trabalho. O governo poderá mudar as regras de sua profissão. Além disso, chefes, pais, figuras paternas ou maternas (as pessoas de autoridade em sua vida), terão momentos dramáticos na vida pessoal. O eclipse afetará outros três planetas (Saturno, Plutão e Mercúrio), sendo ainda mais forte do que dissemos. O impacto em Saturno indica momentos dramáticos relacionados ao lar e a família e, talvez, uma necessidade de reparos na residência, enquanto o impacto em Plutão aponta para mudanças financeiras. Os eventos do eclipse mostram que o pensamento financeiro não está realista. Além disso, haverá dramas na vida das pessoas do dinheiro relacionadas a você. O impacto em Mercúrio indica que alunos serão afetados e poderão mudar de escola ou de planos educacionais. Por fim, carros e equipamentos de comunicação serão postos à prova.

Embora o eclipse afete a carreira, o foco principal de janeiro estará no lar e na família. As emoções podem estar em alta neste mês, então tenha mais paciência com os parentes. Será um bom mês para colocar a vida emocional em ordem e para fazer terapias em prol da sua saúde mental. Também será o momento de construir a infraestrutura psicológica para o futuro sucesso profissional.

FEVEREIRO

Melhores dias: 3, 4, 5, 12, 13, 21, 22
Dias mais tensos: 6, 7, 18, 19, 20, 26, 27

Melhores dias para o amor: 7, 8, 9, 16, 17, 18, 26, 27, 28, 29
Melhores dias para o dinheiro: 1º, 2, 10, 11, 14, 15, 19, 20, 28, 29
Melhores dias para a carreira: 3, 4, 6, 7, 12, 13, 23, 24

A saúde continua exigindo cuidados neste mês, especialmente após o dia 16, quando Marte se juntará ao grupo de planetas em alinhamento discordante com você. A boa notícia é que a Sexta Casa da Saúde ficará muito poderosa a partir do dia 19, então você precisará prestar atenção nessa área. Melhore a saúde seguindo as sugestões do relatório anual e procure um tratamento espiritual caso se sinta indisposto.

No dia 20 do mês passado você entrou em um ápice anual de prazer pessoal e continuará assim até o dia 19. Levar a vida de modo mais leve e divertido, além de se envolver no que te traz alegria, certamente vai melhorar seu humor e sua saúde. Filhos e figuras filiais terão um bom período social. Você não precisará ir atrás de oportunidades românticas e sociais, elas irão ao seu encontro.

O poder na Sexta Casa será excelente para quem procura emprego, pois haverá muitas oportunidades profissionais. Quem já estiver empregado receberá propostas de trabalhos extras ou de outras empresas; os empregadores terão uma abundância de candidatos para as vagas oferecidas.

A metade inferior e noturna do seu horóscopo será dominante e isso acontecerá o ano inteiro, então o foco estará no lar, na família e no bem-estar emocional. A harmonia emocional levará ao sucesso na carreira, desde que venha em primeiro lugar. A vida profissional precisará ficar em segundo plano.

Vênus, o senhor do seu horóscopo, terá um solstício (um deles) entre os dias 8 e 16. Ele fará uma pausa no céu e depois mudará de direção (em latitude), gerando uma pausa na vida, seguida por uma mudança de direção. Isso é bom e natural, não é motivo de preocupação.

A partir do dia 16, o seu setor favorito (social ocidental) conterá TODOS os planetas, então você estará no paraíso de Libra. O foco estará nas necessidades alheias. Será o momento para exercitar a genialidade social ao máximo. Os librianos tendem a ser populares e estarão ainda mais nesse período. Vênus entrará na Sétima Casa no dia 7 e continuará lá pelo resto do mês. Você terá uma vida social ativa. Talvez a autoconfiança não esteja nos níveis habituais, mas ela não será muito necessária. Você fará de tudo pelos amigos, que vão perceber e responder bem a isso.

MARÇO

Melhores dias: 2, 3, 10, 11, 19, 20, 29, 30
Dias mais tensos: 4, 5, 17, 18, 24, 25
Melhores dias para o amor: 1º, 8, 9, 17, 18, 24, 25, 27, 28
Melhores dias para o dinheiro: 1º, 8, 9, 12, 13, 17, 18, 27, 28
Melhores dias para a carreira: 4, 5, 12, 13, 24, 25

A saúde ainda será uma grande preocupação neste mês, então lembre das nossas discussões anteriores sobre o assunto.

Mesmo com a disposição em baixa, muitos aspectos positivos estão acontecendo. Júpiter viajará com Plutão (o Planeta das Finanças) o mês inteiro, indicando muita prosperidade neste período. O dinheiro poderá vir do apoio da família ou das conexões familiares. Você poderá ganhar com sua propriedade intelectual e terá boa fortuna no comércio, além de várias oportunidades de emprego.

Manter o foco na saúde até o dia 20 vai preparar você para o que virá a seguir.

Como no mês passado, todos os planetas (com exceção da Lua entre os dias 4 e 15) estarão no setor social ocidental. No dia 20, quando o Sol entrar na Sétima Casa (a do Amor), você começará um ápice amoroso e social anual, portanto março será ainda mais social que fevereiro. O Planeta do Amor (Marte) passará quase o mês inteiro (até o dia 31) na Quarta Casa, enviando várias mensagens. Muitos de vocês vão socializar em casa, com a família ou conexões familiares. Você vai priorizar as ligações emocionais e pessoas com quem possa dividir os sentimentos. A intimidade emocional será tão importante quanto a física. As oportunidades românticas estarão perto de casa neste mês. Entre os dias 15 a 21, o Planeta do Amor viajará com Júpiter, trazendo oportunidades românticas no bairro e talvez com vizinhos. Além disso, eventos educacionais e escolares podem ser locais de romance. Para os solteiros, vemos dois relacionamentos neste mês.

O Sol na Sétima Casa indica que o envolvimento em atividades em grupo também poderá levar ao romance. Entre os dias 6 e 9, Vênus viajará com Urano, trazendo a oportunidade para um caso amoroso que não parece sério, e sim apenas diversão. Tenha uma agenda reduzida neste período.

Saturno sairá da Quarta Casa no dia 23, mas será apenas um flerte por alguns meses e sinal do que virá em 2021. Um dos pais, figura paterna ou materna, estará mais concentrado nas finanças. Talvez ele ou ela tente inibir sua diversão ou criatividade. Isso também mostra gravidez para mulheres em idade fértil, mas ela não será tranquila.

Vênus estará na Oitava Casa a partir do dia 5, o que será excelente para regimes de emagrecimento ou desintoxicação. Este também será um período mais sexualmente ativo (independentemente da idade e fase da vida, a libido estará mais forte que o habitual).

ABRIL

Melhores dias: 7, 8, 15, 16, 17, 25, 26
Dias mais tensos: 1º, 2, 13, 14, 20, 21, 22, 28, 29
Melhores dias para o amor: 7, 8, 15, 16, 17, 20, 21, 22, 25, 26
Melhores dias para o dinheiro: 6, 8, 10, 14, 24
Melhores dias para a carreira: 1º, 2, 3, 4, 12, 23, 28, 29

A saúde continua exigindo atenção até o dia 19, mas nem tudo é má notícia. Após o dia 19 você deverá sentir um avanço importante nessa área. Enquanto isso, descanse bastante e tente agendar mais tratamentos de saúde, como massagens, reflexologia, shiatsu, acupuntura e similares. Você vai precisar de terapias que aumentem a energia. Além disso, visitar um curador espiritual poderá ser bom.

Você ainda estará em um ápice amoroso e social anual até o dia 19. Todos os planetas ainda estão na metade social ocidental do seu mapa (apenas a Lua visitará o Leste entre os dias 1º e 12 e também entre os dias 28 e 30), significando um mês bastante social de um ano também movimentado socialmente. O amor parece feliz em abril, trazendo harmonia com o interesse amoroso atual. Os solteiros vão encontrar parceiros românticos harmoniosos, mas não será algo sério, apenas diversão (e não há nada de errado com isso). O Planeta do Amor (Marte) passará o mês na Quinta Casa (a da Diversão, Criatividade e Infância), então as oportunidades românticas e os encontros amorosos acontecerão nos lugares de praxe: festas, resorts, locais de entretenimento e eventos esportivos.

O senhor do seu horóscopo e planeta mais importante do seu mapa (Vênus) entrará em sua Nona Casa no dia 3 e passará quatro meses por lá, enviando várias mensagens. Será um trânsito maravilhoso para estudantes universitários, mostrando foco e interesse, além de sucesso nos estudos. As terras estrangeiras chamarão você e haverá oportunidades para viagens ao exterior. Haverá também um forte interesse pessoal em religião, filosofia e teologia; avanços filosóficos provavelmente vão acontecer nos próximos quatro meses. A Nona Casa também estará muito "para cima", otimista, trazendo felicidade e otimismo em relação à vida.

Vênus ficará "fora dos limites" a partir do dia 13. Ela sairá das fronteiras usuais no céu, então você fará o mesmo, afastando-se da esfera habitual. O ambiente normal não será interessante e por isso você sairá dele. Viagens ao exterior para lugares exóticos se encaixam neste simbolismo, assim como estudos filosóficos e teológicos, que também estarão fora da sua esfera normal.

A Oitava Casa ficará poderosa a partir do dia 19, favorecendo regimes de emagrecimento e desintoxicação, além de projetos envolvendo a transformação na pessoa que você deseja ser.

As finanças parecem maravilhosas. Júpiter viajará com o Planeta das Finanças o mês inteiro, repetindo a tendência do mês passado. O único problema será o movimento retrógrado de Plutão no dia 25 que poderá desacelerar tudo, mas os ganhos virão.

MAIO

Melhores dias: 4, 5, 13, 14, 23, 24
Dias mais tensos: 10, 11, 18, 19, 25, 26
Melhores dias para o amor: 4, 5, 13, 14, 15, 18, 19, 23, 24, 25, 26
Melhores dias para o dinheiro: 3, 6, 7, 11, 12, 21, 22
Melhores dias para a carreira: 2, 3, 11, 23, 25, 26

Apesar de Plutão estar em movimento retrógrado, a prosperidade vai acontecer. Talvez ela não seja tão grande ou veloz quanto poderia, mas acontecerá mesmo assim. O Planeta das Finanças ficará retrógrado por mais alguns meses. A vida não pode parar, mas você poderá ter uma abordagem mais cautelosa em relação ao dinheiro. Será importante dar mais atenção aos detalhes nos próximos meses, especialmente em relação a grandes investimentos ou gastos.

O julgamento financeiro está ótimo e conservador há muitos anos. Você provavelmente já acumulou uma poupança e uma carteira de investimentos, mas agora é preciso ser ainda mais conservador. Tire todas as dúvidas antes de fazer grandes compras.

A saúde não será perfeita, mas estará boa. A maioria dos planetas estará em aspecto harmonioso ou deixará você em paz. A boa saúde será outra forma de riqueza, mas não costumamos valorizar isso. Marte entrará na Sexta Casa (a da Saúde) no dia 13, mostrando que massagens no rosto, no couro cabeludo e nas áreas mencionadas no relatório anual serão benéficas para você, além de exercícios físicos.

Marte é o seu Planeta do Amor, então a boa saúde para você também significa uma vida amorosa e social saudável, além de harmonia no relacionamento. Os problemas nesta área poderão afetar a saúde física, então caso aconteça algo com a sua saúde (Deus queira que não), restaure a harmonia o mais rapidamente possível.

O amor estará complicado neste mês. Você precisará trabalhar mais para conquistar seus objetivos sociais. Marte em Peixes (e na Sexta Casa) indica uma atração por profissionais de saúde e pessoas envolvidas com seu bem-estar, além de romance com um colega de trabalho, mas será complicado. Você também se sentirá atraído por uma pessoa mais espiritualizada, artística e criativa. A boa compatibilidade espiritual será importante. O raro movimento retrógrado de Vênus (uma vez a cada dois anos) complica ainda mais o amor, deixando você indeciso e hesitante.

A Nona Casa será a mais poderosa deste mês, especialmente a partir do dia 20, trazendo o foco para a religião, filosofia e teologia, como em abril. Alguns pensadores disseram que "o homem é um animal teológico" e isso certamente será válido para você neste período. A sua teologia, consciente ou não, determina como você vive. Alguns videntes podem identificar a teologia de uma pessoa apenas observando a forma do corpo e seus maneirismos.

JUNHO

Melhores dias: 1º, 9, 10, 19, 20
Dias mais tensos: 7, 8, 14, 15, 21, 22
Melhores dias para o amor: 1º, 3, 4, 9, 10, 11, 12, 14, 15, 19, 20, 21, 22, 30
Melhores dias para o dinheiro: 3, 4, 8, 18, 27, 28, 29
Melhores dias para a carreira: 1º, 9, 10, 20, 21, 22

A saúde preocupa novamente este mês. Não só existem muitos planetas em alinhamento discordante com você como teremos dois eclipses muito fortes que serão sentidos com maior intensidade a partir do dia 21, mas a saúde exigirá cuidados antes disso. Veja a discussão sobre esse aspecto no relatório anual. Além disso, massagens no rosto, no couro cabeludo e exercícios físicos serão bons até o dia 28. Como sempre, descanse bastante, mantenha o foco nas verdadeiras prioridades da vida e deixe o supérfluo para lá. Não desperdice a energia com o que não for essencial.

O eclipse lunar do dia 5 ocorrerá na Terceira Casa, afetando estudantes abaixo do nível universitário (embora os universitários também possam ser levemente afetados). Haverá mudanças nos planos educacionais e talvez na escola — esta pode enfrentar problemas, assim como o bairro. Irmãos e figuras fraternas serão obrigados a redefinir a imagem e o conceito de si, o que vai se manifestar em mudanças no guarda-roupa e na apresentação como um todo. Isso vai durar alguns meses. Os carros e equipamentos de comunicação serão postos à prova e frequentemente vão precisar de reparos ou substituições. Além disso, poderá haver problemas nos correios. Como a Lua é o seu Planeta da Carreira, o eclipse lunar indica mudanças na carreira que vão durar o ano inteiro. A vida profissional estará em um estado de fluxo e talvez aconteçam mudanças na gerência da sua empresa ou indústria. Os regulamentos do seu ramo de trabalho também poderão mudar. Além disso, haverá momentos dramáticos na vida de chefes, pais, figuras paternas e maternas (as figuras de autoridade na sua vida). Como esse eclipse afetará diretamente Vênus e Marte, dois planetas importantes no seu horóscopo, você e o cônjuge, parceiro ou interesse amoroso atual sentirão necessidade de se redefinir. Esse eclipse pode testar o relacionamento e, muitas vezes, o evento mostra desintoxicação do corpo. Dirija com mais cautela nesse período.

O eclipse solar do dia 21 também será forte em você (embora os nascidos no início de Libra, entre os dias 22 e 24 de setembro, vão senti-lo com mais força). Este eclipse ocorrerá na Décima Casa e mais uma vez atingirá a carreira das formas mencionadas anteriormente. Além disso, chefes, pais, figuras paternas e maternas (as figuras de autoridade em sua vida), viverão novos momentos dramáticos. As amizades serão postas à prova, muitas vezes nem pela amizade em si, e sim pela crise na vida dos amigos. Computadores e equipamentos de alta tecnologia serão testados e poderão se comportar de modo errático.

Como este eclipse ocorrerá em um dos pontos cardinais (0 Áries, 0 Câncer, 0 Libra ou 0 Capricórnio), o efeito dele será mundial e não apenas pessoal.

JULHO

Melhores dias: 6, 7, 8, 16, 17, 25, 26
Dias mais tensos: 4, 5, 11, 12, 19, 20, 31
Melhores dias para o amor: 2, 3, 6, 7, 8, 11, 12, 16, 17, 21, 22, 25, 26, 29, 30
Melhores dias para o dinheiro: 1, 4, 5, 14, 15, 23, 24, 27, 28, 31
Melhores dias para a carreira: 1º, 9, 10, 19, 20, 21, 22, 29

Teremos outro eclipse lunar neste mês que praticamente repete os reflexos dos eclipses que aconteceram no mês passado. Este ocorrerá no dia 5 e será forte em você, então é melhor fazer uma agenda mais tranquila (será bom fazê-lo de qualquer modo, mas especialmente nesse período).

O terceiro eclipse lunar deste ano acontecerá na Quarta Casa (do Lar e da Família), afetando pais, figuras paternas e maternas, que poderão viver momentos dramáticos ou crises na vida pessoal. Eles precisarão redefinir a imagem e a personalidade e também poderá haver desintoxicação do corpo. O eclipse trará problemas e mudanças tanto em casa quanto na carreira. Os ânimos estarão exaltados na família e os parentes ficarão mais temperamentais e inquietos. A vida onírica provavelmente também estará mais ativa, mas não dê muita atenção a ela. O plano astral estará agitado, podendo causar sonhos estranhos. Irmãos e figuras fraternas serão obrigados a fazer mudanças financeiras. Além disso, pode ser necessário fazer reparos em casa e correções de rumo na carreira. O eclipse afetará levemente outros três planetas: Mercúrio, Júpiter e Marte. Felizmente, o efeito nessas áreas será leve. O impacto em Marte testará o relacionamento amoroso atual e talvez traga momentos dramáticos para a vida do ser amado. O impacto em Mercúrio e Júpiter recomenda evitar viagens desnecessárias neste período. As viagens essenciais são outra história e só você poderá decidir o que é essencial e o que não é. Será bom dirigir com mais cuidado nesse período. Carros e equipamentos de comunicação serão postos à prova novamente. Por fim, os estudantes de todos os níveis viverão momentos dramáticos na escola e mudanças nos planos educacionais.

A saúde vai exigir cuidados o mês inteiro, especialmente até o dia 22. Melhore a saúde mantendo a disposição em alta, descansando e agendando mais massagens ou tratamento de reflexologia nos pés.

Marte entrou na Sétima Casa no mês passado (no dia 28) e continuará lá pelo resto do ano, então o amor vai acontecer, mas não será uma estrada tranquila. Marte terá um solstício entre os dias 7 e 16, ficando no mesmo grau de latitude neste período e depois mudando de direção. Ele fará uma pausa no céu, o que causará uma parada na sua vida amorosa e social, seguida por uma mudança de direção. Não há nada a temer. Isso é tão natural quanto o nascer do Sol e será essencialmente bom.

A carreira, o lar e a família serão importantes em julho. O desafio será equilibrar tudo isso. Muitos vivem esse dilema, que será bastante dramático para você neste mês.

AGOSTO

Melhores dias. 3, 4, 13, 14, 21, 22, 30, 31
Dias mais tensos: 1º, 2, 8, 9, 15, 16, 28, 29
Melhores dias para o amor: 3,4,8,9,15,16,17,18,23,24,25,26,27
Melhores dias para o dinheiro: 2, 11, 20, 23, 24, 29
Melhores dias para a carreira: 8, 9, 15, 16, 18, 19, 28

A saúde vai melhorar um pouco em relação ao mês anterior, mas ainda exigirá cuidados. Quatro planetas lentos estarão em alinhamento tenso, então observe sua energia e transforme o seu bem-estar em prioridade. Reveja nossa discussão sobre esse tema no relatório anual.

Mesmo com a energia em baixa, você parecerá bem-sucedido nesses dias. No mês passado você estava em um ápice profissional anual. No dia 7 deste mês, Vênus entrará na Décima Casa, então você estará no topo do mundo, sendo reconhecido e respeitado tanto por quem você é como pelas conquistas profissionais. Os outros desejarão ser como você.

As finanças estão boas neste ano e continuarão assim no próximo mês, apenas em um ritmo um pouco mais lento que o habitual. O Planeta das Finanças (Plutão) continuará retrógrado, portanto ainda será bom "esperar para ver" em relação a compras ou investimentos importantes. As finanças vão melhorar após o dia 22, mas os ganhos poderão acontecer com atraso.

O amor será importante e ativo este mês, embora bastante complicado. Haverá muitos desafios, mas Libra é capaz de enfrentar desafios na área social mais do que qualquer outro signo.

O setor oriental do seu mapa (o setor do "eu") estará no ponto alto de força em 2020. Este mês ainda será voltado para os outros e suas necessidades, mas haverá um pouco mais de independência pessoal que o habitual. O poder planetário estará no ponto máximo oriental pelos próximos dois meses, então poderá ser mais fácil fazer algumas das mudanças necessárias para você, mas os outros ainda virão em primeiro lugar.

A atividade retrógrada chegou ao ápice em junho e continuará forte este mês. Metade dos planetas estará retrógrada a partir do dia 15. O ritmo da vida vai desacelerar e o mundo estará mais tranquilo. Você poderá perfeitamente se concentrar na prática espiritual a partir do dia 22. No mundo externo as portas podem se fechar, mas as espirituais sempre estarão abertas.

Filhos ou figuras filiais em sua vida enfrentarão uma crise amorosa nos dias 1º e 2. Felizmente, o amor vai melhorar bastante para eles após o dia 22.

A Décima Primeira Casa estará forte até o dia 22, indicando um mês social, tanto em termos românticos quanto para amizades. A Décima Primeira Casa é benéfica, então haverá mais otimismo, além da realização das melhores esperanças e desejos.

SETEMBRO

Melhores dias: 9, 10, 18, 19, 26, 27
Dias mais tensos: 4, 5, 11, 12, 24, 25
Melhores dias para o amor: 2, 3, 4, 5, 13, 14, 15, 22, 23
Melhores dias para o dinheiro: 6, 7, 16, 17, 20, 21, 24, 25
Melhores dias para a carreira: 6, 7, 11, 12, 17, 26

A atividade retrógrada atingiu um "duplo auge" este mês, igualando o que tivemos em junho. Entre os dias 9 e 12, sessenta por cento dos planetas estarão retrógrados e no resto do mês, serão cinquenta. Estes são números muito altos (crianças nascidas sob esses aspectos vão amadurecer tarde). Com o ritmo da vida tão lento, você poderá se concentrar no lado espiritual, especialmente até o dia 22. Quando tudo parece empacado, o espírito permanece com as portas abertas. Além disso, o trabalho espiritual ajudará a manter a positividade.

O Planeta do Amor (Marte) começará o movimento retrógrado no dia 9. Isso é raro, acontece somente uma vez a cada dois anos. Os solteiros vão namorar e a vida social não para totalmente, mas desacelera. O relacionamento atual parece andar para trás em vez de avançar. Não é recomendável tomar decisões importantes no amor a partir do dia 9. Deixe que tudo se desenvolva naturalmente.

A saúde ainda exige cuidados, mas você sentirá melhoras a partir do dia 22. A entrada do Sol em seu signo tende a aumentar o nível de energia.

O romance poderá desacelerar, mas as amizades não. Os amigos e as oportunidades para atividades em grupo virão até você a partir do dia 22. Os amigos também parecem muito dedicados a você. A astrologia também ficará mais interessante neste período. Muita gente faz o horóscopo durante esse tipo de conjunção. Além disso, os equipamentos de alta tecnologia virão até você. Vênus (o senhor do seu horóscopo) entrará na Décima Casa (a dos Amigos) no dia 6 e isso reforça o que já dissemos.

Mercúrio estará em seu signo entre os dias 5 e 27, trazendo oportunidades para viagens ao exterior e um pouco de otimismo para a vida. Além disso, oportunidades educacionais vão procurar você.

No dia 22, o poder planetário mudará do lado superior e diurno para o lado inferior e noturno do mapa, indicando o pôr do sol do seu ano. Será a hora de abrir mão das atividades diurnas (os assuntos externos da vida e da carreira) e se concentrar mais nas atividades noturnas (a vida emocional, o lar e a família). Este será o momento de se preparar internamente para o próximo avanço na carreira, que acontecerá em 2021.

Júpiter vai se mover para a frente no dia 13. Isso será bom para os estudantes, que terão mais direção nos estudos e mais confiança nas faculdades intelectuais. Júpiter ficará em Capricórnio o ano inteiro, então a vontade é de aprender mais devagar, aprofundando-se nos conhecimentos adquiridos. A profundidade será mais importante que a superficialidade.

OUTUBRO

Melhores dias: 6, 7, 15, 16, 23, 24, 25
Dias mais tensos: 1º, 2, 9, 10, 21, 22, 28, 29, 30
Melhores dias para o amor: 1º, 2, 3, 11, 12, 19, 20, 21, 22, 28, 29, 30
Melhores dias para o dinheiro: 4,5, 13, 14, 17, 18, 21, 22, 23, 31
Melhores dias para a carreira: 6, 7, 9, 10, 15, 16, 25

As finanças estão boas o ano inteiro, mas vão ficar ainda melhores neste mês. No dia 4, o Planeta das Finanças (Plutão) começará a se mover para a frente após vários meses retrógrado. Embora ele não esteja exatamente em conjunção com Júpiter, ficará bem perto disso, o que tende a expandir os ganhos, trazendo mais clareza e senso de direção nas finanças. No dia 23 o Sol entrará na Casa do Dinheiro e você começará um ápice financeiro anual, então o mês ficará gradativamente mais próspero. Os dias 21 e 22 parecem especialmente fortes para as finanças.

Embora a atividade retrógrada esteja menor que o mês passado, ela ainda vai enfraquecer nos próximos meses. O ritmo da vida vai acelerar aos poucos, mas não agora.

Você entrou em um dos ápices anuais de prazer pessoal no dia 22 de setembro, que vai continuar até o dia 23. Este será um bom período para mimar o corpo e colocá-lo na forma que você deseja. Como no mês passado, você estará no auge da independência pessoal (lembre-se que isso é relativo, pois a prioridade continuará voltada para as outras pessoas e suas necessidades).

A vida amorosa seguirá complicada. O Planeta do Amor (Marte) ficará retrógrado o mês inteiro e receberá aspectos tensos, indicando desafios na vida do ser amado que podem ser a causa dos problemas. Além disso, você e o ser amado parecem mais afastados, especialmente após o dia 28, mas isso nem sempre indica distância física, e sim psicológica. O desafio será aparar essas diferenças. Não será fácil, mas o libriano consegue fazer isso melhor do que ninguém.

Os amigos e as oportunidades para amizades continuam em alta no horóscopo. Além de procurá-lo, eles parecem dar apoio e se dedicar a você. Esta parece ser uma área feliz na vida.

Vênus estará na Décima Segunda Casa (a da Espiritualidade) na maior parte do mês, entre os dias 2 e 28, portanto outubro também será espiritual. O foco nessa área vai melhorar a aparência pessoal e proporcionará um efeito melhor do que usar vários cremes e poções.

Vênus terá um solstício entre os dias 29 de outubro e 2 de novembro. Ele fará uma pausa no céu, ocupará o mesmo grau de latitude e depois mudará de direção, levando a uma pausa natural e boa em seus assuntos. Será um momento para respirar antes da mudança de rumo.

NOVEMBRO

Melhores dias: 2, 3, 4, 12, 20, 21, 30
Dias mais tensos: 5, 6, 18, 19, 25, 26
Melhores dias para o amor: 2, 3, 7, 8, 12, 16, 21, 22, 25, 26
Melhores dias para o dinheiro: 2, 11, 14, 15, 19
Melhores dias para a carreira: 5, 6, 14, 15, 24, 25

Vênus estará em seu signo até o dia 21, uma posição forte por estar no próprio signo e casa. Ele estará forte tanto em termos celestiais quanto terrestres. O amor será um desafio, mas não devido à aparência pessoal, que estará impecável. Você nasceu com fortes dons sociais e uma dose dupla de graciosidade, e tudo isso estará ainda mais forte. Será um bom mês para comprar roupas, acessórios e tudo o que melhore a imagem, pois a noção de estilo estará muito apurada.

O amor vai melhorar ao longo do mês. No dia 14, Marte (o Planeta do Amor), voltará a se mover para a frente, trazendo mais clareza nesta área. Tudo começará a avançar. No dia 21, quando Vênus se afasta do aspecto tenso com Marte, o conflito e as diferenças também vão enfraquecer.

A atividade retrógrada está diminuindo rapidamente. Após o dia 14, oitenta por cento dos planetas vão se mover para a frente, e após o dia 29 serão noventa por cento. O ritmo da vida vai acelerar e você vai progredir mais rapidamente em seus objetivos.

Teremos o quarto (e último) eclipse lunar do ano no dia 30, que será suave em termos pessoais. Ele ocorrerá em sua Nona Casa e afetará estudantes universitários, que vão alterar seus planos educacionais e serão obrigados a fazer mudanças financeiras importantes. As crenças religiosas, filosofias e teológicas serão postas à prova, o que continuará por mais alguns meses. Isso é bom, embora nem sempre seja agradável. Algumas dessas crenças precisarão ser modificadas ou totalmente abandonadas. É uma área importante, pois molda a sua forma de viver. O cônjuge, parceiro ou interesse amoroso atual poderá enfrentara desafios com irmãos, figuras fraternas, carros e equipamentos de comunicação. Além disso, irmãos ou figuras fraternas terão os relacionamentos postos à prova. Mais uma vez haverá mudanças na carreira e momentos dramáticos na vida de chefes, pais, figuras paternas e maternas (as figuras de autoridade em sua vida).

Este mês será próspero e ótimo para as finanças. Você estará no meio de um ápice financeiro anual até o dia 21, que poderá até continuar depois disso. O Planeta das Finanças (Plutão) vai se mover para a frente em conjunção exata com Júpiter, o seu Planeta da Abundância. Poderá acontecer uma mudança de residência e uma expansão do círculo familiar. Você terá bons aspectos para comprar ou vender uma casa. O apoio familiar será ótimo para isso.

A saúde não estará tão tensa quanto em janeiro, junho ou julho, mas ainda exigirá cuidados. Reveja as discussões anteriores sobre isso e a parte de saúde no relatório anual.

DEZEMBRO

Melhores dias: 1º, 9, 10, 17, 18, 27, 28
Dias mais tensos: 2, 3, 15, 16, 22, 23, 29, 30, 31
Melhores dias para o amor: 2, 3, 5, 6, 11, 12, 13, 14, 22, 23
Melhores dias para o dinheiro: 8, 11, 12, 16, 25, 26, 27
Melhores dias para a carreira: 2, 3, 5, 6, 13, 14, 24, 29, 30, 31

A saúde exigirá cuidados neste mês, especialmente após o dia 21. A boa notícia é que não será nem de longe tão tenso quanto no início do ano. Além disso, como dois grandes planetas estão mudando de signo e afastando-se dos aspectos tensos com você, a saúde será muito melhor em 2021 do que em 2020. Aproveite para reler a nossa discussão sobre a saúde no relatório anual e faça o possível para aumentar a disposição. Repouse quando estiver cansado e mantenha o foco no que é realmente importante, deixando as trivialidades da vida para lá. Tente agendar mais massagens, sessões de reflexologia nos pés ou outros tratamentos de saúde nesse período.

Teremos outro eclipse este mês, o sexto e último do ano. Será um eclipse solar no dia 14 que ocorrerá na Terceira Casa, afetando carros, telefones, computadores e equipamentos de alta tecnologia, que podem se comportar de modo errático e, às vezes, exigir reparos ou substituição. Talvez seja preciso fazer atualizações e este é o lado positivo da situação. As pessoas do dinheiro em sua vida vão fazer mudanças financeiras importantes. Irmãos e figuras fraternas precisam redefinir a imagem, aparência e o conceito de si. Nos próximos meses isso vai se manifestar como mudanças de guarda-roupa, cabelo e em uma nova imagem para o público. Os estudantes abaixo do nível universitário farão mudanças nos planos educacionais e talvez troquem de escola, onde haverá transtornos. Pais, ou figuras paternas ou maternas, viverão mudanças espirituais. As amizades também serão postas a prova e provavelmente haverá momentos dramáticos na vida de amigos, além de problemas nas organizações profissionais ou de ofício nas quais você esteja envolvido. O eclipse será relativamente benigno para você, mas não custa nada ir devagar nesse período.

O amor será feliz até o dia 21. Depois, haverá mais desafios. Dois planetas lentos na Quinta Casa a partir do dia 20 mostram dois casos amorosos, que serão mais diversão do que amor.

A área financeira deverá estar boa este mês. O Planeta das Finanças está se movendo para a frente, recebendo bons aspectos, e o mais importante: Vênus estará na Casa do Dinheiro até o dia 15, mostrando foco e envolvimento pessoal. Você vai gastar consigo mesmo e projetar uma imagem de riqueza. Você será visto como endinheirado. A aparência pessoal e a atitude como um todo parecem importantes para os ganhos.

Até o dia 21 haverá um grande foco nos interesses individuais. A mente estará mais afiada e aprenderá melhor. Você se comunicará bem. Será um bom período para alunos, professores, publicitários e comerciantes. Após o dia 21 o foco estará no lar e na família. Tudo parece bem mais tranquilo e melhor agora do que em todo o ano de 2020.

♏

ESCORPIÃO

O ESCORPIÃO

Nascidos entre 23 de outubro e 22 de novembro

PERFIL PESSOAL

ESCORPIÃO EM UM RELANCE

Elemento: Água
Planeta Regente: Plutão
 Planeta Corregente: Marte
 Planeta da Carreira: Sol
 Planeta da Saúde: Mercúrio
 Planeta do Amor: Vênus
 Planeta das Finanças: Júpiter
 Planeta do Lar e da Vida Familiar: Urano
Cor: púrpura
Cor que promove o amor, o romance e a harmonia social: verde
Cor que propicia ganhos: azul
Pedras: hematita, malaquita, topázio
Metais: ferro, rádio, aço
Perfumes: flor de cerejeira, coco, sândalo, melancia
Qualidade: fixa (= estabilidade)
Qualidade essencial ao equilíbrio: amplitude de visão
Maiores virtudes: lealdade, concentração, determinação, coragem, profundidade
Necessidades mais profundas: recolhimento íntimo e transformação
Características a evitar: ciúmes, desejo de vingança, fanatismo
Signos de maior compatibilidade: Câncer, Peixes
Signos de maior incompatibilidade: Touro, Leão, Aquário

Signo mais útil à carreira: Leão
Signo que fornece maior suporte emocional: Aquário
Signo mais prestativo em questões financeiras: Sagitário
Melhor signo para casamento e associações: Touro
Signo mais útil em projetos criativos: Peixes
Melhor signo para sair e se divertir: Peixes
Signos mais úteis em assuntos espirituais: Câncer, Libra
Melhor dia da semana: terça-feira

COMPREENDENDO A PERSONALIDADE ESCORPIANA

A fênix é um dos símbolos do signo de Escorpião. Meditar sobre essa lenda facilita a compreensão do temperamento escorpiano, bem como de seus interesses e de suas capacidades e necessidades mais profundas.

A fênix mitológica era uma ave capaz de renascer e de se reproduzir sozinha. E o fazia de forma curiosa. Voava à procura de um fogo ardente, geralmente em algum templo religioso, e se lançava sobre ele, deixando-se consumir pelas chamas, para depois emergir das cinzas, como um novo pássaro. Não poderia haver melhor símbolo para representar a transmutação mais profunda do ser.

Transformação — seja ela na mente, no corpo, nos negócios ou nos relacionamentos — é a palavra-chave para compreender o temperamento dos escorpianos. Eles são os transformadores da sociedade. Para que uma transformação se processe de forma natural, sem artificialidade, ela deve surgir do íntimo. Esse tipo de mudança é mais radical do que uma simples maquiagem superficial. Muitos acreditam que ao mudar a aparência estão se transformando, mas não é esse tipo de mudança que interessa aos escorpianos. Eles buscam alterações profundas e fundamentais. Uma vez que as transformações genuínas provêm do interior, os nativos demonstram grande interesse pelo cerne das coisas e, por conseguinte, pelo âmago filosófico da existência.

O intelecto dos nativos de Escorpião é profundo e penetrante. Se você, que é de outro signo, pretende prender o interesse de um escorpiano, terá de lhe apresentar algo mais do que uma simples imagem superficial. Você e seus projetos ou propostas terão de ser substanciais para despertar o interesse de um escorpiano. Se não o forem, ele logo irá desmascará-los e se afastará.

Ao observar a vida, com seus processos de crescimento e degeneração, torna-se evidente a atuação da força transformadora do signo de Escorpião. A lagarta se transforma em borboleta; o bebê se torna criança e, então, vira um adulto. Para os escorpianos, esse perpétuo processo de transformação não causa medo. Eles o encaram como parte natural da existência. Essa aceitação das transformações é a chave que lhes abre a compreensão do verdadeiro sentido da vida.

A compreensão escorpiana da vida, incluindo suas fraquezas, faz dos nativos do signo guerreiros valorosos, no sentido mais amplo da palavra. Acrescente a essas virtudes a profundidade, a paciência, a capacidade de resistir e suportar e você terá diante de si alguém com uma personalidade poderosíssima. Os escorpianos possuem boa memória, e de longo alcance. Podem ser muito vingativos — esperam anos para descontar algo em alguém. Entre os amigos, contudo, não há nenhum mais leal e verdadeiro do que o escorpiano. Poucos nativos de outros signos se mostram dispostos aos sacrifícios que ele é capaz de fazer por um amigo de verdade.

Os resultados de uma transformação são evidentes, muito embora o processo possa ser invisível e secreto. É por isso que os escorpianos possuem natureza oculta ou reservada. Uma semente não germinará adequadamente se a revirarmos o tempo inteiro, expondo-a à luz solar. Ela deve permanecer enterrada, longe da visão, até brotar. Da mesma forma, os escorpianos temem revelar muito de si e de suas aspirações. E ficarão felizes em lhes mostrar o produto acabado, mas só depois que estiver devidamente embrulhado. Por outro lado, apreciam conhecer os segredos alheios tanto quanto detestam revelar os seus.

FINANÇAS

Amor, nascimento, vida e morte são as transformações mais poderosas que se operam na natureza. Os escorpianos se interessam por todas elas. Em nossa sociedade, o dinheiro é também uma força transformadora; e é por essa razão que os nativos deste signo se interessam por ele. Para um escorpiano, dinheiro representa poder de controlar e gerar mudanças, e sua força o fascina. Mas, se não se mantiver atento, poderá tornar-se excessivamente materialista e maravilhar-se com o dinheiro, a ponto de acreditar que é ele que governa o mundo.

Até mesmo a palavra "plutocracia" tem a mesma etimologia que Plutão, o regente do signo de Escorpião, cujos nativos, de uma forma ou de outra, acabam atingindo o status financeiro a que aspiram. Lutam para alcançá-lo, e quando o conseguem, zelam cuidadosamente por seu patrimônio. Parte desse zelo financeiro deriva da honestidade, pois os escorpianos frequentemente lidam com o dinheiro de terceiros na condição de contadores, advogados, corretores e gerentes. E lidar com o dinheiro alheio requer ainda mais cautela do que fazê-lo com as próprias finanças.

Para realizar plenamente suas metas financeiras, os escorpianos precisarão aprender lições importantes. Deverão desenvolver qualidades que não lhes são intrínsecas, como a amplitude de visão, o otimismo, a fé, a confiança e, acima de tudo, a generosidade. Terão de aprender a ver que a opulência se faz presente em toda parte: tanto na natureza e na vida quanto em suas manifestações bem mais óbvias, como o poder e o dinheiro. Se eles aprenderem a desenvolver a generosidade, seu potencial financeiro aumentará de forma absurda, pois Júpiter, o senhor da abundância e da boa sorte, é também o regente financeiro de Escorpião.

CARREIRA E IMAGEM PÚBLICA

A aspiração mais profunda dos nativos de Escorpião é de serem considerados fontes de vida e de luz pela sociedade. Desejam ser líderes ou estrelas. Mas seguem uma trilha diferente da dos leoninos, as outras grandes estrelas do Zodíaco. O escorpiano chega às suas metas em segredo, sem ostentação; o leonino as persegue ostensivamente. O escorpiano busca as alegrias e o glamour dos ricos e famosos de forma mais discreta e reservada.

Os escorpianos possuem natureza introvertida e tendem a evitar as luzes da ribalta. Mas se desejam verdadeiramente consolidar suas metas profissionais mais elevadas, terão de se abrir um pouco mais e expressar-se com menos circunspecção; parar de ocultar sua luz debaixo de um barril e deixar que ela brilhe livremente. Acima de tudo, terão de abrir mão dos desejos de vingança e de atitudes mesquinhas. Os dons e a visão das profundezas lhes foram dados com um propósito importantíssimo: servir à vida, expandindo a alegria pessoal de viver em função dos outros.

AMOR E RELACIONAMENTOS

Escorpião é outro dos signos zodiacais que apreciam relacionamentos claramente definidos, sérios e bem-estruturados. São cautelosos na hora de contrair matrimônio, mas, tendo assumido um compromisso, permanecem fiéis a ele. E Deus proteja o cônjuge que for flagrado, ou mesmo que seja suspeito de infidelidade! O ciúme escorpiano já se tornou lendário. É tão intenso que consegue detectar o menor pensamento ou intenção de infidelidade, o qual desencadeará tanta tempestade quanto a prática do ato em si.

O escorpiano costuma desposar alguém mais abastado do que ele. A intensidade do seu temperamento faz com que ele valha por dois, de modo que tende a buscar parceiros pacatos, amistosos, estáveis e trabalhadores. Ele quer alguém com quem possa contar, alguém leal, para acompanhá-lo nas batalhas da vida. Para um escorpiano, um parceiro — seja amante ou amigo — é um companheiro, não um adversário. Os escorpianos buscam aliados, não competidores.

Se estiver apaixonado por um escorpiano, você precisará de muita paciência. Demanda muito tempo conhecê-lo, pois ele não se revela facilmente. Mas se você perseverar e se seus motivos forem louváveis, aos poucos ele permitirá que você penetre as câmaras secretas de sua mente e de seu coração.

VIDA DOMÉSTICA E FAMILIAR

Urano é o regente da Quarta Casa Solar de Escorpião, a Casa do Lar e da Vida Familiar. Urano é, também, o planeta da Ciência, da Tecnologia, das Mudanças e da Democracia. Isso fornece indícios interessantes da conduta escorpiana no lar e de como ele necessita agir para garantir uma vida doméstica feliz e harmoniosa.

Muitos escorpianos tendem a transferir seu arrebatamento passional e sua vontade férrea para o ambiente doméstico e familiar, cenário totalmente inadequado para tal tipo de manifestação. Esses traços de caráter são próprios em um soldado ou em um pioneiro desbravador, mas não em um provedor de família. Por isso, e também por sua necessidade de mudanças e de transformação, os nativos de Escorpião são propensos a mudanças súbitas de residência. Se não forem contidos com cuidado, os escorpianos — geralmente inflexíveis — podem causar muita turbulência e rebeliões no seio familiar.

Os nativos de Escorpião precisam desenvolver mais algumas qualidades aquarianas para poderem lidar melhor com os problemas domésticos. Devem aprender a cultivar o espírito de equipe e a tratar as atividades familiares como verdadeiras práticas de grupo, em que todos os membros possam opinar quanto ao que funciona e ao que não funciona. Pois, com frequência, os escorpianos se convertem em ditadores, e, quando isso acontece, eles ficam mil vezes piores do que um leonino ou um capricorniano (os outros dois signos de poder do Zodíaco). A ditadura escorpiana é mais intensa, passional, meditada, firme e centrada. Obviamente, isso é intolerável para os demais familiares, sobretudo para os mais sensíveis.

Para se beneficiarem do apoio emocional que a família oferece, os escorpianos precisam aprender a abrir mão do conservadorismo e a ser um pouco mais experimentais. Devem explorar novas formas de criar os filhos, procurar ser democráticos no lar e tentar administrar as situações por meio do consenso, não de editos autocráticos.

ESCORPIÃO
PREVISÃO ANUAL PARA 2020

TENDÊNCIAS GERAIS

A parte inferior (o lado noturno) do seu horóscopo estará dominante este ano, com apenas um planeta lento acima do horizonte. Embora o lado diurno ganhe força ao longo do ano, ele não chegará a superar o noturno, então 2020 será mais voltado para o lar, a família e as questões emocionais e psicológicas do que para as atividades externas. Voltaremos a esse assunto mais adiante.

A saúde parece boa na maior parte do ano. Em 2021 será outra história, e você precisará trabalhar mais arduamente nessa área. Este ano haverá apenas um planeta lento em alinhamento tenso (às vezes, dois). Falaremos sobre isso mais à frente.

A Terceira Casa (da Comunicação e Interesses Intelectuais) será facilmente a mais forte do horóscopo este ano, o que é bom para estudantes abaixo do nível universitário, pois mostra foco nos estudos. Eles vão trabalhar arduamente e isso indica sucesso. Também será bom para professores, escritores, publicitários e relações públicas.

Os quatro eclipses lunares deste ano (o dobro do habitual) afetarão estudantes universitários, indicando mudanças e contratempos. Eles podem mudar de escola, curso ou planos educacionais. Esses eclipses também vão por à prova sua religião e filosofia pessoais. Na verdade, suas crenças serão desafiadas várias vezes. Algumas precisarão ser repensadas enquanto outras serão descartadas. Não será prudente viajar durante os períodos de eclipse (isso será abordado com mais profundidade nos relatórios mensais).

As finanças parecem excelentes em 2020. O Planeta das Finanças, Júpiter, viajará com Plutão e Saturno de modo intermitente ao longo do ano, indicando que você ganhará dinheiro de modo prazeroso e haverá sorte em especulações. Sobre isso, falaremos mais adiante.

Netuno está na Quinta Casa há muitos anos e continuará lá por outros tantos, deixando o seu gosto por entretenimento mais refinado e espiritualizado. Haverá uma afinidade maior pelas belas-artes. Filhos e figuras filiais também parecem mais espiritualizados.

O amor talvez seja a área mais desafiadora neste ano (e nos próximos). Ele será empolgante, porém instável. Os relacionamentos atuais serão postos à prova. Voltaremos a esse assunto mais à frente.

As áreas mais importantes este ano serão comunicação e interesses intelectuais; lar e família (de 23 de março a 1º de julho e a partir de 18 de dezembro); filhos, diversão e criatividade; saúde e trabalho (a partir de 28 de julho); amor, romance e atividades sociais.

Os caminhos de maior realização este ano serão comunicação e interesses intelectuais (até 20 de dezembro); lar e família (a partir de 20 de dezembro); religião, filosofia, ensino superior e viagens ao exterior (até 6 de maio); carreira (a partir de 6 de maio).

SAÚDE

(Esta é uma perspectiva astrológica sobre a saúde, não uma visão médica. No passado essas perspectivas eram idênticas, mas hoje podem ocorrer diferenças significativas. Para obter uma opinião com base em diagnósticos da medicina convencional, consulte seu médico ou um profissional da área da saúde.)

Conforme já mencionamos, a saúde parece boa em 2020, especialmente no início do ano. De 23 de março a 1º de julho, Saturno vai se juntar a Urano em alinhamento tenso com você, mas não deverá ser o bastante para causar problemas sérios. Além disso, a Sexta Casa vai ganhar força a partir de 28 de junho, indicando mais foco na saúde, exatamente do que você precisa. Este foco vai deixar você em boas condições para o período a partir de 20 de dezembro, quando terá três planetas lentos em alinhamento tenso com você e a saúde vai precisar de mais cuidados, o que também acontecerá no próximo ano.

Apesar disso, a saúde parece boa na maior parte do ano e poderá ficar ainda melhor se você der atenção às seguintes áreas, que são as mais vulneráveis do seu mapa.

Cólon, bexiga e órgãos sexuais. São sempre importantes para os nativos de Escorpião e os reflexos aparecem no mapa. O sexo seguro e moderado também é importante. Ouça o corpo em vez da mente e você saberá a hora de parar. Fazer uma desintoxicação do cólon com chás de ervas de vez em quando será bom.

Cabeça, rosto e couro cabeludo. Essas áreas são sempre importantes para os escorpianos e os reflexos aparecem no mapa. Massagens regulares no rosto e no couro cabeludo devem fazer parte da sua rotina. As placas do crânio tendem a mudar de posição e precisam estar alinhadas. A terapia craniossacral também é boa para isso.

Glândulas suprarrenais. Também são importantes para os nativos de Escorpião e os reflexos aparecem no mapa. O importante em relação às suprarrenais é evitar a raiva e o medo, as duas emoções que as estressam.

Musculatura. Não é preciso ser fisiculturista ou ter músculos enormes, basta manter um bom tônus muscular. Músculos fracos ou flácidos podem prejudicar a coluna e desalinhar o esqueleto, causando vários tipos de problemas. Portanto, exercícios físicos vigorosos de acordo com sua idade ou fase da vida são importantes.

Coração. Ganhará importância entre 23 de março e 1º de julho e a partir de 18 de dezembro, e continuará importante em 2021. Os reflexos aparecem em seu mapa. O importante com o coração é evitar preocupações e ansiedade, o que pode ser definido como falta de fé. A meditação será de grande ajuda para isso.

Marte (o Planeta da Saúde) se move mais rapidamente que os planetas lentos, e mais lentamente que os planetas rápidos. Em 2020 ele passará por seis signos e casas do seu horóscopo, então haverá muitas tendências de curto prazo na saúde que serão abordadas com mais profundidade nos relatórios mensais.

Em geral, alimentos quentes e apimentados aquecem o corpo e têm capacidade curativa para você. Cebola, alho (a penicilina do mundo antigo), além das pimentas jalapeño e caiena, são alimentos curativos. Os climas quentes são melhores para a saúde do que os frios. Se você vive em clima frio, agasalhe-se bem no inverno. O calor é uma boa terapia para você, então aproveite os benefícios de saunas, salas de vapor, banhos na temperatura mais quente possível, além de cerimônias envolvendo fogo e queima de velas (elas trazem o fogo metafísico, que é bom).

O elemento fogo estará fraco este ano. Haverá períodos em que ele ficará mais forte (mas no geral estará frágil). Também haverá tempos sem qualquer tipo de fogo no mapa, então manter-se aquecido será ainda mais importante que o habitual.

LAR E FAMÍLIA

Esta área da vida ganhará importância ao longo do ano. Saturno entrará na Quarta Casa entre 23 de março e 1º de julho e depois (agora no longo prazo) em 18 de dezembro. Júpiter também entrará na Quarta Casa no dia 20 de dezembro e continuará lá por quase todo o ano de 2021, então uma mudança de residência ou renovação do lar poderá acontecer nos últimos meses (mais provavelmente no ano que vem).

Quando Saturno estiver sozinho na Quarta Casa (entre 23 de março e 1º de julho e nos dias 18 e 19 de dezembro), você sentirá o lar e a família como um fardo e será preciso disciplina para lidar com essa área. Mais responsabilidades familiares recairão sobre você, que precisará cumprir seu dever porque não haverá outra escolha. Um dos pais, figura paterna ou materna, parece mais controlador que o habitual e também estará pessimista. Há uma tendência maior à depressão, mas tudo ficará mais leve quando Júpiter entrar na Quarta Casa em 20 de dezembro. Júpiter vai levar embora a tristeza, injetando um pouco de otimismo e felicidade. Embora a vida tenha parecido amarga por um tempo, agora ela ficará prazerosa e dolorosa na mesma medida. As mulheres em idade fértil estarão mais férteis que o habitual a partir de 20 de dezembro e pelos próximos dois anos. Uma gravidez parece complicada em 2020 e dará mais trabalho. Engravidar no ano que vem parece mais tranquilo.

O Planeta da Família (Urano) está na Sétima Casa desde março do ano passado e continuará lá por vários anos, indicando mais socialização com a família e pessoas que são como família para você. Um dos pais, figura paterna ou materna, parece muito envolvido em seu atual relacionamento ou com a sua vida amorosa no geral; provavelmente terá boas intenções, mas poderá desestabilizar tudo.

Com o Planeta da Família na Sétima Casa, você vai deixar a casa mais bonita e atraente e estará trabalhando para transformá-la em centro social. Você dará mais festas e se divertirá mais em casa. E também deverá redecorar o lar (talvez muitas vezes), além de comprar objetos de beleza.

Com Saturno entrando na Quarta Casa, você vai investir nos equipamentos de comunicação mais modernos. Não surpreenderia se você ministrasse palestras ou oficinas em casa ou a transformasse em um centro educacional, o que continuará pelos próximos dois anos, mas o início disso será percebido neste ano.

A entrada de Júpiter na Quarta Casa indica mais gastos com o lar e a família, o que parece um bom investimento para você, além de mostrar dinheiro ganho de casa, instalação de escritório doméstico e similares. O apoio familiar será forte, mas haverá desafios nessa área.

Pais, ou figuras paternas e maternas, na sua vida parecem mais inquietos este ano. Podem acontecer mudanças de residência, talvez várias vezes. Um deles vai viajar muito e morar em lugares diferentes. Irmãos e figuras fraternas poderão fazer reformas ou reparos importantes no lar, provavelmente a partir de 28 de junho. Eles também terão uma oportunidade de mudar de residência em março.

Filhos ou figuras filiais terão um ano familiar sem grandes alterações. O mesmo vale para os netos (caso você os tenha) e para os que têm este papel em sua vida.

Se você estiver planejando grandes reparos ou reformas em casa, o período entre 31 de março a 13 de maio será bom para isso. A redecoração poderá acontecer o ano inteiro, mas entre 5 de março e 3 de abril será o período ideal.

DINHEIRO E CARREIRA

Você está saindo de um período de dois anos de prosperidade e expansão financeira. A essa altura, a maioria dos seus objetivos de curto prazo já foi conquistada e você vai se concentrar no desenvolvimento mental e intelectual. A Casa do Dinheiro estará basicamente vazia em 2020, com apenas planetas rápidos passando por lá, o que leva suas finanças a se manterem no *status quo*. Ano passado foi próspero e o ano que vem também o será.

O Planeta das Finanças (Júpiter) também viajará com Plutão (o senhor do seu horóscopo) pela maior parte do ano com graus diversos de exatidão, o que também indica prosperidade. Você vai gastar e investir em si mesmo, além de cultivar a imagem de prosperidade. Isso também mostra que o dinheiro e as oportunidades financeiras vão procurá-lo e você não precisará se esforçar muito. Geralmente isso indica sorte inesperada nas finanças, sendo um aspecto muito afortunado nesta área.

O Planeta das Finanças estará no signo de Capricórnio quase o ano inteiro, indicando conservadorismo financeiro e julgamento sólido nessa área, outro sinal de prosperidade. Você não vai se importar com as flutuações nos investimentos de curto prazo, e sim com o valor deles no longo prazo, tendo uma boa noção em relação a isso. Este será um excelente ano para acertar o orçamento, poupar e fazer investimentos. Você terá uma boa disciplina financeira.

O ano de 2020 será próspero, mas não no sentido de "dinheiro rápido" e sim de obter riqueza de modo gradual e metódico.

O Planeta das Finanças em Capricórnio favorecerá investimentos conservadores, em empresas antigas, estáveis e grandes, como as que fazem parte dos índices DOW, S&P 500 e FTSE.

Este será um bom ano para as finanças, mas não será particularmente forte para a carreira. Conforme já mencionamos, quase todos os planetas estarão abaixo do horizonte no seu mapa. A Quarta Casa (do Lar e da

Família) ficará ainda mais forte, enquanto a Décima Casa (a da Carreira) estará basicamente vazia. Mesmo assim, o Nódulo Norte da Lua (um ponto abstrato) estará na Décima Casa a partir de 6 de maio, trazendo uma sensação de realização profissional. Talvez você esteja feliz onde está na carreira e agora consiga se concentrar no lar, na família e nas questões emocionais. Além disso, boa parte desse foco no lar, na família e na infraestrutura psicológica será motivada pelo trabalho. Será preciso colocar esta parte da vida em ordem antes de conquistar os verdadeiros objetivos na carreira. Você estará em uma etapa de preparação para o futuro profissional.

AMOR E VIDA SOCIAL

Esta é uma área tanto empolgante quanto desafiadora. E será bem mais fácil para os solteiros, pois o ano mostra alguém que está "explorando o terreno", experimentando no amor e nos relacionamentos, passando de uma relação para outra. Os solteiros vão acabar aprendendo o que os deixa felizes — será um processo de tentativa e erro. O casamento não será provável e nem recomendável por algum tempo.

A boa notícia para os solteiros é que o amor será empolgante e estimulante. Não haverá um momento sequer de tédio. O amor e as oportunidades românticas poderão acontecer a qualquer momento em qualquer lugar, geralmente quando você menos esperar ou com pessoas que você não imagina. Você poderá colocar o lixo para fora ou fazer alguma tarefa mundana e encontrar alguém de repente. O único problema será a estabilidade desses encontros, que podem ir e vir rapidamente. Mas isso não importa, pois sempre haverá o próximo.

Para os casados ou que estão em relacionamentos sérios, será um período cheio de desafios para o amor. Já vi relacionamentos sobreviverem a esses momentos, mas não foi fácil. O compromisso deverá ser intenso, será preciso disposição para trabalhar muito no relacionamento. O cônjuge, parceiro ou interesse amoroso atual parece muito rebelde e inquieto, querendo liberdade e mudança. Se o relacionamento atual permitir isso, poderá dar certo.

Como já mencionamos, haverá mais socialização no lar e com parentes. Para os solteiros, as oportunidades românticas poderão vir por meio da família ou conexões familiares. As oportunidades amorosas estarão perto de casa.

Uma antiga paixão do passado ou alguém com esses traços de personalidade poderá voltar à cena, o que poderá ser outro fator que desestabilize o relacionamento atual. Esses "retornos" costumam ter fins curativos. Antigas questões serão resolvidas para que vocês dois possam seguir em frente.

Haverá muitas tendências de curto prazo na vida amorosa porque o Planeta do Amor (Vênus) se move rapidamente, então o romance poderá acontecer de muitas formas e por meio de várias pessoas. Esta será a sua natureza. Além disso, as suas necessidades e atitudes em relação ao amor tenderão a mudar rapidamente porque vão depender da posição de Vênus no momento e dos aspectos que ele recebe. Isso será abordado com mais profundidade nos relatórios mensais.

Quatro eclipses lunares serão decisivos para o casamento ou relacionamento atual de irmãos e figuras fraternas. Eles não precisarão terminar porque os bons relacionamentos tendem a se manter, mas haverá transtornos. Se o relacionamento já tiver problemas, dificilmente sobreviverá a todos esse eclipses.

O casamento ou relacionamento amoroso atual de um dos pais, figura paterna ou materna, será testado entre 23 de março e 1º de julho, mas tudo ficará mais fácil após 20 de dezembro. Já filhos e figuras filiais terão um ano amoroso sem grandes mudanças.

AUTOAPRIMORAMENTO

A mente do escorpiano é muito profunda. Ninguém é capaz de mergulhar em qualquer assunto com a mesma dedicação. Aprender de modo automático, repetindo fatos e números memorizados não é o estilo deste signo, que precisa entender verdadeiramente o tema. É por isso que os nativos de Escorpião costumam ser ótimos pesquisadores e profissionais na área de inteligência. Eles procuram o que está por trás dos fatos e esta tendência ficará ainda mais forte em 2020. A Terceira Casa será a mais forte do horóscopo, então será um bom período para fazer cursos e se aprofundar em assuntos que o interessem. Não tenha pressa, pois vai valer a pena. Este será um ano para refazer o capital intelectual e avançar nessa área.

Saturno vai estar na Quarta Casa por um longo tempo a partir de 18 de dezembro, mas antes disso fará uma breve visita a esta casa entre 21 de março e 1º de julho. Como já mencionado, isso trará novas responsabilidades familiares e será algo que você não poderá evitar (e nem deverá tentar fazer isso). Ao assumir essas responsabilidades, você terá ajuda para lidar com elas. Outra questão com Saturno na Quarta Casa será a vida emocional. Como nossos leitores habituais já sabem, a Quarta Casa tem significados mais profundos do que o lar e a família. Ela rege os humores, as emoções e a vida psicológica. Este será o foco por pelo menos dois anos. Da perspectiva espiritual, Saturno passando pela Quarta Casa indica uma necessidade de colocar a vida emocional em ordem, aprendendo a direcionar e administrar os sentimentos para que eles possam ajudar você a avançar em seus objetivos. É assim que tudo sempre deveria ser, mas isso precisa ser feito corretamente. Direcionar e administrar as emoções não significa reprimi-las. A repressão não consegue durar muito, pois o sentimento negativo vai encontrar um jeito de vir à tona, muito provavelmente de modo mais destrutivo que a situação exige. A repressão também não é boa para a saúde como um todo, então é preciso expressar os sentimentos negativos (e muitos deles são bastante naturais) de modo a não causar danos. Não é bom guardá-los para si. Considere-os como "dejetos psicológicos": é preciso colocá-los para fora, dar descarga e seguir a vida, liberando a pressão negativa. Existem várias formas de fazer isso. Quem estiver em alguma terapia psicológica poderá liberá-los por meio da conversa. Também é possível escrever os sentimentos ruins quando eles surgirem (faça isso o mais rapidamente possível) ou ditá-los a um dispositivo de gravação. Não meça as palavras, diga tudo o que sente. Não é preciso ser educado neste exercício, pois tudo ficará entre você e o gravador. Quando terminar (e você vai saber a hora de parar), rasgue o papel ou apague a gravação. Não releia ou ouça novamente. Após tirar essas emoções do corpo, você poderá seguir a vida. O interessante é que liberar sentimentos negativos abre portas na mente e será possível enxergar as soluções ou formas de resolver os problemas que geraram a negatividade. Se você é adepto de meditação, ela ficará muito melhor do que antes.

Também existem outros métodos. Meu livro, *A Technique for Meditation*, discute estas questões nos capítulos 2 e 3. Quem desejar mais informações sobre isso poderá visitar meu blog, www.spiritual-stories.com [em inglês].

A questão é: você não precisa ser vítima dos estados emocionais.

Netuno está na Quinta Casa há vários anos. Seu gosto para entretenimento e diversão está sendo lapidado e tornando-se espiritualizado. Vídeos, músicas e filmes espirituais serão mais atraentes para você e hoje em dia existem várias opções, bem mais do que no passado. Além disso, como já mencionamos em relatórios anteriores, sua criatividade está muito refinada e inspirada. Quem estiver envolvido com as artes criativas vai sentir isso com muita força.

PREVISÕES MENSAIS

JANEIRO

Melhores dias: 1º, 9, 10, 18, 19, 27, 28
Dias mais tensos: 5, 6, 12, 24, 25, 26
Melhores dias para o amor: 5, 6, 13, 14, 18, 19, 27, 28
Melhores dias para o dinheiro: 5, 6, 14, 20, 21, 22, 23
Melhores dias para a carreira: 5, 6, 12, 14, 15, 24, 25

Você começará 2020 perto da meia-noite (metafórica) do seu ano. Além disso, oitenta ou noventa por cento dos planetas estarão abaixo do horizonte (o lado noturno do mapa), então, este será um período voltado para o lar, a família e o bem estar emocional. Até seu Planeta da Carreira (o Sol) estará na Quarta Casa a partir do dia 20. O lar e a família serão a verdadeira missão e carreira neste período (às vezes, isso indica alguém que trabalha em casa).

Este será um ano de preparação para o futuro sucesso na carreira. Você precisará da base certa para conquistar seus objetivos externos e vai construí-la em 2020.

O ano começará com o setor oriental do "eu" dominante, então você ainda estará em um período de independência pessoal, no qual a iniciativa é o que importa. Se precisar fazer mudanças para a sua felicidade, prefira o início do mês, pois no dia 20 o poder planetário mudará para o setor social ocidental, dificultando esse processo.

O eclipse lunar do dia 10 acontecerá em sua Nona Casa e afetará três planetas, então será forte. O impacto em Plutão (o senhor do seu horóscopo) indica que você será pessoalmente afetado. Poderá haver uma desintoxicação do corpo e uma reavaliação de sua imagem e apresentação para o mundo. O eclipse também afetará os estudantes universitários e que estão prestes a entrar na faculdade, indicando transtornos na escola, mudanças de instituição e de planos educacionais. Carros e equipamentos de comunicação serão postos à prova e podem se comportar erraticamente. Irmãos e figuras fraternas viverão momentos dramáticos na vida pessoal e também precisarão se redefinir nos próximos meses. O impacto em Mercúrio reforçará não só o teste de carros e equipamentos de comunicação, como de todos os aparelhos tecnológicos. O cônjuge, parceiro ou interesse amoroso atual enfrentará várias mudanças, mas este eclipse trará mudanças financeiras. Então vá com calma neste período.

A saúde estará boa este mês, mas exigirá mais atenção após o dia 20. A disposição em baixa provavelmente não será uma patologia, apenas a mudança natural dos planetas rápidos, visto que a saúde geral estará boa. O Planeta da Saúde (Marte) estará na Casa do Dinheiro a partir do dia 2, portanto a boa saúde para você significará boa saúde financeira. Este aspecto também mostra ganhos por meio do trabalho.

FEVEREIRO

Melhores dias: 6, 7, 14, 15, 23, 24, 25
Dias mais tensos: 1º, 2, 8, 9, 21, 22, 28, 29
Melhores dias para o amor: 1º, 2, 7, 8, 16, 17, 26, 27, 28, 29
Melhores dias para o dinheiro: 1º, 2, 10, 11, 16, 17, 19, 20, 28, 29
Melhores dias para a carreira: 3, 4, 8, 9, 12, 13, 23, 24

Embora a saúde esteja boa, vale a pena descansar e relaxar mais até o dia 19. A energia não estará dentro dos padrões habituais, mas haverá uma melhora dramática a partir do dia 19.

Marte está na Casa do Dinheiro desde 2 de janeiro e continuará lá até o dia 16, indicando lucros que virão do trabalho e do serviço produtivo. Não é o aspecto de um ganhador da loteria. Também mostra uma pessoa que gastará mais com a saúde e produtos relacionados a ela, além de ganhar com isso. Marte entrará na Terceira Casa e no signo de Capricórnio no dia 16. Em termos de saúde, coluna, joelhos, dentes e alinhamento do esqueleto ganham importância. Além disso, procure manter a postura correta. As finanças estarão boas em fevereiro, mas ficarão muito melhores em março, graças a importantes desenvolvimentos financeiros que estão por vir.

O amor está complicado há um tempo, desde que Urano entrou na Sétima Casa. Até o dia 7 esta área parece muito feliz (relativamente falando) e o traquejo social estará forte. Uma oportunidade romântica se apresentará entre os dias 1º e 3 e o amor será divertido até o dia 7. Você se sentirá atraído por pessoas espiritualizadas e que puderem oferecer momentos divertidos. Vênus entrará em Áries no dia 7. Esta não é a posição favorita dele, que fica enfraquecido neste signo. Os astrólogos chamam isso de "detrimento". Ele está longe do lar. Além disso, Vênus receberá aspectos tensos, então o amor estará mais complicado nesse período e haverá uma tendência a entrar em relacionamentos rápido demais. Você será uma pessoa que se apaixona à primeira vista nesse período e tenderá a encontrar esse tipo de pessoa. Haverá oportunidade para o romance com colegas de trabalho, mas será bem complicado.

O Planeta do Amor (Vênus) terá um solstício entre os dias 8 e 10, fazendo uma pausa no céu, ocupando o mesmo grau em latitude e depois mudando de direção, levando a uma pausa na vida social seguida de mudança de rumo. Nada com que se preocupar, é algo tão natural quanto o nascer do Sol.

O Sol entrará na Quinta Casa no dia 19 e você começará um ápice anual de prazer pessoal. Será hora de se divertir e se entregar à sua criança interior. Além disso, você também vai se dar melhor com crianças.

MARÇO

Melhores dias: 4, 5, 12, 13, 22, 23
Dias mais tensos: 1º, 6, 7, 19, 20, 27, 28
Melhores dias para o amor: 1º, 8, 17, 18, 27, 28
Melhores dias para o dinheiro: 1º, 8, 9, 14, 15, 17, 18, 27, 28
Melhores dias para a carreira: 4, 5, 6, 7, 12, 13, 24, 25

O setor social ocidental ficará ainda mais poderoso este mês. Ele está dominante desde 20 de janeiro, então o foco estará mais nas outras pessoas do que em você. O cultivo das habilidades sociais será mais importante do que a iniciativa pessoal ou as habilidades profissionais. É hora de deixar os outros agirem como desejarem, desde que não seja destrutivo. É como se você tirasse férias de si mesmo. O bem virá quando você cair nas graças dos outros.

Este mês será muito próspero. Grandes pagamentos vão acontecer. Júpiter (o Planeta das Finanças) viajará com Plutão, o senhor do seu horóscopo, trazendo ganhos inesperados e oportunidades financeiras felizes. A propriedade intelectual será comercializável e aumentará seu valor. As pessoas do dinheiro na sua vida estarão próximas e serão muito úteis. Haverá boa fortuna na área comercial, além de vendas, marketing e relações públicas. Irmãos e figuras filiais em sua vida também vão prosperar e parecem envolvidos em suas finanças. As oportunidades financeiras poderão vir de vizinhos.

Marte viajará com Júpiter entre os dias 15 e 21, indicando oportunidades de trabalho felizes e lucrativas. O poder na Sexta Casa a partir do dia 20 indica oportunidades de emprego. Os empregadores vão aumentar a força de trabalho.

O amor estará no ar, mas altamente instável. Vênus viajará com Urano entre os dias 6 e 9, podendo abalar o relacionamento atual ou trazer um novo amor de repente. A vida amorosa não será entediante, sem dúvida. Será uma novela.

O Planeta da Carreira (o Sol) viajará com Netuno entre os dias 6 e 9. A boa intuição será importante para a carreira. Além disso, filhos e figuras filiais vão ajudar na área profissional. A vida onírica será mais ativa e provavelmente lançará luz sobre questões da carreira. Até o dia 20 haverá uma necessidade de apreciar o caminho profissional e se divertir com ele. Às vezes, isso mostra você entretendo um cliente ou sendo entretido por alguém envolvido em sua vida profissional.

A saúde estará boa neste mês e poderá ficar ainda melhor das formas citadas no relatório anual. Acrescente também massagens nas costas e nos joelhos.

O Sol entrará na Sexta Casa no dia 20, então o seu profissionalismo será notado por superiores, gerando progresso na carreira. Isso mostra também concentração na saúde. Com sorte, este foco envolverá um estilo de vida saudável e voltado para a prevenção. Quando a saúde está boa, pode mostrar uma tendência à hipocondria, a exagerar algo pequeno e criar problemas onde não existem. Tenha cuidado com isso.

ABRIL

Melhores dias: 1º, 2, 9, 10, 18, 19, 28, 29
Dias mais tensos: 3, 4, 15, 16, 23, 24, 30
Melhores dias para o amor: 7, 8, 15, 16, 17, 23, 24, 25, 26
Melhores dias para o dinheiro: 6, 11, 12, 14, 24
Melhores dias para a carreira: 3, 4, 12, 23, 30

A saúde estará mais delicada este mês. Saturno entrou em alinhamento tenso com você no dia 23 de março e Marte se juntou a ele no dia 31. No dia 19 deste mês, o Sol entrará em alinhamento tenso, então será bom observar mais a energia. Os que nasceram no início do signo de Escorpião (entre 23 e 25 de outubro) vão sentir isso com mais força, mas todos vocês sentirão de alguma forma. O foco na saúde até o dia 19 certamente vai ajudar depois disso.

A prosperidade continuará muito forte o mês inteiro. Júpiter e Plutão vão viajar juntos, então grandes pagamentos e oportunidades financeiras felizes continuam acontecendo. A prosperidade será ainda maior após o dia 19.

O amor será o grande destaque do mês. A vida social estará bastante ativa, com muitas oportunidades românticas para os solteiros. Você parece se dar bem com todo tipo de pessoa: dos ricos e poderosos aos corporativos, criativos e espiritualizados. A única questão (como vem acontecendo há um tempo) será a estabilidade dessas relações, mas elas serão empolgantes enquanto durarem (não se preocupe em projetar um futuro distante; apenas as aprecie pelo que elas são).

A carreira ficará mais importante este mês. No dia 19, a metade superior do horóscopo (o lado diurno) começará a ganhar força. Embora ela nunca supere o lado inferior e noturno, haverá momentos em que ambas serão igualmente fortes. Como muitas pessoas nesses dias, você precisará equilibrar uma carreira bem-sucedida com uma vida doméstica e familiar de sucesso. Você vai alternar de uma para outra. O Planeta da Carreira (o Sol) viajará com Urano entre os dias 24 e 26, indicando um desenvolvimento súbito na carreira em algum evento repentino. Talvez uma mudança seja necessária. A família parece apoiar a vida profissional e os chefes, seus objetivos familiares.

O Planeta da Carreira estará na Sétima Casa a partir do dia 19, fazendo a carreira avançar por meios sociais. Boa parte da socialização será relacionada ao trabalho. Você vai se misturar com pessoas poderosas que poderão ajudá-lo profissionalmente. Os contatos sociais vão impulsionar a carreira e abrir portas. Será muito bom ir aos tipos certos de reuniões sociais e talvez organizar algumas.

Mercúrio viajará com Netuno nos dias 3 e 4. A vida onírica estará hiperativa e reveladora neste período. Os que estiverem envolvidos nas artes criativas receberão inspiração.

MAIO

Melhores dias: 6, 7, 15, 16, 25, 26
Dias mais tensos: 1º, 13, 14, 20, 21, 27, 28
Melhores dias para o amor: 4, 5, 13, 14, 20, 21, 23, 24
Melhores dias para o dinheiro: 3, 8, 9, 12, 22
Melhores dias para a carreira: 1º, 2, 3, 11, 23, 27, 28

Vênus (o Planeta do Amor) ficou "fora dos limites" no dia 13 de abril e continuará assim o mês inteiro, então você estará muito além da esfera normal tanto na vida amorosa quanto na espiritual. Talvez os solteiros saiam com pessoas fora da esfera habitual ou a busca pelo amor leve você a novos locais. Além disso, você vai explorar sistemas e práticas espirituais que estão fora da norma. A sensação é de que não existem respostas na esfera normal, levando à necessidade de ir além. Em território desconhecido a confiança social ficará enfraquecida, particularmente após o dia 13, quando Vênus começará o movimento retrógrado. Então aproveite a vida amorosa (que será empolgante e ousada), mas não tome decisões importantes agora, especialmente após o dia 13.

Vênus passará o mês na Oitava Casa, então o magnetismo sexual parece muito importante no amor, mas outros fatores também contarão. Haverá uma necessidade de compatibilidade mental e facilidade na comunicação.

O poder planetário continuará no setor social ocidental este mês e você ainda estará em um ápice amoroso e romântico anual até o dia 20, então a vida social estará dominante. Outras pessoas e seus interesses terão precedência sobre os seus. Você poderá parecer mais dependente, mas as habilidades sociais vão trazer o bem, que virá através dos outros. Continue deixando os outros agirem do jeito deles, desde que não seja destrutivo. O seu jeito de agir provavelmente não será o melhor nesse período.

A saúde vai melhorar dramaticamente após o dia 20. Enquanto isso, você poderá melhorar a saúde das formas mencionadas no relatório anual. Além disso, massagens nas panturrilhas e tornozelos serão boas até o dia 23. Também será importante manter a saúde emocional, deixando o humor positivo e construtivo. Após o dia 13, o Planeta da Saúde (Marte) entrará em Peixes (a Quinta Casa) favorecendo tratamentos de reflexologia ou escalda-pés tipo turbilhão. Se você ficar indisposto, mergulhe em uma nascente, lago ou rio. Caso não seja possível, mergulhe em uma banheira em casa. As terapias espirituais serão poderosas a partir do dia 13. Se você estiver indisposto, a cura espiritual poderá ajudar.

A prosperidade continuará muito forte, mas você parece indeciso em relação a algumas oportunidades. Plutão ficou retrógrado no dia 25 de abril e continuará assim por vários meses, então é hora de reavaliar os objetivos pessoais. A autoconfiança e autoestima podem estar mais fracas que o habitual, mas isso pode ser bom neste período mais social. Exagerar no "eu" não será uma boa ideia.

A Oitava Casa (a sua favorita) ganhará força após o dia 20, envolvendo você no que Escorpião faz de melhor: transformação e reinvenção pessoal, organização da vida, da mente e das emoções, bem como fazer ou pagar dívidas.

JUNHO

Melhores dias: 3, 4, 11, 12, 13, 21, 22, 28, 29
Dias mais tensos: 9, 10, 16, 17, 18, 24
Melhores dias para o amor: 1º, 9, 10, 16, 17, 18, 19, 20

Melhores dias para o dinheiro: 5, 6, 8, 18, 27, 30
Melhores dias para a carreira: 1º, 9, 10, 20, 21, 24

A atividade retrógrada chegará ao máximo de 2020 neste mês (e repetirá este máximo em setembro). Entre os dias 23 e 25, sessenta por cento dos planetas estarão retrógrados; depois do dia 25, serão cinquenta por cento. Os eventos no mundo vão desacelerar. O que você lerá nos jornais deverá ser interpretado com desconfiança. O principal impacto será o movimento retrógrado de Vênus, Júpiter e Plutão, três planetas muito importantes em seu mapa. Plutão é o senhor do seu horóscopo e representa os desejos pessoais, enquanto Vênus rege a vida amorosa e Júpiter, as finanças. Todas essas áreas vão desacelerar, mas a prosperidade vai continuar acontecendo, embora com atrasos e problemas. Júpiter continuará viajando com Plutão este mês. A vida amorosa vai melhorar após o dia 25, quando Vênus começará a se mover para a frente.

Use esses movimentos retrógrados para analisar seus objetivos e ver onde é possível melhorar. Será muito importante obter clareza mental em relação a eles. Assim, você estará em boa posição para avançar quando os planetas voltarem a se mover para a frente (ainda em 2020).

Teremos dois eclipses este mês: um lunar no dia 5 e outro solar no dia 21. Os eclipses sempre trazem mudanças e transtornos, que poderão acontecer com atraso devido aos movimentos retrógrados.

O eclipse lunar do dia 5 ocorrerá em Sagitário e na Casa do Dinheiro, levando a mudanças financeiras importantes. O seu pensamento e planejamento nessa área não andam muito realistas e correções de rumo serão necessárias. Porém, conforme já mencionamos, pense bastante antes de fazer as mudanças. Analise por todos os ângulos e obtenha o máximo de fatos possível. Este eclipse também afetará Vênus (o Planeta do Amor), então o amor será posto à prova. Mudanças na prática e nos ensinamentos de mestres espirituais também poderão acontecer. Haverá abalos em uma organização espiritual ou de caridade à qual você pertence e os gurus ou figuras que fazem esse papel em sua vida viverão dramas pessoais. Marte (o Planeta da Saúde e do Trabalho) também será afetado, indicando mudanças de emprego na empresa atual ou em outra. As condições de trabalho também vão mudar e poderá haver transtornos na sua empresa. A sua rotina de saúde também sofrerá alterações. Todo eclipse lunar afeta os escorpianos universitários e este não será diferente (haverá outros ao longo do ano), mostrando problemas na escola, além de mudanças de instituição e nos planos educacionais. Haverá ainda crises e abalos em seu local de culto e na vida dos líderes religiosos.

O eclipse solar do dia 21 também afetará estudantes universitários, o local de culto e a vida de líderes religiosos. Será quase uma repetição do eclipse lunar, embora não seja exatamente igual. Ele também traz mudanças na carreira, na administração de sua empresa ou indústria e momentos dramáticos na vida de chefes, pais, figuras paternas ou maternas.

JULHO

Melhores dias: 1º, 9, 10, 19, 20, 27, 28
Dias mais tensos: 6, 7, 8, 14, 15, 21, 22
Melhores dias para o amor: 6, 7, 8, 14, 15, 16, 17, 25, 26
Melhores dias para o dinheiro: 2, 3, 4, 5, 14, 15, 23, 24, 29, 30, 31
Melhores dias para a carreira: 1º, 9, 10, 20, 21, 22, 29

Outro eclipse lunar (o terceiro deste ano) ocorrerá no dia 5 e será sentido por todos os estudantes, universitários ou não. Ele acontecerá na Terceira Casa e afetará outros três planetas de modo indireto.

Sendo assim, estudantes terão problemas na escola e enfrentarão mudanças nos planos educacionais (mais uma vez). Os carros e equipamentos de comunicação serão postos à prova e poderão precisar de reparos ou substituições. Além disso, dirija com mais cuidado nesse período. Evite viagens desnecessárias, sejam domésticas ou internacionais, e remarque-as para outro momento. Haverá abalos em seu local de culto e momentos dramáticos na vida pessoal dos líderes religiosos. As questões jurídicas terão uma virada dramática. Se elas estavam pendentes há um tempo, vão se encaminhar para a resolução. As crenças religiosas também serão postas à prova. Algumas terão que ser descartadas e outras sofrerão pequenos ajustes. Irmãos e figuras fraternas precisarão redefinir a imagem, personalidade e aparência. As pessoas do dinheiro em sua vida farão mudanças financeiras importantes. O impacto em Mercúrio indica um pequeno teste para computadores e equipamentos de alta tecnologia. O cônjuge, parceiro ou interesse amoroso atual precisará fazer correções de rumo nas finanças (e você também). Poderá haver momentos dramáticos no local de trabalho, envolvendo mudanças de emprego e nas condições de trabalho. A rotina de saúde também vai sofrer alterações nos próximos meses.

Com Saturno se afastando do aspecto tenso com você no dia 1º, a saúde vai melhorar bastante, mas voltará a exigir cuidados no dia 22. Não será algo sério, apenas a ação natural dos planetas rápidos. A boa notícia é que você estará concentrado na saúde e tudo deverá dar certo. A saúde poderá ficar ainda melhor do que nas formas citadas no relatório anual. Massagens no rosto e couro cabeludo, além de exercícios físicos, serão particularmente bons para você; mantenha o tônus muscular.

O lado superior e diurno do seu mapa terá o máximo possível de força para este ano. No dia 22, o Sol (o regente da Carreira) entrará na Décima Casa (a da Carreira), posição na qual ele é forte. Além de estar no próprio signo e em sua casa (digno), ele ficará no topo do mapa. Portanto, você entrará em um ápice profissional anual que parece bem-sucedido. Você já teve períodos mais fortes na carreira no passado e terá no futuro, mas para 2020 este será um ápice.

Muito do que dissemos poderá acontecer com atrasos porque a atividade retrógrada está muito forte. Até o dia 12, cinquenta por cento dos planetas estarão retrógrados e, após essa data, serão quarenta por cento, representando porcentagens bem altas. A cautela ainda será necessária nas finanças, pois Júpiter continua retrógrado. Você precisará fazer algumas mudanças este mês, mas pesquise bem antes de fazê-las. O ano continuará próspero, embora a situação financeira comece a desacelerar.

AGOSTO

Melhores dias: 5, 6, 15, 16, 23, 24
Dias mais tensos: 3, 4, 10, 11, 17, 18, 30, 31
Melhores dias para o amor: 3, 4, 10, 11, 15, 16, 23, 24
Melhores dias para o dinheiro: 2, 11, 20, 25, 26, 27, 29
Melhores dias para a carreira: 8, 9, 17, 18, 19, 28

Será um mês de sucesso, relativamente falando. Embora o lado noturno do horóscopo continue dominante, será um bom momento para dar mais atenção à carreira. Você provavelmente vai alternar entre o lar e a carreira, trabalhando para ter sucesso em ambos.

A saúde vai melhorar dramaticamente após o dia 22. O Planeta das Finanças (Júpiter) fará parte de um Grande Trígono de Terra, que levará a eventos financeiros afortunados. Como Júpiter continuará retrógrado, esses desenvolvimentos precisarão de mais estudos e pequenos ajustes. Este mês será próspero, porém seria ainda mais se Júpiter não estivesse retrógrado.

O Planeta do Amor começou a se mover para a frente no dia 25 de junho e continuará assim pelo resto do ano, indicando clareza no amor. Vênus entrará em sua Nona Casa no dia 7, recebendo aspectos desafiadores, então será preciso trabalhar mais para conquistar seus objetivos sociais e românticos. Talvez haja algumas discordâncias financeiras e pessoais entre você e o ser amado. Vocês parecem muito distantes um do outro e geralmente isso indica afastamento psicológico, com perspectivas opostas em relação à vida e tudo o mais. Se as diferenças puderem ser acertadas, o relacionamento ficará mais forte. O ser amado parece mais mal-humorado e sensível neste mês, magoando-se com mais facilidade. Por outro lado, você manterá os pés no chão e agirá de modo bem prático. Para os solteiros, as oportunidades românticas acontecerão por meio da família e de conexões familiares. Além disso, os estrangeiros que moram perto de casa estarão mais atraentes. A escola e o local de culto também serão locais para o romance e a boa compatibilidade filosófica e emocional ganhará importância.

A Décima Primeira Casa ganhará força a partir do dia 22, indicando um período feliz. Trata-se de uma casa benéfica, o lugar onde as melhores esperanças e os desejos viram realidade (e assim que isso acontecer, novas esperanças e desejos vão nascer. É um ciclo infinito). O romance estará complicado, mas as amizades serão felizes. O envolvimento em grupos, organizações profissionais e de ofício vai ajudar na carreira. Será um bom período para aprender mais sobre ciências, alta tecnologia, astronomia e astrologia. Muita gente faz o horóscopo durante esse tipo de trânsito.

O Planeta da Família (Urano) ficará retrógrado no dia 15, direcionando o foco principal para o lar e a família. Apesar disso, evite fazer mudanças dramáticas nessa área e estude bem o terreno. Ao longo do ano outras soluções virão até você, já que Urano ficará retrógrado por vários meses.

SETEMBRO

Melhores dias: 1º, 2, 3, 11, 12, 20, 21, 29, 30
Dias mais tensos: 6, 7, 8, 14, 15, 26, 27
Melhores dias para o amor: 2, 3, 6, 7, 8, 13, 14, 22, 23
Melhores dias para o dinheiro: 6, 7, 16, 17, 22, 23, 24, 25
Melhores dias para a carreira: 6, 7, 14, 15, 17, 26

A atividade retrógrada chegará ao máximo pela segunda vez em 2020. Entre os dias 9 e 12, sessenta por cento dos planetas ficarão retrógrados, algo raramente visto. Antes e depois deste período, cinquenta por cento dos planetas estarão retrógrados. São números muito altos, por isso a vida se move bem devagar. Tanto você quanto o mundo estarão "empacados" (bebês nascidos durante este período terão muitas questões internas para trabalhar e tenderão a amadurecer tarde). Este será um período para aprender a ter paciência. Se houver algo positivo a fazer, faça. Caso não seja possível, trabalhe as questões de modo espiritual. As portas do mundo parecem fechadas, mas as espirituais estarão sempre abertas, especialmente a partir do dia 22.

Com tantos planetas retrógrados, o cosmos nos convida (a todos, independentemente do signo) a fazer tudo com mais perfeição. Portanto, evite atalhos e faça tudo corretamente. Isso não impedirá os atrasos, mas vai minimizá-los.

O Planeta do Amor (Vênus) entrará na Décima Casa no dia 6. Este aspecto costuma ser bom para o amor, pois mostra que ele está entre suas maiores prioridades. Além disso, qualquer planeta no alto do mapa vai agir com mais força que o habitual, então o traquejo social estará mais forte. Você avançará na carreira pelos meios sociais e a capacidade de os outros gostarem de você talvez seja mais importante que as habilidades profissionais. O cônjuge, parceiro ou interesse amoroso atual parece muito bem-sucedido e ajudará em sua carreira. Boa parte da socialização deste mês estará relacionada ao trabalho. Os solteiros vão ficar atraídos por quem tiver poder e prestígio e terão oportunidades românticas com esse tipo de pessoa. O perigo aqui será entrar em um relacionamento de conveniência em vez de buscar o amor verdadeiro. Fazer a família aceitar o seu amor parece um desafio. Além disso, este é o aspecto que indica oportunidades amorosas com chefes ou superiores.

Júpiter (o Planeta das Finanças) começará a se mover para a frente no dia 13, o que será ótimo para as finanças indicando mais clareza nessa área. Além disso, Júpiter receberá aspectos muito positivos até o dia 22, mostrando prosperidade. O período após o dia 22 também será próspero, mas envolverá desafios. Será preciso trabalhar mais pelos ganhos do que o usual.

O mês será espiritual, uma boa notícia em meio a tantos planetas retrógrados. No dia 22, o Sol entrará na Décima Segunda Casa (a Espiritual) e Mercúrio estará lá a partir do dia 5. Portanto, você poderá avançar na profissão pelo envolvimento com atividades altruístas e de caridade. O espírito vai guiar a carreira por meio de sonhos, palpites, videntes, leitores de tarô, astrólogos ou canais espirituais. Outra forma de interpretar isso é que o crescimento e a prática espiritual serão a sua verdadeira carreira e missão neste período.

OUTUBRO

Melhores dias: 9, 10, 17, 18, 26, 27
Dias mais tensos: 4, 5, 11, 12, 23, 24, 25, 31
Melhores dias para o amor: 3, 4, 5, 21, 22, 31
Melhores dias para o dinheiro: 4, 5, 13, 14, 19, 20, 21, 23, 31
Melhores dias para a carreira: 6, 7, 11, 12, 15, 16, 25

O poder planetário está no setor oriental do "eu" há alguns meses, mas agora chegará à posição oriental máxima, indicando um período de independência pessoal. Outras pessoas sempre serão importantes e merecem ser respeitadas, mas você terá o poder de fazer tudo do seu jeito, o que será melhor nesse período. A capacidade de fazer as mudanças necessárias para ser feliz estará em suas mãos. Será preciso assumir a responsabilidade pela sua felicidade, mas os poderes cósmicos vão apoiar você nisso.

O amor será feliz neste mês. Ainda há muita instabilidade nessa área, mas estará melhor que nos meses anteriores. Vênus passará boa parte do tempo na benéfica Décima Primeira Casa (a dos Amigos), além de receber aspectos muito bons de outros planetas e participar de um Grande Trígono dos signos de Terra. As oportunidades amorosas para os solteiros vão acontecer quando eles se envolverem em grupos e atividades em grupo. O que começará como amizade poderá levar a muito mais. A família parece apoiar as suas escolhas na vida amorosa. No mês anterior você ficou atraído por pessoas de poder e prestígio, mas este mês vai preferir um relacionamento mais igualitário. Você quer amizade e paixão na mesma medida. O único obstáculo no amor será a tendência a ser excessivamente crítico e perfeccionista, algo fácil de corrigir. Vênus não é muito forte em Virgem, ficando muito racional e analítico. A intenção é boa: procurar as falhas para corrigi-las, mas isso poderá estragar momentos românticos, então evite ao máximo fazer críticas, especialmente se forem destrutivas.

No dia 28, Vênus entrará na Décima Segunda Casa, trazendo atração por pessoas espiritualizadas, envolvidas nas belas-artes ou em canais espirituais, como videntes, leitores de tarô e similares. A compatibilidade espiritual ganhará importância.

Este mês será próspero. Júpiter está se movendo para a frente e recebendo bons aspectos. A vida financeira vai avançar.

O senhor do seu horóscopo (Plutão) começará a se mover para a frente no dia 4. No dia 23, o Sol entrará na Primeira Casa e você começará um ápice anual de prazer pessoal. Haverá mais clareza quanto aos seus desejos e você terá o poder para realizá-los. Boas oportunidades profissionais surgirão e as pessoas passarão a vê-lo como uma pessoa bem-sucedida. Chefes, um dos pais, figura paterna ou materna, parecerão mais dedicados a você. Apesar disso, será preciso trabalhar mais na área familiar.

NOVEMBRO

Melhores dias: 5, 6, 14, 15, 22, 23
Dias mais tensos: 1º, 7, 8, 20, 21, 27, 28
Melhores dias para o amor: 1º, 2, 3, 12, 21, 22, 27, 28

Melhores dias para o dinheiro: 2, 11, 16, 19
Melhores dias para a carreira: 5, 6, 7, 8, 14, 15, 24, 25

Será um mês feliz e muito próspero. Aproveite. Você continuará em um ápice anual de prazer pessoal. Será o momento de ceder aos desejos do corpo (desde que não exagere) e agradecer pelos bons serviços prestados por ele em todos esses anos. Também será bom colocar o corpo e a imagem em forma nesses dias.

Este será um período para fazer tudo do seu jeito, graças ao apoio do cosmos. Crie a sua felicidade e não se preocupe com o que os outros vão pensar — eles vão acabar concordando com você.

O amor estará feliz, porém instável em novembro. Vênus entrará em seu signo no dia 21 e ficará lá pelo resto do mês. Para os solteiros, isso mostra que o amor vai procurar você. Viva normalmente e ele o encontrará. Será um momento de viver um amor nos seus termos. Para os que já estão em um relacionamento, o aspecto mostra a devoção do cônjuge, parceiro ou interesse amoroso atual, que colocará a sua afeição acima de tudo. Você virá em primeiro lugar.

A saúde estará excelente este mês. Marte ainda está na Sexta Casa, mostrando que massagens, no rosto e couro cabeludo, e exercícios físicos continuam importantes. Marte está retrógrado desde o dia 9 de setembro e vai começar a se mover para a frente no dia 14, então se você planeja mudar a rotina de saúde ou a situação profissional, será melhor fazer isso após o dia 14.

O quarto (e último) eclipse lunar do ano será no dia 30 e ocorrerá na Oitava Casa, o que faz dele um eclipse mais sério. Vá com calma neste período e evite atividades estressantes. O cônjuge, parceiro ou interesse amoroso atual, precisará fazer mudanças financeiras dramáticas, enquanto as pessoas do dinheiro em sua vida terão o casamento testado. Além disso, poderá haver encontros com a morte, geralmente em nível psicológico que serão mensagens amorosas vindas de cima. A vida é curta e pode acabar a qualquer momento. Ocupe-se com a sua missão. Os estudantes serão afetados novamente, desta vez serão os universitários. Esta tendência está acontecendo o ano inteiro, indicando momentos dramáticos na escola e mudanças de planos educacionais. Além disso, haverá momentos dramáticos e transtornos em seu local de culto e na vida dos líderes religiosos. Não é recomendável viajar ao exterior nesse período. Caso a viagem seja necessária, evite o período do eclipse. Mais uma vez, as crenças religiosas e filosóficas serão desafiadas. O cosmos não vai deixar você em paz até resolver esta questão.

DEZEMBRO

Melhores dias: 2, 3, 11, 12, 19, 20, 21, 29, 30, 31
Dias mais tensos: 5, 6, 17, 18, 24, 25, 26
Melhores dias para o amor: 2, 3, 11, 12, 22, 23, 24, 25, 26
Melhores dias para o dinheiro: 8, 13, 14, 16, 27
Melhores dias para a carreira: 5, 6, 13, 14, 24

O sexto e último eclipse do ano acontecerá no dia 14, na Casa do Dinheiro. Será um eclipse solar que indica mudanças importantes nas finanças e coincide com as outras mudanças financeiras que estão por vir. O Planeta das Finanças vai trocar de signo no dia 20, uma mudança importante. Júpiter vai sair de Capricórnio (sua Terceira Casa) para entrar em Aquário (a Quarta Casa). Se 2019 foi marcado pelo conservadorismo nas questões financeiras, agora será um momento de ousadia e experimentação. Você vai gastar mais com o lar e a família, mas vai ganhar com eles. A família e as conexões familiares terão um grande papel em sua vida financeira. O período favorece a compra ou venda de uma casa, além do universo da alta tecnologia, envolvendo internet computadores, software, programação de aplicativos e novas invenções. Como todo eclipse solar, este indica mudanças na carreira. Poderá haver abalos em sua empresa ou ramo de trabalho e chefes, pais, figuras paternas ou maternas, poderão ter momentos dramáticos do tipo divisor de águas na vida pessoal. As regras do jogo estão mudando. Netuno será afetado pelo eclipse e atingirá filhos e figuras filiais, que deverão fazer uma agenda reduzida e evitar atividades estressantes nesse período. Eles também sentirão a necessidade de se redefinir, o que vai se manifestar com mudanças de guarda-roupa e imagem nos próximos meses. Um dos pais, figura paterna ou materna, precisará corrigir o rumo das finanças, mas ele ou ela vai prosperar no próximo ano.

Apesar do eclipse, este mês parece próspero. Você estará em um ápice financeiro anual até o dia 21, portanto a intuição financeira será boa, as conexões sociais serão úteis e poderá até surgir uma oportunidade para sociedade ou empreendimento conjunto.

O amor também parece feliz este mês. Vênus continuará em seu signo até o dia 15, repetindo a tendência do mês passado: o amor vai procurar você. Basta viver normalmente e ele o encontrará. Vênus entrará na Casa do Dinheiro no dia 15, um bom sinal para a prosperidade. O cônjuge, parceiro ou interesse amoroso atual, será muito ativo e dará apoio nas finanças. Para os solteiros, isso mostra atração pelos ricos. Os bens materiais vão excitar você e o amor será expresso de formas materiais, por meio de presentes e apoio financeiro. As oportunidades amorosas para os solteiros acontecerão quando eles buscarem os objetivos financeiros com pessoas envolvidas nas finanças.

A saúde estará boa este mês, mas exigirá cuidados no ano que vem devido aos três planetas lentos que farão alinhamento tenso com você.

♐

SAGITÁRIO

O ARQUEIRO

Nascidos entre 23 de novembro e 20 de dezembro

PERFIL PESSOAL

SAGITÁRIO EM UM RELANCE

Elemento: Fogo
Planeta Regente: Júpiter
Planeta da Carreira: Mercúrio
Planeta do Amor: Mercúrio
Planeta das Finanças: Saturno
Planeta da Saúde e do Trabalho: Vênus
Planeta do Lar e da Vida Familiar: Netuno
Planeta da Fortuna e da Abundância: Júpiter
Cores: azul, azul-marinho
Cores que promovem amor, romance e harmonia social: amarelo, amarelo-ouro
Cores que propiciam ganhos: preto, índigo
Pedras: carbúnculo, turquesa
Metal: estanho
Perfumes: cravo, jasmim, mirra
Qualidade: mutável (= flexibilidade)
Qualidades essenciais ao equilíbrio: atenção aos detalhes, organização, senso administrativo
Maiores virtudes: generosidade, honestidade, mente aberta, poder de visão
Necessidade mais profunda: expansão mental
Características a evitar: excesso de otimismo, exagero, muita generosidade com o dinheiro alheio

Signos de maior compatibilidade: Áries, Leão
Signos de maior incompatibilidade: Gêmeos, Virgem, Peixes
Signo mais útil à carreira: Virgem
Signo que fornece maior suporte emocional: Peixes
Signo mais prestativo em questões financeiras: Capricórnio
Melhor signo para casamento e associações: Gêmeos
Signo mais útil em projetos criativos: Áries
Melhor signo para sair e se divertir: Áries
Signos mais úteis em assuntos espirituais: Leão, Escorpião
Melhor dia da semana: quinta-feira

COMPREENDENDO A PERSONALIDADE SAGITARIANA

A contemplação do símbolo do arqueiro nos possibilita desenvolver uma compreensão intuitiva dos nativos de Sagitário. O manejo do arco e flecha corresponde ao primeiro degrau de refinamento na arte de caçar e guerrear. A capacidade de lançar setas além do alcance habitual das lanças expandiu os horizontes humanos, bem como sua riqueza e seu poder, garantindo a hegemonia de sua vontade.

Atualmente, em vez de utilizar arcos e flechas, fazemos uso de explosivos e engenhocas bem mais complexas para projetar nosso poder pessoal, mas os motivos essenciais que se ocultam por trás do seu emprego permanecem inalterados. Esses poderes representam nossa própria capacidade de expandir a esfera de influência pessoal. E é com essa expansão que Sagitário se preocupa. Por isso, os sagitarianos estão sempre buscando expandir seus horizontes e suas perspectivas e ocupar um território mais vasto. Isso se aplica a todos os âmbitos de suas vidas, desde o econômico até o intelectual e o social.

Os sagitarianos são famosos pelo intenso desenvolvimento do seu intelecto superior, o qual lhes confere aprimorada capacidade de compreender conceitos metafísicos, filosóficos e espirituais. A mente superior representa a faceta mais elevada da natureza psíquica, sendo movida não por considerações pessoais de natureza egoísta, mas pela graça e luminosidade de um poder maior. A maioria dos sagitarianos aprecia a educação superior, e embora eles possam, por vezes, entediar-se com o ensino formal, adoram estudar, por conta própria, assuntos de seu interesse. A paixão pelas viagens e por lugares distantes também é característica necessária nos sagitarianos.

Se analisarmos em profundidade esses atributos dos nativos do signo, constataremos que eles brotam de seu íntimo desejo por desenvolvimento. Viajar muito significa conhecer mais, e conhecer é ser mais; já cultivar o intelecto superior equivale a crescer e se expandir. Todas essas atividades tendem a ampliar os horizontes mentais dos sagitarianos e, indiretamente, suas perspectivas de êxito material e econômico.

A generosidade sagitariana já se tornou proverbial e justifica-se por muitas razões. Uma delas é a consciência inata de abundância que os nativos do signo parecem possuir. Eles se sentem ricos, sortudos e capazes de atingir todas as suas metas financeiras, e por se sentirem assim, se dão o luxo de arcar com a generosidade. Os sagitarianos não admitem em suas vidas os fardos da limitação e da carência, que impedem os nativos de outros signos de doar prodigamente. Outra razão para essa generosidade é seu idealismo religioso e filosófico, que tem origem na mente superior, de natureza generosa, por não estar subordinada a circunstâncias materiais. E, também, graças à sua exaltada natureza emocional. A doação é, por si só, um ato enriquecedor, e essa recompensa basta aos sagitarianos.

FINANÇAS

Os sagitarianos parecem atrair e gerar riquezas. Possuem ideias, energia e talento para tornar realidade sua visão de paraíso na Terra. Contudo, a riqueza pura e simples não é suficiente para eles. É pela opulência que se interessam; viver confortavelmente, apenas, não é satisfatório para os nativos do signo.

Para concretizar seu verdadeiro potencial de ganho eles precisam desenvolver mais sua capacidade de gerenciamento e organização. Têm de aprender a traçar limites e a estabelecer metas intermediárias. Raramente se chega à riqueza da noite para o dia. Mas os sagitarianos sentem dificuldade em lidar com processos longos e bem-delineados. Da mesma forma que os leoninos, eles anseiam por sucesso e riqueza de forma rápida e ostensiva. Devem conscientizar-se, entretanto, de que o excesso de otimismo pode desembocar em aventuras financeiras tresloucadas e perdas desalentadoras. Naturalmente, poucos signos zodiacais exibem a mesma capacidade para dar um passo atrás tão habilmente quanto Sagitário, porém esse recuo pode gerar mágoas desnecessárias. Os sagitarianos precisam aprender a preservar seus pontos de vista, sem abrir mão deles, mas também a trabalhar de forma prática e eficiente para torná-los realidade.

CARREIRA E IMAGEM PÚBLICA

Os sagitarianos pensam grande. Anseiam por dinheiro, fama, prestígio, carisma, aclamação pública e um lugar nas páginas da história. Costumam se empenhar para realizar essas metas. O êxito ou não depende do seu horóscopo pessoal. Mas todo sagitariano desejoso de reconhecimento público ou profissional precisa compreender que estes não são conferidos para enaltecer o ego; são mera decorrência de serviços prestados à humanidade. Quanto mais cedo descobrirem formas efetivas de servir, maior será a oportunidade de ascender ao topo.

O ego dos sagitarianos é gigantesco, talvez justificadamente, pois têm muito do que se orgulhar. Todavia, se desejam reconhecimento público, precisarão controlar um pouquinho esse ego e se tornar mais humildes e menos arrogantes, sem, no entanto, resvalar para a autonegação. Têm, ainda, de aprender a lidar com detalhes da vida que muitas vezes os iludem e ludibriam.

No emprego, são trabalhadores assíduos, que gostam de agradar chefes e colegas; são confiáveis, solícitos e apreciam os desafios. Costumam ser amigáveis e prestimosos no trabalho. Geralmente, contribuem com ideias inteligentes e métodos novos, que melhoram o ambiente profissional para todos. Os sagitarianos sentem-se fortemente atraídos por posições desafiadoras e carreiras que os forcem a desenvolver seu intelecto, mesmo que precisem trabalhar duramente para obter sucesso. Atuam bem sob supervisão; contudo, sua própria natureza os leva a buscar posições nas quais possam exercer, eles mesmos, a supervisão e ampliar, assim, sua esfera de influência. Os sagitarianos são bem-sucedidos em profissões que lhes facultem o contato com grande variedade de pessoas e viagens a locais novos e excitantes.

AMOR E RELACIONAMENTOS

Os sagitarianos amam ser livres e concedem de bom grado a liberdade aos cônjuges. Gostam de relacionamentos em constante mutação. Tendem a ser volúveis no amor e a mudar de opinião em relação aos parceiros com frequência.

Os nativos deste signo sentem os relacionamentos claramente definidos e estruturados como uma ameaça à sua liberdade. Geralmente, casam-se mais de uma vez.

No amor, são passionais, generosos, abertos, benevolentes e muito ativos. Demonstram sua afeição abertamente. Contudo, à semelhança dos arianos, tendem a comportar-se de forma egoísta em relação aos parceiros. Precisam aprender a respeitar os pontos de vista alheios, não apenas o seu, e também a desenvolver maior objetividade, frieza e clareza intelectual, a fim de estabelecer comunicação bilateral com os parceiros. É comum idealizarem excessivamente o cônjuge e o próprio amor. Uma atitude mais fria e racional vai ajudá-los a perceber a realidade mais claramente e, assim, evitar desapontamentos.

VIDA DOMÉSTICA E FAMILIAR

Os sagitarianos procuram conceder ampla liberdade à família. Gostam de casas grandes e com muitas crianças. Aliás, este é um dos signos mais férteis do Zodíaco. Entretanto, ao lidar com os próprios filhos, tendem a errar, por excesso de permissividade. Suas crianças, muitas vezes, adquirem a ideia equivocada de que não existem limites. Contudo, preservar a liberdade no lar não deixa de ser uma atitude fundamentalmente positiva, pois, quando contrabalançada com alguma medida equilibradora, faculta a livre expressão e o desenvolvimento pleno dos membros da família.

SAGITÁRIO
PREVISÃO ANUAL PARA 2020

TENDÊNCIAS GERAIS

Embora 2020 seja um ótimo ano para as finanças, já que a prosperidade será muito grande, não será um ano particularmente forte para a carreira. O dinheiro vai superar o status e o prestígio. Além disso, todos os planetas lentos estarão no lado noturno do seu mapa. O lado diurno até ganhará um pouco mais de força ao longo do ano, mas nunca será dominante, então o lado noturno (do lar, da família e questões emocionais) sempre estará mais forte. Voltaremos a esse assunto mais adiante.

Em 2019 você foi um sagitariano normal, dinâmico e empolgado como sempre, além de estar despreocupado, mas este ano você estará mais sério em relação à vida. As características sagitarianas estarão atenuadas, e a provável causa será o foco nos negócios e nas finanças.

Netuno está na Quarta Casa há muitos anos e continuará lá por outros tantos. Portanto, o lar, a família e vida emocional estão ficando mais refinados e espiritualizados. Também voltaremos a esse assunto mais adiante.

Urano entrou na Sexta Casa (a da Saúde) em março do ano passado e continuará lá por muitos anos, então haverá uma grande experimentação na sua rotina de saúde. Você estará muito disposto a fazer novas experiências nessa área, mas a saúde em geral estará boa em 2020. Parece que também haverá muita instabilidade na situação profissional. Sobre isso, também falaremos depois.

Marte passará mais de seis meses na Quinta Casa a partir de 28 de junho. É um período anormalmente longo para Marte ficar em uma casa, pois em geral ele fica por volta de um mês e meio. Com isso, haverá um caso amoroso para os solteiros, mas o casamento não estará escrito nas estrelas. Nada contra o casamento, mas não há algo que apoie diretamente essa ideia. Você não parece muito interessado em relacionamentos sérios agora. Voltaremos a esse assunto mais adiante.

Quatro eclipses lunares em 2020 (o dobro do habitual) afetarão a Oitava Casa, então você deverá lidar com a morte, questões relacionadas a ela e talvez cirurgias. Em geral, esses encontros são psicológicos e não literais, mas no final do ano você terá uma compreensão melhor sobre a morte e menos medo dela.

As áreas de maior interesse para este ano serão finanças; comunicação e interesses intelectuais (entre 23 de março e 1º de julho e a partir de 18 de dezembro); lar e família; filhos, diversão e criatividade (a partir de 28 de junho); saúde e trabalho.

Os caminhos de maior realização para você este ano serão finanças (até 20 de dezembro); comunicação e atividades intelectuais (a partir de 20 de dezembro); sexo, transformação pessoal e estudos sobre ocultismo (até 6 de maio); religião, filosofia, ensino superior e viagens ao exterior (a partir de 6 de maio).

SAÚDE

(Esta é uma perspectiva astrológica sobre a saúde, não uma visão médica. No passado essas perspectivas eram idênticas, mas hoje podem ocorrer diferenças significativas. Para obter uma opinião com base em diagnósticos da medicina convencional, consulte seu médico ou um profissional da área da saúde.)

A saúde parece maravilhosa este ano. Haverá apenas um planeta lento (Netuno) em alinhamento tenso com você, então teremos energia de sobra e tendência à boa saúde. Claro que em alguns períodos do ano a saúde estará menos fácil que o habitual, mas serão problemas temporários causados pelos trânsitos, não representam tendências para 2020. Quando eles passarem, a boa saúde e a energia voltarão naturalmente.

Os períodos para descansar e relaxar mais este ano serão entre 19 de fevereiro e 20 de março, 21 de maio e 21 de junho e 23 de agosto e 22 de setembro. Voltaremos a esse assunto nos relatórios mensais.

Como já mencionamos, Urano estará na Sexta Casa por um longo período, levando você a um ciclo no qual jogará fora todas as regras sobre a saúde e descobrirá como você funciona. Você vai aprender o que se aplica especificamente ao seu caso por meio de experimentações, na base da tentativa e erro. Essa é a função de todas as pessoas na vida, mas vai acontecer agora para você. É importante lembrar que você é um indivíduo singular, especial e inigualável. A lei das médias não se aplica ao seu caso, pois você não é uma estatística. O que dá certo para "a maioria" das pessoas pode não servir para você, e o que não dá certo para os outros pode servir para você. Será preciso descobrir isso por conta própria.

A presença de Urano na Casa da Saúde às vezes pode levar a um excesso de algo positivo. A pessoa pode seguir todas as modas, dietas ou terapias relacionadas à saúde apenas por serem novas. Será preciso fazer a lição de casa, pois esse estilo de vida pode sair bem caro. Além disso, Urano na Sexta Casa mostra alguém ligado a terapias alternativas em vez da medicina ortodoxa. Contudo, as tecnologias mais recentes e modernas da medicina ortodoxa também poderão atrair você.

A saúde estará boa, mas poderá ficar ainda melhor se você der mais atenção às seguintes áreas, as mais vulneráveis do seu mapa:

Fígado e coxas. Sempre são importantes para os nativos de Sagitário, e os reflexos aparecem no mapa. As coxas devem ser massageadas regularmente, em um procedimento que deverá fazer parte da sua rotina normal de saúde. Uma desintoxicação do fígado com chás de ervas será boa de vez em quando, especialmente se você estiver indisposto.

Pescoço e garganta. Também são sempre importantes para os sagitarianos, e os reflexos aparecem no mapa. Massagens regulares no pescoço devem fazer parte da sua rotina de saúde, pois a tensão costuma se acumular nessa região (especialmente se você estiver estressado). A terapia craniossacral é ótima para o pescoço.

Tornozelos e panturrilhas. Ganharam importância desde março do ano passado, foram importantes por um breve período em 2018 e continuarão importantes pelos próximos sete anos, aproximadamente. Então massageie os tornozelos e panturrilhas regularmente e dê mais apoio aos tornozelos quando se exercitar.

Haverá muitas tendências de curto prazo na saúde porque o Planeta da Saúde (Vênus) se move rapidamente. Este ano ele vai passar por 11 signos e casas do seu horóscopo, então as necessidades relacionadas à saúde poderão mudar dependendo de onde Vênus está e dos aspectos que recebe. Isso será abordado com mais profundidade nos relatórios mensais.

Vênus é o planeta geral do amor. No seu mapa, é o senhor da Décima Primeira Casa (a dos Amigos), então sempre existe uma forte dimensão social na saúde. A boa saúde para você significa uma vida amorosa e social saudável, incluindo a harmonia com os amigos. Se aparecerem problemas nessas áreas, a saúde física poderá ser afetada, então sempre procure restaurar a harmonia o mais rapidamente possível.

LAR E FAMÍLIA

O lar e a família são importantes há muitos anos e vão continuar assim por outros tantos. Netuno está na Quarta Casa (do Lar e da Família), então muitas tendências mencionadas nos anos anteriores continuarão em vigor.

O lar é um lugar de segurança e conforto, isso é fato, mas para você ele se transformou em local espiritual (e continuará assim), como um templo ou um *ashram*. Consigo facilmente imaginar a instalação de altares em casa, seja sozinho ou com parentes. Também imagino as paredes cheias de imagens de santos ou homens sagrados. Eu não me surpreenderia se você organizasse encontros de oração ou sessões de meditação em casa. O lar se tornou um portal para o espírito, e vai continuar assim.

Este será um bom ano para aplicar os princípios do Feng Shui ao lar. Lembre-se de que também existem outros sistemas espirituais para isso, como o Ayurveda e a ciência hermética. Organizar tudo do jeito adequado e espiritualmente correto fará a diferença para você.

A família como um todo estará bem mais espiritualizada, especialmente um dos pais, figura paterna ou materna. O objetivo será gerenciar a vida familiar de modo espiritual.

Netuno é o Planeta da Revelação, capaz de lançar uma luz impessoal sobre tudo o que toca. Essa luz muitas vezes revela o que está oculto, e isso nem sempre é agradável. Os segredos familiares (bons ou ruins) virão à tona, talvez gerando escândalos familiares. Mesmo assim, você vai se dar razoavelmente bem com os parentes este ano.

Uma mudança ou reforma em casa pode ter acontecido em 2018, mas este ano a mudança de residência será pouco provável. Não há algo especificamente contra isso, mas nada que a favoreça também. Os anos de 2021 ou 2022 serão muito melhores do que agora para mudar de endereço.

Os pais, figura paterna ou materna terão um ano familiar sem grandes novidades. Mudanças de residência serão improváveis, e o casamento ou relacionamento amoroso atual também parece tender à estabilidade. Um dos pais, figura paterna ou materna terá muitas oportunidades de trabalho no fim de 2020 e em 2021. Além disso, irmãos e figuras fraternas assumirão mais responsabilidades e parecem mais sérios em relação à vida. Eles vão prosperar mais para o fim do ano e terão uma vida doméstica altamente instável, talvez enfrentando várias mudanças ou reformas no lar em 2020 e nos próximos anos. Os irmãos e figuras fraternas também precisarão trabalhar a estabilidade emocional. Se estiverem em idade fértil, ficarão mais férteis em 2020. Os filhos e figuras filiais em sua vida poderão fazer reparos ou ter problemas em casa, mas a mudança de residência não parece provável. Os netos (caso você os tenha) ou os que fazem esse papel em sua vida poderão se mudar este ano, mas será um processo complicado, envolvendo muitos problemas e adiamentos.

Se você estiver planejando uma reforma ou grandes reparos em casa, o período entre 13 de maio e 28 de junho será bom para isso. Se estiver redecorando ou comprando objetos de arte para o lar, os períodos entre 13 de janeiro e 7 de fevereiro, 7 de agosto a 16 de setembro e 21 de novembro a 15 de dezembro serão ideais.

DINHEIRO E CARREIRA

O ano passado foi próspero, e 2020 será ainda mais. A Casa do Dinheiro será facilmente a mais forte do horóscopo este ano. Não apenas estará forte em quantidade como em qualidade. A Casa do Dinheiro forte indica foco e disposição para enfrentar todos os problemas e desafios que surgirem, além de mostrar paixão, fervor e vontade de enriquecer, que em geral é mais importante de que os aspectos "fáceis".

E os outros sinais de prosperidade não acabam aí. O Planeta das Finanças (Saturno) estará "dignificado" (poderoso no próprio signo e casa), indicando muitos ganhos de modo "dignificado". Júpiter (o senhor do seu horóscopo) estará na Casa do Dinheiro até 20 de dezembro. Isso indica sorte, mesmo não sendo a melhor posição de Júpiter, que não estará muito forte. Talvez você não fique tão confortável com o foco nas finanças e nos negócios, mas a prosperidade vai acontecer.

Júpiter na Casa do Dinheiro mostra que você vai gastar e investir em si mesmo, assumindo a imagem de riqueza e prosperidade. As outras pessoas o verão como alguém endinheirado em 2020, e você estará mais rico no fim do ano do que no início. O horóscopo não dá números, mas indica um aumento na riqueza.

Você naturalmente gosta de correr riscos, mas nesse período estará bastante conservador nas finanças e com um julgamento financeiro bastante sólido. Não será o momento de ganhar dinheiro rápido, e sim de conquistar a riqueza pouco a pouco, de modo constante e metódico. O período também favorecerá a abertura de uma empresa.

Os investidores ficarão bem se apostarem em empresas conservadoras e tradicionais. Os sagitarianos não costumam ser bons com orçamentos e tendem a gastar livremente, mas este ano será bom para montar orçamentos, fazer uma poupança ou outro programa de investimentos de longo prazo. Você terá a disciplina para isso.

Saturno em Capricórnio favorece imóveis comerciais, fabricantes de equipamentos de escritório e empresas que atendem ao governo ou ao mundo corporativo. A entrada de Saturno em Aquário entre 23 de março e 1º de julho e a partir de 18 de dezembro favorecerá o mundo da alta tecnologia, incluindo computadores, atividades e empresas na internet, além de negócios envolvidos com invenções ou inovações. Saturno ganha força quando está em Aquário (pela astrologia clássica, ele rege o signo).

A entrada de Saturno na Terceira Casa favorecerá as telecomunicações, os transportes e as empresas de mídia, além do comércio e das empresas envolvidas com educação e varejo.

A Casa do Dinheiro estará forte o ano inteiro, mas enfraquecerá um pouco no final do ano, indicando menos ênfase nas finanças. Interprete isso como algo positivo. A maioria dos objetivos financeiros (os de curto prazo, pelo menos) terá sido conquistada, e você poderá direcionar o foco para outras áreas, como os interesses intelectuais.

Conforme já mencionamos, a carreira não estará proeminente em 2020, e o dinheiro será muito mais importante. Você não vai ligar para status ou prestígio, preferindo ver a cor do dinheiro. Além disso, a metade interior (o lado noturno) do horóscopo estará imensamente mais forte que o lado diurno. A Quarta Casa (do Lar e da Família) estará mais forte que a Décima Casa (a da Carreira), indicando um ano de preparação interna e ações de bastidores que vão fazer sua carreira avançar mais adiante. Essas ações não devem ser desprezadas, pois têm a mesma importância que a carreira externa. Na verdade, elas possibilitam a carreira externa.

Mercúrio (o Planeta da Carreira) é muito rápido e errático. Ao longo do ano ele vai passar por todas as áreas do horóscopo, então haverá muitas tendências de curto prazo relacionadas à carreira que dependem de onde Mercúrio está, do seu movimento e dos aspectos que ele recebe. Isso será abordado com mais profundidade nos relatórios mensais.

AMOR E VIDA SOCIAL

Conforme já mencionamos, este não será um ano muito forte para o amor e o romance. A Sétima Casa (a do Amor) estará vazia, e apenas planetas rápidos passarão por lá, portanto este não será o foco principal de 2020. A vida amorosa tende a ficar estável, com os casados permanecendo casados e os solteiros continuando solteiros. A boa notícia é que isso mostra contentamento com a situação atual, e você não terá uma necessidade urgente de fazer mudanças nessa área. O lado negativo é que, se ocorrerem problemas na vida amorosa, provavelmente serão causados pela falta de atenção e de foco. Portanto, esse é um sinal para prestar mais atenção a essa área da vida.

O amor viverá outra questão este ano. O senhor do seu horóscopo (Júpiter) estará em "queda" (posição mais fraca), então sua autoconfiança e autoestima não estarão nos níveis habituais, o que atrapalhará o amor. Além disso (e talvez o mais importante), você parece sério demais este ano, talvez mais pessimista que o habitual. Talvez se sinta mais velho do que realmente é. O entusiasmo e o vigor habituais dos sagitarianos não estarão presentes, e os outros poderão estranhar isso. Talvez você passe a impressão de ser "frio", distante, afastado ou inacessível. Você não é assim, mas os outros poderão vê-lo dessa forma, dificultando a vida amorosa. Felizmente, a solução será fácil: alegre-se e faça questão de enviar amor e carinho aos outros. Isso vai mudar tudo.

O casamento pode não estar escrito nas estrelas para os solteiros, mas um caso amoroso vai acontecer. Marte estará na Quinta Casa a partir de 28 de junho, indicando um relacionamento mais divertido do que um compromisso sério.

O seu Planeta do Amor é Mercúrio, um dos mais rápidos e erráticos do Zodíaco. Às vezes ele acelera, às vezes vai devagar, em alguns momentos fica parado e em outros fica retrógrado. Isso basicamente descreverá sua vida amorosa (e também o tipo de parceiros que você vai atrair). Sempre haverá mudanças. As oportunidades amorosas poderão vir até você de muitas formas e por intermédio de vários tipos de pessoas e situações. Mercúrio passará por todas as casas do seu mapa este ano, então haverá muitas tendências de curto prazo no amor que vão depender de onde Mercúrio estará e dos aspectos que receberá. Isso será abordado com mais profundidade nos relatórios mensais.

Os irmãos, figuras fraternas, pais, figuras paternas e maternas, filhos e figuras filiais terão uma vida amorosa sem grandes novidades. Os netos (caso você os tenha) ou os que desempenham esse papel em sua vida terão um forte ano social a partir de 20 de dezembro, que vai durar até 2021, mas a vida social será decepcionante entre 23 de março e 1º de julho de 2020.

AUTOAPRIMORAMENTO

O seu Planeta Espiritual (Plutão) está em Capricórnio (a Casa do Dinheiro) há muitos anos e continuará lá por outros tantos, indicando uma abordagem "pé no chão" para a espiritualidade, que será vista como uma prática que precisará ter benefícios práticos e especialmente financeiros. Além disso, indica muitas doações para a caridade e uma intuição financeira poderosa. Como nossos leitores assíduos já sabem, a intuição é o atalho para a riqueza. Você sempre foi uma pessoa generosa, mas nesse período será ainda mais, e haverá uma agenda espiritual nas suas finanças. Você está explorando e conhecendo mais a dimensão espiritual da riqueza e já aprendeu muito sobre isso, pois Sagitário tem uma capacidade inata para entender, mas sempre haverá algo a aprender e sempre é possível se aprofundar mais.

O conceito espiritual de riqueza muitas vezes entra em conflito com o conceito materialista, e isso estará especialmente forte em você, que estará muito pé no chão e conservador nas finanças este ano. Você terá uma atitude bastante séria em relação a isso, mas a afluência espiritual não se importa com as condições materiais, o saldo bancário, o tamanho do portfólio ou sua declaração de bens. A afluência espiritual vem de cima e trabalha com os recursos do universo, não com os seus. Nunca é uma questão do quanto você tem, e sim do quanto o seu espírito tem — e o espírito tem tudo.

Quando a afluência espiritual é invocada, ela cria o "como", mas a forma como isso acontece não cabe a você, e sim ao espírito. Será inútil (e infrutífero) tentar descobrir o como, pois ele é uma criação do próprio suprimento de riqueza.

Outro fato interessante sobre a afluência espiritual: ela sempre está com você, em todos os lugares. É uma atividade interior que diz respeito a se conectar com o princípio e permitir que ele use você como um veículo conforme desejar. Além disso, a afluência espiritual estará presente sempre que você fizer contato com ela. Isto é, você terá acesso a "toda a riqueza que existe". Em tese, você tem o mesmo acesso à riqueza que titãs como Bill Gates, Warren Buffet e Jeff Bezos. A afluência se oferece de forma completa e igual para todos. A única diferença é a capacidade da pessoa para recebê-la. Esses titãs das finanças têm uma capacidade imensa, desenvolvida ao longo de vários anos e muitas vidas. Eles não recebem mais do que eu ou você, apenas são capazes de absorver mais o que foi dado.

Estamos falando de ideias profundas e maravilhosas, mas os sagitarianos vão entender. Para os que desejarem se aprofundar nisso, meu blog www.spiritual-stories.com [em inglês] terá mais informações.

Netuno está na Quarta Casa há muitos anos, mostrando que a prática espiritual vai ajudar você não só em termos financeiros como na vida familiar e emocional. As questões familiares vão precisar de um entendimento espiritual para ser resolvidas, e o espírito estará muito disposto a ajudar se você clamar por ele.

A sensibilidade emocional estará bem maior que o habitual, superando a das pessoas comuns, então você poderá se magoar com facilidade. Na maior parte do tempo os outros nem vão querer magoá-lo, mas os sentimentos estarão mais intensos, então será melhor se cercar de pessoas positivas e edificantes. O mesmo vale para os parentes, que também parecem muito sensíveis emocionalmente nesse período.

PREVISÕES MENSAIS

JANEIRO

Melhores dias: 2, 3, 12, 20, 21, 29, 30, 31
Dias mais tensos: 1º, 7, 8, 14, 27, 28

Melhores dias para o amor: 5, 6, 7, 8, 13, 14, 15, 18, 19, 25, 26, 27, 28
Melhores dias para o dinheiro: 5, 6, 14, 22, 23
Melhores dias para a carreira: 5, 6, 14, 15, 25, 26

O poder planetário estará basicamente no Leste este mês. Além disso, o dinâmico planeta Marte entrará na Primeira Casa no dia 2 e continuará lá pelo resto do mês. Você realmente estará empolgado. A independência pessoal estaria forte mesmo sem a presença de Marte, mas agora está a todo vapor. Há pontos positivos e negativos em relação a isso. A parte positiva é que a felicidade caberá a você, que será o mestre do próprio destino neste mês. A iniciativa e as habilidades sociais serão importantes. Você não vai precisar da aprovação alheia para conseguir o que deseja e terá muita energia e dinamismo. A parte negativa vem do excesso. Os outros poderão achar que você está "procurando briga", levando a discussões ou até a conflitos físicos. Você também poderá ficar empolgado demais e causar acidentes, então seja ousado, mas cauteloso.

O eclipse lunar do dia 10 acontecerá na Oitava Casa e será perigoso, pois não só acontecerá na Oitava Casa como afetará o senhor dessa casa, criando um efeito duplicado. Portanto, fique em segurança nesse período e passe mais tempo tranquilo em casa ou na academia de ginástica, que também será um bom lugar para estar. Além disso, poderão acontecer encontros com a morte ou experiências de quase morte, geralmente no nível psicológico. O cosmos deseja que você tenha uma compreensão melhor sobre a morte. Seu cônjuge, parceiro ou interesse amoroso atual vai precisar fazer mudanças financeiras muito dramáticas (e será assim o ano inteiro). O impacto do eclipse em Saturno (o Planeta das Finanças) também indica mudanças financeiras importantes para você, enquanto o impacto em Plutão traz mudanças nas práticas, atitudes, ensinamentos e mestres espirituais, além de problemas nas organizações espirituais ou de caridade com as quais você estiver envolvido. Aqueles que você considera seus gurus terão momentos dramáticos na vida pessoal. Esse eclipse também afetará Mercúrio, então o amor será testado e haverá mudanças na carreira, além de momentos dramáticos na vida pessoal de chefes, pais e figuras paternas ou maternas e talvez abalos na administração de sua empresa ou indústria. Será um eclipse bem forte. Embora seja difícil perceber isso no meio de tanta empolgação, essas mudanças serão boas.

Você começará 2020 no meio de um ápice financeiro anual. O eclipse poderá sacudir a vida, mas não vai impedir a prosperidade. Será um mês de bonança.

A saúde estará boa este mês. A maioria dos planetas será gentil com você, mas será possível se sentir ainda melhor dando mais atenção aos tornozelos e panturrilhas (com massagens regulares) até o dia 13 e aos pés a partir do dia 13. Você terá excelentes resultados com a cura espiritual a partir do dia 13, especialmente entre os dias 26 e 28.

FEVEREIRO

Melhores dias: 8, 9, 16, 17, 26, 27
Dias mais tensos: 3, 4, 5, 10, 11, 23, 24, 25
Melhores dias para o amor: 3, 4, 5, 6, 7, 8, 14, 15, 16, 17, 23, 24, 25, 26, 27
Melhores dias para o dinheiro: 1º, 2, 0, 11, 18, 19, 20, 28,29
Melhores dias para a carreira: 6, 7, 10, 11, 14, 15, 23, 24

Marte continuará em seu signo até o dia 16, então reveja a discussão sobre isso no mês passado.

O poder planetário vai mudar este mês. Marte sairá do seu signo no dia 16, Mercúrio vai para o Oeste no dia 3 e o Sol também vai para o Oeste no dia 19, dando ainda mais força ao setor social ocidental. A independência pessoal estará bem menor do que no mês passado, então é hora de começar a cultivar as habilidades sociais. Como os dois setores estarão mais ou menos iguais em fevereiro, a questão será equilibrar os interesses pessoais com os alheios. Às vezes você conseguirá agir do seu jeito, em outras ocasiões deixará os outros agirem do jeito deles.

A Casa do Dinheiro estará muito forte este mês. A única que se igualará em poder será a Quarta Casa (a do Lar e da Família), então estes serão os dois principais interesses de fevereiro, que será próspero. Você deverá estar mais especulativo que o habitual, mas será bom ter cuidado com isso. Os riscos bem pensados e avaliados poderão dar resultado, mas riscos do tipo cassino precisam ser evitados.

Fevereiro será um mês para se concentrar no lar e na família. A carreira ficará em segundo plano por um tempo. Até o Planeta da Carreira (Mercúrio) estará na Quarta Casa a partir do dia 3, então o lar, a família e o bem-estar emocional serão a verdadeira carreira e missão neste mês. Isso também mostra que é o momento para trabalhar na carreira pelos métodos noturnos em vez da ação visível e direta. Antes de dormir, visualize onde você gostaria de estar profissionalmente, entre nesse clima, sinta-se lá e depois jogue para o universo. Quando os planetas forem para a metade superior do seu mapa, você conseguirá agir de modo mais direto.

A saúde precisará de mais atenção em fevereiro, especialmente a partir do dia 19, mas não será algo sério; a saúde estará boa este ano. Contudo, será um período de pouca disposição. Continue a melhorar a saúde por meios espirituais até o dia 7. Se ficar indisposto, procure a cura espiritual. No dia 7, quando o Planeta da Saúde entrar em Áries (sua Quinta Casa), você vai se beneficiar de massagens no rosto e no couro cabeludo e de exercícios físicos. Após o dia 7, se divertir será uma excelente terapia.

O amor estará perto de casa em fevereiro. O Planeta do Amor (Mercúrio) passará boa parte do mês (a partir do dia 3) na Quarta Casa, então você vai socializar mais com a família e em casa. A família e as conexões familiares exercerão um papel importante na vida amorosa, talvez apresentando pessoas. Você ficará atraído por pessoas espiritualizadas e emocionalmente sensíveis. O fato de compartilhar sentimentos será motivo de atração amorosa. No dia 17 o Planeta do Amor ficará retrógrado e o amor poderá desacelerar. Talvez haja hesitação da sua parte ou do interesse amoroso atual. Será um bom momento para analisar a vida amorosa.

MARÇO

Melhores dias: 6, 7, 14, 15, 24, 25
Dias mais tensos: 2, 3, 8, 9, 22, 23, 29, 30
Melhores dias para o amor: 2, 3, 8, 10, 11, 17, 18, 22, 23, 27, 28, 29, 30
Melhores dias para o dinheiro: 1º, 8, 9, 17, 18, 27, 28, 29
Melhores dias para a carreira: 8, 9, 10, 11, 22, 23

A Quarta Casa (do Lar e da Família) continuará muito forte, então mantenha o foco nesta área. Como o Planeta da Carreira estará retrógrado até o dia 10, não vai acontecer nada muito marcante em termos profissionais, permitindo que você se concentre no lar. Março será um ótimo mês para os que estiverem envolvidos em terapias psicológicas, pois haverá grande progresso, e mesmo quem não estiver em terapias oficiais vai conseguir resolver muitas questões do passado. A natureza vai trazer à tona lembranças que muitas vezes parecerão aleatórias e sem nexo, mas, ao enxergá-las a partir do seu estado atual de evolução, elas vão perder o efeito negativo sobre você. A vida onírica também estará muito ativa este mês (e poderá ser mais interessante do que a vida cotidiana), o que também faz parte da terapia fornecida pela natureza.

As finanças continuarão muito boas em março. A Casa do Dinheiro ficará lotada de planetas durante boa parte do mês, indicando foco, e, pela lei espiritual, nós conseguimos tudo em que nos concentramos. Saturno (o Planeta das Finanças) sairá da Casa do Dinheiro e entrará em Aquário (a Terceira Casa) no dia 23, enquanto Marte sairá da Casa do Dinheiro no dia 21. O movimento de Saturno não será um trânsito completo, apenas um flerte temporário com a Terceira Casa. Isso basicamente anuncia como serão as finanças no ano que vem, então você será um pouco menos conservador e terá boa intuição para o setor de alta tecnologia, favorecendo as atividades na internet. Você também vai lucrar com o comércio e os meios de comunicação e, independentemente do que faça, o uso inteligente do marketing, da publicidade e das relações públicas será importante, porque as pessoas precisam conhecer o seu produto ou serviço. Você vai gastar mais e também ganhar com isso.

Júpiter viajará com Plutão (o Planeta Espiritual) o mês inteiro, com várias indicações: a intuição financeira será excelente, você ficará ainda mais generoso (os sagitarianos são famosos pela generosidade) e fará avanços espirituais e experiências sobrenaturais.

No dia 20 o Sol entrará na Quinta Casa e você começará um ápice anual de prazer pessoal. A saúde vai melhorar bastante, e você vai se dar bem com os filhos e figuras filiais em sua vida (especialmente entre os dias 15 e 21, quando Marte e Júpiter viajarão juntos). O mesmo período também será favorável a especulações, mas lembre-se de que elas deverão ser muito bem calculadas, longe do estilo cassino.

Você poderá melhorar a saúde, que já estará boa, com massagens na cabeça e no couro cabeludo, além de exercícios físicos, até o dia 5. Depois disso, dê mais atenção ao pescoço e à garganta.

ABRIL

Melhores dias: 3, 4, 11, 12, 20, 21, 22
Dias mais tensos: 5, 6, 18, 19, 25, 26
Melhores dias para o amor: 1º, 2, 7, 8, 10, 11, 15, 16, 17, 20, 21, 25, 26, 30
Melhores dias para o dinheiro: 6, 7, 13, 14, 15, 24, 25
Melhores dias para a carreira: 1º, 2, 5, 6, 10, 11, 20, 21, 30

Como no mês passado, abril será muito espiritual. Júpiter e Plutão viajarão juntos o mês inteiro, deixando a intuição financeira excelente. Também repetindo o mês passado, este será um momento de avanços espirituais e experiências sobrenaturais.

A saúde estará boa este mês, e você terá um grande foco nessa área a partir do dia 19. Com sorte, esse foco envolverá um estilo de vida saudável e medidas preventivas. Quando a saúde está boa, às vezes o foco pode levar à hipocondria, à tendência a transformar algo pequeno em imenso.

Duvido que muitos sagitarianos fiquem desempregados nesse período, mas, se você for um deles, este mês trará oportunidades felizes na área profissional. Algumas delas podem estar em países ou empresas estrangeiras. E, se você já estiver empregado, haverá oportunidades para trabalhos por fora e horas extras. Se for o empregador, haverá muitos candidatos qualificados e uma provável expansão da força de trabalho.

Você continuará no ápice anual de prazer pessoal até o dia 19, então é hora de curtir a vida e explorar os vários prazeres. Viagens de lazer serão prováveis até o dia 19. Marte e Saturno viajarão juntos nos dias 1º e 2, o que poderá trazer sorte em especulações e gastos ou ganhos com filhos e figuras filiais. O dinheiro será ganho de formas felizes nesse período, e você também gastará mais com objetos felizes.

O amor estará complicado entre os dias 11 e 27. Será preciso trabalhar mais arduamente no relacionamento, que parece ter algum conflito. Antes do dia 11, Mercúrio (o Planeta do Amor) estará na Quarta Casa, então você continuará socializando mais em casa e com a família. A compatibilidade espiritual e emocional será muito importante. Após o dia 11, Mercúrio entrará na Quinta Casa e o amor será totalmente divertido, com romances nada sérios. Você só quer diversão (e poderá atrair esse tipo de pessoa). As oportunidades amorosas também poderão acontecer enquanto você busca seus objetivos de saúde ou com pessoas envolvidas na sua saúde. O Planeta da Saúde (Vênus) estará na Sétima Casa a partir do dia 3, reforçando o que acabamos de dizer. Você se sentirá atraído por profissionais de saúde ou colegas de trabalho.

MAIO

Melhores dias: 1º, 8, 9, 18, 19, 27, 28
Dias mais tensos: 2, 3, 15, 16, 23, 24, 29, 30
Melhores dias para o amor: 2, 3, 4, 5, 12, 13, 14, 23, 24
Melhores dias para o dinheiro: 3, 4, 12, 13, 14, 22
Melhores dias para a carreira: 2, 3, 12, 13, 23, 24, 29, 30

O Planeta das Finanças (Saturno) ficará retrógrado no dia 11 e continuará assim por vários meses. Isso não impedirá os ganhos, mas vai desacelerá-los. Mais atenção será necessária antes de fazer compras ou investimentos importantes. É hora de "esperar para ver" em relação às finanças, mas a prosperidade continuará intacta.

O poder planetário estará majoritariamente no Oeste, e após o dia 13, o setor social ocidental ficará ainda mais forte, então maio será um mês social. No dia 20, o Sol entrará na Sétima Casa, marcando o início de um ápice amoroso e social anual. O amor parece feliz. Se você for solteiro, haverá muitas oportunidades românticas. Você vai conhecer gente nova, talvez de outros países, figuras religiosas ou mentores. Além disso, os profissionais da saúde continuarão atraentes. O Planeta do Amor vai se mover rapidamente este mês, então você vai cobrir muito território de modo confiante. Se estiver em um relacionamento, haverá mais romance e socialização.

Marte entrará na Quarta Casa no dia 23, mostrando um excelente período para fazer reparos ou construções em casa. Os parentes podem ficar mais agressivos e de cabeça quente, então tenha mais paciência com eles.

A saúde exigirá mais cuidados a partir do dia 20, então descanse bastante e evite ficar esgotado. Melhore a saúde seguindo as orientações do relatório anual e também com massagens nos braços e nos ombros.

Exercícios respiratórios também serão bons, assim como o ar fresco. O Planeta da Saúde (Vênus) ficará retrógrado no dia 13, então analise as mudanças relacionadas a dietas ou terapias com bastante cuidado.

Vênus (o Planeta da Saúde) ficou "fora dos limites" em 3 de abril e continuará assim o mês inteiro, indicando que você vai explorar soluções fora da esfera normal nas questões de saúde. O trabalho também poderá levar você além das fronteiras normais.

Mercúrio (o Planeta do Amor) é outro que ficará "fora dos limites" do dia 17 até o fim do mês, então você também estará fora da esfera normal no amor e talvez fique atraído por pessoas fora da sua esfera.

Plutão (o Planeta Espiritual) ficou retrógrado no dia 25 de abril e continuará assim por muitos meses, indicando que você vai recuar e analisar as questões espirituais. A intuição vai precisar de mais verificação nesses dias.

JUNHO

Melhores dias: 5, 6, 14, 15, 24, 30
Dias mais tensos: 11, 12, 13, 19, 20, 26, 27
Melhores dias para o amor: 1º, 3, 4, 9, 10, 11, 12, 19, 20, 21, 22
Melhores dias para o dinheiro: 2, 7, 8, 9, 18, 19, 27
Melhores dias para a carreira: 3, 4, 11, 12, 21, 22, 26, 27

Vênus ficará "fora dos limites" no dia 1º e voltará para os limites pelo resto do mês, trazendo você de volta à esfera normal nas questões de saúde e do trabalho.

Mercúrio (o Planeta do Amor) continuará fora dos limites até o dia 9, então você vai procurar o amor fora da esfera habitual, como no mês passado. Talvez o seu interesse amoroso atual esteja fora de sua esfera, mas isso mudará após o dia 9, quando você voltará aos limites habituais.

Teremos dois eclipses neste mês, e a atividade retrógrada chegará ao máximo para o ano (em setembro chegará à mesma porcentagem). Entre os dias 23 e 25, sessenta por cento dos planetas estarão retrógrados e, após o dia 25, serão cinquenta por cento, um número bem alto. Os bebês nascidos nesse período vão precisar de muito desenvolvimento interior e provavelmente vão amadurecer tarde.

O eclipse lunar do dia 5 será muito forte, então tenha uma agenda tranquila nesse período. Ele ocorrerá em seu signo, obrigando você a redefinir a imagem, personalidade e conceito de si mesmo, o que vai se manifestar como mudanças de imagem e de guarda-roupa nos próximos meses. Esse eclipse lunar vai trazer confrontos com a morte e talvez algumas experiências de quase morte, outro motivo para ir com calma. Seu cônjuge, parceiro ou interesse amoroso atual será obrigado a fazer mudanças financeiras dramáticas, geralmente devido a problemas financeiros. Esse eclipse afetará Marte e Vênus, atingindo os filhos e figuras filiais em sua vida, que deverão fazer uma agenda reduzida. Além disso, eles também vão precisar se redefinir e deverão evitar viagens nesse período. Um dos pais, figura paterna ou materna será obrigado a fazer mudanças financeiras importantes. Vênus também será afetado pelo eclipse, mostrando mudanças de emprego e na rotina de saúde. As amizades poderão ser testadas e haverá momentos dramáticos na vida dos amigos.

O eclipse solar do dia 21 ocorrerá na Oitava Casa, trazendo mais encontros com a morte, geralmente no nível psicológico, e talvez a recomendação de cirurgias. Mais uma vez seu cônjuge, parceiro ou interesse amoroso atual será obrigado a fazer mudanças financeiras, pois a estratégia e o pensamento dessa pessoa sobre dinheiro não andam realistas e precisam de outra correção de rumo. Os universitários também serão afetados, com mudanças nos planos educacionais e problemas na escola. Por fim, haverá abalos em seu local de culto e momentos dramáticos na vida dos líderes religiosos.

JULHO

Melhores dias: 2, 3, 11, 12, 21, 22, 29, 30
Dias mais tensos: 9, 10, 16, 17, 23,24
Melhores dias para o amor: 1º, 6, 7, 8, 9, 10, 16, 17, 19, 20, 25, 26, 27, 28
Melhores dias para o dinheiro: 4, 5, 14, 15, 23, 24,31
Melhores dias para a carreira: 1º, 9, 10, 19, 20, 23, 24, 27, 28

O Planeta das Finanças voltará para Capricórnio no dia 2, deixando a Casa do Dinheiro cheia de planetas novamente. Este será um mês próspero, mas os ganhos virão mais devagar e com vários atrasos. Será muito importante tomar cuidado com todos os pequenos detalhes das finanças: se estiver preenchendo um cheque ou fazendo uma transferência bancária, confira se todos os dados estão corretos. Prestar atenção aos detalhes pode ser entediante, mas vai minimizar os atrasos.

Teremos outro eclipse lunar no dia 5, o terceiro deste ano (geralmente são apenas dois). Este ocorrerá na Casa do Dinheiro, indicando a necessidade de fazer importantes mudanças financeiras, mas, com todos esses retrógrados acontecendo, você vai precisar de mais estudos antes de fazer mudanças. Seu cônjuge, parceiro ou interesse amoroso atual também precisará fazer mudanças financeiras, e o mesmo conselho se aplica a ele ou ela: analise bastante e pense bem. Além disso, haverá momentos dramáticos na vida pessoal das pessoas do dinheiro em sua vida. Como acontece em todos os eclipses lunares, poderá haver encontros com a morte ou experiências de quase morte, geralmente no nível psicológico. O eclipse afetará outros três planetas de modo indireto: Mercúrio, Júpiter e Saturno. O impacto em Saturno vai reforçar as mudanças financeiras que mencionamos, enquanto o impacto em Júpiter será pessoal e você poderá ter uma desintoxicação física, sentir necessidade de se redefinir ou reinventar. Já o impacto em Mercúrio mostra que o amor será testado e haverá mudanças na carreira. Os pais, figuras paternas ou maternas e chefes terão momentos dramáticos na vida pessoal.

O lado noturno do seu horóscopo ficará mais forte este ano, mas a metade superior estará no máximo de força para 2020, então o lar, a família e o bem-estar emocional se mantêm como prioridades, mas agora você poderá dedicar um pouco de energia à carreira. O Sol vai nascer no seu ano (metaforicamente falando), mas talvez você não queira sair da cama.

A saúde estará boa neste mês e você poderá melhorá-la ainda mais com massagens nos braços e ombros e exercícios respiratórios. A boa saúde para você significa ter uma vida amorosa e social, então, se houver algum problema (Deus queira que não), restaure a harmonia o mais rapidamente possível.

O amor será complicado este mês. Mercúrio estará retrógrado até o dia 12 e receberá aspectos difíceis, então será preciso trabalhar mais arduamente nessa área.

AGOSTO

Melhores dias: 8, 9, 17, 18, 25, 26, 27
Dias mais tensos: 5, 6, 13, 14, 19, 20
Melhores dias para o amor: 3, 4, 8, 13, 14, 15, 16, 17, 18, 23, 24, 28, 29
Melhores dias para o dinheiro: 1º, 2, 11, 20, 28, 29
Melhores dias para a carreira: 8, 17, 18, 19, 20, 28, 29

Como a Décima Casa (a da Carreira) ganhará força a partir do dia 22, será bom direcionar o foco para a vida profissional. Contudo, esse impulso na carreira não será tão forte quanto em outros momentos do passado ou até em relação ao futuro. Este será um foco meio indiferente. A maior parte do poder no mapa estará abaixo do horizonte, então algum progresso na carreira vai acontecer, mas você é capaz de muito mais.

Mesmo assim, este mês parece feliz. A Nona Casa (sua favorita) ficou poderosa em 22 de julho e continuará forte até o dia 22 de agosto, então as terras estrangeiras chamarão você, que provavelmente vai viajar (você não precisa de motivo para entrar em um avião; qualquer desculpa serve) e fazer o que mais ama. Os universitários estarão bem nesse período, pois haverá foco na educação e o sucesso será mais provável. Após o dia 22, haverá viagens relacionadas à carreira.

A vida amorosa estará bem melhor este mês. Mercúrio (o Planeta do Amor) vai se mover para a frente com rapidez, lhe dando confiança, e você vai avançar bastante. Contudo, Mercúrio terá aspectos muito melhores após o dia 5, quando entrará em Leão (a Nona Casa), e continuará lá até o dia 20. Portanto, haverá oportunidades amorosas em outros países e talvez com estrangeiros. Os solteiros também vão encontrar oportunidades românticas em eventos universitários ou em seu local de culto. Você ficará atraído por pessoas que tenham algo a ensinar, e também haverá a necessidade de boa compatibilidade filosófica. No dia 20 Mercúrio entrará na Décima Casa (a da Carreira), indicando oportunidades românticas ou sociais durante a busca de objetivos profissionais ou com pessoas envolvidas na sua carreira. Além disso, você vai socializar com gente de poder e prestígio e poderá avançar na carreira pelos meios sociais. Boa parte da socialização vai estar relacionada à carreira.

A saúde estará excelente até o dia 22. Depois disso, descanse bastante. Apesar de a saúde estar boa, este não será um de seus melhores períodos nessa área. Até o dia 7, cuide-se com massagens nos braços e nos ombros, especialmente para liberar a tensão acumulada. Após o dia 7, regimes de desintoxicação funcionarão bem, e ter boa saúde emocional será muito importante, portanto mantenha o humor positivo e construtivo. A alimentação ganhará importância a partir do dia 7.

Todos os planetas envolvidos com as finanças estarão retrógrados, então tudo poderá ficar mais lento que o habitual, mas a prosperidade continuará boa.

SETEMBRO

Melhores dias: 4, 5, 14, 15, 22, 23
Dias mais tensos: 1º, 2, 3, 9, 10, 16, 17, 29, 30
Melhores dias para o amor: 2, 3, 9, 10, 13, 14, 18, 19, 22, 23, 26, 27
Melhores dias para o dinheiro: 6, 7, 8, 16, 17, 24, 25
Melhores dias para a carreira: 9, 16, 17, 18, 19, 26, 27

A atividade retrógrada mais uma vez chegará ao ápice anual neste mês, com sessenta por cento dos planetas retrógrados entre os dias 9 e 12. Antes e depois disso a porcentagem será de cinquenta por cento, mas a atividade retrógrada vai diminuir gradualmente ao longo dos próximos meses.

Muito provavelmente você não vai impedir todos os atrasos, mas poderá minimizá-los sendo mais perfeccionista em tudo o que fizer. Agir de modo lento e correto será muito melhor do que fazer algo com rapidez e de modo negligente.

Marte fará um de seus raros movimentos retrógrados a partir do dia 9, afetando filhos e figuras filiais em sua vida, que parecerão sem rumo. Um dos pais, figura paterna ou materna precisará ter uma atitude de "esperar para ver" nas finanças, evitando grandes compras ou investimentos a partir do dia 9.

Você ainda estará no ápice profissional anual até o dia 22 e poderá perfeitamente se concentrar nessa área, pois o Planeta da Família (Netuno) continuará retrógrado e só o tempo resolverá as questões familiares.

A saúde ainda exigirá cuidados até o dia 2. Ela basicamente estará boa, mas este não será um dos melhores períodos em termos de disposição. Até o dia 6, melhore a saúde por meio da alimentação e da boa saúde emocional. Depois desse dia, massagens no peito serão boas. Além disso, dê mais energia ao coração evitando preocupações e ansiedade.

Quando o poder planetário entrou na Décima Casa, em 22 de agosto, houve uma mudança do setor social ocidental para o setor oriental independente, o que ficará ainda mais pronunciado nos próximos meses. Você vai entrar em um período de maior independência pessoal, no qual os outros serão importantes, mas o seu jeito de agir será o melhor. Portanto, será mais fácil fazer as mudanças necessárias para a sua felicidade.

As finanças avançarão, embora lentamente. A paralisia vai acabar, pois Júpiter (que está na Casa do Dinheiro) vai se mover para a frente no dia 13 e o Planeta das Finanças (Saturno) vai para a frente no dia 29, trazendo de volta a clareza financeira.

O amor será feliz, especialmente até o dia 5. O Planeta do Amor fará parte de um Grande Trígono dos signos de terra. O amor estará em alta na agenda, e você estará concentrado nessa área. Busque os seus objetivos profissionais e o amor vai encontrá-lo. Mercúrio (o Planeta do Amor) entrará no romântico signo de Libra no dia 5, o que será positivo para o amor. O único problema é que ele formará aspectos tensos com outros planetas, então o amor será ativo, porém desafiador. Mercúrio entrará na Décima Segunda Casa no dia 17 e você ficará atraído por pessoas artísticas e espiritualizadas. Além disso, a compatibilidade espiritual ganhará importância.

OUTUBRO

Melhores dias: 1º, 2, 11, 12, 19, 20, 28, 29, 30
Dias mais tensos: 6,7, 13, 14, 26, 27
Melhores dias para o amor: 3, 6, 7, 9, 10, 17, 18, 21, 22, 26
Melhores dias para o dinheiro: 4, 5, 13, 14, 21, 22, 23, 31
Melhores dias para a carreira: 9, 10, 13, 14, 17, 18, 26

Vênus entrará na Décima Casa no dia 2, fazendo o seu profissionalismo impressionar os superiores. Também será um bom sinal para a saúde, que estará em alta nas suas prioridades. Vênus não tem muito poder no signo de Virgem, mas, como ele estará no topo do mapa, ficará em uma posição forte (no âmbito terrestre). A saúde estará boa este mês, e você poderá melhorá-la com massagens abdominais.

Outubro não será um mês particularmente romântico, embora a vida social esteja boa. A Décima Primeira Casa (a dos Amigos) estará muito forte, então você estará envolvido com amigos e atividades em grupo. O poder nesta casa é outro indicador para um mês feliz, pois a Décima Primeira Casa é benéfica.

Um dos pais, figura paterna ou materna terá um excelente mês em termos de finanças, enquanto o outro vai prosperar mais lentamente, porque o Planeta das Finanças dele ou dela continuará retrógrado o mês inteiro.

Quando Plutão começar a se mover para a frente, no dia 4, a vida financeira estará com tudo. Este será um mês próspero, pois todos os planetas envolvidos nas finanças vão se mover para a frente, trazendo clareza nesse assunto, e o que você fizer será bom. Além disso, a sua abordagem para as finanças será conservadora e de longo prazo, como vem acontecendo o ano inteiro.

É interessante que Plutão (o Planeta Espiritual) vai se mover para a frente pouco antes de a Décima Segunda Casa (a Espiritual) ficar poderosa. Tudo estará pronto para a sua vida espiritual a partir do dia 23, e você vai progredir nessa área. A entrada do Sol na Décima Segunda Casa (a espiritual) sugere que você vai se beneficiar das tradições místicas da sua religião. Não será preciso explorar sistemas exóticos para a iluminação: a sua religião já tem um forte lado místico.

O Planeta do Amor (Mercúrio) ficará retrógrado no dia 14, complicando o romance. Os solteiros vão namorar, embora menos que o habitual, e a confiança social não estará dentro dos padrões. O relacionamento atual parece ir para trás em vez de avançar. Haverá encontros românticos em ambientes espirituais, mas não tenha pressa e deixe que o amor se desenvolva naturalmente. Espere para ver. Os eventos de caridade também serão propícios a encontros românticos.

A entrada de Vênus no setor oriental fortalecerá o poder do Leste, que ficará dominante agora e ganhará mais força mais nos próximos meses. Será o momento de agir do seu jeito e tomar a iniciativa. Não será preciso esperar a aprovação dos outros: a felicidade estará em suas mãos.

NOVEMBRO

Melhores dias: 7, 8, 16, 25, 26
Dias mais tensos: 2, 3, 4, 10, 22, 23, 30
Melhores dias para o amor: 2, 3, 4, 12, 13, 14, 21, 22, 23, 30
Melhores dias para o dinheiro: 2, 11, 18, 19
Melhores dias para a carreira: 3, 4, 10, 13, 14, 22, 23

Este será basicamente um mês feliz e cheio de realizações espirituais. Nem o eclipse lunar do dia 30 conseguirá impedir sua felicidade, servindo apenas para dar um pouco mais de empolgação à vida.

Júpiter viajará com Plutão e Saturno (Planeta Espiritual e das Finanças, respectivamente), indicando avanços espirituais e prosperidade neste mês. A intuição financeira estará a todo vapor e os objetivos nessa área serão conquistados facilmente.

Novembro também será espiritual por outros motivos. A Décima Segunda Casa estará ainda mais forte do que no mês passado, então será um ótimo período para estudar literatura sacra e se envolver na prática espiritual. A vida onírica será ativa e reveladora.

A entrada do Sol em seu signo, no dia 21, iniciará o ápice anual de prazer pessoal. É provável que aconteçam viagens ao exterior (as oportunidades certamente vão surgir), e os universitários terão sucesso nos estudos. Além disso, haverá sorte em questões jurídicas e você conseguirá o melhor cenário possível. Será um bom momento para ceder aos desejos do corpo (desde que sem exageros) e obter o corpo e a imagem que deseja.

O ritmo da vida também vai acelerar em novembro, do jeito que você gosta. No final do mês, noventa por cento dos planetas estarão se movendo para a frente.

O eclipse lunar do dia 30 será o quarto e último eclipse lunar deste ano e vai acontecer na Sétima Casa (a do Amor). Com isso, o relacionamento atual será testado e provavelmente as parcerias profissionais também. Seu cônjuge, parceiro ou interesse amoroso atual precisará fazer mudanças financeiras mais uma vez. Além disso, poderá haver encontros com a morte ou experiências de quase morte; os tios ou tias também farão mudanças financeiras importantes.

A saúde estará boa este mês, mas faça uma agenda mais reduzida durante o período do eclipse, incluindo alguns dias antes e depois (as pessoas mais sensíveis podem sentir o eclipse até duas semanas antes de ele acontecer). A saúde poderá ser melhorada com massagens nos quadris até o dia 21 e regimes de desintoxicação depois disso. A cura espiritual será poderosa após o dia 21.

O amor ficará feliz após o dia 11. No dia 3 o Planeta do Amor começará a se mover para a frente, e no dia 11 ele se afastará do aspecto tenso com você. Portanto, o amor acontecerá em locais espirituais após o dia 11. Acerte a vida espiritual e o amor vai acontecer naturalmente.

DEZEMBRO

Melhores dias: 5, 6, 13, 14, 22, 23
Dias mais tensos: 1º, 7, 8, 19, 20, 21, 27, 28
Melhores dias para o amor: 1º, 2, 3, 11, 12, 22, 23, 27, 28
Melhores dias para o dinheiro: 8, 9, 15, 16, 17, 27
Melhores dias para a carreira: 5, 6, 7, 8, 13, 14, 24

Embora este seja um mês feliz e saudável, um eclipse solar no dia 14 (o último do ano) ocorrerá em seu signo, então faça uma agenda mais tranquila nesse período. Com esse tipo de eclipse muitas vezes será preciso evitar calúnias ou difamações feitas pelos outros, que vão tentar definir você de formas inadequadas. A melhor defesa será você mesmo se definir. Também não será uma boa ideia viajar nesse momento. Caso seja necessário, evite o período do eclipse. Os universitários serão particularmente afetados e poderão mudar de escola ou de planos educacionais. Talvez você não consiga entrar na escola que deseja, mas acabará estudando em outra melhor ainda. Haverá transtornos na escola, no local de culto e na vida de professores ou líderes religiosos. Esse eclipse afetará Netuno (Planeta da Família), então um dos pais, figura paterna ou materna viverá momentos dramáticos na vida pessoal, e os parentes estarão mais temperamentais nesse período. Além disso, talvez seja preciso fazer reparos no lar. Talvez a vida onírica esteja ativa em dezembro, mas não deverá receber muita atenção.

O eclipse vai trazer um pouco de tempero e empolgação para o mês, mas a sua felicidade não será afetada. A aparência estará boa (embora seja preciso tomar cuidado com o peso). O Planeta do Amor (Mercúrio) estará em seu signo até o dia 21, e Vênus entrará no seu signo no dia 15, então você vai atrair o sexo oposto. O amor vai procurar você e acontecerá nos seus termos, sem precisar de esforço. Se você estiver em um relacionamento, seu cônjuge, parceiro ou interesse amoroso atual estará muito dedicado, fazendo de tudo para agradar a você, que virá em primeiro lugar para ele ou ela. Além disso, Mercúrio estará "fora dos limites" a partir do dia 13, sugerindo atração por pessoas fora da sua esfera. Às vezes isso indica que seu cônjuge, parceiro ou interesse amoroso atual vai atuar fora da esfera dele ou dela.

Dezembro também será muito próspero. Dois planetas importantes sairão da Casa do Dinheiro neste mês (Júpiter e Saturno), mas outros dois vão entrar para substituí-los. No dia 21 você começará o ápice financeiro anual, que se prorrogará até o mês que vem. Apesar disso, o foco nas finanças vai diminuir em 2021, porque você estará mais interessado no desenvolvimento pessoal este mês e no próximo ano. Esse aspecto será bom para estudantes abaixo do nível universitário, que ficarão mais concentrados nos estudos. Quando os objetivos financeiros são conquistados (pelo menos os de curto prazo), a busca pelo desenvolvimento da mente é natural.

Noventa por cento dos planetas estarão se movendo para a frente, então o ritmo dos eventos vai acelerar, do jeito que você gosta, trazendo um progresso mais veloz em seus objetivos.

♑

CAPRICÓRNIO

A CABRA

Nascidos entre 21 de dezembro e 19 de janeiro

PERFIL PESSOAL

CAPRICÓRNIO EM UM RELANCE

Elemento: Terra
Planeta Regente: Saturno
Planeta da Carreira: Vênus
Planeta do Amor: Lua
Planeta das Finanças: Urano
Planeta da Saúde e do Trabalho: Mercúrio
Planeta do Lar e da Vida Familiar: Marte
Cores: preto, índigo
Cores que promovem o amor, o romance e a harmonia social: castanho--escuro, prateado
Cor que propicia ganhos: azul-ultramarino
Pedra: ônix negro
Metal: chumbo
Perfumes: magnólia, pinho, ervilha-de-cheiro, gualtéria
Qualidade: cardeal (= atividade)
Qualidades essenciais ao equilíbrio: calor humano, espontaneidade, espírito de diversão
Maiores virtudes: senso de dever, organização, perseverança, paciência, capacidade de enxergar a longo prazo
Necessidades mais profundas: gerir, encarregar-se, administrar
Características a evitar: pessimismo, tristeza, materialismo e conservadorismo excessivos

Signos de maior compatibilidade: Touro, Virgem
Signos de maior incompatibilidade: Áries, Câncer, Libra
Signo mais útil à carreira: Libra
Signo que fornece maior suporte emocional: Áries
Signo mais prestativo em questões financeiras: Aquário
Melhor signo para casamento e associações: Câncer
Signo mais útil em projetos criativos: Touro
Melhor signo para sair e se divertir: Touro
Signos mais úteis em assuntos espirituais: Virgem, Sagitário
Melhor dia da semana: sábado

COMPREENDENDO A PERSONALIDADE CAPRICORNIANA

As virtudes capricornianas são de tal natureza que algumas pessoas sempre serão contra elas, e outras, a favor. Muitos as admiram; outros as abominam. A razão para isso parece ser a sede de poder dos nativos do signo. Um bom capricorniano sempre tem os olhos voltados para o ápice do poder, elevação, prestígio e autoridade. No signo de Capricórnio, a ambição não é um pecado ou defeito, é a mais elevada das virtudes.

Os capricornianos não temem o ressentimento que sua autoridade (ou autoritarismo) possa gerar. Sua mente fria, calculista e organizada já computou todos os riscos da equação: impopularidade, animosidade, mal-entendidos e, mesmo, a calúnia declarada. E eles sempre têm um plano para lidar com esses contratempos de modo eficiente. Para um capricorniano, situações de arrepiar os cabelos de qualquer outro mortal não passam de meros problemas solucionáveis, lombadas na estrada que o conduzem ao poder, à eficácia e ao prestígio crescentes.

Costuma-se atribuir pessimismo aos nativos do signo, mas tal avaliação é um tanto ilusória. É verdade que adoram levar em consideração o lado negativo das coisas. Também é verdade que adoram imaginar o pior cenário possível para qualquer empreendimento. Os outros consideram deprimente essa maneira de analisar as situações, mas os capricornianos agem assim com o intuito de detectar uma forma de escapar de possíveis problemas: é o seu roteiro de fuga.

Sempre questionarão o sucesso que você alcançou. Vão lhe mostrar que você não está se saindo tão bem quanto julga. Agem dessa forma tanto em relação a si mesmos quanto em relação aos demais. Sua intenção não é provocar desânimo, é eliminar obstáculos a um sucesso ainda maior. Um patrão ou supervisor capricorniano imagina que, por melhor que seja o desempenho atual, sempre haverá espaço para progredir. Isso explica por que é tão difícil lidar com chefes capricornianos. É de tirar qualquer empregado do sério. Suas atitudes são, todavia, bastante eficazes: conseguem fazer com que seus subalternos cresçam profissionalmente e se aprimorem no desempenho de suas tarefas.

Os capricornianos são gerentes e administradores natos. Os leoninos podem ocupar com eficácia o posto de reis e rainhas, mas são os capricornianos que se encaixam melhor no de primeiros-ministros — que são, na verdade, aqueles que exercem o poder.

Os capricornianos se interessam por virtudes duradouras, e tudo que consiga subsistir ao teste do tempo e à prova das circunstâncias. Modas e modismos não lhes dizem nada, salvo seu aspecto lucrativo e a contribuição que possam dar em nome do poder. Os capricornianos empregam esse mesmo tipo de atitude no amor, nos negócios, em sua filosofia de vida e até na religião.

FINANÇAS

Os capricornianos, geralmente, alcançam a riqueza pelo trabalho. Mostram-se dispostos a trabalhar longa e arduamente pelo que desejam. Conseguem facilmente abrir mão de amenidades em prol de benefícios mais duradouros. Em relação à finanças, tendem a consolidar sua riqueza em idade mais avançada.

A fim de atingir suas metas financeiras, entretanto, precisam despojar-se de seu forte conservadorismo. Talvez esse seja o traço menos desejável da personalidade capricorniana. São capazes de resistir a qualquer inovação apenas pelo fato de ser uma novidade jamais testada. Têm medo de experimentar. Eles precisam aprender a correr pequenos riscos, mostrar-se mais dispostos a comercializar produtos novos e a explorar diferentes técnicas administrativas. Caso contrário, serão atropelados pelo progresso e ficarão para trás. É necessário aceitar a mudança dos tempos e descartar velhos métodos, que já provaram ser obsoletos.

Com frequência, essa experimentação implica o rompimento com a autoridade estabelecida. Talvez seja premente até abandonar a posição entrincheirada em que se encontram e arriscar-se em novos empreendimentos. Dessa forma, terão de aceitar os riscos e seguir adiante com eles. Somente dessa maneira estarão trilhando a estrada dos altos ganhos.

CARREIRA E IMAGEM PÚBLICA

A ambição e o anseio de poder dos capricornianos são notados com clareza. É, possivelmente, o signo mais ambicioso do Zodíaco, e o que faz mais sucesso, no sentido mundano da palavra. Entretanto, existem algumas lições que os capricornianos precisam aprender se desejam realizar suas aspirações mais elevadas.

Inteligência, trabalho árduo, eficácia fria e racional e organização os levarão até certo ponto do caminho, mas não ao topo. Será necessário cultivar o encanto social, atuar nessa área de forma mais graciosa. Em suma, saber lidar com as pessoas. Os nativos de Capricórnio devem aprender a cultivar a beleza e os contatos sociais convenientes, e fazer uso do poder airosamente, para que as pessoas consigam gostar deles; e essa é uma arte delicada. E, ainda, a unir as pessoas em torno de certos objetivos. Em síntese, têm de assimilar alguns dos prodigiosos dons librianos de charme e graça para chegar ao topo.

Tendo aprendido essa lição, vocês, capricornianos, serão extremamente bem-sucedidos em suas carreiras. São trabalhadores diligentes e devotados que não receiam investir tempo e esforço em seus empreendimentos. Os capricornianos não costumam se apressar na realização de uma tarefa; gostam de executá-la com esmero. Preferem ascender na escala social ou na empresa onde trabalham de forma lenta, mas com segurança. Movidos a sucesso, é natural que geralmente conquistem a simpatia dos chefes, que os apreciam e respeitam.

AMOR E RELACIONAMENTOS

Da mesma forma que ocorre com Escorpião e Peixes, é dificílimo conhecer bem um capricorniano. Eles são profundos, introvertidos e gostam de manter sua discrição. Não gostam de revelar seus pensamentos íntimos. Se você se apaixonou por um nativo do signo, seja paciente e vá com calma. Pouco a pouco, começará a conhecê-lo melhor.

Os capricornianos possuem uma natureza profundamente romântica, mas não a entregam de bandeja. Não são particularmente emotivos; sua impassividade beira a frieza. Em geral, demonstram seu amor de forma prática.

Leva tempo para um capricorniano, homem ou mulher, se apaixonar. Não é o tipo que se entrega ao amor à primeira vista. Os nativos de Áries e Leão que se envolverem com capricornianos podem mistificar erroneamente que seus parceiros de Capricórnio são frios, insensíveis e rígidos. Obviamente, nada disso é verdade. É que eles gostam de fazer as coisas devagar, de conhecer bem o terreno onde pisam, antes de demonstrar seu amor ou comprometer-se.

Mesmo nas relações amorosas, costumam agir com intencionalidade. Necessitam de mais tempo para tomar decisões do que os nativos de qualquer outro signo zodiacal; mas, vencida a barreira, podem mostrar-se tão passionais quanto qualquer outro signo. Os capricornianos apreciam relações bem estruturadas e definidas, constantes e previsíveis. Quase apreciam a rotina. Buscam companheiros que os apoiem, e fazem o mesmo com seus pares. Faz parte de sua psicologia básica essencial. Se tal relação é o melhor para eles ou não, é outra história, pois sua vida é naturalmente marcada pela rotina. Talvez se dessem melhor em um relacionamento mais estimulante, mutável e flutuante.

VIDA DOMÉSTICA E FAMILIAR

O lar dos capricornianos, como o dos virginianos, é sempre organizado e arrumadinho. Eles procuram gerir suas famílias da mesma forma como administram seus negócios. São tão obcecados pela carreira que muitas vezes carecem de tempo para o lar e para a família. Devem procurar envolver-se mais ativamente na vida doméstica e familiar. Contudo, levam os filhos muito a sério, e são pais corujas, sobretudo quando os filhos crescem e se tornam membros respeitados da sociedade.

CAPRICÓRNIO
PREVISÃO ANUAL PARA 2020

TENDÊNCIAS GERAIS

O poder estará na Primeira Casa em 2020. Você ficará mais independente, determinado e motivado. Além disso, embora esteja apreciando todos os prazeres dos sentidos, você provavelmente não ganhará muito peso. Parece que você come demais, faz dieta, come demais, faz dieta, e assim sucessivamente. Será um ótimo ano para colocar o corpo e a imagem em forma.

Agora que Júpiter está em seu signo, você terá um período de prosperidade, que vai ficar ainda mais forte ao longo do ano. Voltaremos a esse assunto mais adiante.

Urano saiu de vez da Quarta Casa (e só vai voltar daqui a aproximadamente 84 anos), então a situação no lar e na vida emocional como um todo ficará bem mais calma. Urano agora está na Quinta Casa e deverá continuar lá pelos próximos sete anos. Os que estiverem envolvidos nas artes criativas ou no entretenimento terão um período empolgante. Poucas vezes você esteve tão inovador. Você será incapaz de copiar alguém e fará um trabalho original. Contudo, será preciso mais paciência com os filhos e figuras filiais em sua vida, que parecem anormalmente rebeldes e difíceis de lidar. Voltaremos a esse assunto mais adiante.

Quatro eclipses lunares este ano (o dobro do habitual) vão abalar sua vida amorosa e testar os relacionamentos atuais. Também falaremos sobre isso mais adiante.

Marte vai passar mais de seis meses na Quarta Casa (do Lar e da Família) a partir de 28 de junho, um tempo anormalmente longo. Isso pode acirrar os ânimos temporariamente no lar e na família. Contudo, será um período muito bom para fazer grandes reformas ou reparos em casa. Alguns capricornianos poderão até querer construir uma casa. Voltaremos a esse assunto mais adiante.

Os capricornianos sempre são ambiciosos, mas este ano não será muito forte para a carreira, servindo mais como preparação para os futuros avanços nessa área. Todos os planetas lentos estarão abaixo do horizonte do seu mapa, no lado noturno, fazendo as atividades da noite serem mais interessantes que as do dia. Voltaremos a esse assunto mais adiante.

As principais áreas de interesse este ano são corpo e imagem; finanças (entre 23 de março e 1º de julho e a partir de 18 de dezembro); comunicação e interesses intelectuais; lar e família (a partir de 28 de junho); filhos, diversão e criatividade.

Os caminhos de maior realização em 2020 são corpo e imagem (até 20 de dezembro); finanças (a partir de 20 de dezembro); amor, romance e atividades sociais (até 6 de maio); sexo, transformação pessoal e estudos de ocultismo (a partir de 6 de maio).

SAÚDE

(Esta é uma perspectiva astrológica sobre a saúde, não uma visão médica. No passado essas perspectivas eram idênticas, mas hoje podem ocorrer diferenças significativas. Para obter uma opinião com base em diagnósticos da medicina convencional, consulte seu médico ou um profissional da área da saúde.)

A saúde deverá ser boa este ano. Geralmente Saturno no signo de uma pessoa (o que está acontecendo com você há dois anos) não é um bom sinal para a saúde, mas, como Saturno é um planeta amigável (é o senhor do seu horóscopo), você se sentirá confortável com a presença dele. Além disso, não haverá planetas lentos em alinhamento tenso com você em 2020, e a Sexta Casa (a da Saúde) estará basicamente vazia, com apenas planetas rápidos passando por lá. Tudo isso é positivo para a saúde. Você não vai precisar se concentrar muito nela, já que não terá problemas. A tendência é você ficar resistente a doenças. Claro que haverá períodos do ano em que a saúde e a disposição estarão mais difíceis que o habitual, mas serão problemas temporários, causados pelos trânsitos, e não configuram tendências para 2020. Quando os trânsitos tensos passarem, a saúde e a disposição voltarão ao normal.

Embora a saúde esteja boa, você poderá deixá-la ainda melhor se der mais atenção às seguintes áreas, que são as mais vulneráveis do seu mapa este ano:

Coluna, joelhos, dentes, pele e alinhamento do esqueleto. São sempre importantes para os nativos de Capricórnio, e os reflexos aparecem no mapa. Por isso, massagens regulares nas costas e nos joelhos deverão fazer parte da rotina de saúde, bem como visitas regulares ao um quiropraxista ou osteopata, pois será fundamental manter as vértebras corretamente alinhadas. A boa postura será mais importante para você do que para os outros signos, então terapias como a Técnica de Alexander, ioga e pilates, que melhoram a postura, são recomendadas. Terapias como Rolfing ou Feldenkrais também são boas para a coluna. Além disso, mantenha a higiene dental (que é sempre importante) e dê mais suporte aos joelhos quando se exercitar.

Pulmões, braços, ombros e sistema respiratório. Também são sempre importantes para o capricorniano, porque Mercúrio (o Planeta da Saúde) rege essas áreas. Os reflexos aparecem em seu mapa. Braços e ombros devem ser massageados regularmente, pois a tensão costuma se acumular nessas áreas e precisa ser liberada.

Um eclipse lunar no dia 30 de novembro ocorrerá na Sexta Casa (a da Saúde), indicando mudanças importantes na rotina de saúde daqui por diante. Às vezes isso mostra um susto relacionado à saúde, mas, como ela estará boa, provavelmente não será nada além disso.

Ter o rápido e errático Mercúrio como Planeta da Saúde faz as suas necessidades nessa área mudarem o tempo todo. Além disso, você tende a reagir melhor a determinadas terapias em momentos diferentes. São tendências de curto prazo na saúde, que serão abordadas com mais profundidade nos relatórios mensais.

Quando Júpiter está na Primeira Casa (que é a situação neste ano), as pessoas tendem a ganhar peso e mulheres em idade fértil tendem a ficar mais férteis que o habitual. Contudo, os capricornianos costumam ser magros e tendem a ser mais "espartanos" na vida pessoal. Essa tendência estará ainda mais forte em 2020 porque Plutão e Saturno estarão em seu signo, então você poderá ganhar alguns quilinhos (ao apreciar a boa vida) e depois fará dieta para perdê-los. Conforme já mencionamos, a questão do peso será uma gangorra constante em 2020. Além disso, a gravidez para mulheres em idade fértil parece complicada.

Com tantos planetas na Primeira Casa (que será facilmente a mais forte no horóscopo este ano), a autoestima e a autoconfiança estarão boas, mas é preciso ter cuidado para não exagerar. O Nódulo Sul da Lua também estará na Primeira Casa, indicando uma sensação de deficiência e levando você a se exceder para compensá-la. A verdadeira autoconfiança é tranquila e natural, não espalhafatosa. Saturno em seu signo recomenda que você brilhe silenciosamente e seja mais discreto.

LAR E FAMÍLIA

Após sete anos de instabilidade no lar, com direito a crises e talvez até rompimentos familiares, tudo estará mais calmo, especialmente até 28 de junho. Muitos capricornianos se mudaram várias vezes nos últimos sete anos, e alguns fizeram múltiplas renovações no seu lar. Você atualizou a sua casa do mesmo jeito que atualizou softwares ou computadores. Além disso, você está muito mais calmo no nível emocional, e seus familiares também parecem mais estáveis.

Aproveite a calma temporária, pois Marte entrará na Quarta Casa no dia 28 e vai agitar um pouco a vida, podendo trazer conflitos com um dos pais, figura paterna ou materna e levando você a trabalhar mais no relacionamento com ele ou ela. Essa figura passará por momentos difíceis emocionalmente, mas outros integrantes da família (ou pessoas que fazem esse papel em sua vida) também parecem mais passionais, talvez até revoltados. Eles ficarão com raiva muito facilmente, então você também precisará trabalhar mais esses relacionamentos.

Marte na Quarta Casa muitas vezes indica construção ou grandes reparos em casa, que também deverá ser protegida contra incêndios. Verifique a fiação elétrica e se os detectores de fumaça estão funcionando. Além disso, mantenha os objetos pontiagudos longe do alcance das crianças.

Marte na Quarta Casa também mostra a instalação de equipamentos para exercícios físicos em casa, transformando o lar em uma academia de ginástica. A segurança doméstica também será prioridade, talvez incluindo a instalação de sistemas de segurança. Mudanças de residência não são prováveis este ano, mas reformas sim.

Marte (o Planeta da Família) é um planeta relativamente rápido. Este ano ele vai passar por seis signos e casas do seu mapa, então haverá muitas tendências familiares de curto prazo que dependerão de onde Marte estará e dos aspectos que receberá. Isso será abordado com mais profundidade nos relatórios mensais.

Será melhor fazer reformas e grandes reparos na segunda metade do ano, a partir de 28 de junho. Se você estiver pintando, redecorando ou comprando objetos de beleza para o lar, os períodos entre 7 de fevereiro e 5 de março, 6 de setembro e 2 de outubro e a partir de 15 de dezembro serão os melhores para isso.

Um dos pais, figura paterna ou materna viverá momentos dramáticos no lar e crises emocionais em 2020, mas uma mudança de residência não parece provável. Os irmãos e figuras fraternas estarão espiritualizados e idealistas nesse período e talvez enfrentem escândalos e revelações desagradáveis. Uma mudança de endereço não parece provável, mas eles poderão redecorar a casa entre 3 de abril e 7 de agosto.

Será mais difícil lidar com os filhos e figuras filiais em sua vida, conforme já mencionamos, pois eles estarão mais rebeldes, voluntariosos e vão precisar de um bom motivo para fazer algo que você solicitar. Será preciso explicar os motivos por trás do pedido, e o autoritarismo não será tolerado. Além disso, eles podem morar em lugares diferentes por longos períodos, mas uma mudança de residência não parece provável.

Os netos (caso você os tenha) ou os que fazem esse papel em sua vida terão um ano familiar sem grandes novidades. Contudo, se eles estiverem em idade fértil, estarão mais férteis que o habitual.

DINHEIRO E CARREIRA

Desde que o Planeta das Finanças (Urano) entrou em Touro, em março do ano passado, você está em uma nova era financeira, que é bastante próspera. Urano está recebendo bons aspectos na maior parte do ano, e Júpiter (o Planeta da Abundância) está formando aspectos particularmente bons com Urano, portanto os ganhos vão aumentar. Isso vai acontecer o ano inteiro, mas no início de 2020 haverá mais ganhos que no final. Quando Saturno e Júpiter entrarem em Aquário, já no fim do ano, você estará mais atarefado, mas a prosperidade ainda vai acontecer.

Mas o ano de 2020 não terá apenas aumento nos ganhos. A qualidade desses ganhos também vai melhorar bastante. O Planeta das Finanças está na Quinta Casa (da Diversão, Criatividade e Filhos) por vários anos, indicando "dinheiro feliz", que é ganho de formas prazerosas. O dinheiro também será gasto dessa maneira, em lazer e atividades divertidas. Você vai curtir mais a riqueza.

O Planeta das Finanças na Quinta Casa mostra que você vai gastar mais com os filhos ou figuras filiais em sua vida, mas eles também poderão ser fonte de renda, dependendo da idade e fase da vida. Os filhos mais velhos poderão ajudar nas finanças, enquanto os jovens serão uma força bastante motivadora para os ganhos e muitas vezes terão ideias lucrativas.

A Quinta Casa é especulativa, mas os capricornianos não costumam ser especuladores. Além disso, o Planeta das Finanças em Touro (que também é conservador) também não é muito especulativo, então você até poderá ceder um pouco às especulações, mas provavelmente não vai exagerar.

O Planeta das Finanças na Quinta Casa mostra boa afinidade com a indústria musical e do entretenimento e também com empresas que atendem ao mercado jovem. Empresas de energia e serviços públicos também serão interessantes, especialmente as que estiverem envolvidas com alta tecnologia.

Urano como Planeta das Finanças tende a ganhos erráticos e instabilidade na área financeira (e foi exatamente o que aconteceu nos últimos sete anos), mas, como ele estará em Touro, os ganhos serão menos voláteis e muito mais estáveis que nos últimos tempos.

Saturno (o senhor do seu horóscopo) fará um breve flerte com a Casa do Dinheiro entre 23 de março e 1º de julho e depois ficará lá a longo prazo a partir de 18 de dezembro. Isso também será positivo para as finanças, indicando foco e sorte. Você assumirá a imagem de endinheirado, e os outros vão enxergá-lo dessa forma. Além disso, você vai assumir mais controle sobre as finanças, sem delegá-las aos outros. Em 20 de dezembro, Júpiter também entrará na Casa do Dinheiro e continuará lá por boa parte de 2021, um sinal clássico de prosperidade (além disso, lembre-se de que Júpiter é mais forte em Aquário do que em Capricórnio, pois esse planeta fica mito mais confortável lá).

Este ano não será particularmente forte para a carreira, porque todos os planetas lentos estarão abaixo do horizonte, no lado noturno do mapa. Então, você está se preparando para o sucesso que acontecerá posteriormente. O ano de 2020 será muito mais forte para as finanças do que para a carreira. Será o momento de construir a infraestrutura psicológica e trabalhar nas atividades de bastidores, tão necessárias para o sucesso profissional.

O Planeta da Carreira (Vênus) é um planeta rápido, portanto as questões profissionais vão depender de onde Vênus estará em um determinado momento e dos aspectos que ele receberá. Haverá tendências de curto prazo que serão abordadas com mais profundidade nos relatórios mensais.

AMOR E VIDA SOCIAL

A Sétima Casa (a do Amor) não terá proeminência este ano porque estará basicamente vazia, com apenas planetas rápidos passando por lá. Além disso, conforme já mencionamos, a maioria dos planetas lentos estará no setor oriental do "eu" e da independência pessoal. O setor social ocidental vai se fortalecer ao longo do ano, mas apenas brevemente, então 2020 não será um ano forte para o amor e o romance. Isso geralmente mostra contentamento com a situação amorosa atual, que se mantém estável. Os solteiros tendem a permanecer solteiros e os casados tendem a continuar casados. Mas este ano terá um número incomum de eclipses: seis, dois a mais que o normal. Cinco desses seis eclipses afetarão a vida amorosa e dois (um solar e um lunar) ocorrerão na Sétima Casa (a do Amor), enquanto o eclipse lunar de 10 de janeiro e o eclipse solar de 21 de junho ocorrerão na Sétima Casa. Como a Lua é o seu Planeta do Amor, os quatro eclipses lunares também vão afetar essa área, trazendo muitos abalos, problemas e crises na vida amorosa. A boa notícia é que os relacionamentos bons e sólidos vão sobreviver. Os problemáticos é que provavelmente não vão durar. Muitas vezes esses testes não acontecem devido ao relacionamento amoroso em si, e sim em função de momentos dramáticos na vida do ser amado ou dos amigos. O amor será tumultuado em 2020, prepare-se.

A Lua (o mais rápido de todos os planetas) é o seu Planeta do Amor. Enquanto os outros planetas precisam de um ano para percorrer todo o mapa, a Lua faz isso todos os meses. Por isso, haverá muitas tendências de curto prazo (bem curto mesmo!) no amor que serão abordadas com mais profundidade nos relatórios mensais.

Em geral, o seu magnetismo sexual será mais forte na Lua Crescente do que na Lua Minguante. A Lua Crescente também aumentará o entusiasmo para o amor. Já a Lua Nova e a Lua Cheia tendem a ser dias fortes para o amor se os aspectos forem bons. Além disso, o perigeu (distância mais próxima da Terra) da Lua vai aumentar o magnetismo e a energia social.

Como a Lua é o Planeta do Amor, o seu humor será fundamental para a vida amorosa. Você (e as pessoas que atrai) poderá ficar muito instável. Quando estiver de bom humor, o amor será magico e perfeito, mas quando seu humor estiver ruim, ele poderá se transformar em ódio. Portanto, será muito importante manter o humor positivo e construtivo.

A força no setor oriental do mapa deixará você mais independente, o que é bom em várias áreas da vida, mas não para o amor. Você poderá fazer o que achar melhor, independente dos sentimentos do parceiro, então evite desrespeitar os outros.

Saturno está em seu signo pelos últimos dois anos e continuará lá por boa parte de 2020, então você estará ainda mais capricorniano que o habitual. Todos os pontos fortes e fracos dos nativos de Capricórnio estarão mais presentes, então a capacidade para administrar e fazer negócios estará altíssima (essa é uma posição muito boa para os negócios). Mas você talvez pareça frio, distante e mandão demais para os outros (e já escrevemos isso em relatórios anteriores). Você pode nem perceber que está fazendo isso, essa é a vibração que você emana naturalmente. Isso também poderá causar problemas no amor, então siga os conselhos dos relatórios anteriores e envie amor e carinho aos outros — vai ser preciso uma prática consciente.

O amor poderá ser complicado, mas a vida social como um todo estará muito boa. Além de atrair amigos, as oportunidades para amizade vão surgir com pouco esforço de sua parte. Basta viver normalmente.

Casos amorosos também são prováveis para solteiros, mas serão apenas entretenimento e não parecem levar a lugar algum.

AUTOAPRIMORAMENTO

Os capricornianos são pessoas práticas, que não são conhecidas pelo lado espiritual, pois sentem que o "dever" e a "responsabilidade" no plano terreno são a maior forma de espiritualidade (e têm razão nisso). Apesar dessa característica, a espiritualidade ganhou importância nos últimos anos. Em 2016 e 2017, Saturno (o senhor do seu horóscopo) estava na sua Décima Segunda Casa (a Espiritual), mostrando um grande foco nessa área. Em 2019, Júpiter passou o ano na Décima Segunda Casa, indicando ainda mais interesse e crescimento interior. Este ano, Júpiter (o Planeta Espiritual) estará em seu signo, então boa parte do que foi aprendido vai "aparecer" e se manifestará mais. As lições estão sendo aplicadas ao corpo físico, e você terá mais poder sobre ele, aprendendo a moldá-lo pelos meios espirituais. Além disso, os outros o verão como uma pessoa mais espiritualizada.

O Planeta Espiritual no seu signo indica uma espiritualidade bem pé no chão, que precisa trabalhar no mundo, melhorando sua vida e circunstâncias. Muitas vezes isso indica um gosto pelas religiões ortodoxas tradicionais. Os capricornianos já apreciam as regras, regulamentos, ritos, rituais, pompa e cerimônia de uma religião tradicional, e em 2020 vão gostar mais ainda. Este será um bom ano para explorar o lado místico da sua religião, pois toda religião tem o seu lado místico.

Netuno está na Terceira Casa há muitos anos, mostrando espiritualização e refinamento do intelecto e do processo de pensamento. O seu gosto por leitura está ficando mais refinado, e você agora prefere livros e revistas voltados para a área espiritual. Você também ficará mais interessado em palestras, cursos e seminários sobre espiritualidade. A leitura "mundana" não parecerá muito atraente para você.

O Planeta Espiritual (Júpiter) vai entrar em Aquário (a Segunda Casa) no dia 20 de dezembro, fortalecendo a influência desse planeta. Além disso, Júpiter fica muito mais forte em Aquário do que em Capricórnio (a "queda" dele), o que também favorece a espiritualidade prática. Você vai desenvolver e fortalecer a intuição financeira em 2020 e 2021. A orientação financeira virá dos sonhos ou por intermédio de videntes, leitores de tarô, canais espirituais ou pastores. Isso também favorecerá a astrologia, especialmente o lado esotérico, que é um caminho espiritual válido.

PREVISÕES MENSAIS

JANEIRO

Melhores dias: 5, 6, 14, 22, 23
Dias mais tensos: 2, 3, 9, 10, 16, 29, 30, 31

Melhores dias para o amor: 5, 6, 9, 10, 13, 14, 15, 18, 19, 24, 25, 27, 28
Melhores dias para o dinheiro: 4, 5, 6, 13, 14, 22, 23, 24, 25, 26
Melhores dias para a carreira: 13, 14, 16, 18, 19, 27, 28

Você começará o ano com o setor oriental do horóscopo imensamente poderoso, pois oitenta e às vezes noventa por cento dos planetas estarão no Leste. A Primeira Casa (do Eu) também estará anormalmente forte, enquanto a Sétima Casa (do Amor e das Atividades Sociais) estará quase vazia, então a mensagem é bem clara: o foco este mês estará nos seus interesses. A felicidade caberá a você, que terá mais independência para fazer as mudanças necessárias (e deverá fazê-las). Os outros serão importantes (como você vai aprender no dia 10, com o eclipse lunar), mas o seu jeito é o melhor. Você será o mestre do próprio destino nesse período.

O eclipse lunar do dia 10 ocorrerá na Sétima Casa (a do Amor) e afetará o Planeta do Amor (a Lua), sendo forte em você e em seu cônjuge, parceiro ou interesse amoroso atual. Ele ou ela poderá viver momentos dramáticos na vida pessoal, o que pode ser o motivo pelo qual o relacionamento será testado. Mas a causa também pode ser o foco exagerado em si mesmo, estragando algo bom, que é a independência pessoal. O eclipse vai obrigar você a dar mais atenção aos outros. Esse eclipse também afetará Saturno, o senhor do seu mapa, trazendo uma desintoxicação do corpo e a necessidade de se redefinir. Ao longo dos próximos meses (e provavelmente do ano inteiro) você vai mudar o guarda-roupa e a imagem. Faça uma agenda mais tranquila nesse período. O eclipse também afetará Plutão, podendo atingir equipamentos de alta tecnologia, então tome precauções especiais antes do eclipse: faça cópias de segurança dos arquivos importantes, confira se os programas antivírus e contra hackers estão atualizados e tenha cuidado ao clicar em links enviados por desconhecidos. Mercúrio também será afetado pelo eclipse, trazendo mudanças de emprego e na rotina de saúde. Evite viajar ao exterior nesse período.

A saúde estará boa este mês, mas faça uma agenda tranquila alguns dias antes, durante e depois do eclipse. Você poderá melhorar a saúde ainda mais se der atenção à coluna, joelhos, dentes e ossos até o dia 16 e aos tornozelos e panturrilhas depois disso.

No dia 20 o Sol entrará na Casa do Dinheiro e você começará o ápice financeiro anual. Este mês será próspero, e você vai sentir isso antes mesmo do dia 20. Entre os dias 21 e 23 poderão acontecer mudanças financeiras importantes e alguns problemas nessa área, mas serão de curto prazo. Além disso, haverá discordância financeira com o cônjuge, parceiro ou interesse amoroso atual.

FEVEREIRO

Melhores dias: 1º, 2, 10, 11, 18, 19, 20, 28, 29
Dias mais tensos: 6, 7, 12, 13, 26, 27
Melhores dias para o amor: 3, 4, 6, 7, 8, 12, 13, 16, 17, 23, 24, 26,27
Melhores dias para o dinheiro: 1º, 2, 9, 10, 11, 18, 19, 20, 21, 22, 28, 29
Melhores dias para a carreira: 7, 8, 12, 13, 16, 17, 26, 27

A independência pessoal ficará ainda mais forte que no mês passado. No dia 16, Marte entrará em seu signo e ficará lá pelo resto do mês, o que tem alguns pontos positivos: você terá mais energia, coragem e não vai fugir de conflitos. Além disso, você estará em sua melhor fase nos esportes e exercícios físicos. O perigo (como em quase tudo na vida) é exagerar. Você poderá ser excessivamente combativo e talvez brusco demais, o que não vai ajudar a vida amorosa.

Você ainda estará no meio de um ápice financeiro anual. O Planeta das Finanças (Urano) também está avançando (ele começou a se mover para a frente em 11 de janeiro), então o julgamento financeiro estará bom e tudo está avançando. O Sol na Casa do Dinheiro até o dia 19 indica acesso a dinheiro externo, seja por meio de bancos ou investidores. Será um bom período para pagar dívidas e também para fazer planejamento tributário e comprar imóveis, se você tiver a idade adequada para isso.

A saúde estará excelente em fevereiro. Você terá energia de sobra, e todo tipo de porta vai se abrir. O que parecia impossível agora será totalmente factível. E a saúde poderá ficar ainda melhor com massagens nos tornozelos e panturrilhas até o dia 3 e nos pés depois disso. A cura espiritual também ficará poderosa após o dia 3. Além disso, o Planeta da Saúde ficará retrógrado no dia 17, então evite tomar decisões importantes de saúde a partir do dia 17 (não faça exames médicos após o dia 17, pois eles podem ser imprecisos ou incorretos).

O amor não parece ser uma grande questão este mês. A Sétima Casa estará basicamente vazia, e apenas a Lua vai passar por lá nos dias 6 e 7, o que tende a trazer estabilidade. O traquejo e a energia social estarão mais fortes entre os dias 1º e 9 e 23 e 28, durante a Lua Crescente. A Lua Cheia do dia 10 será quase uma "Super Lua Cheia", pois ocorrerá perto do perigeu lunar (a distância mais próxima da Terra), que deverá ser um dia particularmente bom para o amor e a vida social.

A metade superior do seu horóscopo estará desprovida de planetas neste mês. Após o dia 16, não haverá planetas no lado diurno do horóscopo, então este não será um período forte para a carreira. O foco deverá estar mais direcionado ao lar, à família e ao bem-estar emocional. Será uma fase preparatória para o desenvolvimento profissional que vai acontecer ainda em 2020 e mais provavelmente nos próximos anos. O Planeta da Carreira (Vênus) estará na Quarta Casa (a do Lar e da Família) a partir do dia 7, outro indício para manter o foco no lar e na família. Vênus terá um solstício entre os dias 8 e 10, fazendo uma pausa no céu (em latitude) e depois mudando de direção, então acontecerá uma desaceleração e mudança de rumo na carreira. Basicamente será algo bom e natural.

MARÇO

Melhores dias: 1º, 8, 9, 17, 18, 27, 28
Dias mais tensos: 4, 5, 10, 11, 24, 25
Melhores dias para o amor: 4, 5, 8, 12, 13, 17, 18, 24, 25, 27, 28
Melhores dias para o dinheiro: 1º, 8, 9, 16, 17, 18, 19, 20, 26, 27, 28
Melhores dias para a carreira: 8, 10, 11, 17, 18, 27, 28

Como Mercúrio continuará retrógrado até o dia 10, então faça como no mês passado e evite tomar decisões importantes sobre a saúde até essa data. Quem procura emprego (ou é o empregador) também deverá evitar ofertas de trabalho até o dia 10.

Saturno (o senhor do seu horóscopo, um planeta muito importante no seu mapa) entrará na Casa do Dinheiro no dia 23, um trânsito maravilhoso para as finanças que indica foco pessoal nessa área. Segundo a lei espiritual, nós conseguimos tudo em que nos concentramos. Isso mostra também um envolvimento mais pessoal nas finanças. Você não vai delegar essa função a outras pessoas. Além disso, você vai gastar consigo mesmo, assumirá a imagem da prosperidade e será visto pelos outros dessa forma. A aparência pessoal e a atitude em geral serão um grande fator para os ganhos. Vênus viajará com o Planeta das Finanças entre os dias 6 e 9, trazendo aumento nos ganhos que poderão vir da especulação ou de um aumento de salário (oficial ou não). Além disso, os chefes, pais, mães e figuras maternas ou paternas serão favoráveis aos seus objetivos financeiros.

A saúde precisará de mais cuidados a partir do dia 20. Não será algo sério, a disposição estará apenas mais baixa que o habitual. Se você ficar cansado, basta descansar. O descanso será a cura para os problemas de saúde este mês. Você também poderá melhorar a saúde com massagens nos pés entre os dias 1º e 3 e a partir do dia 16 ou com técnicas de cura espiritual nesse mesmo período. Entre os dias 4 e 10, melhore a saúde com massagens nos tornozelos e panturrilhas. Não deixe que os altos e baixos normais das finanças afetem sua saúde.

Júpiter viajará com Plutão pelo mês inteiro, indicando a prosperidade de amigos, que estarão muito bem nessa área. Também é provável que você compre bons equipamentos de alta tecnologia. Os filhos ou figuras filiais de idade adequada terão um bom mês para o romance.

A metade superior do seu mapa continua sem planetas (o que é altamente incomum), e o poder estará na Quarta Casa (do Lar e da Família), então mantenha o foco no lar e no bem-estar emocional. A carreira poderá ficar em segundo plano agora. Talvez esteja até no piloto automático.

O Sol viajará com Netuno nos dias 8 e 9, trazendo uma vida onírica ativa. Os sonhos poderão trazer orientação financeira para o cônjuge, parceiro ou interesse amoroso atual.

A Sétima Casa (do Amor) continuará vazia este mês, e apenas a Lua vai passar por lá nos dias 4 e 5, então o amor não enfrentará mudanças. A energia e o traquejo social estarão mais fortes entre os dias 1º e 9 e 24 e 31. A Lua Cheia do dia 9 ocorrerá bem próxima do perigeu lunar, sendo um dia poderoso para o amor e a vida social.

ABRIL

Melhores dias: 5, 6, 13, 14, 23, 24
Dias mais tensos: 1º,2, 7, 8, 20, 21, 22, 28, 29

Melhores dias para o amor: 1º, 2, 3, 4, 7, 8, 12, 15, 16, 17, 23, 25, 26, 28, 29
Melhores dias para o dinheiro: 5, 6, 13, 14,15,16,17,23,24
Melhores dias para a carreira: 7, 8, 15, 16, 17, 25, 26

Júpiter viajará com Plutão o mês inteiro (ambos em seu signo), então os amigos vão prosperar imensamente e estar mais simpáticos com você (talvez você esteja envolvido nisso). Você também vai fazer amigos espiritualizados nesse período e, conforme dissemos no mês passado, comprar equipamentos de alta tecnologia.

A saúde ainda exigirá cuidados, mas você sentirá uma grande melhora a partir do dia 19. Será possível melhorar a saúde com mais descanso até o dia 19. Até o dia 11, cuide-se por meio da espiritualidade e de massagens nos pés. A cura espiritual será especialmente eficaz nos dias 3 e 4. Depois do dia 11, massagens no rosto e no couro cabeludo serão boas. Além disso, exercícios físicos e a boa saúde emocional serão importantes. Após o dia 17, massagens no pescoço e garganta serão boas.

Saturno entrou na Casa do Dinheiro no dia 23 de março, Marte entrou no dia 31 e os dois passarão o mês inteiro nessa casa. Marte na Casa do Dinheiro deixará você mais especulativo e disposto a correr riscos, mas a presença de Saturno vai controlar um pouco esse ímpeto (o que é bom), então as especulações bem pensadas e estudadas podem funcionar, mas evite algo do tipo cassino. Marte (o Planeta da Família) na Casa do Dinheiro indica bom apoio familiar, que parece recíproco. Você vai gastar mais com o lar e a família, e também poderá ganhar com eles. Além disso, as conexões familiares parecem importantes nas finanças. O Sol vai viajar com o Planeta das Finanças entre os dias 24 e 26, e este deverá ser um bom período financeiro. Você terá oportunidades para fazer ou pagar dívidas, dependendo da necessidade. Para deixar tudo ainda melhor, você e seu cônjuge, parceiro ou interesse amoroso atual parecem estar em harmonia financeira.

No dia 19 o Sol entrará na Quinta Casa e você começará um dos ápices anuais de prazer pessoal, então curta a vida, reserve um tempo para diversão e lazer e abra mão da seriedade capricorniana. Você voltará para ela em pouco tempo.

O amor estará um pouco mais ativo que o habitual em abril. Embora a Sétima Casa esteja vazia, a Lua passará por lá duas vezes este mês (geralmente acontece apenas uma vez). O traquejo e entusiasmo social estarão mais fortes entre os dias 1º e 8 e entre os dias 23 e 30, durante a Lua Crescente. Como a Lua Cheia do dia 8 ocorrerá bem perto do perigeu lunar (distância mais próxima da Terra), esse deverá ser um dia forte para o amor e a vida social, além da carreira.

MAIO

Melhores dias: 2, 3, 10, 11, 20, 21, 29, 30
Dias mais tensos: 4, 5, 18, 19, 25, 26
Melhores dias para o amor: 2, 3, 4, 5, 11, 13, 14, 23, 24, 25, 26
Melhores dias para o dinheiro: 2, 3, 10, 12, 13, 14, 20, 22
Melhores dias para a carreira: 4, 5, 13, 14, 23, 24

Vênus está "fora dos limites" desde o dia 3 de abril e continuará assim o mês inteiro, então você vai sair da esfera normal na carreira. Talvez sejam os compromissos de trabalho que levem você para longe da esfera habitual. Além disso, os filhos e figuras filiais, pais, figuras paternas e maternas também parecem fora das fronteiras normais.

Mercúrio também ficará "fora dos limites" a partir do dia 17, indicando que você vai sair das fronteiras normais na saúde e no trabalho. Assim como acontece na carreira, pode ser que as responsabilidades do trabalho afastem você de sua esfera. Quem procura emprego também deverá buscar oportunidades fora da esfera normal.

A saúde estará excelente em maio. Até o dia 29 não haverá planetas em alinhamento tenso com você, apenas a Lua formará aspectos estressantes de curto prazo (e só de vez em quando). Você estará com a disposição naturalmente em alta, o que é sempre a melhor defesa contra doenças. Será possível melhorar a saúde com massagens no pescoço e garganta até o dia 12 e também se divertindo. Após o dia 12, massagens nos braços e ombros e exercícios respiratórios vão melhorar a saúde.

Você ainda estará em um dos ápices anuais de prazer pessoal até o dia 20, então aproveite a vida e deixe as preocupações e o estresse para lá. Você vai conquistar mais fazendo o que ama do que trabalhando arduamente. A vontade de trabalhar e ser mais sério vai voltar a partir do dia 20, que será um bom período para fazer as tarefas entediantes, mundanas e detalhadas que você vive adiando — você terá mais energia para isso. E, embora a saúde esteja boa neste mês, é bom seguir um estilo de vida saudável e adotar medidas preventivas.

Quem procura emprego terá várias oportunidades em maio, e quem já estiver empregado terá oportunidades para fazer trabalhos por fora e horas extras.

Vênus entrará em movimento retrógrado no dia 13, um evento relativamente raro que só acontece uma vez a cada dois anos. Os filhos e figuras filiais em sua vida podem parecer sem rumo nesse período, mas só precisam de tempo para ter clareza. As questões profissionais também não parecem claras, e só o tempo vai resolvê-las, então é melhor se divertir e se concentrar no bem-estar emocional.

O amor ganhará importância a partir do dia 29, quando Mercúrio entrar na Sétima Casa. Se você estiver solteiro, vai sentir atração por pessoas religiosas e muito bem-educadas, além de profissionais da área da saúde ou pessoas envolvidas na sua saúde.

JUNHO

Melhores dias: 7, 8, 16, 17, 18, 26, 27
Dias mais tensos: 1º, 14, 15, 21, 22
Melhores dias para o amor: 1º, 9, 10, 19, 20, 21, 22
Melhores dias para o dinheiro: 7, 8, 9, 10, 16, 17, 18, 26, 27
Melhores dias para a carreira: 1º, 9, 10, 19, 20

De certa forma será bom que a Sétima Casa (a do Amor) fique poderosa em junho, em um ápice anual. Manter o foco nessa área será muito importante, porque dois eclipses este mês afetarão a vida amorosa, então espere muita turbulência.

O eclipse lunar do dia 5 ocorrerá na Décima Segunda Casa (a da Espiritualidade). Todo eclipse lunar afeta os seus relacionamentos e este não será diferente, testando a relação da vez. Em geral a roupa suja que está guardada há muito tempo vem à tona para ser resolvida. Muitas vezes acontecem momentos dramáticos na vida pessoal do ser amado, o que poderá ser a principal causa do problema. O ser amado poderá mudar de emprego ou enfrentar desafios de saúde. Os amigos também farão mudanças importantes e correções de rumo nas finanças. Para você, esse eclipse também traz mudanças nas práticas, ensinamentos ou mestres espirituais. Além disso, haverá problemas e transtornos nas organizações espirituais ou de caridade com as quais você estiver envolvido e momentos dramáticos na vida pessoal de gurus ou figuras que fazem esse papel em sua vida. O eclipse afetará tanto Marte quanto Mercúrio de modo bem direto, então poderá haver momentos dramáticos na família ou reparos no lar. O impacto em Mercúrio vai trazer mudanças na rotina de saúde e problemas no local de culto ou na escola. Além disso, os universitários vão mudar de planos educacionais.

O eclipse solar do dia 21 também será forte para você, talvez mais do que o anterior. Todos os capricornianos sentirão isso, mas os nascidos no início do signo (21 e 22 de dezembro) sentirão com mais força. Ele ocorrerá na Sétima Casa (a do Amor) e mais uma vez testará o relacionamento amoroso atual. Ele ou ela será obrigado a fazer mudanças financeiras dramáticas, talvez devido a uma crise financeira. Mais uma vez você vai enfrentar a morte e questões relacionadas a ela, geralmente no nível psicológico. O anjo de mil olhos sabe marcar presença. Você poderá viver um momento "por um triz", uma experiência de quase morte, ler sobre algum crime terrível ou viver a morte de alguém que conhece. Muitas vezes acontecem sonhos com a morte, que são cartas de amor vindas de cima. A vida é curta e pode acabar a qualquer momento, então se dedique ao trabalho que você nasceu para fazer.

Faça uma agenda mais tranquila a partir do dia 21, com atenção especial aos períodos do eclipse. A saúde vai precisar de cuidados a partir dessa data, principalmente a partir do dia 28. O descanso será a cura mais adequada para qualquer problema, mas seu bem-estar também será garantido com a alimentação correta, massagens abdominais e boa saúde emocional e social. A meditação será de grande ajuda para isso.

JULHO

Melhores dias: 7, 8, 16, 17, 18, 26, 27
Dias mais tensos: 1º, 14, 15, 21, 22
Melhores dias para o amor: 1º, 9, 10, 19, 20, 21, 22

Melhores dias para o dinheiro: 7, 8, 9, 10, 16, 17, 18, 26, 27
Melhores dias para a carreira: 1º, 9, 10, 19, 20

O poder planetário está majoritariamente no setor social ocidental desde o dia 28 do mês passado, quando Marte foi para o Oeste. A Sétima Casa (a do Amor) também ganhará força, e você ainda estará no meio do ápice amoroso e social anual, então julho será social. Abra mão da sua vontade por um tempo e deixe que os outros ajam do jeito deles, desde que não seja de forma destrutiva. Permita que o seu bem venha pelas graças dos outros e cultive as habilidades sociais.

Como no mês passado, o foco na vida social será bom e necessário. Outro eclipse lunar no dia 5 vai abalar a vida amorosa, e mais uma vez o relacionamento atual será testado. Se ele for sólido, poderá ser complicado, mas vai sobreviver. Já os relacionamentos problemáticos correm perigo. Esse eclipse acontecerá em seu signo, então vá com calma nesse período. Não é preciso se envolver em atividades estressantes. Faça o que precisa ser feito, mas reagende o que não for prioritário. Como o eclipse ocorrerá em seu signo, poderá haver uma desintoxicação do corpo que não será uma doença, mas poderá parecer. O corpo vai expelir o que precisa. Isso também vai gerar uma redefinição de imagem e conceito pessoal, o que será saudável. Nós crescemos e evoluímos, então é bom se redefinir de vez em quando, mas o eclipse obrigará você a isso, resultando em mudanças de imagem e de guarda-roupa nos próximos meses. Mercúrio, Júpiter e Marte serão levemente afetados (não de modo direto) pelo eclipse, então poderá haver problemas no trabalho e mudanças na rotina de saúde. Além disso, mais momentos dramáticos poderão acontecer na vida da família, bem como reparos em casa e, mais uma vez, mudanças espirituais.

A saúde precisará de mais cuidados até o dia 22, especialmente no período do eclipse. Como sempre, descanse bastante e melhore a saúde das formas mencionadas no mês passado, alimentando-se corretamente e mantendo o humor positivo e construtivo, além de massagear o abdômen regularmente e manter a boa saúde social (o que não será tão fácil).

Saturno voltará para o seu signo no dia 2. As finanças não parecem ser uma grande questão este mês, mas ficarão muito mais fáceis até o dia 22. Após o dia 22 você precisará trabalhar mais para conquistar os objetivos financeiros.

A entrada do Sol na Oitava Casa, no dia 22, será um bom trânsito financeiro para seu cônjuge, parceiro ou interesse amoroso atual, que estará no ápice financeiro anual. Além disso, você e seu interesse amoroso atual precisarão resolver diferenças nas finanças, pois parece haver algum conflito nessa área.

AGOSTO

Melhores dias: 1º, 2, 10, 11, 19, 20, 28, 29
Dias mais tensos: 8, 9, 15, 16, 21, 22
Melhores dias para o amor: 3, 4, 8, 9, 15, 16, 18, 19, 23, 24, 28
Melhores dias para o dinheiro: 1º, 2, 3, 4, 10, 11, 19, 20, 28, 29, 30, 31
Melhores dias para a carreira: 3, 4, 15, 16, 21, 22, 23, 24

A Oitava Casa estará forte até o dia 22, então este será um mês para fazer regimes de desintoxicação e organizar a vida. A Oitava Casa trata de eliminar o que não pertence ao organismo, seja em termos materiais, físicos, psicológicos ou mentais. A purgação é o prelúdio da renovação, então analise todas as suas posses e livre-se do que não precisa ou usa, vendendo ou doando para a caridade. Use também a meditação para se livrar dos padrões mentais e emocionais que não são mais úteis. Você vai se sentir totalmente diferente depois disso.

Agosto será bom para fazer ou quitar dívidas de acordo com a necessidade, fazer planejamento tributário e cogitar a compra de imóveis, caso você tenha idade para isso. Além disso, será um mês sexualmente ativo. Seja qual for a sua fase ou etapa na vida, a libido estará mais forte que o habitual.

A saúde estará boa este mês e ficará ainda melhor após o dia 22, quando haverá um Grande Trígono dos signos de terra (seu elemento nativo) que será confortável para você. A capacidade de gerenciamento e organização ficará ainda mais forte, as finanças vão melhorar bastante e haverá prosperidade a partir do dia 22. Os conflitos financeiros com o cônjuge, parceiro ou interesse amoroso atual serão resolvidos após o dia 2, e a única questão financeira será o Planeta das Finanças (Urano) em movimento retrógrado a partir do dia 15, que vai desacelerar tudo, mas não impedirá os ganhos. Haverá muitas oportunidades financeiras felizes após o dia 22, mas elas vão exigir mais análise. Não tome decisões apressadas.

A saúde vai melhorar com regimes de desintoxicação após o dia 5. Massageie o ponto do reflexo cardíaco. Massagens no peito serão benéficas.

Vênus entrará na Sétima Casa (a do Amor) no dia 7 e continuará lá pelo resto do mês. Para os solteiros, isso mostra um relacionamento que não parece sério, e sim divertido, e também indica a convivência com gente de poder e prestígio com status acima do seu. Portanto, a carreira vai avançar pelos meios sociais, e boa parte da socialização estará relacionada à vida profissional.

O traquejo e o magnetismo social estarão mais fortes entre os dias 1º e 3 e a partir do dia 19, quando o Planeta do Amor (a Lua) ficará Crescente. A Lua Cheia do dia 11 e a Lua Nova do dia 27 também serão bons períodos para o amor e a vida social.

SETEMBRO

Melhores dias: 6, 7, 8, 16, 17, 24, 25
Dias mais tensos: 4, 5, 11, 12, 18, 19
Melhores dias para o amor: 2, 3, 6, 7, 11, 12, 13, 14, 17, 22, 23, 26
Melhores dias para o dinheiro: 6, 7, 16, 17, 24, 25, 26, 27
Melhores dias para a carreira: 2, 3, 13, 14, 18, 19, 22, 23

O lado superior e diurno do seu horóscopo chegará ao ponto mais forte de 2020, e mesmo assim a metade inferior e noturna estará dominante. Embora você esteja no "meio-dia" do ano, ainda parecerá meio sonolento, sem estar totalmente alerta. Porém, com o Planeta do Lar e da Família entrando em movimento retrógrado no dia 9, poderá ser uma boa ideia se concentrar mais na carreira e nas atividades externas. A Décima Casa (a da Carreira) ganhará força a partir do dia 22, então faça o melhor que puder enquanto isso. Você já teve anos melhores para a carreira e terá outros melhores no futuro, mas esse será o ápice para 2020.

A atividade retrógrada também chegará ao ápice em setembro (houve outro em junho). Entre os dias 9 e 12, sessenta por cento dos planetas ficarão retrógrados, e antes e depois disso serão cinquenta por cento. O ritmo da vida vai desacelerar. Não há muito acontecendo no mundo ou na sua vida, mas a carreira não parece afetada.

Este será um mês para lidar com a morte, as questões próximas a ela e talvez cirurgias. O senhor da Oitava Casa estará no topo do mapa, a posição mais poderosa para ele. Além disso, o Planeta da Carreira (Vênus) estará na Oitava Casa a partir do dia 6, o que parece envolver chefes, pais, figuras paternas e maternas (as figuras de autoridade em sua vida). O seu trabalho e missão será estar presente para eles.

A saúde estará excelente até o dia 22, mas depois disso exigirá mais atenção. Até o dia 5, ela poderá ser melhorada com massagens abdominais e tratamentos baseados em terra, como máscaras de argila e mergulho em águas com alto teor de minerais. Após o dia 5, dê mais atenção aos rins e quadris com massagens regulares. Após o dia 27, o sexo seguro e moderado será importante, e regimes de desintoxicação serão eficazes.

Vênus sairá da Sétima Casa no dia 6, deixando-a vazia pelo resto do mês (apenas a Lua passará por lá nos dias 11 e 12), então o amor deverá ficar estável em setembro. O traquejo e o magnetismo sexual estarão mais fortes nos dias 1º e 2 e entre os dias 17 e 30. A Lua Nova do dia 17 ocorrerá perto do perigeu, então será uma Lua Nova forte, indicando um bom dia para o amor e a vida social.

OUTUBRO

Melhores dias: 4, 5, 13, 14, 21, 23, 31
Dias mais tensos: 1º, 2, 9, 10, 15, 16, 28, 29, 30
Melhores dias para o amor: 3, 6, 7, 9, 10, 15, 16, 21, 22, 25
Melhores dias para o dinheiro: 4, 5, 13, 14, 21, 23, 24, 25, 31
Melhores dias para a carreira: 3, 15, 16, 21, 22

O Planeta do Amor e da Família (Marte) estará retrógrado o mês inteiro e a Décima Casa (a da Carreira) estará forte. Então, embora você possa não sentir vontade, será melhor se concentrar na carreira em outubro, pois questões do lar e da família vão precisar de tempo para ser resolvidas. Ainda haverá muitos planetas retrógrados em outubro — não tanto como no mês passado, mas uma porcentagem considerável (quarenta por cento a partir do dia 14), embora isso não pareça afetar a carreira.

O Planeta da Carreira (Vênus) vai se mover rapidamente este mês (o único planeta que vai se mover rápido), passando por três signos e casas, mostrando confiança e progresso rápido. Até o dia 2 ele estará na Oitava Casa, trazendo momentos dramáticos, experiências de quase morte e talvez cirurgias na vida de chefes, pais, figuras paternas e maternas ou líderes em seu ramo de trabalho. No dia 2 ele entrará em sua Nona Casa, trazendo viagens e oportunidades educacionais relacionadas à carreira. No dia 28 ele entrará na Décima Casa (a da Carreira), ficando no próprio signo e casa e ganhando força em seu nome. Além disso, Vênus formará aspectos muito bons com Plutão nos dias 21 e 22, indicando que os amigos terão sucesso e vão ajudar na vida profissional. A alta tecnologia também parece importante na carreira, e haverá progresso nessa área em outubro. As portas podem estar fechadas nas outras áreas da vida, mas não na carreira.

Marte (o Planeta da Família) está na Quarta Casa (o próprio signo e casa) desde 28 de junho e continuará lá pelo mês inteiro. Então, se estiver renovando e fazendo grandes reparos em casa, você poderá enfrentar atrasos.

Embora o mês não seja particularmente romântico, mantendo a constância nessa área, a vida social como um todo será boa e ativa. Plutão (o Planeta dos Amigos) começará a se mover para a frente no dia 4, e o Sol entrará na Décima Primeira Casa no dia 23, trazendo mais envolvimento com amigos, grupos e atividades em grupo. Também poderá haver momentos dramáticos na vida dos amigos, mas você estará presente para eles, que parecem muito dedicados a você.

A saúde precisará de cuidados até o dia 23. Como sempre, o mais importante será descansar o suficiente para manter a disposição em alta. A saúde vai melhorar com regimes de desintoxicação, sexo seguro e moderado e foco no cólon, bexiga e órgãos sexuais. Uma desintoxicação do cólon com chás de ervas pode ser a solução caso você esteja indisposto.

O Planeta da Saúde (Mercúrio) ficará retrógrado no dia 14, então evite fazer grandes mudanças na rotina de saúde após esse dia; o mesmo vale para ofertas de emprego. Pesquise mais antes de agir, pois a situação não será o que parece. Além disso, haverá uma melhora dramática na saúde e na disposição após o dia 23.

NOVEMBRO

Melhores dias: 1º, 10, 18, 19, 27, 28
Dias mais tensos: 5, 6, 12, 25, 26
Melhores dias para o amor: 2, 3, 5, 6, 12, 14, 15, 21, 22, 24, 25
Melhores dias para o dinheiro: 1º, 2, 9, 10, 11, 17, 18, 19, 20, 21, 27
Melhores dias para a carreira: 2, 3, 12, 21, 22

Vênus está em um solstício que começou no dia 29 de outubro e vai até o dia 2 deste mês. Ele faz uma pausa no céu (ocupando o mesmo grau em latitude) nesse período, ficando estacionado e depois mudando de direção em latitude, gerando uma leve pausa na carreira, seguida por uma mudança de rumo. Os filhos e figuras filiais em sua vida vão sentir isso de modo mais direto, porque haverá uma breve pausa nos assuntos pessoais deles, seguida por uma mudança de rumo.

A atividade retrógrada chegou ao máximo em junho e setembro, e neste mês ela quase desaparece (mas não totalmente). Após o dia 14, oitenta por cento dos planetas estarão se movendo para a frente, e no fim do mês (a partir do dia 20) serão noventa por cento. O ritmo da vida vai acelerar, as paralisações vão acabar e o progresso começará a acontecer no mundo e em seus assuntos pessoais.

O quarto e último eclipse lunar deste ano ocorrerá no dia 30, mais uma vez abalando e testando a vida amorosa (você está lidando com isso o ano inteiro). Esse eclipse acontecerá na Sexta Casa, trazendo mudanças de emprego em sua empresa atual ou em outra, além de mudanças nas condições de trabalho e problemas no local de trabalho. Se você for empregador, poderá enfrentar rotatividade de funcionários agora e nos próximos meses. Além disso, haverá mudanças na rotina de saúde (provavelmente também nos próximos meses). Seu cônjuge, parceiro ou interesse amoroso atual viverá mudanças nas práticas, ensinamentos ou no relacionamento com seus mestres espirituais e abalos nas organizações espirituais ou de caridade com as quais ele ou ela estiver envolvido. Os filhos e figuras filiais em sua vida precisarão mudar o rumo nas finanças, enquanto os pais, figuras paternas e maternas deverão dirigir com mais cuidado, pois os carros e equipamentos de comunicação deles serão testados.

Apesar do eclipse, a saúde estará boa em novembro. O Planeta da Saúde começará a se mover para a frente, trazendo clareza para essa área. Até o dia 3, melhore a saúde com massagens nos quadris. Uma desintoxicação dos rins com chá de ervas também será bom caso você fique indisposto. Após o dia 3, os regimes de desintoxicação serão poderosos e, como mencionamos em setembro, o sexo seguro e moderado será importante.

O traquejo social estará mais forte entre os dias 15 e 30, quando o Planeta do Amor (A Lua) ficará Crescente. Como a Lua Nova do dia 15 ocorrerá muito perto do perigeu, será um dia especialmente poderoso para o amor e a vida social.

DEZEMBRO

Melhores dias: 7, 8, 15, 16, 24, 25, 26
Dias mais tensos: 2, 3, 9, 10, 22, 23, 29, 30, 31
Melhores dias para o amor: 2, 3, 5, 6, 11, 12, 13, 14, 22, 23, 24, 29, 30, 31
Melhores dias para o dinheiro: 7, 8, 15, 16, 17, 18, 24, 25, 27
Melhores dias para a carreira: 2, 3, 9, 10, 11, 12, 22, 23

O ano está chegando ao fim e o cosmos se prepara para o novo, como nós. As peças do xadrez estão se movendo e as tendências para 2021 serão bem diferentes de 2020.

Saturno (o senhor do seu horóscopo e um planeta muito importante em seu mapa) vai fazer o último movimento deste ano, saindo do seu signo e entrando em Aquário (a Casa do Dinheiro) no dia 18. Júpiter, que está em seu signo o ano inteiro, fará outra grande movimentação no dia 20 e também entrará em Aquário, onde ficará praticamente todo o ano de 2021, que parece ser muito próspero.

Um eclipse solar no dia 14 (o sexto do ano) ocorrerá na Décima Segunda Casa (a da Espiritualidade), anunciando as questões espirituais que virão devido ao movimento de Júpiter. Portanto, haverá mudanças nas práticas, atitudes, ensinamentos e talvez mestres espirituais, bem como problemas e crises nas organizações espirituais ou de caridade com as quais você estiver envolvido e momentos dramáticos na vida de gurus ou figuras que fazem esse papel em sua vida. Os amigos precisarão corrigir o rumo nas finanças e o cônjuge, parceiro ou interesse amoroso atual terá mudanças no trabalho e na rotina de saúde. Além disso, como planeta eclipsado (o Sol) é o senhor da Oitava Casa, poderá haver encontros com a morte ou experiências de quase morte, geralmente psicológicos e não literais. Como nossos leitores assíduos já sabem, são mensagens de amor vindas de cima: a vida é curta demais para adiar o foco em sua missão. Faça o que nasceu para fazer. O eclipse também afetará Netuno.

O ano de 2020 foi espiritual, e este mês também será (especialmente até o dia 21), então será um bom período para estudar literatura sacra, fazer meditação e se envolver em causas idealistas e de caridade. Haverá avanços espirituais para quem desejar.

No dia 21 o Sol entrará em seu signo e você começará o ápice anual de prazer pessoal, que será um bom momento para ceder aos desejos do corpo (com limites) e colocá-lo na forma que você deseja, além de ser bom para regimes de emagrecimento e desintoxicação.

Os lucros serão mais lentos que o habitual, pois o Planeta das Finanças (Urano) continuará retrógrado, mas apesar disso os ganhos vão aumentar (lentamente) após o dia 21.

A saúde estará boa em dezembro, e você poderá melhorá-la com métodos de cura espiritual até o dia 21. Depois dessa data, cuide do seu corpo das formas mencionadas no relatório anual.

♒

AQUÁRIO

O AGUADEIRO

Nascidos entre 20 de janeiro e 18 de fevereiro

PERFIL PESSOAL

AQUÁRIO EM UM RELANCE

Elemento: Ar

Planeta Regente: Urano

Planeta da Carreira: Plutão

Planeta da Saúde: Lua

Planeta do Amor: Vênus

Planeta das Finanças: Netuno

Planeta do Lar e da Vida Familiar: Vênus

Cores: azul-relâmpago, cinza, azul-ultramarino

Cores que promovem o amor, o romance e a harmonia social: dourado, laranja

Cor que propicia ganhos: verde-água

Pedras: pérola negra, obsidiana, opala, safira

Metal: chumbo

Perfumes: azaleia, gardênia

Qualidade: fixa (= estabilidade)

Qualidades essenciais ao equilíbrio: calor, sentimento e emoção

Maiores virtudes: capacidade intelectual; facilidade de compreender, formular e transmitir conceitos abstratos; amor ao novo; vanguardismo

Necessidades mais profundas: conhecer o novo e implementá-lo

Características a evitar: frieza, rebeldia gratuita, ideias fixas

Signos de maior compatibilidade: Gêmeos, Libra

Signos de maior incompatibilidade: Touro, Leão, Escorpião
Signo mais útil à carreira: Escorpião
Signo que fornece maior suporte emocional: Touro
Signo mais prestativo em questões financeiras: Peixes
Melhor signo para casamento e associações: Leão
Signo mais útil em projetos criativos: Gêmeos
Melhor signo para sair e se divertir: Gêmeos
Signos mais úteis em assuntos espirituais: Libra, Capricórnio
Melhor dia da semana: sábado

COMPREENDENDO A PERSONALIDADE AQUARIANA

Os nativos de Aquário apresentam faculdades intelectuais mais desenvolvidas do que qualquer outro signo zodiacal. Eles pensam de forma clara e científica. Exibem notória capacidade de raciocínio abstrato e de formular leis, teorias e regras claras com base na observação empírica de fatos. Os geminianos podem ser exímios coletores de informação, mas os aquarianos dão um passo além, interpretando primorosamente as informações obtidas.

As pessoas pragmáticas e voltadas para assuntos mundanos erroneamente tendem a considerar o pensamento abstrato como algo sem finalidade prática. É verdade que o reino da abstração nos afasta do universo físico, mas as descobertas efetuadas nesses domínios muitas vezes acabam exercendo tremendo impacto no resultado final. As maiores invenções e descobertas científicas originam-se nos domínios do abstrato.

O aquariano, mais do que ninguém, parece feito para sondar as dimensões abstratas. Os que puderam explorar essas regiões bem sabem que são zonas frias, destituídas de emoções e sentimentos. Na verdade, a emotividade impede o funcionamento adequado nessas dimensões, o que pode transmitir aos nativos de outros signos a impressão de que os aquarianos são desprovidos de emoção. Não é que não sintam ou sejam incapazes de nutrir emoções profundas, apenas o excesso de sentimentalismo bloqueia sua capacidade de pensar e de inventar. Pessoas de alguns outros signos mal conseguem entender ou tolerar a ideia de que não seja possível para o aquariano exceder-se no plano sentimental, mas é essa objetividade que qualifica os nativos deste signo para o exercício da ciência, da comunicação e da amizade.

Os aquarianos são muito amigáveis, mas não fazem alarde dessa virtude. Agem da forma mais acertada para auxiliar seus amigos, mas jamais de forma passional ou afetada.

São apaixonados pela clareza de pensamento. E também adoram romper com a autoridade instituída. Comprazem-se em fazê-lo, pois encaram a rebelião como um jogo ou desafio. Costumam se rebelar por puro prazer, sem sequer considerar se a autoridade que desafiam é legítima ou não. Os conceitos de "certo ou errado" não são tão rígidos na mente rebelde aquariana; desafiar a autoridade e o poder é uma questão de princípios.

Se Capricórnio e Touro tendem a errar por conservadorismo, Aquário tende a fazê-lo por sede de inovação. Sem essa virtude, no entanto, seria pouco provável que o mundo evoluísse. O conservadorismo entrava o progresso. A originalidade e a inventividade pressupõem a capacidade de demolir barreiras; cada nova descoberta representa a derrocada de um obstáculo ao livre pensamento. Os aquarianos se interessam vividamente por romper fronteiras e derrubar paredes, seja no campo científico, no político ou no social. Outros signos zodiacais, como Capricórnio, são dotados de aptidão científica, mas são os aquarianos que se destacam nas ciências sociais e humanas.

FINANÇAS

Nas finanças, os aquarianos procuram ser idealistas e humanitários, a ponto de beirar o autossacrifício. Contribuem com generosidade para causas políticas e sociais. E, nesse sentido, diferem dos capricornianos e dos taurinos, que geralmente esperam alguma recompensa; os aquarianos são capazes de contribuir sem nenhum interesse.

Tendem a tratar as finanças com a mesma frieza e racionalidade com que administram a maior parte dos setores de suas vidas. O dinheiro é algo de que necessitam, e os aquarianos empregam métodos científicos para obtê-lo.

O dinheiro tem valor para um aquariano pelos bens que pode proporcionar. Jamais, como na visão de outros signos, pelo status que confere. Os aquarianos não são perdulários nem avarentos. Gastam seus recursos de forma prática, visando, por exemplo, facilitar o progresso pessoal, da família e até de estranhos.

Para atingir seu pleno potencial financeiro, contudo, eles devem explorar mais sua natureza intuitiva. Se seguirem apenas as teorias financeiras — ou as que eles julgam teoricamente corretas —, poderão sofrer perdas e decepções. Se, entretanto, fizerem uso da intuição, vão se sair bem melhor. Para os aquarianos, a intuição é o melhor atalho para o sucesso.

CARREIRA E IMAGEM PÚBLICA

Os aquarianos gostam de ser vistos não só como demolidores de barreiras, mas também como transformadores da sociedade e do mundo. Anseiam por reconhecimento nessas áreas e desempenham bem seu papel. Respeitam os que agem dessa forma e até esperam que seus superiores o façam.

Os aquarianos preferem empregos que envolvam boa dose de idealismo; procuram carreiras de cunho filosófico. Precisam engajar-se em trabalhos criativos nos quais tenham acesso à pesquisa de novas técnicas e métodos. Gostam de manter-se ocupados e de resolver os problemas de forma direta e imediata, sem perda de tempo. São trabalhadores ágeis, que geralmente têm sugestões que beneficiam os colegas. Os aquarianos são muito prestativos no ambiente de trabalho e aceitam de bom grado as responsabilidades, preferindo assumi-las a ter de receber ordens de terceiros.

Para realizar suas metas profissionais mais sublimes, eles precisam desenvolver a sensibilidade emocional, a profundidade de sentimentos e o ardor passional. É fundamental que aprendam a focalizar a atenção nas particularidades e a concentrar-se mais na tarefa que têm em mãos. Precisam aprender, ainda, a deixar que o "fogo da motivação" os incendeie por completo se desejam chegar ao topo. Quando essa paixão se fizer presente em suas vidas, obterão êxito em qualquer empreendimento a que se dedicarem.

AMOR E RELACIONAMENTOS

Os aquarianos são excelentes amigos, mas deixam um pouco a desejar como amantes. É claro que se apaixonam, mas seus pares sempre ficam com a impressão de terem um bom amigo ao seu lado, não um namorado propriamente dito.

Da mesma forma que os capricornianos, os nativos de Aquário não são propensos a demonstrações ostensivas ou arrebatadas de paixão e afetividade. Na verdade, ficam incomodados quando o cônjuge os toca ou acaricia em demasia. Não significa que não amem seus parceiros, apenas demonstram seu amor de outras formas. Curiosamente, tendem a atrair para si o tipo de relacionamento que mais os deixa acanhados: relações com pessoas calorosas, passionais, românticas e afetivas. Talvez intuam, saibam de maneira instintiva, que essas pessoas são detentoras de virtudes que eles não possuem, e por isso as procuram. De qualquer modo, a combinação parece funcionar bem. A frieza aquariana esfria um pouco o ardor do parceiro, enquanto o fogo da paixão aquece um pouco o sangue frio do aquariano.

As principais qualidades que os aquarianos precisam cultivar no plano sentimental são o calor, a generosidade, a paixão e a alegria de viver. Eles adoram relacionamentos mentais. Nesse terreno, fazem jus à menção honrosa. Se a relação carecer de uma pitada de comunhão intelectual, seu amante aquariano, seguramente, se sentirá entediado ou insatisfeito.

VIDA DOMÉSTICA E FAMILIAR

Também na esfera doméstica e familiar os aquarianos tendem a agir de forma mutável, não convencional, e instável. Desejam abolir limites familiares tanto quanto anseiam por eliminar as pressões de qualquer ordem.

Mesmo assim, são bastante sociáveis. Gostam de manter um lar agradável, onde possam receber e entreter familiares e amigos. Suas casas são geralmente decoradas de forma moderna e abarrotadas de utensílios e instrumentos de última geração, que os aquarianos consideram indispensáveis.

A fim de terem uma vida doméstica saudável e satisfatória, eles precisam aprender a introduzir nela um pouco de estabilidade e conservadorismo. Não é possível viver só de novidades. A durabilidade, a permanência e a constância são necessárias em pelo menos uma das esferas da vida; a doméstica e familiar parece a ideal.

Vênus, o planeta do Amor, rege também a Quarta Casa Solar aquariana, do Lar e da Vida Familiar, e isso indica que, em se tratando da família e da educação dos filhos, a teoria, o raciocínio frio e o intelecto não bastam. Os aquarianos precisam acrescentar amor a essa equação, para terem uma vida doméstica maravilhosa.

AQUÁRIO
PREVISÃO ANUAL PARA 2020

TENDÊNCIAS GERAIS

A espiritualidade vem sendo um grande interesse há muitos anos, mas em 2020 será ainda mais. A Décima Segunda Casa (da Espiritualidade) será facilmente a mais poderosa do mapa, então este ano será voltado para o crescimento e desenvolvimento espiritual. O foco nessa área levará ao desenvolvimento e sucesso profissional. Voltaremos a esse assunto mais adiante.

As finanças também seguirão uma tendência de longo prazo que está acontecendo desde que Netuno (o Planeta das Finanças) ocupou a Casa do Dinheiro, há muitos anos. Como ele fica muito poderoso no próprio signo e casa, isso será bom para os ganhos e 2020 será próspero. Também voltaremos a esse assunto mais adiante.

A Quarta Casa do Lar e da Família ficou proeminente há pouco tempo, desde março de 2019. Urano (o senhor do seu horóscopo) entrou na Quarta Casa e continuará lá por aproximadamente sete anos, indicando vários problemas nessa área, portanto a situação familiar precisará de atenção. Voltaremos a esse assunto mais à frente.

Este não será um dos melhores anos para o amor e a vida social, embora não seja exatamente ruim. Haverá apenas uma falta de interesse. A Sétima Casa (do Amor e da Vida Social) estará vazia e apenas planetas rápidos passarão por lá, indicando um ano basicamente sem novidades para o amor. Falaremos sobre isso depois.

Os aquarianos estão longe do conservadorismo, pois são inovadores, criativos, rebeldes e inconformistas, mas, como Urano entrou em Touro ano passado, você parecerá mais tradicional e tranquilo que o habitual.

O ano de 2020 terá seis eclipses (normalmente são quatro), um aumento de cinquenta por cento sobre o normal. Além disso, teremos o dobro de eclipses lunares (geralmente são dois; este ano serão quatro). Cinco desses seis eclipses vão afetar a saúde e a carreira, então haverá muitas mudanças nessas áreas em 2020. Voltaremos a esse assunto mais adiante.

A Terceira Casa ficará poderosa a partir de 28 de junho. Marte (o senhor da Terceira Casa) vai passar um período anormalmente longo nela (quatro vezes a duração da estadia habitual). Isso será ótimo para estudantes abaixo do nível superior, que terão foco e sucesso nos estudos, e também para escritores, professores, blogueiros, jornalistas, publicitários, pessoas que trabalham com marketing, vendas e todos os que ganham dinheiro por meio das habilidades de comunicação. Contudo, é preciso ter cautela, pois haverá uma tendência a entrar em discussões e conflitos verbais.

As áreas de interesse importantes para 2020 são corpo e a imagem (entre 23 de março e 1º de julho e a partir de 18 de dezembro); finanças; comunicação e interesses intelectuais (a partir de 28 de junho); lar e família; espiritualidade.

Os caminhos de maior realização serão saúde e trabalho (até 6 de maio); amor, romance e atividades sociais (a partir de 6 de maio); espiritualidade (até 20 de dezembro), corpo e imagem (a partir de 20 de dezembro).

SAÚDE

(Esta é uma perspectiva astrológica sobre a saúde, não uma visão médica. No passado essas perspectivas eram idênticas, mas hoje podem ocorrer diferenças significativas. Para obter uma opinião com base em diagnósticos da medicina convencional, consulte seu médico ou um profissional da área da saúde.)

A saúde estará basicamente boa este ano. Haverá um planeta lento em aspecto tenso com você (e às vezes dois), mas em geral isso não será o bastante para causar problemas sérios. Claro que haverá períodos em que a saúde e a energia estarão menos fáceis que o habitual, mas serão estresses temporários, causados pelos planetas em trânsito. Eles não indicam tendências para o ano, e, quando passarem, a saúde e a disposição voltarão ao normal. A saúde estará muito mais delicada em 2020.

Por melhor que a saúde esteja, você poderá deixá-la ainda melhor. Dê atenção especial às seguintes áreas, que são as mais vulneráveis do seu mapa:

Tornozelos e panturrilhas. São sempre importantes para o aquariano, então massagens regulares nessas áreas deverão fazer parte da sua rotina de saúde.

Estômago e seios. Também são importantes para os nativos de Aquário, porque a Lua (o Planeta da Saúde) rege essas áreas. Os reflexos aparecem em seu mapa. O nosso mapa mostra apenas as solas dos pés, mas no seu caso a parte superior deles também é importante e deverá ser massageada regularmente. A dieta é fundamental para você, pois os problemas de saúde muitas vezes poderão ser aliviados com mudanças simples na alimentação. O QUE você come é importante e deve ser analisado por um profissional, mas COMO você come também merece atenção. O ato de comer deverá ser elevado de mero apetite animal a um ato de adoração e agradecimento. Faça uma prece (com suas palavras) antes e depois das refeições. A comida deverá ser abençoada (com suas palavras), e as refeições deverão ser feitas com muita calma e tranquilidade. Se possível, coloque uma música suave para tocar enquanto come. Essas práticas não só elevam as vibrações do alimento (segundo Masaru Emoto) como as do corpo e as do sistema digestivo. Fazendo isso, você vai obter o melhor dos alimentos e facilitar a digestão. Os antigos entendiam esse princípio muito bem, embora não pudessem prová-lo cientificamente. É por isso que quase todas as religiões têm rituais para a alimentação.

Coração. Esse órgão só ganhou importância recentemente (desde março de 2019 e por um breve período em 2018), mas continuará assim pelos próximos dois anos. Os reflexos aparecem em seu mapa. O importante será abrir mão de preocupações e ansiedade, pois há um consenso entre os curadores espirituais de que estas são as causas dos problemas cardíacos. A meditação será de grande ajuda.

A Lua (o Planeta da Saúde) é o planeta mais rápido e percorre todo o horóscopo a cada mês, então haverá muitas tendências de curto prazo na saúde que dependerão de onde a Lua estiver e dos aspectos que ela receber. Isso será abordado com mais profundidade nos relatórios mensais.

Em geral, você vai se sentir mais disposto na Lua Crescente do que na Lua Minguante. A Lua Crescente será boa para terapias que acrescentam algo ao corpo, enquanto a Lua Minguante será boa para desintoxicações e limpezas.

Conforme dissemos anteriormente, cinco dos seis eclipses de 2020 vão afetar a saúde, então poderá haver alguns sustos relacionados a essa área (a boa notícia é que eles vão obrigar você a fazer mudanças necessárias na rotina de cuidados). Apesar disso, a saúde como um todo parece boa; provavelmente não passará de um susto.

Como a Lua é o seu Planeta da Saúde, estar bem, para você, significa ter boa saúde emocional, então é muito importante manter o humor e as emoções positivas. Isso será mais difícil este ano, mas a meditação será de grande ajuda. Também será importante manter a harmonia familiar, outra área complicada.

LAR E FAMÍLIA

A Quarta Casa do Lar e da Família virou o foco principal desde março do ano passado e continuará importante e tempestuosa pelos próximos sete anos. Urano (o Planeta das Mudanças Súbitas e Revolucionárias) agora está na Quarta Casa.

Com isso, o círculo familiar terá várias crises, haverá problemas na família e talvez afastamentos ou quase afastamentos. O casamento de um dos pais, figura paterna ou materna será fortemente testado. Você estará muito dedicado à família e colocará muita atenção nessa área, mas será o bastante?

Os parentes apresentarão mudanças de humor súbitas e radicais. De um momento para outro você não saberá como está ou como eles estão, pois você também poderá sofrer mudanças de humor súbitas e inexplicáveis.

Quando Urano terminar a jornada pela Quarta Casa (em aproximadamente sete anos), sua família e situação doméstica serão totalmente diferentes.

Entenda que Urano não está lá para punir, e sim para atender suas preces e desejos. Você (ou seus parentes) desejaram uma situação melhor, mas para chegar lá os abalos serão necessários.

Com Urano na Quarta Casa, você poderá se mudar de residência várias vezes em 2020 e nos próximos anos. Muitas vezes também vemos diversas renovações em casa, um processo que não acaba nunca. Toda vez que você pensa ter acertado, surge uma nova ideia e você renova tudo de novo, e assim sucessivamente.

Também haverá muitas atualizações tecnológicas no lar este ano, levando você a instalar equipamentos de alta tecnologia. No futuro poderemos ver "utensílios domésticos inteligentes" e talvez até uma casa "inteligente" onde tudo estará conectado à internet.

Os aquarianos em idade fértil ficarão mais férteis este ano, especialmente após o dia 20 de dezembro. A fertilidade também estará maior no ano que vem.

Sempre haverá muitas tendências de curto prazo para o lar e a família no horóscopo, porque Vênus (o Planeta da Família) se move muito rápido. Em 2020 ele vai passar por 11 signos e casas do seu mapa (quase o mapa inteiro), então muitos eventos familiares vão depender de onde Vênus está e dos aspectos que ele recebe. Isso será abordado com mais profundidade nos relatórios mensais.

Um dos pais, figuras paternas ou maternas em sua vida estará muito inquieto e querendo liberdade nesse período. Ele ou ela vai mudar bastante de residência e talvez viver em lugares diferentes por longos períodos, mas uma mudança formal não será provável. O outro pai, mãe, figura paterna ou materna poderá se mudar no fim de 2020, mas será mais provável no ano que vem. Não será uma transição tranquila, pois haverá muitos atrasos e problemas.

Os irmãos e figuras fraternas viverão muitos dramas familiares em 2020, mas uma mudança de residência não será provável. Os filhos e figuras filiais terão um ano familiar sem grandes alterações, enquanto os netos (caso você os tenha), e os que fazem esse papel em sua vida poderão se mudar este ano, mas será complicado. Se eles estiverem em idade fértil, estarão mais férteis pelos próximos dois anos.

As renovações provavelmente vão durar o ano inteiro, mas entre 26 de fevereiro e 31 de março será o melhor período para fazê-las. Se você estiver redecorando ou comprando objetos de beleza para o lar, o período entre 5 de março e 3 de abril será ótimo para isso.

DINHEIRO E CARREIRA

Este ano parece próspero. A Casa do Dinheiro está proeminente há muitos anos e continuará assim. Isso mostra foco, e, segundo a lei espiritual, nós conseguimos tudo em que nos concentramos. Além disso, o Planeta das Finanças vai receber aspectos benéficos dos planetas lentos, outro ponto positivo para as finanças. No dia 20 de dezembro, Júpiter (o Planeta da Abundância) vai entrar em seu signo, indicando um ciclo de dois anos de prosperidade. Você vai acabar 2020 em melhor forma financeira do que começou.

Netuno é o seu Planeta das Finanças. Como mencionamos em vários relatórios anteriores, é o mais espiritual de todos os planetas. De certa forma, ele é "de outro mundo" e não está preocupado com qualquer condição ou circunstância material, pois sabe que poderá criar novas circunstâncias. Por ser tão "de outro mundo", Netuno funciona pelas próprias leis, e, se você não tiver cuidado, isso poderá levar a escândalos financeiros. É bom ser de outro mundo de modo positivo, mas tenha cuidado com este mundo também.

A intuição financeira estará muito forte nesse período, como vem acontecendo há muitos anos. Na verdade, a sua intuição está sendo treinada nas questões financeiras.

Em nível mais mundano, Netuno rege empresas de serviço público de água, engarrafadoras e empresas envolvidas com água (companhias de navegação, estaleiros, pesca e similares), além de gás natural e petróleo (especialmente o que é obtido em alto mar), asilos, abrigos para doentes terminais, álcool e certos produtos farmacêuticos (anestésicos e produtos para melhorar o humor). Você terá uma boa intuição para todas essas indústrias e pessoas dessas indústrias poderão exercer um papel importante em suas finanças.

Com o espiritual Netuno na Casa do Dinheiro há tantos anos, muitos aquarianos se atraíram por formas "espiritualmente corretas" de ganhar dinheiro. Você gosta de empresas idealistas, que beneficiam todo o planeta. Muitas vezes isso mostra trabalho para algum tipo de organização não lucrativa. Os que estiverem preocupados com o meio ambiente encontrarão oportunidades com empresas envolvidas nessa área (e haverá várias nesse período), enquanto outros estarão envolvidos na venda de livros, seminários ou eventos espirituais (talvez até como palestrantes).

Netuno também rege o cinema, a fotografia e as belas artes, então haverá oportunidades de ganhar dinheiro nessas áreas, e você vai gostar disso.

O mesmo idealismo aparece na vida profissional. O Planeta da Carreira (Plutão) está na Décima Segunda Casa (a Espiritual) desde 2008 e continuará lá por muitos anos, então apenas ter sucesso e ganhar dinheiro não será suficiente para você, que precisará de algo significativo que satisfaça a alma. A carreira parece muito bem-sucedida, pois Júpiter vai viajar com o Planeta da Carreira pela maior parte do ano, então você estará elevado em status profissional e social em 2020.

O principal desafio na carreira será algo que muitos enfrentam, mas acontecerá de modo mais intenso com você Será preciso equilibrar uma vida doméstica bem-sucedida com uma carreira de sucesso, e isso vai envolver muito malabarismo. Tanto as demandas da família quanto as da carreira serão muito fortes. Você vai tender para um lado em um momento, e para o outro logo em seguida. Cada um encontra a própria solução para esse dilema.

AMOR E VIDA SOCIAL

O amor e a vida social não estarão proeminentes em 2020. Primeiro, a maioria dos planetas lentos estará no setor oriental do "eu" e da independência pessoal. Embora o setor social ocidental ganhe força ao longo do ano, jamais vai superar o setor oriental. Quando ele estiver mais forte (e isso acontecerá apenas por breves períodos), vai se igualar ao setor oriental. Na maior parte do ano o setor oriental estará dominante. Então, você vai ganhar independência e autossuficiência em 2020, traçando o próprio caminho e precisando menos dos outros que o habitual. Essa é uma característica maravilhosa, mas não será boa para o amor. Em segundo lugar, a Sétima Casa (a do Amor) estará vazia, enquanto a Primeira Casa (do Eu) ganhará cada vez mais força ao longo do ano. Apenas planetas rápidos vão passar pela Sétima Casa, deixando o romance em segundo plano. Apesar disso, o Nódulo Norte da Lua vai entrar na Sétima Casa no dia 6 de maio e ficará lá pelo resto do ano. Então, embora seja bom ser independente e autossuficiente, também será favorável socializar e cultivar amizades. Eu interpreto isso como um ano estável para a vida social. Os solteiros continuarão solteiros e os casados continuarão casados.

Os aquarianos gostam mais de amizades do que de amor. Na verdade, o amor é apenas uma "amizade com algo a mais". O amor é a amizade em nível mais profundo. Essa área estará ativa este ano.

O Planeta dos Amigos (Júpiter) viajará com o Planeta da Carreira, indicando que boa parte da socialização estará relacionada à carreira. Você vai conhecer pessoas ricas e poderosas e interagir com elas, mas não serão encontros românticos, e sim relacionados a afinidades profissionais. As amizades da Décima Primeira Casa são diferentes das amizades da Sétima Casa. A Sétima Casa mostra amizades do coração, pessoas que você ama independentemente de status, posição ou riqueza, enquanto amizades da Décima Primeira Casa são mais platônicas, voltadas para a mente e baseadas em interesses em comum. Esse é o tipo de amizade que acontecerá em 2020.

Como Júpiter vai passar quase o ano inteiro na Décima Segunda Casa (a da Espiritualidade), você vai conhecer pessoas espiritualizadas. Talvez elas sejam do tipo empresarial que também são espiritualizadas. Essas conexões vão fazer avançar tanto o seu caminho espiritual quanto a carreira.

Júpiter vai entrar em seu signo no dia 20 de dezembro, mostrando que os amigos estarão muito dedicados a você, que também atrairá novos amigos com facilidade. Eles vão procurar você em vez do contrário.

AUTOAPRIMORAMENTO

Este ano será espiritual. Conforme já mencionamos, a Décima Segunda Casa será facilmente a mais forte do horóscopo. Portanto, acerte a vida espiritual, entre em boa conexão com o Divino que existe em você e a maioria das áreas da vida (finanças, carreira e amizades) se acertará também.

Até a vida amorosa será afetada pela vida espiritual. Saturno (o Planeta Espiritual) vai entrar em seu signo duas vezes este ano. Primeiro será uma breve estadia entre 23 de março e 10 de julho, e depois a longo prazo a partir de 18 de dezembro. Assim, Saturno vai começar a afetar o Sol, e os que nasceram no início do signo de Aquário (entre 20 e 23 de janeiro) vão sentir isso com mais força. Lembre-se de que o Sol é o seu Planeta do Amor, então haverá a necessidade de compatibilidade espiritual com o cônjuge, parceiro ou interesse amoroso atual. Isso será testado nesses períodos.

A maioria dos aquarianos tem carreiras comuns, mas a mensagem aqui é que a prática e o crescimento espirituais SERÃO a verdadeira carreira e missão nesse período. Está sendo assim há muitos anos, mas estará muito mais intenso agora.

A vida onírica está ativa e profética por muitos anos e agora mais ainda. Quando estudamos este mapa, questionamos por que uma pessoa iria querer acordar, pois a vida dos sonhos estará muito mais interessante que o mundo desperto. Preste atenção aos sonhos, porque darão orientação financeira e profissional em 2020.

A orientação financeira e profissional também virá de videntes, astrólogos, leitores de tarô, canais espirituais ou gurus. Você também vai fazer amigos desse tipo em 2020.

Com a Décima Segunda Casa tão forte, você estará no reino sobrenatural, que vai ficar tão real quanto o reino natural (talvez até mais). Você terá todo tipo de experiências sobrenaturais, incluindo sincronicidades e experiências extrassensoriais. As suas habilidades espirituais vão crescer e se expandir.

Haverá muitos avanços espirituais em 2020, mais do que nos últimos anos. Quando eles acontecerem, será algo muito feliz. Toda a perspectiva em relação a uma determinada situação (e à vida) vai mudar para melhor.

O seu domínio da dimensão espiritual da riqueza está crescendo a cada ano, assim como a capacidade de acessá-la. Você terá tantos momentos de "dinheiro milagroso" que depois de algum tempo vai considerar isso normal (para surpresa de todos ao seu redor). Será natural que o espírito forneça para você.

Você vem sendo uma pessoa generosa há anos, e essa tendência continuará em 2020. Praticar o dízimo será excelente para você, e muitos já fazem isso. Se não for o seu caso, será um ótimo momento para começar. Considero o dízimo uma forma de terapia financeira, pois abre as portas para o fornecimento sobrenatural.

Para quem desejar se aprofundar nas leis espirituais da riqueza, recomendo o meu blog www.spiritual-stories.com [em inglês] para obter mais informações.

PREVISÕES MENSAIS

JANEIRO

Melhores dias: 7, 8, 16, 24, 25, 26
Dias mais tensos: 5, 6, 12, 18, 19
Melhores dias para o amor: 5, 6, 12, 13, 14, 15, 18, 19, 24, 25, 27, 28
Melhores dias para o dinheiro: 1º, 5, 6, 9, 10, 14, 18, 19, 22, 23, 27, 28
Melhores dias para a carreira: 6, 14, 15, 18, 19, 23

Você começará 2020 com oitenta (e às vezes noventa) por cento do poder planetário no Leste independente. Esse setor vai dominar o ano inteiro, mas não com tanta força quanto agora. Então, a felicidade caberá a você, que pode e deve fazer tudo do seu jeito. As outras pessoas sempre são importantes e devem ser tratadas com respeito, mas nesse período o seu jeito será melhor para você, que não vai depender de ninguém. Faça as mudanças que tragam felicidade agora. Se você estiver feliz, haverá muito menos sofrimento no planeta.

Este mês será muito espiritual. A Décima Segunda Casa (a da Espiritualidade) será facilmente a mais forte do horóscopo. Cinquenta (e às vezes sessenta) por cento dos planetas estarão lá ou passarão por lá, então será um mês para avanços espirituais. Você terá todo tipo de experiência sobrenatural e de sincronicidade. O mundo invisível estará perto de você e deixará isso bem claro.

O primeiro dos quatro eclipses lunares acontecerá no dia 10, afetando fortemente a saúde. Ele ocorrerá na Sexta Casa e com o senhor dessa casa. Então, embora a saúde esteja boa, você fará mudanças importantes na rotina de saúde nos próximos meses. Isso também poderá trazer mudanças de emprego (uma área instável este ano) e problemas no local de trabalho. Os que são empregadores poderão enfrentar rotatividade de funcionários agora. Os filhos e figuras filiais serão obrigados a fazer correções de rumo importantes nas finanças, enquanto os tios e tias viverão momentos dramáticos na vida pessoal, que poderão ser do tipo divisor de águas. Como esse eclipse afetará outros três planetas, ele será forte. Saturno (o Planeta Espiritual), Plutão (Planeta da Carreira) e Mercúrio (Planeta dos Filhos e Transformação Pessoal) serão afetados, gerando mudanças espirituais. Como a vida espiritual estará muito ativa, eu diria que novas revelações pessoais mudarão suas práticas e ensinamentos, e isso será bom. O impacto em Plutão afetará a carreira, com momentos dramáticos em sua empresa, indústria e suas hierarquias. Haverá momentos dramáticos na vida de chefes, pais, figuras paternas e maternas e vão surgir novas regras que poderão mudar sua abordagem em relação à carreira.

No dia 20 o Sol entrará em seu signo e você começará o ápice anual de prazer pessoal. O amor parece muito feliz e acontecerá do seu jeito. Se você estiver em um relacionamento, o ser amado estará muito atento e fazendo de tudo para agradar. Se estiver solteiro, as oportunidades amorosas vão procurar você. Basta estar presente.

FEVEREIRO

Melhores dias: 3, 4, 5, 12, 13, 21, 22
Dias mais tensos: 1º, 2, 8, 9, 14, 15, 28, 29
Melhores dias para o amor: 3, 4, 7, 8, 9, 12, 13, 16, 17, 23, 24, 26, 27
Melhores dias para o dinheiro: 1º, 2, 6, 7, 10, 11, 14, 15, 19, 20, 23, 24, 25, 28, 29
Melhores dias para a carreira: 2, 10, 11, 20, 29

Você ainda estará no meio do ápice anual de prazer pessoal, então curta os prazeres do corpo e dos sentidos. Mime o corpo e agradeça pelos bons serviços prestados em toda a sua vida.

A vida amorosa continuará feliz em fevereiro. O amor e as oportunidades românticas vão procurar você; convites sociais também virão. Sua aparência estará excelente e você terá uma noção de estilo, além de um carisma digno de um astro ou estrela. Sua aparência pessoal vai brilhar. No dia 19, o Planeta do Amor entrará na Casa do Dinheiro, indicando apoio do cônjuge, parceiro ou interesse amoroso atual nas suas finanças, além de mostrar oportunidades para sociedades ou parcerias.

Até o dia 19 os solteiros não precisarão fazer muito para atrair o amor. Após essa data, as oportunidades amorosas e românticas virão quando você buscar os objetivos financeiros ou com pessoas envolvidas nas suas finanças. A riqueza será atraente para você, mas não será o bastante; a compatibilidade espiritual também será necessária. Se as finanças estiverem em ordem, o amor deverá ir bem.

Este mês será próspero. Quando o Sol entrar na Casa do Dinheiro, no dia 19, você começará um ápice financeiro anual e os ganhos vão aumentar. A intuição financeira, que sempre é boa, ficará excepcional nesse período (e melhor ainda no mês que vem).

Duas casas estarão poderosas em fevereiro: a Casa do Dinheiro (da qual já falamos) e a Décima Segunda Casa (a da Espiritualidade), então as finanças e a espiritualidade serão os principais focos do mês e andarão juntas. A compreensão espiritual vai beneficiar as finanças e a situação financeira vai beneficiar a espiritualidade.

Marte entrará na Décima Segunda Casa (a Espiritual) no dia 16, então haverá necessidade de colocar as ideias espirituais em ação e expressá-las de algum modo físico, seja por meio do ativismo espiritual ou da caridade. Apenas percepções e avanços não vão bastar. Isso favorece exercícios físicos espirituais, como ioga ou tai chi chuan.

A saúde continuará excelente em fevereiro, com apenas um planeta lento em alinhamento tenso com você. Todos os outros planetas estarão em aspecto harmonioso ou vão deixar você em paz. A saúde poderá ficar ainda melhor das formas descritas no relatório anual.

Todos os planetas vão se mover para a frente em fevereiro, o que é altamente incomum, então depois do seu aniversário será um bom momento para lançar projetos ou produtos, especialmente os dias 23 e 28, quando a Lua estará Crescente. Além disso, haverá progresso rápido em seus objetivos.

MARÇO

Melhores dias: 2, 3, 10, 11, 19, 20, 29, 30
Dias mais tensos: 1º, 6, 7, 12, 13, 27, 28
Melhores dias para o amor: 4, 5, 6, 7, 8, 12, 13, 17, 18, 24, 25, 27, 28
Melhores dias para o dinheiro: 1º, 4, 5, 8, 9, 12, 13, 17, 18, 22, 23, 24, 25, 27, 28
Melhores dias para a carreira: 1º, 9, 12, 13, 18, 28

A independência pessoal continuará muito forte em março, mas vai diminuir em relação aos meses anteriores, então exercite a iniciativa pessoal e seja responsável pela própria felicidade. Ninguém terá culpa da sua infelicidade. Faça as mudanças necessárias para ser feliz.

Saturno entrará em seu signo no dia 23, o que será apenas um prelúdio do que está por vir. Esse planeta vai apenas flertar com seu signo agora, o que tem pontos positivos e negativos. O lado bom é que isso traz uma atitude mais séria em relação à vida, além de ser bom para perder peso. Saturno é o seu Planeta Espiritual, indicando um período mais espiritualizado. A espiritualidade será expressada no corpo, na persona e na imagem, e as pessoas vão enxergar você dessa forma. Além disso, o poder para moldar o corpo por meios espirituais estará em suas mãos (e o conhecimento virá até você), e a capacidade de gerenciamento e organização estarão muito fortes. O lado ruim é que a disposição pode baixar. Você poderá sentir os próprios limites com muita força, e há uma tendência ao pessimismo e a se sentir mais velho do que realmente é (isso também pode acontecer com jovens). E ainda poderá afetar a vida amorosa, pois os outros poderão achar você uma pessoa fria e distante. Talvez inconscientemente você esteja criando barreiras. A solução para isso é simples: envie amor e carinho para os outros.

Embora a carreira não seja um grande foco neste mês, o lado noturno e a metade inferior do seu horóscopo serão de longe os mais proeminentes. Isso vai gerar sucesso na carreira, que talvez esteja nos bastidores. Júpiter vai viajar com o Planeta da Carreira (Plutão) o mês inteiro. Os amigos parecem envolvidos nessa área, e também podem acontecer viagens relacionadas ao trabalho.

Você continuará no meio do ápice financeiro anual até o dia 20, então março será próspero. O Sol viajará com Netuno (Planeta das Finanças) nos dias 8 e 9, então os ganhos e a intuição financeira vão aumentar com muita ajuda dos contatos sociais. Haverá uma oportunidade para uma sociedade ou parceria.

A saúde continuará boa. A disposição talvez esteja um pouco em baixa devido à entrada de Saturno em seu signo, mas isso não será o bastante para causar problemas. Melhore a saúde seguindo a orientação do relatório anual.

O amor acontecerá ao buscar objetivos financeiros até o dia 20. Após essa data as oportunidades românticas ocorrerão na escola ou em eventos educacionais, como palestras, seminários e workshops. O amor estará em seu bairro, talvez entre os vizinhos.

ABRIL

Melhores dias: 7, 8, 15, 16, 17, 25, 26
Dias mais tensos: 3, 4, 9, 10, 23, 24, 30
Melhores dias para o amor: 3, 4, 7, 8, 12, 15, 16, 17, 23, 25, 26, 30
Melhores dias para o dinheiro: 1º, 2, 6, 9, 10, 14, 18, 19, 24, 28, 29
Melhores dias para a carreira: 6, 9, 10, 14, 24

Marte entrou em seu signo no dia 21 de março e continuará lá o mês inteiro, então haverá mais disposição, independência e determinação que o habitual. Você terá coragem e não vai evitar controvérsias ou conflitos, além de fazer tudo com rapidez. Embora a vida espiritual ainda esteja em destaque, neste mês você será um ativista e executante. Como Marte rege a Terceira Casa, isso mostra que sua habilidade de comunicação estará ainda melhor que o habitual. Será um trânsito maravilhoso para estudantes, professores e escritores, além de pessoas que trabalham com marketing e vendas. A capacidade intelectual estará mais forte que o habitual, mas há um lado negativo nisso também. É ótimo ser corajoso e defender o que pensa, mas Marte pode deixar você excessivamente combativo. Você poderá falar de um jeito muito contundente e causar conflitos. Além disso, a pressa e a impaciência podem levar a acidentes ou lesões. Então, faça o que for preciso, mas sempre com atenção e cuidado.

O poder em abril estará na Terceira Casa (da Comunicação e Interesses Intelectuais) até o dia 19, reforçando o que dissemos anteriormente. Este será um mês para colocar a leitura em dia e fazer cursos sobre assuntos que lhe interessam, além de ser bom para ensinar assuntos que você domina.

Júpiter ainda estará viajando com o Planeta da Carreira (Plutão) o mês inteiro, o que levará a desenvolvimentos profissionais maravilhosos e à prosperidade de chefes, pais, figuras paternas e maternas.

A carreira não será o foco em abril. No dia 19 você entrará na meia-noite do seu ano. O Sol entrará na Quarta Casa, portanto será um ótimo período para se envolver nas atividades da noite. É hora de se concentrar no lar, na família e especialmente no seu bem-estar emocional. Até os objetivos profissionais deverão ser abordados de modo mais "interior", por meio de meditação, sonhos controlados e visualizações. Trabalhe para entrar no "clima" dos objetivos profissionais, sinta como se já os tivesse conquistado e depois, quando os planetas mudarem para a metade superior do mapa (o lado diurno), você poderá aplicá-las de modo físico.

A saúde precisará de mais cuidados a partir do dia 19, então descansar será sua prioridade. Depois, cuide-se das formas citadas no relatório anual.

O amor estará perto de casa em abril. Até o dia 19 ele surgirá no bairro e talvez entre os vizinhos. Após essa data, aparecerá no lar, então um evento romântico em casa será melhor do que uma noitada. O Planeta do Amor viajará com Urano (o senhor do seu horóscopo) entre os dias 24 e 26, levando a um encontro amoroso. Em geral, você vai socializar mais em casa e com a família.

MAIO

Melhores dias: 4, 5, 13, 14, 23, 24
Dias mais tensos: 1º, 6, 7, 20, 21, 27, 28
Melhores dias para o amor: 1º, 2, 3, 4, 5, 11, 13, 14, 23, 24, 27, 28
Melhores dias para o dinheiro: 3, 6, 7, 12, 15, 16, 22, 25, 26
Melhores dias para a carreira: 3, 6, 7, 11, 12, 21, 22

A independência pessoal está ficando mais fraca em maio. Ela ainda está forte, mas não tanto quanto nos meses anteriores. Marte sairá do seu signo no dia 13, e o poder planetário no setor social ocidental chegará ao máximo para o ano. Então, embora seus interesses pessoais continuem importantes, agora será o momento de cultivar as habilidades sociais.

Marte na Casa do Dinheiro a partir do dia 13 mostra que você vai correr mais riscos nas finanças. Como a intuição estará boa, essa abordagem poderá dar certo. Isso também mostra que o dinheiro virá das habilidades intelectuais e de comunicação, favorecendo a escrita, o ensino, as vendas e o marketing, além do bom uso dos meios de comunicação. O perigo de Marte na Casa do Dinheiro é o apelo do "dinheiro rápido", que deixará você vulnerável a todo tipo de golpista, então tenha cuidado. Além disso, você provavelmente vai gastar mais com livros, revistas e equipamentos de comunicação, mas também poderá ter retorno com esse investimento.

Desenvolvimentos maravilhosos para a carreira continuam acontecendo neste mês, porque Júpiter ainda estará viajando com o Planeta da Carreira (Plutão). Porém, como ele está retrógrado, boa parte disso só será percebida depois. Com a Quarta Casa ainda forte, mantenha o foco no lar e na família.

O Planeta do Amor continuará na Quarta Casa até o dia 20, então o amor acontecerá perto de casa. A família e as conexões familiares terão papel crucial no amor, talvez bancando o cupido. Ainda haverá mais socialização em casa e com a família. Além disso, você se sentirá atraído por pessoas com fortes valores familiares e que permitam a intimidade tanto emocional quanto física. Muitas vezes esse trânsito leva você a viver no passado quando se trata do amor. Haverá uma vontade de reviver bons momentos e antigas experiências. Não há nada especificamente errado nisso, mas você poderá perder o momento do "agora", que é sempre a melhor hora para o amor. As antigas experiências não passam de sonhos. Além disso, velhas paixões poderão voltar à cena com esse trânsito. Às vezes será a pessoa em si, em outras ocasiões será alguém com padrões similares aos da antiga paixão. Há algo de bom nisso, pois todas essas questões antigas (traumas ou mal-entendidos) poderão ser resolvidas.

O Planeta do Amor entrará na Quinta Casa (dos Filhos, da Diversão e da Criatividade) no dia 19. O amor deixará de ser sério e passará a ser divertido, um entretenimento que não necessariamente envolve compromisso. Você se sentirá atraído pelas pessoas que prometem oferecer bons momentos.

JUNHO

Melhores dias: 1º, 9, 10, 19, 20
Dias mais tensos: 3, 4, 16, 17, 18, 24, 28, 29
Melhores dias para o amor: 1º, 9, 10, 19, 20, 21, 24
Melhores dias para o dinheiro: 3, 4, 8, 11, 12, 13, 18, 21, 22, 27, 28, 29
Melhores dias para a carreira: 3, 4, 8, 18, 27, 28, 29

A atividade retrógrada chegará ao ápice neste mês. Entre os dias 23 e 25, sessenta por cento dos planetas estarão retrógrados, uma porcentagem imensa. A partir do dia 25 serão cinquenta por cento dos planetas retrógrados, ainda um grande número (teremos outro ápice retrógrado em setembro, mas não passará dos sessenta por cento), então o ritmo da vida vai desacelerar. Não acontecerá muito no mundo, então você poderá sair de férias ou curtir a vida de outras formas. O ápice anual de prazer pessoal irá até o dia 21.

Há outra questão aqui: teremos dois eclipses poderosos nesse período. Eles obrigam a fazer mudanças, mas com tantos planetas retrógrados essas mudanças precisarão ser bem pensadas e analisadas com mais cuidado.

Os dois eclipses afetarão o emprego, a situação profissional e a rotina de saúde. O eclipse lunar do dia 5 ocorrerá na Décima Primeira Casa, então as amizades serão testadas. Haverá momentos dramáticos na vida dos amigos, muitas vezes do tipo divisor de águas, e problemas nas organizações profissionais ou de classe com as quais você esteja envolvido. Os equipamentos de alta tecnologia ficarão temperamentais e muitas vezes vão precisar de reparos ou substituições, portanto faça cópias de segurança de arquivos importantes e confira se os programas contra hackers e antivírus estão atualizados. Além disso, tios e tias viverão momentos dramáticos na vida pessoal. Se você é empregador, poderá haver rotatividade de funcionários. Os pais, figuras paternas e maternas serão obrigados a fazer mudanças financeiras importantes. Como esse eclipse afetará Marte de modo bem direto, poderá haver uma crise no lar e com parentes e talvez seja preciso fazer reparos no lar. Carros e equipamentos de comunicação serão testados, e será bom dirigir de modo mais defensivo nesse período.

O eclipse solar do dia 21 acontecerá na Sexta Casa, gerando mais problemas no local de trabalho e mudanças de emprego, que poderão ser na empresa atual ou em outra. Haverá também mudanças na sua rotina de saúde, que vão se manifestar nos próximos meses. Os filhos e figuras filiais poderão enfrentar uma crise financeira e ter de fazer ajustes nessa área. Todo eclipse solar afeta a vida amorosa e o relacionamento atual, e este não será diferente. Os bons relacionamentos sobreviverão a um eclipse solar (que acontece duas vezes por ano), mas os problemáticos e que não estão sólidos correrão perigo. Poderá haver momentos dramáticos na vida pessoal do ser amado (ou da pessoa que exerce esse papel em sua vida), que também fará mudanças importantes nas práticas, ensinamentos e mestres espirituais. Haverá problemas e abalos nas organizações espirituais ou de caridade com as quais você está envolvido. Os filhos e figuras filiais mais uma vez precisarão fazer mudanças financeiras importantes.

JULHO

Melhores dias: 6, 7, 8, 16, 17, 25, 26
Dias mais tensos: 1º, 14, 15, 21, 22, 27, 28
Melhores dias para o amor: 1º, 6, 7, 8, 9, 10, 16, 17, 20, 21, 22, 25, 26, 29
Melhores dias para o dinheiro: 1º, 4, 5, 9, 10, 14, 15, 19, 20, 23, 24, 27, 28, 31
Melhores dias para a carreira: 1º, 5, 15, 24, 27, 28

Outro eclipse lunar no dia 5 afetará o trabalho e a rotina de saúde. Este será o terceiro eclipse lunar do ano, e haverá mais um em novembro. Talvez aconteçam sustos relacionados à saúde, mas, como a saúde geral estará excelente, não é provável que seja algo sério. Com tantos planetas retrógrados e eclipses acontecendo, exames médicos deverão ser interpretados com muito cuidado. Se houver algum resultado negativo, refaça o exame posteriormente e peça uma segunda opinião. Esse eclipse ocorrerá na Décima Segunda Casa (a da Espiritualidade), então mudanças espirituais importantes vão acontecer para você, provavelmente como resultado de algum avanço, o que será algo natural. O eclipse também mostra abalos e problemas em uma organização espiritual ou de caridade com a qual você esteja envolvido e momentos dramáticos na vida pessoal de gurus ou figuras que exercem esse papel em sua vida. Além disso, os amigos serão obrigados a tomar decisões financeiras importantes, tios e tias terão os casamentos e relacionamentos testados e mais uma vez haverá mudanças de emprego e problemas no trabalho.

Como a Sexta Casa (do Trabalho) estará muito forte, não haverá o que temer em qualquer mudança de emprego. Você terá excelentes aspectos para o trabalho. Este eclipse afetará outros três planetas, felizmente de modo indireto. O impacto em Mercúrio afetará os filhos e figuras filiais em sua vida, que viverão momentos dramáticos na vida pessoal, mas nada sério. Seu cônjuge, parceiro ou interesse amoroso atual precisará corrigir o rumo nas finanças. Haverá também momentos dramáticos (não muito sérios) na vida de amigos e pequenos problemas nas organizações profissionais ou de classe com as quais você esteja envolvido. Por fim, os dispositivos tecnológicos ficarão mais temperamentais, carros e equipamentos de comunicação também serão testados e será bom dirigir com mais cuidado nesse período.

Marte entrou na Terceira Casa em 28 de junho e ficará poderoso no próprio signo e casa, portanto suas habilidades de comunicação e intelectuais estarão no auge. Será um excelente trânsito para estudantes, professores, escritores e pessoas das áreas de marketing e vendas, que terão as habilidades aumentadas. Marte terá um solstício entre os dias 7 e 10, no qual ocupará o mesmo grau de latitude, parecendo fazer uma pausa no céu e depois mudando de direção (em latitude), então será benéfico tirar umas férias mentais nesse período. Deixe a mente descansar um pouco, pois ela será recarregada no devido momento.

O Sol (o Planeta do Amor) entrará na Sétima Casa (a do Amor) no dia 22 e estará muito forte nessa posição, no próprio signo e casa. Você começará um ápice amoroso e social anual. É verdade que será preciso trabalhar mais arduamente no amor, pois você e seu cônjuge, parceiro ou interesse amoroso atual não estarão de acordo e será preciso ceder, mas a vida social ficará ativa.

AGOSTO

Melhores dias: 3, 4, 13, 14, 21, 22, 30, 31
Dias mais tensos: 10, 11, 17, 18, 23, 24
Melhores dias para o amor: 3, 4, 8, 9, 15, 16, 17, 18, 19, 23, 24, 28
Melhores dias para o dinheiro: 2, 5, 6, 11, 15, 16, 20, 23, 24, 29
Melhores dias para a carreira: 2, 11, 20, 23, 24, 29

Um conflito com o ser amado nos dias 1º e 2 será um problema de curto prazo e vai passar rapidamente. O amor vai melhorar após o dia 2, pois você ainda estará no meio do ápice amoroso e social anual. O setor oriental do "eu" continuará sendo o mais poderoso, mas os planetas no Oeste (o setor social) estarão na posição oriental máxima, então agosto seguirá o padrão do mês passado e exigirá um pouco de malabarismo, pois será preciso equilibrar os seus interesses e desejos com os dos outros. Você ainda estará muito independente, mas precisará levar os demais em consideração.

Um conflito com os filhos ou figuras filiais nos dias 9 e 10 também passará rapidamente, mas será uma questão de curto prazo.

O amor será divertido até o dia 22, e haverá atração por pessoas que possam oferecer bons momentos a você. O período não será propício a casamento e compromissos. O amor será apenas outra forma de entretenimento, como ir ao cinema ou teatro.

No dia 22 o Planeta do Amor entrará em Virgem (a Oitava Casa) e o amor ficará mais sério, com mais harmonia entre você e o ser amado. A vida social vai brilhar e haverá encontros românticos para os solteiros. Contudo, haverá complicações e talvez uma tendência ao perfeccionismo e às críticas destrutivas. Se não for da sua parte, poderá vir das pessoas que você atrai. O excesso de análise poderá destruir os sentimentos românticos. Por outro lado, você mostrará amor por meio de serviços práticos ao ser amado, e é assim que você se sentirá amado. Haverá atração por pessoas que fazem algo por você. A química sexual sempre é importante para o aquariano, mas este mês será ainda mais. Além disso, será um período sexualmente ativo.

Os nativos de Aquário são intelectuais e pessoas de ideias, mas após o dia 22 teremos muitos planetas em signos de terra (sessenta por cento e um Grande Trígono nesse elemento), então suas ideias e pensamentos visionários não serão muito apreciados, porque as pessoas e o mundo em geral estarão mais interessados em questões práticas. Os publicitários precisarão destacar a praticidade dos seus produtos ou serviços e vender o produto real em vez de ideias mirabolantes. As pessoas tenderão a ser mais conservadoras.

A saúde precisará de mais cuidados até o dia 22. Como sempre, descanse o suficiente e se cuide de acordo com as formas prescritas no relatório anual. Além disso, dê mais atenção aos quadris, pescoço, garganta e rins a partir do dia 7. Massagens no pescoço, quadris e garganta vão melhorar a saúde.

SETEMBRO

Melhores dias: 9, 10, 18, 19, 26, 27
Dias mais tensos: 6, 7, 8, 14, 15, 20, 21
Melhores dias para o amor: 2, 3, 6, 7, 13, 14, 15, 17, 22, 23, 26
Melhores dias para o dinheiro: 1º, 2, 3, 6, 7, 11, 12, 16, 17, 20, 21, 24, 25, 29,30
Melhores dias para a carreira: 6, 7, 16, 17, 20, 21, 24, 25

A atividade retrógrada chegará a outro ápice anual em setembro. Sessenta por cento dos planetas estarão retrógrados entre os dias 9 e 12. Antes e depois desse período a porcentagem será de cinquenta por cento, então o progresso será mais lento este mês. Adiamentos e problemas serão inevitáveis, mas será possível minimizá-los sendo mais perfeito em tudo o que fizer. Exames médicos não serão muito confiáveis agora. Se um resultado negativo acontecer, refaça o exame em outro momento ou peça uma segunda opinião. Os bebês nascidos nesse período provavelmente vão amadurecer tarde e terão muitas questões internas para resolver.

O elemento terra continuará muito forte até o dia 22, então lembre-se da nossa discussão sobre isso no mês passado e concentre-se nas questões práticas, além de manter a praticidade nos seus esforços de vendas e marketing.

A saúde estará excelente, você estará com a disposição em alta. Você poderá cuidar melhor da sua saúde das formas citadas no relatório anual. Massagens nos quadris, pescoço e garganta serão boas até o dia 6, e a desintoxicação dos rins com chá de ervas poderá ter bons resultados caso você se sinta indisposto.

O amor parece feliz, e nem toda a atividade retrógrada parece afetá-lo. Você ainda vai precisar ter mais cuidado com o excesso de perfeccionismo e as críticas destrutivas até o dia 22. Após essa data, você e o ser amado estarão menos exigentes e mais românticos. Vênus entrará na Sétima Casa (a do Amor) no dia 6, indicando mais socialização em casa e com a família. Poderá haver um romance com uma conexão familiar ou alguém apresentado pela família. Os estrangeiros também estarão bastante atraentes. Muitas vezes isso mostra uma paixão pelo professor ou líder religioso. Além disso, haverá oportunidades românticas em eventos religiosos e universitários. Essas tendências ficarão especialmente pronunciadas após o dia 22. A simples química sexual não será o bastante: você também vai querer pessoas com quem possa aprender e com quem tenha compatibilidade filosófica. Uma viagem ao exterior poderá levar ao romance nesse período, e seu círculo social vai se expandir.

O poder em sua Nona Casa a partir do dia 22 mostra interesse e foco em educação superior, religião, teologia e viagens ao exterior. Muitas vezes isso traz avanços teológicos e psicológicos para quem se interessa por esses assuntos.

As finanças estarão um pouco estressantes em setembro. O Planeta das Finanças (Netuno) está retrógrado há vários meses e receberá aspectos tensos neste mês, então será preciso trabalhar mais para conquistar objetivos financeiros. Você notará melhoras a partir do dia 22, mas seja cauteloso com as finanças até lá. Não entre em algo importante sem pesquisar antes (mais do que o usual).

OUTUBRO

Melhores dias: 6, 7, 15, 16, 23, 24, 25
Dias mais tensos: 4, 5, 11, 12, 17, 18, 31

Melhores dias para o amor: 3, 6, 7, 11, 12, 15, 16, 21, 22, 25
Melhores dias para o dinheiro: 4, 5, 9, 10, 13, 14, 17, 18, 21, 23, 26, 27, 31
Melhores dias para a carreira: 4, 5, 13, 14, 17, 18, 21, 23, 31

Os movimentos retrógrados vão diminuir um pouco em outubro. Ainda haverá uma atividade retrógrada substancial, mas mês que vem será outra história. Enquanto isso, seja perfeito em todas as suas ações. Fazer algo devagar e com perfeição será melhor do que com rapidez e negligência.

Com a Nona Casa poderosa desde 22 de setembro, os universitários terão um bom mês, com muito foco nos estudos e sucesso, enquanto os estudantes abaixo do nível superior terão problemas. Marte ficou retrógrado em 9 de setembro e continuará assim o mês inteiro, trazendo indecisão em assuntos educacionais e falta de clareza. Marte retrógrado é bom para a escrita e também para quem tem blogs, mas não para lançar algo no mundo. Espere até o mês que vem se quiser fazer isso.

Vênus entrará em Virgem no dia 2, trazendo mais harmonia para a família, embora ela pareça mais crítica e perfeccionista. A entrada de Vênus em Virgem criará outro Grande Trígono em terra. Então, se você quiser vender algo, destaque a praticidade e os pontos principais do produto ou serviço. Evite os aspectos "sonhadores".

O Planeta da Carreira (Plutão) começará a se mover para a frente no dia 4, após vários meses em movimento retrógrado, trazendo mais clareza na carreira. Agora você conseguirá ver um rumo nessa área. No dia 23 o Sol entrará na Décima Casa, marcando o início de um ápice profissional anual. Esse está longe de ser o auge profissional mais forte que você já viveu. A maioria dos planetas ainda estará abaixo do horizonte do seu mapa (o lado noturno), mas este será o período mais forte do ano para a carreira, então haverá progresso. Nos próximos anos você terá ápices profissionais muito mais fortes. Será bom buscar objetivos profissionais pelos meios sociais, indo ou organizando o tipo certo de reunião ou festa. A capacidade de os outros gostarem de você terá um grande papel na área da carreira. Duas pessoas com a mesma capacidade profissional podem disputar a mesma vaga, mas quem for mais agradável conseguirá a promoção, então fique atento: o traquejo social será um aliado importante nesse aspecto.

A vida amorosa também será feliz em outubro. Até o dia 23 o amor estará em outros países, com estrangeiros, na escola ou no local de culto. Após o dia 23, a maior parte da socialização estará relacionada à carreira e você vai se misturar aos ricos e poderosos, gente de status. Haverá oportunidades para romance no local de trabalho, mas você não parece gostar disso. Se já estiver em um relacionamento, seu cônjuge, parceiro ou interesse amoroso atual parece muito bem-sucedido este mês. Ele ou ela vai dar apoio à sua carreira. Por outro lado, você e o ser amado (ou qualquer pessoa que exerça esse papel) parecem muito distantes um do outro, e será preciso acertar as diferenças.

NOVEMBRO

Melhores dias: 2, 3, 4, 12, 20, 21, 30
Dias mais tensos: 1º, 7, 8, 14, 15, 27, 28
Melhores dias para o amor: 2, 3, 5, 6, 7, 8, 12, 14, 15, 21, 22, 24, 25
Melhores dias para o dinheiro: 2, 5, 6, 11, 14, 15, 19, 22, 23
Melhores dias para a carreira: 2, 11, 14, 15, 19

A saúde exige mais cuidados desde que o Sol entrou em Escorpião, no dia 23 de outubro, e continuará assim até o dia 21 de novembro, então faça o de sempre: descanse o suficiente e não se permita ficar exausto. Um eclipse lunar no dia 30 (o quarto eclipse lunar do ano) também afetará a saúde, então faça uma agenda reduzida nesse período.

Esse eclipse lunar ocorrerá no dia 30 e na Quinta Casa, então os filhos e figuras filiais serão afetados e viverão momentos dramáticos na vida pessoal. Eles vão precisar se redefinir nos próximos meses, o que vai levar a mudanças na imagem e no guarda-roupa. A imagem pessoal é apenas um reflexo do conceito que temos de nós mesmos. Quando esse conceito muda, a imagem acompanha. Os que estiverem envolvidos nas artes criativas sentirão mudanças na criatividade, seguindo um novo caminho e abordagem. E mais uma vez haverá mudanças de emprego, nas condições de trabalho e problemas no ambiente de trabalho. Os pais, figuras paternas ou maternas precisarão corrigir o rumo nas finanças, e o mesmo vale para você, pois Netuno (o Planeta das Finanças) será afetado pelo eclipse.

A boa notícia é que as mudanças necessárias vão acontecer com mais rapidez e facilidade, pois a atividade retrógrada está quase acabando. Quando chegar o eclipse lunar, noventa por cento dos planetas estarão se movendo para a frente. O ritmo dos eventos no mundo e na vida vai acelerar. A paralisação acabou.

A carreira vai muito bem em novembro. Você ainda estará no meio do ápice profissional anual até o dia 21, mas o mais importante é que Júpiter vai viajar com o Planeta da Carreira (Plutão) e ambos estarão se movendo para a frente, trazendo sucesso e muito desenvolvimento profissional positivo em novembro. Mercúrio vai entrar na Décima Casa no dia 11 e continuará lá pelo resto do mês, então os filhos e figuras filiais terão sucesso e vão ajudar na sua carreira. Esse aspecto também mostra um caminho profissional mais prazeroso e divertido. Vênus entrará na Décima Casa no dia 21 e continuará lá pelo resto do mês, indicando que a família também apoiará a carreira e talvez veja o seu sucesso como um "projeto familiar".

Tenha mais paciência com os filhos e figuras filiais nos dias 16 e 17, pois parece haver um conflito. Além disso, eles deverão prestar mais atenção ao plano físico e evitar atividades estressantes nesse período.

DEZEMBRO

Melhores dias: 1º, 9, 10, 17, 18, 27, 28
Dias mais tensos: 5, 6, 11, 12, 24, 25, 26
Melhores dias para o amor: 2, 3, 5, 6, 11, 12, 13, 14, 22, 23, 24
Melhores dias para o dinheiro: 2, 3, 8, 11, 12, 16, 19, 20, 21, 27, 29, 30
Melhores dias para a carreira: 8, 11, 12, 16, 25, 26

Apesar do eclipse do dia 14, este mês será feliz. Sua Casa favorita, a Décima Primeira, estará poderosa até o dia 21, então você estará envolvido com o que mais ama fazer: amigos, grupos, atividades em grupo e networking. A Décima Primeira Casa é benéfica, então essas atividades serão agradáveis e terão sucesso.

O eclipse solar do dia 14 ocorrerá na Décima Primeira Casa (a dos Amigos) e anuncia uma mudança na área em 2020. O Planeta dos Amigos (Júpiter) fará um movimento importante, saindo da Décima Primeira

Casa para a Primeira Casa no dia 21. Neste mês e em quase todo o ano você será um "Super-Aquariano", envolvido com amigos, grupos, atividades em grupo, networking e alta tecnologia. A ciência é sempre interessante para você, mas nesses dias será ainda mais, e isso vai se estender por 2021.

O eclipse solar testará algumas amizades, especialmente as que forem problemáticas, mas pode ficar tranquilo que você terá muitos amigos, e dos bons. Eles vão procurar você. Já os filhos e figuras filiais terão problemas na vida social. Se eles estiverem em um relacionamento, este será testado, o que também acontecerá com o seu relacionamento atual. As boas relações sobreviverão a tudo isso, mas as problemáticas correm perigo. Como esse eclipse afetará Netuno (o Planeta das Finanças), você precisará fazer mudanças financeiras importantes, pois os eventos do eclipse vão revelar que o seu pensamento e planejamento não eram realistas.

Saturno entrará em seu signo no dia 18, um grande trânsito. Ele ficará lá por pelo menos dois anos, então a saúde vai precisar de mais cuidados em 2021. Por outro lado, você aprenderá a moldar o corpo por meios espirituais. Júpiter em seu signo a partir do dia 20 (e pelo próximo ano) poderá fazer você ganhar peso, mas Saturno em seu signo também vai cuidar disso. Temos a imagem de alguém que come demais e faz dieta, alternando entre esses dois extremos.

As finanças vão melhorar após o dia 20. Netuno (o Planeta das Finanças) estará se movendo para a frente e vai receber bons aspectos após o dia 21. Enquanto isso, você precisará trabalhar mais para conquistar seus objetivos financeiros.

O amor será feliz em dezembro, apesar do eclipse, que servirá apenas para criar um pouco de empolgação e drama. Os solteiros vão encontrar oportunidades amorosas na internet, em grupos ou atividades em grupo. Neste mês você vai querer tanto amizade quanto amor, então o período favorecerá relacionamentos do tipo "amizade colorida".

♓

PEIXES

OS PEIXES

Nascidos entre 19 de fevereiro e 20 de março

PERFIL PESSOAL

PEIXES EM UM RELANCE

Elemento: Água
Planeta Regente: Netuno
Planeta da Carreira: Júpiter
Planeta da Saúde: Sol
Planeta do Amor: Mercúrio
Planeta das Finanças: Marte
Planeta do Lar e da Vida Familiar: Mercúrio
Cores: verde-água, azul-turquesa
Cores que promovem o amor, o romance e a harmonia social: tons terrosos, amarelo, amarelo-ouro
Cores que propiciam ganhos: vermelho, escarlate
Pedra: diamante branco
Metal: estanho
Perfume: lótus
Qualidade: mutável (= flexibilidade)
Qualidades essenciais ao equilíbrio: estruturação, capacidade de lidar com a forma
Maiores virtudes: sensitividade psíquica, sensibilidade, abnegação, altruísmo
Necessidades mais profundas: iluminação espiritual, liberação
Características a evitar: escapismo, procura de más companhias, estados psicológicos negativos

Signos de maior compatibilidade: Câncer, Escorpião
Signos de maior incompatibilidade: Gêmeos, Virgem, Sagitário
Signo mais útil à carreira: Sagitário
Signo que fornece maior suporte emocional: Gêmeos
Signo mais prestativo em questões financeiras: Áries
Melhor signo para casamento e associações: Virgem
Signo mais útil em projetos criativos: Câncer
Melhor signo para sair e se divertir: Câncer
Signos mais úteis em assuntos espirituais: Escorpião, Aquário
Melhor dia da semana: quinta-feira

COMPREENDENDO A PERSONALIDADE PISCIANA

Se os piscianos exibem uma virtude notória, é sua capacidade de acreditar no lado espiritual, invisível ou psíquico das situações. Os bastidores da realidade são tão verdadeiros para eles quanto o chão onde pisam. São tão concretos que frequentemente ignoram os aspectos visíveis e palpáveis da realidade, a fim de concentrar-se em suas facetas invisíveis, ditas intangíveis.

Peixes é o signo zodiacal no qual as faculdades intuitivas e a emoção se acham mais desenvolvidas. Os piscianos parecem fadados a viver sob a égide delas, e esse procedimento pode tirar os outros do sério, sobretudo as pessoas dotadas de natureza materialista, científica ou técnica. Se você é daqueles que acreditam que o dinheiro, o status e o sucesso mundano são as únicas coisas na vida que valem a pena, jamais conseguirá compreender um pisciano.

Os piscianos são dotados de intelecto, mas este serve apenas para racionalizar o que já sabem intuitivamente. Para um aquariano ou geminiano, o intelecto se revela uma ferramenta valiosa na hora de adquirir conhecimentos. Para um bom pisciano, ele não passa de uma ferramenta que revela o conhecimento.

Os piscianos percebem-se como peixes nadando em um vasto oceano de pensamento e emoção. Esse oceano apresenta diversos níveis de profundidade e é perpassado por variadas correntes e subcorrentes. Eles anseiam por águas límpidas, habitadas por criaturas boas, belas e verdadeiras, mas muitas vezes se veem subitamente arrastados para profundezas de águas turvas e lodosas. Os piscianos sentem que não criam os próprios pensamentos, apenas sintonizam ideias preexistentes, e é por isso que fazem questão de buscar águas límpidas. Essa habilidade em sintonizar com pensamentos de ordem superior presenteia-os com acentuada inspiração musical e artística.

O fato de Peixes ser tão voltado para a espiritualidade — por mais que os piscianos envolvidos com o universo empresarial tentem ocultá-lo — nos obriga a analisar esse aspecto em detalhes. Sem o qual fica quase impossível compreender a personalidade pisciana.

Existem quatro tipos de posicionamento espiritual. O primeiro deles é o ceticismo inveterado, a postura dos materialistas seculares. A segunda atitude caracteriza-se pela crença intelectual ou emocional e pela adoração da figura de um Deus distante; é a atitude da maioria dos frequentadores de igrejas. A terceira postura transcende a crença, por incluir a vivência espiritual direta; é a postura dos religiosos que renasceram misticamente de alguma forma. O quarto tipo de posicionamento é a união com o Divino, a fusão plena com o universo espiritual, que caracteriza a prática do ioga. Esse quarto tipo de atitude corresponde à mais profunda das necessidades piscianas. E os nativos do signo se acham singularmente qualificados para se dedicar a essa tarefa e obter êxito nela.

Consciente ou inconscientemente, os piscianos buscam a comunhão com o mundo espiritual. A crença em uma realidade maior os torna compreensivos e tolerantes em relação aos demais, talvez até em excesso. Haverá ocasiões em suas vidas nas quais terão de dar um basta e preparar-se para defender seus pontos de vista e até armar uma confusão para salvaguardá-los, se preciso for. Contudo, em virtude das qualidades, que exibem, será necessário pisar muito fundo em seus calos para extrair deles esse tipo de reação.

Os piscianos aspiram, basicamente, à santidade. E com esse desejo trilham um caminho muito pessoal. Ninguém deve tentar impor-lhes um conceito estereotipado de santidade: eles terão de encontrá-lo por meio de sua própria busca.

FINANÇAS

O dinheiro, em geral, não é excessivamente importante para os piscianos. É claro que necessitam dele para sobreviver, tanto quanto os nativos dos demais signos, e muitos nativos de Peixes conseguem grande fortuna. Não é, porém, sua meta principal. Fazer o bem, sentirem-se satisfeitos consigo mesmos, alcançar a paz de espírito e o alívio da dor e do sofrimento são os pontos verdadeiramente cruciais para eles.

Eles ganham dinheiro de forma intuitiva e instintiva. Seguem mais suas premonições do que a lógica racional. Tendem a ser generosos e até caritativos em excesso. O menor dos infortúnios basta para que os piscianos coloquem a mão no bolso e façam doações. Embora seja uma de suas maiores virtudes, eles devem ser mais cuidadosos com as finanças. Precisam escolher bem a quem emprestam dinheiro, para que não sejam explorados. Se doarem verbas a instituições de caridade, devem acompanhar o destino que estas darão às suas doações. Mesmo quando não são ricos, os piscianos gostam de gastar dinheiro auxiliando seus semelhantes. Uma vez mais, precisam agir com cautela, aprender a dizer não algumas vezes e servir-se em primeiro lugar, vez por outra.

Talvez a maior pedra no caminho financeiro dos piscianos seja a passividade. Eles alimentam uma postura no estilo "deixe estar" que poderá fazê-los tropeçar. Apreciam mesmo é agir sem compromisso. Mas, no terreno das finanças, certa dose de agressividade é necessária. Os nativos de Peixes precisam aprender a fazer com que as coisas aconteçam, a gerar sua própria riqueza. A passividade excessiva tende a causar perda de dinheiro e de oportunidades. Simplesmente preocupar-se com a segurança financeira não trará a segurança almejada. Os piscianos precisam aprender a perseguir com maior tenacidade seus objetivos.

CARREIRA E IMAGEM PÚBLICA

Os piscianos gostam de ser publicamente vistos como pessoas prósperas (tanto espiritual quanto materialmente), generosas e propensas à filantropia. Respeitam os que demonstram coração magnânimo e empatia pela humanidade. Admiram muito os que se envolvem com empreendimentos de larga escala. Gostariam até de ocupar posições semelhantes.

Em suma, gostam de se sentir ligados a organizações de porte que realizem tarefas grandiosas.

Para atingir seu pleno potencial profissional, é vital que viajem mais, aprimorem sua educação e conheçam verdadeiramente o mundo. Em outras palavras, precisam do otimismo desbravador dos sagitarianos para chegar ao topo.

Devido ao seu desvelo e à sua generosidade, os piscianos costumam optar por profissões em que possam ser úteis aos seus semelhantes. É por isso que há tantos piscianos médicos, enfermeiros, assistentes sociais e professores. Pode levar um bom tempo até que os piscianos descubram o tipo de atividade que desejam exercer profissionalmente, mas, tendo encontrado uma carreira que lhes desperte o interesse e que lhes permita empregar suas virtudes, eles a desempenharão primorosamente.

AMOR E RELACIONAMENTOS

Não é de surpreender que alguém tão voltado para o outro mundo como os piscianos procure parceiros práticos e de pés no chão. Eles preferem ligar-se a cônjuges que lidem bem com os detalhes, visto que eles próprios detestam fazer isso. Buscam essa qualidade tanto em seus parceiros profissionais quanto nos sentimentais. Mais do que qualquer outra coisa no mundo, isso lhes confere a sensação de estarem ancorados em terra e conectados com a realidade.

Conforme seria de esperar, esse tipo de relacionamento, embora necessário, certamente será marcado por altos e baixos. Mal-entendidos tendem a ocorrer com frequência quando polos tão opostos tentam se atrair. Se você estiver apaixonado por um pisciano, vivenciará essas flutuações na pele e precisará ser muito paciente até as coisas se estabilizarem. Os piscianos são temperamentais, intuitivos, afetuosos e difíceis de conhecer. Somente o tempo e as atitudes corretas poderão desvendar os segredos do universo pisciano. Entretanto, se estiver apaixonado por um nativo do signo, constatará que nadar nessas correntezas vale a pena, pois são pessoas boas e sensíveis, que apreciam e necessitam doar amor e afeição.

Quando apaixonados, adoram fantasiar. Para eles, a fantasia representa noventa por cento do prazer em uma relação. Tendem a idealizar o par, o que pode ser simultaneamente bom e ruim. O lado difícil para qualquer um que se apaixone por um pisciano é o de corresponder às elevadas aspirações idealizadas pelos nativos do signo.

VIDA DOMÉSTICA E FAMILIAR

Em sua vida doméstica e familiar, os piscianos precisam resistir ao impulso de querer que seu cônjuge e os familiares adivinhem seus sentimentos e estados de espírito. Não é razoável, leitor de Peixes, esperar que eles exibam o mesmo grau de intuição que você. Será preciso que você desenvolva mais a comunicação verbal. Uma troca serena de ideias e opiniões, marcada pela calma e pelo distanciamento emocional, beneficiará a todos.

Muitos piscianos apreciam a mobilidade. A estabilidade parece cercear sua liberdade. Eles detestam ficar trancafiados em um local por uma eternidade.

O signo de Gêmeos ocupa a cúspide da Sexta Casa solar pisciana, do Lar e da Vida Familiar. Isso indica que os nativos de Peixes necessitam de um ambiente doméstico que estimule seus interesses mentais e intelectuais. Tendem a tratar os vizinhos como uma extensão da família. Alguns exibem atitude ambivalente em relação ao lar e à família. Por um lado, apreciam o apoio emocional que a família fornece; mas, por outro, não se habituam às obrigações, às restrições e aos deveres que ela impõe. Encontrar o equilíbrio é, para os piscianos, a chave mestra de uma vida familiar afortunada.

PEIXES
PREVISÃO ANUAL PARA 2020

TENDÊNCIAS GERAIS

Você está saindo de um ano muito forte para a carreira. Os principais objetivos (pelo menos os de curto prazo) foram conquistados em 2019, e agora o foco estará em outros setores, como amigos, grupos e atividades em grupo. Os frutos do sucesso profissional estarão nas pessoas que você conheceu e com quem socializou durante esse sucesso, que o colocou em uma nova esfera social. Voltaremos a esse assunto mais adiante.

A Décima Primeira Casa (a dos Amigos, Grupos e Atividades em Grupo) é a mais forte de 2020. Então, embora a vida social não seja particularmente romântica, será satisfatória e muito ativa.

Netuno está em seu signo há muitos anos e continuará lá por outros tantos, então a vida espiritual estará mais ativa que o habitual. Ela é sempre ativa com você, é verdade, mas em 2020 ficará ainda mais pronunciada, porque a Décima Segunda Casa (a da Espiritualidade) ganhará força ao longo do ano. O desafio será manter os pés no chão. Você poderá viver no "outro mundo" mais do que neste.

Este ano também parece próspero. O Planeta das Finanças (Marte) passará mais de seis meses (quatro vezes o trânsito habitual) na Casa do Dinheiro, o que acontecerá a partir de 28 de junho, e deverá trazer aumento nos ganhos e oportunidades para ganhar dinheiro. Voltaremos a esse assunto mais adiante.

Urano entrou na Terceira Casa em março do ano passado e ficará lá por aproximadamente sete anos, indicando grandes mudanças na vida intelectual e no gosto para leitura. Livros e revistas relacionados à ciência, tecnologia, astronomia e astrologia ficarão mais atraentes e haverá uma agenda espiritual por trás disso. Esse trânsito também indica mudanças e problemas para estudantes abaixo do nível superior, que podem mudar de escola (talvez várias vezes), de planos educacionais e enfrentar abalos no ambiente escolar. Além disso, poderá haver problemas no seu bairro, que vão durar muitos anos.

Teremos seis eclipses este ano, cinquenta por cento a mais que o habitual. Cinco desses eclipses vão afetar os filhos e figuras filiais em sua vida, que viverão muitos dramas pessoais e experiências do tipo divisor de águas.

Muitos piscianos estão envolvidos em artes criativas. Esses eclipses mostrarão grandes mudanças na criatividade.

SAÚDE

(Esta é uma perspectiva astrológica sobre a saúde, não uma visão médica. No passado essas perspectivas eram idênticas, mas hoje podem ocorrer diferenças significativas. Para obter uma opinião com base em diagnósticos da medicina convencional, consulte seu médico ou um profissional da área da saúde.)

A saúde parece excelente em 2020. Não haverá planetas lentos em alinhamento tenso com você. A maioria estará em aspectos harmoniosos, e os que não estiverem vão deixá-lo em paz, então as doenças preexistentes deverão estar em suspenso, e no geral a saúde ficará boa.

A Sexta Casa vazia e com apenas planetas rápidos passando por lá é outro sinal positivo. Não será preciso se concentrar na saúde, pois não há problemas com ela. Você pode considerar a boa saúde como garantida.

Por mais que a saúde esteja boa, você poderá deixá-la ainda melhor dando mais atenção às seguintes áreas, que são as mais vulneráveis do seu mapa. Caso aconteçam problemas (Deus queira que não), eles provavelmente começarão por aqui, então manter essas áreas saudáveis será uma forma certeira de medicina preventiva.

Pés. Sempre são importantes para o nativo de Peixes, então as massagens nos pés deverão fazer parte da rotina usual de saúde. Existem aparelhos baratos que massageiam os pés, e alguns fazem tratamentos do tipo turbilhão que serão bons investimentos para você. Mantenha os pés quentes no inverno e use sapatos confortáveis que não o machuque. É melhor ficar confortável do que estar na moda. Se você puder ter os dois (conforto e beleza), melhor ainda.

Coração. Também é importante para o pisciano. Os reflexos aparecem em seu mapa. O importante para o coração, como nossos leitores assíduos já sabem, é evitar preocupações e ansiedade, as duas emoções que o estressam. Portanto, cultive a fé e não se preocupe.

Haverá períodos em que a saúde e a disposição estarão menos fáceis que o habitual. Eles serão causados pelos trânsitos de curto prazo, que são temporários e não configuram tendências para 2020. Quando eles passarem, a saúde e a disposição voltarão ao normal.

Dois eclipses solares este ano (um no dia 21 de junho e outro em 14 de dezembro) também poderão afetar a saúde, trazendo correções de rumo na rotina de saúde, mudanças de médicos ou de outros profissionais dessa área com as quais você se consulta. Isso às vezes indica momentos dramáticos na vida dessas pessoas e também pode mostrar um susto relacionado à saúde, mas ela estará boa, então provavelmente não passará de um susto.

O Planeta da Saúde (o Sol) é um planeta rápido que passa por todo o mapa ao longo de um ano, mudando de signo e casa todo mês, então haverá muitas tendências de curto prazo na saúde que dependerão de onde o Sol estará e dos aspectos que receber. Isso será abordado com mais profundidade nos relatórios mensais.

LAR E FAMÍLIA

O lar e a família não têm proeminência no mapa há alguns anos e continuarão assim por boa parte de 2020, exceto pelo trânsito anormalmente longo de Vênus entre 3 de abril e 7 de agosto. Isso tende à estabilidade, então você parece contente com a situação atual e não sentirá necessidade urgente de fazer mudanças.

A estadia prolongada de Vênus na Quarta Casa indica renovação e talvez a redecoração do lar, bem como cirurgias ou experiências de quase morte na vida de parentes. Além disso, um irmão ou figura fraterna poderá vir morar com você por um tempo. Você poderá instalar novos equipamentos de comunicação em casa.

Também haverá um eclipse lunar no dia 30 de novembro, que ocorrerá na Quarta Casa e poderá trazer momentos dramáticos na vida de parentes, especialmente de um dos pais, figura paterna ou materna. Muitas vezes isso mostra uma necessidade de reparos em casa, pois falhas ocultas virão à tona.

Não há algo contra uma mudança de residência em 2020 e nem algo que apoie especificamente a empreitada, portanto é muito provável que você continue onde está.

Os dois pais, figuras paternas e maternas farão mudanças financeiras importantes este ano. Um deles vai prosperar e manter o foco nas finanças, enquanto o outro terá um ano mais espiritual. O segundo poderá ter múltiplas mudanças de emprego este ano e nos próximos, e ambos parecem ter um ano sem novidades em termos de família.

Os irmãos e figuras fraternas vão estar mais rebeldes e em busca de liberdade nesse período. Eles ficarão inquietos, poderão viajar mais e viver em lugares diferentes por longos períodos, mas a mudança de endereço parece improvável.

Os filhos e figuras filiais terão vários momentos dramáticos na vida pessoal e eventos do tipo divisor de águas que até poderão ser normais, mas vão mudar o rumo da vida. Haverá amor para eles em 2020, que talvez leve ao casamento (se estiverem na idade adequada), mas é melhor que não se apressem. Se forem jovens, os filhos e figuras filiais terão uma vida social ativa e farão novos amigos. Se estiverem em idade fértil, estarão mais férteis em 2020. A situação do lar e da família parece tender à estabilidade.

Os netos (caso você os tenha) ou as pessoas que desempenham esse papel em sua vida não devem se casar este ano. Se já estiverem em um relacionamento, ele será profundamente testado. Poderá acontecer uma mudança de residência ainda este ano, mas em 2021 será melhor. Já os tios ou tias poderão mudar de endereço em 2020, mas não será algo tranquilo, envolvendo muitas complicações e atrasos.

O período entre 3 de abril e 7 de agosto será bom para renovar, redecorar e comprar objetos de arte e beleza para o lar.

DINHEIRO E CARREIRA

Este ano será próspero, conforme já mencionamos. A Casa do Dinheiro estará forte na maior parte do ano, entre 20 de março e 19 de abril (o ápice financeiro anual) e a partir de 28 de junho. Isso mostra foco, e, pela lei espiritual nós conseguimos tudo em que nos concentramos, seja bom, ruim ou indiferente.

O Sol na Casa do Dinheiro entre 20 de março e 19 de abril mostra ganhos obtidos por meio do trabalho e do serviço produtivo para outros. Marte na Casa do Dinheiro a partir de 28 de junho tem várias indicações. Primeiro, você assumirá muito mais riscos na segunda metade do ano, ficando atraído por "dinheiro rápido", o que tem pontos positivos e negativos. Quando a intuição estiver boa, poderá levar a dinheiro rápido, mas, se a intuição estiver ruim, você poderá ser vítima de golpistas que se aproveitam dessa tendência. Com a boa intuição, as decisões financeiras serão tomadas rapidamente, de modo confiante, e terminarão bem, mas, quando ela estiver ruim, você provavelmente vai decidir rápido demais. Então, pense bem antes fazer grandes compras, investimentos ou tomar decisões financeiras importantes.

Como Marte é o seu Planeta das Finanças, uma das lições da vida será aprender a ter coragem nessa área. Para você não será uma questão de ganhar ou perder, e sim de superar o medo de perder. Mesmo quando uma transação financeira não der certo, se você superou o medo, terá sido uma vitória. Essa tendência será muito importante a partir do dia 28 de junho.

Ser rápido e decisivo nas questões financeiras economiza tempo, mas o Planeta das Finanças ficará retrógrado (o que raramente acontece) entre 9 de setembro e 14 de novembro. Isso significa que não será um bom momento para ser "rápido e decisivo", sendo melhor analisar e recuar um pouco a fim de ganhar clareza sobre os objetivos e a situação financeira atual. Se você precisar fazer investimentos ou compras importantes, escolha algum momento antes de 9 de setembro ou depois de 14 de novembro.

O movimento retrógrado de Marte não vai impedir os ganhos, apenas desacelerá-los um pouco. Contudo, evite angústias desnecessárias e cuide da melhor maneira possível das finanças e preste atenção nos detalhes. Confira se os cheques estão assinados e datados corretamente, se os envelopes de depósito bancário foram devidamente preenchidos, se as transferências de uma conta para outra estão corretas etc.

Marte estará na Casa do Dinheiro em boa parte do ano, favorecendo empresas *startup*. Você terá uma boa intuição para a indústria atlética e militar e provavelmente vai gastar mais com academias de ginástica, personal trainers e equipamentos esportivos.

Marte passará por cinco casas do seu horóscopo antes de entrar na Casa do Dinheiro, então haverá muitas tendências de curto prazo nas finanças que dependerão de onde Marte estará e dos aspectos que receber. Isso será abordado com mais profundidade nos relatórios mensais.

Como já mencionamos, a carreira não estará tão proeminente em 2020. Interpreto isso como positivo, porque você basicamente já conquistou o que desejava no ano passado e poderá se concentrar em outras áreas. O Planeta da Carreira estará na Décima Primeira Casa quase o ano inteiro, então seus conhecimentos de alta tecnologia e networking serão importantes. As boas conexões sociais vão ajudar a carreira e boa parte da socialização estará relacionada a esse campo. Além disso, haverá viagens ao exterior relacionadas ao trabalho.

O Planeta da Carreira entrará em Aquário (Décima Segunda Casa) no dia 20 de dezembro e ficará lá por quase todo o ano de 2021, então este será o período ideal para avançar nos objetivos profissionais envolvendo-se em causas altruístas ou de caridade.

AMOR E VIDA SOCIAL

Este ano será ativo em termos de vida social, embora não seja particularmente romântico, e sim voltado para amizades, grupos e atividades em grupo. Há algumas razões para isso. Como já mencionamos, o setor oriental do "eu" é o mais dominante no geral. Embora o setor social ocidental vá se fortalecer ao longo do ano, ele nunca dominará o setor oriental. Além disso, a Sétima Casa (a do Amor e Romance) estará vazia, com apenas planetas rápidos passando por lá, enquanto a Primeira Casa (a do Eu) estará poderosa o ano inteiro. Romanticamente será um ano estável, e eu vejo isso como positivo. Você parece contente com a situação atual, e não precisará fazer grandes mudanças. Os solteiros tenderão a continuar solteiros e os casados permanecerão casados. Claro que os solteiros vão namorar, mas o casamento não aparece como opção (não há algo especificamente contra isso, nem a favor).

Com tantos planetas no Leste (todos os planetas lentos estarão lá), este será um ano de independência e iniciativa pessoal. Em 2020 você será autossuficiente e vai fazer tudo do seu jeito, precisando menos dos outros.

Embora a Quinta Casa (do Amor) esteja vazia (apenas planetas rápidos vão passar por lá), cinco dos seis eclipses deste ano vão afetá-la. Talvez aconteçam vários casos amorosos e términos de relacionamento ou um caso amoroso com vários términos e retornos. Existem várias formas pelas quais isso poderá se manifestar.

O Planeta do Amor é Mercúrio, um dos mais rápidos e erráticos, perdendo apenas para a Lua em rapidez. Mercúrio pode acelerar e passar por três signos e casas em um mês, pode se mover devagar e ficar em um signo por um tempo, além de ficar ocasionalmente parado ou retrógrado (três vezes por ano). É assim que você estará no amor: muito volúvel, com diversas necessidades e atitudes. Por isso, haverá muitas tendências de curto prazo no amor que dependem de onde Mercúrio estará em um determinado momento, do tipo de movimento que fizer e dos aspectos que receber. Isso será abordado com mais profundidade nos relatórios mensais.

A Décima Primeira Casa (dos Amigos) será a mais forte do horóscopo este ano, como já mencionamos, então você fará novos e importantes amigos, que parecem ser pessoas de status e proeminência capazes de te ajudar na carreira, além de estarem envolvidos nela. Quando o senhor da Décima Primeira Casa (Saturno) entrar em Aquário (entre 23 de março e 1º de julho e a partir de 18 de dezembro), a vida social continuará ativa, mas você fará mais amizades que valorizam seu lado espiritual.

AUTOAPRIMORAMENTO

Em circunstâncias normais o nativo de Peixes já é espiritualizado, mas com Netuno em seu signo por tantos anos isso ficará ainda mais pronunciado. Além disso, o poder na Décima Segunda Casa (a da Espiritualidade) entre 23 de março e 1º de julho e a partir de 18 de dezembro deixa as necessidades espirituais ainda mais fortes.

O pisciano geralmente é descrito como "sonhador", pois para ele (e especialmente agora) o mundo invisível além dos cinco sentidos é mais real do que o chamado mundo físico. Isso é bom. O mundo invisível é o mundo das causas, enquanto o mundo físico é o dos efeitos. Contudo, os nativos de Peixes precisam se lembrar de que, embora sejam seres sobrenaturais, eles estão na Terra, com seu ambiente e circunstâncias específicas, e nunca devem se esquecer disso. Conforme já mencionamos, é preciso manter os pés no chão.

A boa notícia é que será mais fácil conseguir isso agora que Urano (seu Planeta Espiritual) estará em Touro, signo de terra. Esse trânsito começou em março do ano passado e continuará por muitos anos, favorecendo uma espiritualidade baseada no elemento terra. O pisciano vai descobrir que não é preciso ir a "outros mundos" para entrar em contato com o espírito, pois ele está bem aqui na Terra se procurarmos bem. Cada pedra, árvore, flor e animal é a encarnação do Princípio Divino, e a Terra em si é o corpo de uma deusa. Esse será um bom período para explorar sistemas baseados no elemento terra, como as práticas e ensinamentos dos povos indígenas. O Divino fala conosco ao usar a natureza. Um determinado pássaro ou outro animal cruzou o seu caminho hoje? Havia algum pássaro preto embaixo do seu carro no estacionamento do supermercado? Um inseto zuniu ao seu redor enquanto você estava na rua? Tudo isso tem significado especial; são formas de o Divino se comunicar.

Portanto, a espiritualidade nesse período não será uma questão de sair para outros mundos, e sim de olhar para este mundo físico do jeito certo. Além disso, o Planeta Espiritual estará na Terceira Casa por vários anos, então escrever um diário será uma prática espiritual saudável. Registre suas experiências.

Netuno em seu signo ensinará o poder do espírito sobre o corpo. A mente controla o corpo, mas o espírito deve controlar a mente, então você vai moldar o corpo por meios espirituais, e vai continuar fazendo isso por vários anos. O corpo tem apetites e hábitos, mas não tem vontade própria e precisa obedecer às ordens do espírito e da mente.

Com Netuno na Primeira Casa, o corpo está ficando mais refinado e espiritualizado. Escrevemos sobre isso em relatórios anteriores, mas a tendência continua em vigor, então será melhor evitar (ou minimizar) o uso de álcool e drogas, pois o corpo poderá ter uma reação exagerada a eles. Além disso, você sentirá vibrações psíquicas de modo físico e diretamente no corpo, então será bom não dar importância às sensações físicas; uma sensação ruim talvez não seja uma patologia, e sim uma recepção de energia negativa e discordante que, em muitos casos, nem pertence a você (caso isso persista, tudo muda de figura: você terá de agir). Será bom ficar entre pessoas positivas e edificantes, e elas virão até você em 2020.

PREVISÕES MENSAIS

JANEIRO

Melhores dias: 1º, 9, 10, 18, 19, 27, 28
Dias mais tensos: 7, 8, 14, 20, 21
Melhores dias para o amor: 5, 6, 13, 14, 15, 18, 19, 25, 26, 27, 28
Melhores dias para o dinheiro: 1º, 2, 3, 5, 6, 12, 14, 20, 21, 22, 23, 29, 30, 31
Melhores dias para a carreira: 5, 6, 14, 20, 21, 22, 23

Você terá um mês próspero e feliz, pisciano. Aproveite. Nem mesmo o eclipse lunar na Décima Casa será capaz de apagar sua felicidade, trazendo apenas mais empolgação e mudanças. Afinal, felicidade demais pode ficar entediante.

Você começará o ano com a maioria dos planetas na metade superior (o lado diurno) do seu horóscopo, então este será um período para se concentrar nas atividades externas. Marte entrará na Décima Casa (a da Carreira) no dia 3, indicando atividade frenética na carreira. Você precisará ser mais ativo e agressivo nessa área. Como Marte é o seu Planeta das Finanças, é um bom sinal para essa área. Marte fica poderoso no alto do mapa e também estará no efusivo signo de Sagitário, então os ganhos vão aumentar. Você cairá nas graças financeiras de chefes, pais, figuras paternas e maternas. Aumentos de salário (oficiais ou não) serão prováveis, e a boa reputação profissional vai melhorar os ganhos.

Normalmente esse tipo de eclipse lunar do dia 10 seria benigno para você, afetando mais os filhos, figuras filiais e a sua criatividade, mas, como esse eclipse afetará outros três planetas (Saturno, Plutão e Mercúrio), será mais forte que o usual e influenciará muitas áreas da vida, então vá com calma nesse período.

O eclipse ocorrerá na Quinta Casa (a dos Filhos, da Diversão e da Criatividade). Como já mencionamos, os filhos em sua vida serão afetados e deverão ficar longe do perigo nesse período. Um dos pais, figura paterna ou materna terá de fazer mudanças financeiras importantes. O impacto em Saturno afetará os amigos e organizações profissionais ou de classe com as quais você esteja envolvido. Os amigos terão momentos dramáticos na vida pessoal, e seus relacionamentos serão testados. Equipamentos de alta tecnologia também serão testados e muitas vezes precisarão de reparos ou substituição. O impacto em Plutão afetará universitários com mudanças de planos educacionais e problemas na escola. Além disso, haverá problemas em seu local de culto e na vida de líderes religiosos. Evite viagens ao exterior nesse período. O impacto em Mercúrio vai testar o relacionamento atual, trazendo momentos dramáticos para o lar e a família. Muitas vezes será preciso fazer reparos em casa.

O Planeta do Amor (Mercúrio) estará "fora dos limites" até o dia 12, então você estará fora da esfera habitual na vida romântica. Talvez o eclipse abale sua vida amorosa, mas os solteiros continuarão namorando e se divertindo. Mercúrio estará em Capricórnio até o dia 16, gerando mais cautela no amor e fazendo você preferir pessoas mais velhas e estabelecidas. Mercúrio entrará em Aquário (a Décima Segunda Casa) no dia 16, tornando a compatibilidade espiritual muito importante.

Mercúrio ganha poder em Aquário, pois fica "exaltado" lá, então o traquejo social será bom. As oportunidades românticas acontecerão em locais espirituais, como seminários de meditação, palestras sobre assuntos espirituais, kirtans e eventos de caridade. Vênus entrará em seu signo no dia 23, aumentando ainda mais o traquejo social.

FEVEREIRO

Melhores dias: 6, 7, 14, 15, 23, 24, 25
Dias mais tensos: 3, 4, 5, 10, 11, 16, 17
Melhores dias para o amor: 6, 7, 8, 10, 11, 14, 15, 16, 17, 23, 24, 25, 26, 27
Melhores dias para o dinheiro: 1º, 2, 8, 9, 10, 11, 17, 18, 19, 20, 26, 27, 28, 29
Melhores dias para a carreira: 1º, 2, 10, 11, 16, 17, 19, 20, 28, 29

Exceto pela Lua (e só de vez em quando), não haverá planetas no setor social ocidental do seu mapa. Zero. Nada. Nadinha. Isso é altamente incomum. A Primeira Casa (a do Eu) estará imensamente poderosa este mês, então você estará no período mais forte de independência pessoal em 2020 (e o ano que vem também será assim). Este mês será todo voltado para você. A iniciativa e as habilidades pessoais estarão em primeiro plano agora. Outras pessoas serão importantes, mas não vão determinar sua vida ou felicidade. Você é responsável pela própria felicidade. Caso mudanças precisem ser feitas, este será o momento ideal para fazê-las (todos os planetas vão se mover para a frente até o dia 17, então as mudanças vão acontecer rapidamente), e também para desenvolver a iniciativa pessoal. Os outros podem não concordar com suas atitudes, mas vão acabar por aceitá-las.

Fevereiro será um mês feliz e próspero. Vênus está em seu signo desde 13 de janeiro, então você terá boa aparência e uma noção de estilo intuitiva, além de muito charme. Será também um bom período para comprar roupas ou acessórios. O Planeta do Amor (Mercúrio) entrará em seu signo no dia 3 e passará o resto do mês lá, trazendo o amor até você com pouco esforço da sua parte, e será do seu jeito. Se você estiver em um relacionamento, o ser amado vai fazer tudo para agradar, colocando o seu interesse acima do dele ou dela. Quando o Sol entrar em seu signo, no dia 19, você começará o ápice anual de prazer pessoal, que abrirá os prazeres dos sentidos para você.

O Planeta das Finanças ainda estará na Décima Casa (o alto do mapa) até o dia 16, então veja nossa discussão no mês passado. Marte em Sagitário favorece as especulações e a disposição para correr riscos, com dinheiro vindo fácil e sendo gasto com a mesma facilidade. Contudo, você ficará mais conservador nas finanças quando Marte entrar em Capricórnio, no dia 16. O julgamento financeiro vai melhorar; você terá uma abordagem de longo prazo para a riqueza e provavelmente vai evitar especulações. Os amigos e conexões sociais, as atividades na internet e o mundo da alta tecnologia terão um papel importante nas finanças. Você deverá gastar mais com alta tecnologia nesse período e também poderá ganhar dinheiro com essa área. Parece um bom investimento.

A saúde estará excelente em fevereiro, e você poderá deixá-la ainda melhor com massagens nos tornozelos e panturrilhas até o dia 19 e massagens nos pés depois disso. Você sempre se beneficia de terapias espirituais, e após o dia 19 ainda mais.

MARÇO

Melhores dias: 4, 5, 12, 13, 22, 23
Dias mais tensos: 2, 3, 8, 9, 14, 15, 29, 30
Melhores dias para o amor: 8, 9, 10, 11, 17, 18, 22, 23, 27, 28
Melhores dias para o dinheiro: 1º, 8, 9, 17, 18, 24, 25, 27, 28
Melhores dias para a carreira: 1º, 8, 9, 14, 15, 17, 18, 27, 28

Outro mês feliz e saudável, pisciano. Aproveite.

Júpiter viajará com Plutão o mês inteiro, o que será excelente para estudantes universitários (ou que desejam entrar na universidade), indicando sucesso nos estudos e surpresas felizes. Uma viagem ao exterior também poderá se materializar. O Planeta das Finanças (Marte) também viajará com Júpiter entre os dias 15 e 21. Um bom pagamento vai acontecer, e desenvolvimentos financeiros estão por vir.

Você ainda estará em um dos ápices anuais de prazer pessoal até o dia 20, então aproveite para cuidar do corpo (desde que você não exagere) e colocá-lo na forma que você deseja.

No dia 20 o Sol entrará na Casa do Dinheiro e você começará o ápice financeiro anual. O dinheiro virá do jeito antigo, por meio do trabalho e do serviço produtivo. Você poderá ganhar com a área da saúde nesse período. O Planeta das Finanças estará na Décima Primeira Casa (a dos Amigos) até o dia 31 (praticamente o mês inteiro), então ainda será bom se envolver com amigos, grupos e atividades em grupo. Também será bom (do ponto de vista financeiro) se envolver em organizações profissionais e de classe.

Conforme já mencionamos, a saúde estará ótima porque não haverá planetas em aspecto tenso com você (com exceção da Lua e só ocasionalmente). A boa saúde afetará a aparência pessoal. Você vai irradiar saúde e bem-estar, o que também é uma forma de beleza. E a saúde poderá ficar ainda melhor com massagens nos pés e terapias espirituais até o dia 20 e massagens no rosto e no couro cabeludo depois disso. Os exercícios físicos também serão bons após o dia 20. Até o dia 20, boa saúde será igual a "boa aparência", não só "ausência de sintomas", e depois disso ela vai significar boa saúde financeira.

Saturno fará uma grande entrada na Décima Segunda Casa no dia 23, que na verdade será um flerte, porque ele voltará para a Décima Primeira Casa no dia 2 de julho. Isso é um prenúncio do que está por vir. Você terá uma atitude mais científica e racional em relação à espiritualidade e suas práticas, e estará mais inclinado à prática espiritual diária e disciplinada. O amor será maravilhoso, mas você vai precisar de um pouco de ciência para ajudar nessa área.

O amor estará meio complicado até o dia 10, porque o Planeta do Amor continuará retrógrado, mas após o dia 10 (e especialmente após o dia 16) tudo será feliz. Entre os dias 4 e 16, o amor e as oportunidades amorosas acontecerão em locais espirituais. Após o dia 16, o amor novamente vai procurar você. Além disso, seu cônjuge, parceiro ou interesse amoroso atual vai estar anormalmente dedicado a você.

ABRIL

Melhores dias: 1º, 2, 9, 10, 18, 19, 28, 29
Dias mais tensos: 5, 6, 11, 12, 25, 26
Melhores dias para o amor: 1º, 2, 5, 6, 7, 8, 10, 11, 15, 16, 17, 20, 21, 25, 26, 30
Melhores dias para o dinheiro: 6, 7, 8, 14, 15, 16, 20, 21, 22, 24, 25, 26
Melhores dias para a carreira: 6, 11, 12, 14, 24

O poder planetário mudou para a metade inferior (o lado noturno) do seu horóscopo, então o foco estará mais no lar, na família e no bem-estar emocional, mesmo com desenvolvimentos profissionais felizes acontecendo. É hora de melhorar a infraestrutura psicológica para o futuro sucesso profissional. Acerte tudo em casa e com a família, coloque a vida emocional em dia e a carreira vai se resolver no devido tempo.

Vênus entrará na Quarta Casa no dia 3 e ficará lá por mais alguns meses. Este é um momento maravilhoso para redecorar ou comprar objetos de beleza para o lar. Além disso, haverá mais socialização em casa e com a família.

Você ainda estará no meio de um ápice financeiro anual até o dia 19. Haverá ganhos com o trabalho, o campo da saúde e talvez com uma sociedade ou parceria (essas oportunidades virão após o dia 11). O Planeta das Finanças vai passar o mês na Décima Segunda Casa (a Espiritual), então a intuição financeira estará excelente (ela é sempre boa, mas agora estará ainda melhor). Como nos últimos dois meses, você vai gastar em alta tecnologia e poderá ganhar com ela. As atividades na internet estarão favorecidas.

Júpiter continuará viajando com Plutão o mês inteiro, o que poderá trazer viagens relacionadas à carreira e outros desenvolvimentos positivos nessa área. Talvez você esteja mais envolvido com países estrangeiros no mundo virtual também. Você já entende muito a dimensão espiritual da riqueza, mas em abril vai se aprofundar nela. Será um mês de "dinheiro milagroso". O dinheiro natural virá, mas o dinheiro milagroso, que vem "do nada", é muito mais divertido.

A saúde estará excelente este mês. Haverá apenas um planeta (Vênus) em alinhamento tenso com você (a Lua formará aspectos tensos ocasionais e de curto prazo). A saúde poderá ficar ainda melhor com massagens no rosto e no couro cabeludo e exercícios físicos até o dia 19. Após essa data, massagens na garganta e no pescoço serão boas.

Vênus ficará "fora dos limites" no dia 3, então seus gostos intelectuais sairão do convencional e seu cônjuge, parceiro ou interesse amoroso atual estará fora da esfera habitual nas finanças. A sua sexualidade também estará mais experimental nesse período.

O amor estará feliz. O Planeta do Amor (Mercúrio) está se movendo rapidamente em abril, e é assim que a vida social estará: acelerada. Até o dia 11 não será preciso fazer muito para atrair o amor, que virá até você. Após essa data o amor vai aparecer durante a busca de objetivos financeiros e com pessoas envolvidas em suas finanças. A riqueza será um grande fator de atração romântica.

MAIO

Melhores dias: 6, 7, 15, 16, 25, 26
Dias mais tensos: 2, 3, 8, 9, 23, 24, 29, 30
Melhores dias para o amor: 2, 3, 4, 5, 12, 13, 14, 23, 24, 29, 30
Melhores dias para o dinheiro: 3, 4, 5, 12, 14, 15, 18, 19, 22, 25, 26
Melhores dias para a carreira: 3, 8, 9, 12, 22

A saúde precisará de mais cuidados após o dia 20, mas não há algo sério acontecendo, apenas um período natural de energia em baixa (isso está na natureza de tudo, pois a energia aumenta e diminui). Então, descanse o suficiente. Até o dia 20 a saúde ficará melhor com massagens no pescoço e na garganta. Após o dia 20 as massagens nos braços e ombros serão boas, além de ar fresco e exercícios respiratórios. A boa saúde emocional será muito importante após esse dia, portanto trabalhe para manter o humor positivo e construtivo.

O dia 20 marcará a meia-noite (metafórica) do seu ano. As atividades da noite vão dominar. Embora a atividade externa seja interrompida, algo poderoso vai acontecer internamente. O corpo está se preparando para o novo amanhecer, e você também. Os dois planetas envolvidos no amor estarão na Quarta Casa este mês. Vênus (o planeta geral do amor) ficará lá o mês inteiro, e Mercúrio (o seu Planeta do Amor) ficará lá entre os dias 12 e 29, trazendo mais socialização em casa e com a família. Será melhor viver momentos românticos em casa do que ir para uma noitada. A compatibilidade intelectual e a boa comunicação serão importantes no amor, porque os dois planetas do amor estarão em Gêmeos, mas a intimidade emocional também será importante. Um dos perigos dessa posição é a tendência a viver no passado quando se trata do amor. Talvez você tente reviver outras experiências felizes ou compare o presente ao passado, mas ao fazer isso você não está no "agora" e deixa de vivenciar o que está acontecendo. O passado pode ter sido feliz, mas o "agora" é sempre o melhor, porque é real.

Muitas vezes essa posição leva o pisciano a reencontrar antigas paixões. Pode ser a antiga paixão propriamente dita ou alguém que lembra a antiga paixão por ter as mesmas características. Isso acontece para fins de cura e resolução e geralmente não leva a nada (mas existe uma possibilidade de que algo aconteça).

O Planeta do Amor (Mercúrio) ficará "fora dos limites" a partir do dia 17, então você estará fora da esfera normal e das fronteiras pessoais nas questões amorosas. Além disso, maio será o mês ideal para fazer progresso e avanços psicológicos.

Este mês também parece próspero. Marte (o Planeta das Finanças) entrará em seu signo no dia 13 e passará o mês lá, trazendo heranças inesperadas e oportunidades financeiras felizes. O dinheiro buscará você em vez do contrário. As pessoas do dinheiro em sua vida estarão favoráveis a você.

JUNHO

Melhores dias: 3, 4, 11, 12, 13, 21, 22, 28, 29
Dias mais tensos: 5, 6, 19, 20, 26, 27, 30
Melhores dias para o amor: 1º, 3, 4, 9, 10, 11, 12, 19, 20, 21, 22, 26, 27
Melhores dias para o dinheiro: 3, 4, 8, 11, 12, 14, 15, 18, 21, 22, 27, 30
Melhores dias para a carreira: 5, 6, 8, 18, 27, 30

Haverá uma leve mudança de poder no setor social ocidental, mas a principal força estará no Leste, o setor do "eu". Marte está em seu signo quase o mês inteiro, deixando o Leste ainda mais forte, então junho ainda será voltado para você, mas será bom cultivar um pouco mais as suas habilidades sociais.

Marte em seu signo traz sorte e oportunidades inesperadas. Você vai se vestir com roupas caras e terá uma tendência a exibir sua riqueza, assumindo a imagem de endinheirado — e os outros verão você dessa forma.

Teremos dois eclipses este mês. O primeiro será um eclipse lunar no dia 2, que será forte em você, então faça uma agenda mais tranquila (você deverá fazer uma agenda mais tranquila até o dia 21 de qualquer modo, mas especialmente no período do eclipse, incluindo os dias um pouco antes e um pouco depois). Esse eclipse ocorrerá na Décima Casa (a da

Carreira), trazendo mudanças na vida profissional e talvez abalos em sua empresa ou indústria. Além disso, as regulamentações governamentais poderão mudar as regras do jogo e haverá momentos dramáticos pessoais na vida de chefes, pais e figuras paternas ou maternas. O eclipse afetará outros dois planetas, Marte e Vênus, indicando problemas financeiros e a necessidade de fazer mudanças nessa área. Os carros e equipamentos de comunicação poderão se comportar de modo errático e talvez precisem de reparos. Os irmãos e figuras fraternas viverão momentos dramáticos na vida pessoal. Também será uma boa ideia dirigir com mais cuidado nesse período. Netuno (o senhor do seu horóscopo) será levemente afetado por esse eclipse, portanto será preciso redefinir sua imagem e apresentação para o mundo. Todo eclipse lunar afeta filhos e figuras filiais, e este não será diferente. Eles também viverão momentos dramáticos na vida pessoal e precisarão se reavaliar, incluindo a imagem e a forma de se apresentar para o mundo.

O eclipse solar do dia 21 ocorrerá na Quinta Casa, mais uma vez afetando filhos e figuras filiais (esse processo aparentemente ininterrupto vai durar o ano inteiro). Além de continuar a se redefinir, eles farão mudanças financeiras importantes. Para você esse eclipse trará mudanças de emprego, que poderão acontecer na empresa atual ou em outra, e problemas no local de trabalho. A rotina de saúde também poderá mudar nos próximos meses.

No dia 21 o Sol entrará na Quinta Casa, e a vida deverá ficar mais divertida quando o eclipse acabar. Você estará no ápice anual de prazer pessoal. O foco nos filhos e figuras filiais em sua vida também será bom, pois eles vão precisar de atenção.

JULHO

Melhores dias: 1º, 9, 10, 19, 20, 27, 28
Dias mais tensos: 2, 3, 16, 17, 23, 24, 29, 30
Melhores dias para o amor: 1º, 6, 7, 8, 9, 10, 16, 17, 19, 20, 23, 24, 25, 26, 27, 28
Melhores dias para o dinheiro: 2, 3, 4, 5, 11, 12, 14, 15, 21, 22, 23, 24, 29, 30, 31
Melhores dias para a carreira: 2, 3, 4, 5, 14, 15, 23, 24, 29, 30, 31

A atividade retrógrada ainda estará muito forte em julho. Um pouco menos que no mês passado, mas quarenta por cento (a partir do dia 12) e às vezes cinquenta por cento (até o dia 12) dos planetas continuarão retrógrados. Com o Planeta da Carreira retrógrado e a maior parte dos planetas abaixo do horizonte, será melhor se concentrar no lar, na família e nos filhos, porque só o tempo vai resolver as questões profissionais. Este também será um ótimo mês para tirar férias. A Quinta Casa (da Diversão) estará muito forte até o dia 22. Com tanta paralisação no mundo, é melhor você se divertir.

Teremos outro eclipse lunar no dia 5 (o terceiro deste ano), que ocorrerá na Décima Primeira Casa e será basicamente benigno para você, mas não custa nada ir com calma. Ele poderá afetar algumas áreas do mapa natal, o que foi feito especificamente para você. Esse eclipse trará momentos dramáticos na vida de amigos e problemas nas organizações profissionais ou de classe com as quais você esteja envolvido. Além disso, os computadores e aparelhos de alta tecnologia poderão se comportar de modo errático e muitas vezes exigindo reparos, ajustes ou substituição. Os filhos e figuras filiais serão afetados e deverão ficar longe do perigo, fazendo uma agenda tranquila. Eles parecem viver algum tipo de crise social e um teste em seus relacionamentos. Outros três planetas serão afetados por esse eclipse, mas felizmente de modo indireto, então você também poderá enfrentar um teste no relacionamento amoroso atual; o ser amado poderá viver momentos dramáticos na vida pessoal. Um dos pais, figura paterna ou materna viverá uma crise pessoal e terá de fazer mudanças financeiras. Os filhos e figuras filiais mais uma vez precisarão redefinir a própria imagem e como eles desejam ser vistos pelos outros. Além disso, você poderá viver um breve problema financeiro, talvez uma despesa repentina, que levará a uma correção de rumo nas finanças (mas não parece ser grave); será mais uma brisa do que um furacão.

No dia 28 do mês passado Marte entrou na Casa do Dinheiro e continuará lá pelo resto do ano, indicando aumento nos ganhos, mas com muitos desafios e trabalho envolvido. Tudo deverá ficar mais fácil nas finanças após o dia 22.

A saúde estará boa e poderá ficar ainda melhor com alimentação correta e massagens abdominais até o dia 22 e massagens no peito depois disso. Dê mais atenção ao coração após essa data.

AGOSTO

Melhores dias: 5, 6, 15, 16, 23, 24
Dias mais tensos: 13, 14, 19, 20, 25, 26, 27
Melhores dias para o amor: 3, 4, 8, 15, 16, 17, 18, 19, 20, 23, 24, 28, 29
Melhores dias para o dinheiro: 2, 8, 9, 11, 17, 18, 20, 25, 26, 27, 29
Melhores dias para a carreira: 2, 11, 20, 25, 26, 27, 29

Esse é o tipo de mês em que você vai se divertir bastante e trabalhar na mesma medida. E vai conseguir fazer os dois muito bem.

A saúde estará boa, e você parece concentrado nela. Com sorte, isso estará relacionado a um estilo de vida saudável e medidas preventivas, mas tenha cuidado com a tendência a exagerar e a transformar problemas menores em algo imenso. Quem procura emprego terá sorte em agosto, e o mesmo vale para os empregadores. Já os filhos e figuras filiais terão um mês próspero, um período de auge nos ganhos.

O foco na saúde deixará você pronto para depois do dia 22, quando essa área exigirá mais cuidados. Não será algo sério, apenas um período de pouca disposição. Os altos e baixos da energia pessoal estão na ordem natural de tudo, não sendo motivo de preocupação. Melhore a saúde com massagens no ponto do reflexo cardíaco (mostrada no relatório anual) e massagens no peito até o dia 22. Depois disso, garanta seu bem-estar com massagens abdominais. As terapias baseadas em terra, como máscaras de lama ou banhos em águas com alto teor mineral, também serão benéficas.

O Sol entrará na Sétima Casa (a do Amor) no dia 23, e Mercúrio (o Planeta do Amor) entrará lá no dia 20, marcando o início de um ápice na vida amorosa e social. Você já teve ápices melhores na vida e terá outros no futuro. Esse ápice amoroso parece indiferente. O setor oriental do "eu" continuará dominante (com folga), então você estará muito voltado para si, o que não será bom para o amor. O desafio será equilibrar os seus interesses com os dos outros. Você já foi mais popular na vida. Além disso, as oportunidades amorosas acontecerão no local de trabalho e talvez com colegas. Você também se sentirá atraído por profissionais da saúde e pessoas envolvidas com a sua saúde. Haverá mais socialização com a família e em casa, com a família e as conexões familiares exercendo um grande papel na sua vida amorosa.

As finanças ainda vão exigir muito trabalho e superação de desafios, mas serão mais fáceis que no mês passado. Haverá discordâncias financeiras com amigos, pais, figuras paternas ou maternas que precisarão ser resolvidas. Além disso, há uma tendência a tomar decisões financeiras rápidas, e será preciso desacelerar um pouco. Pensar bem antes de decidir.

A boa notícia para as finanças é que haverá um Grande Trígono dos signos de terra, deixando o senso prático mais forte a partir do dia 22.

SETEMBRO

Melhores dias: 1º, 2, 3, 11, 12, 20, 21, 29, 30
Dias mais tensos: 9, 10, 16, 17, 22, 23
Melhores dias para o amor: 2, 3, 9, 13, 14, 16, 17, 18, 19, 22, 23, 26,27
Melhores dias para o dinheiro: 4, 5, 6, 7, 14, 15, 16, 17, 22, 23, 24, 25
Melhores dias para a carreira: 6, 7, 16, 17, 22, 23, 24, 25

Você continuará no meio de um ápice amoroso e social anual até o dia 22. Como no mês passado, o desafio será equilibrar os seus interesses com os dos outros. Sua autossuficiência poderá trazer dificuldades para o amor, e não haverá um grande desejo de se envolver em relacionamentos. Mesmo assim, esse será um período social ativo (relativamente falando) para o ano, tanto em termos românticos quanto de amizade.

As finanças ficarão mais complicadas em setembro. O Planeta das Finanças (Marte) ficará retrógrado no dia 9 (vejo isso como positivo, será preciso desacelerar um pouco nas finanças), e depois do dia 22 receberá aspectos muito desafiadores. Você terá de trabalhar mais para conquistar objetivos financeiros. Muitas vezes esse tipo de aspecto é bom para as finanças, pois tira você da zona de conforto. Será preciso prestar atenção e superar desafios. As pessoas geralmente prosperam em aspectos desafiadores, mas os piscianos precisarão se esforçar mais que o habitual.

A atividade retrógrada mais uma vez chega ao ápice para 2020, igualando o que aconteceu em junho. Entre os dias 9 e 12, sessenta por cento dos planetas estarão retrógrados. Antes e depois deste período, cinquenta por cento estarão retrógrados, então o ritmo da vida pessoal e do mundo vai desacelerar.

Use esses movimentos retrógrados a seu favor, pois eles darão tempo a você. Aproveite para analisar as diversas áreas da sua vida e ver onde é possível melhorar. Assim, quando os planetas começarem a se mover para a frente, você também poderá avançar, o que vai acontecer em novembro e dezembro.

A saúde ainda exigirá cuidados até o dia 22, e não haverá problemas sérios, apenas os altos e baixos da energia pessoal (como no mês passado). Isso será temporário, então o importante será manter a disposição em alta e descansar quando necessário, pois a energia em baixa convida a invasões oportunistas no sistema. Melhore o seu bem-estar com massagens abdominais até o dia 22. Você também poderá procurar o ponto do reflexo do intestino delgado e massageá-lo regularmente (consulte o mapa na parte da saúde do relatório anual). A saúde vai melhorar drasticamente após o dia 22, e você poderá deixá-la ainda melhor com massagens nos quadris e dando mais atenção aos rins. Fazer uma desintoxicação dos rins com chá de ervas poderá ser uma boa ideia se você estiver indisposto.

Seu cônjuge, parceiro ou interesse amoroso atual terá um excelente mês para as finanças a partir do dia 22 e vai compensar suas deficiências nessa área. Será um bom período para fazer ou pagar dívidas, dependendo da necessidade. Também será bom para fazer planejamento tributário e, se você estiver na idade adequada, pensar na compra de imóveis.

OUTUBRO

Melhores dias: 9,1 0,17, 18, 26, 27
Dias mais tensos: 6, 7, 13, 14, 19, 20
Melhores dias para o amor: 3, 9, 10, 13, 14, 17, 18, 21, 22, 26
Melhores dias para o dinheiro: 1º, 2, 4, 5, 11, 12, 13, 14, 19, 20, 21, 23, 28, 29, 30, 31
Melhores dias para a carreira: 4, 5, 13, 14, 19, 20, 21, 23, 31

A metade superior (o lado diurno) do seu horóscopo agora está dominante. Por ser o dia do seu ano, o foco deverá estar na carreira e nos objetivos externos. Júpiter (o Planeta da Carreira) passou a se mover para a frente no dia 13 de setembro, então o momento é afortunado. Até o Planeta do Lar e da Família estará acima do horizonte este mês e ficará retrógrado no dia 14, permitindo que você deixe as questões do lar e da família se resolverem por conta própria e direcione o foco para a vida profissional.

As finanças continuam tensas e confusas em outubro. Marte (o Planeta das Finanças) ficará retrógrado o mês inteiro e vai receber aspectos tensos até o dia 23. O cosmos está convidando você a ser mais perfeito nas finanças, trabalhando mais, saindo da zona de conforto e ganhando mais clareza nessa área. Como no mês passado, seu cônjuge, parceiro ou interesse amoroso atual vai suprir as suas deficiências nessa área por estar em um excelente ano financeiro. As finanças vão melhorar após o dia 23, mas continuarão desafiadoras.

A saúde estará boa em outubro, pois haverá apenas um planeta (além da Lua) em aspecto tenso com você. Você responderá bem a regimes de desintoxicação o mês inteiro, e o sexo seguro e moderado também será importante nesse período.

O movimento retrógrado de Mercúrio (o Planeta do Amor) no dia 14 complicará a vida amorosa, então evite decisões amorosas importantes após essa data. O amor parece anormalmente erótico em outubro, e o magnetismo sexual será o principal fator de atração. Vênus entrará na Sétima Casa (a do Amor) no dia 2, mostrando algum tipo de relacionamento, mas tenha cuidado com o excesso de perfeccionismo e as críticas destrutivas. Mais uma vez haverá a necessidade de equilibrar os seus interesses com os do ser amado.

A Oitava Casa estará forte até o dia 23, e depois disso será a vez do signo de Escorpião (regente natural da Oitava Casa) ganhar força, então outubro será o mês para organizar a vida em todos os níveis. Avalie os seus objetos pessoais e livre-se do que não precisa ou usa mais. Faça uma limpa nas prateleiras. Em nível mais profundo, isso deve se aplicar também aos seus padrões mentais e emocionais. Se eles não forem mais úteis, deverão ir para a lata de lixo psíquica (a meditação será de grande ajuda nesse processo). Outubro será um mês de purgação em todos os níveis, e você vai se sentir muito melhor depois disso. O período será excelente para projetos envolvendo transformação e reinvenção pessoal, pois a purgação estimula isso.

NOVEMBRO

Melhores dias: 5, 6, 14, 15, 22, 23
Dias mais tensos: 2, 3, 4, 10, 16, 30
Melhores dias para o amor: 2, 3, 4, 10, 12, 13, 14, 21, 22, 23
Melhores dias para o dinheiro: 2, 7, 8, 11, 16, 19, 25, 26
Melhores dias para a carreira: 2, 11, 16, 19

Muitos eventos positivos vão acontecer na sua carreira este mês. Primeiro, o lado superior e diurno do horóscopo estará dominante. Depois, você entrará no ápice profissional anual no dia 21. Por fim, Júpiter e Plutão viajarão juntos de novo. Será um mês de sucesso. O foco na carreira será intenso, e essa intensidade favorecerá o sucesso. Haverá viagens e oportunidades educacionais relacionadas à carreira. Além disso, o seu profissionalismo vai impressionar os superiores.

Júpiter viajando com Plutão será um aspecto feliz para os universitários, que terão sucesso nos estudos. Até os que estão tentando entrar na universidade terão sucesso. Haverá também sorte em questões jurídicas (caso você esteja envolvido em algo do tipo).

As finanças estão começando a melhorar. Marte (o Planeta das Finanças) começará a se mover para a frente no dia 14, trazendo progresso no campo do dinheiro e encerrando a paralisação nessa área. Além disso, os aspectos financeiros estarão mais fáceis que no mês passado. Não totalmente fáceis, mas um pouco mais tranquilos. Ainda será preciso trabalhar muito para conquistar os objetivos financeiros, mas, se você fizer isso, a prosperidade vai acontecer. Até o dia 21 será preciso resolver alguns conflitos financeiros entre você, o ser amado e um dos pais, figura paterna ou materna.

O quarto e último eclipse lunar do ano ocorrerá no dia 30 e será forte em você, então faça uma agenda tranquila nesse período (será bom fazer uma agenda mais tranquila a partir do dia 21 de qualquer modo, mas especialmente no período do eclipse). Ele ocorrerá na Quarta Casa (a do Lar e da Família), trazendo momentos dramáticos no lar e na vida de parentes, que estarão mais temperamentais nesse período e vão exigir mais paciência. Um pai ou figura paterna viverá uma crise pessoal e mais uma vez precisará fazer mudanças financeiras importantes, além de redefinir a imagem e o conceito de si mesmo. Os eventos do eclipse obrigam a isso. Como esse eclipse afetará Netuno (o senhor do seu horóscopo), você também será obrigado a se redefinir, gerando mudanças no guarda-roupa, cabelo e aparência em geral nos próximos meses.

A saúde estará boa em novembro, mas exigirá cuidados após o dia 21. Como haverá apenas um planeta em alinhamento tenso com você após essa data, não será algo sério, apenas um período de leve indisposição. Descanse mais. Até o dia 21 a saúde será melhorada com regimes de desintoxicação. Após esse dia, dê mais atenção ao fígado e às coxas. Massagens nas coxas serão poderosas nesse período.

DEZEMBRO

Melhores dias: 2, 3, 11, 12, 19, 20, 21, 29, 30, 31
Dias mais tensos: 1º, 7, 8, 13, 14, 27, 28
Melhores dias para o amor: 2, 3, 5, 6, 7, 8, 11, 12, 13, 14, 22, 23, 24
Melhores dias para o dinheiro: 5, 6, 8, 13, 14, 16, 22, 23, 27
Melhores dias para a carreira: 8, 13, 14, 16, 27

As peças do xadrez cósmico serão rearranjadas este mês, e, embora você talvez não sinta isso agora, certamente sentirá em 2021. Um eclipse solar no dia 14 vai anunciar as mudanças que estão por vir.

Esse eclipse será forte em você, então faça uma agenda bem tranquila nesse período. O que for necessário deverá ser feito, mas será melhor reagendar o que não for prioritário. Passe mais tempo tranquilo em casa, leia um livro, veja um filme ou (melhor ainda!) medite. A meditação é a forma ideal de enfrentar um eclipse forte.

Esse é o segundo eclipse solar e sexto eclipse do ano e ocorrerá na Décima Casa (a da Carreira), anunciando mudanças profissionais importantes. Lembre-se de que o Planeta da Carreira (Júpiter) entrará na Décima Segunda Casa no dia 20, também gerando mudanças importantes nessa área. Então haverá abalos na sua empresa ou indústria e momentos dramáticos na vida de chefes, pais, figuras paternas ou maternas. Como esse eclipse afetará Netuno (o senhor do seu horóscopo), também haverá momentos dramáticos na sua vida pessoal e talvez desintoxicações do corpo. Mais uma vez será preciso redefinir a própria imagem e conceito de si mesmo, resultando em mudanças de guarda-roupa e imagem nos próximos meses. Você vai mudar o visual e a forma de se apresentar para os outros. Além disso, os universitários precisarão fazer mudanças financeiras importantes, um dos pais, figura paterna ou materna viverá uma crise social e terá o relacionamento atual testado.

Como você estará em um ápice profissional este mês, o eclipse provavelmente abrirá portas profissionais. A carreira parece muito bem-sucedida.

A saúde exigirá cuidados até o dia 21. Você poderá melhorá-la com mais descanso e massagens nos quadris. Uma desintoxicação do fígado com ervas também poderá ser uma boa ideia. A saúde vai avançar dramaticamente após o dia 21 e poderá se sentir ainda melhor dando mais atenção às costas, coluna e joelhos. Massagens nas costas e nos joelhos serão úteis.

O amor estará em alta na agenda até o dia 21. O Planeta do Amor (Mercúrio) estará na Décima Casa (no alto do mapa), o que indica foco e poder. Você vai encontrar amor e oportunidades sociais enquanto busca os objetivos profissionais e com pessoas envolvidas em sua carreira. Além disso, vai conviver com pessoas de muito status e prestígio nesse período, e o status será excitante para o amor. Você poderá se apaixonar muito rapidamente, mergulhando de cabeça sem olhar, mas isso vai mudar após o dia 21, quando você ficará mais cauteloso.

Este livro foi composto na tipografia
Minion Pro, em corpo 10/13, e impresso em
papel off-set 56g/m² no Sistema Cameron da
Divisão Gráfica da Distribuidora Record.